여성의 몸,
　　몸의 문화정치학

여성의 몸, 몸의 문화정치학

김은실 지음

도서출판 또 하나의 문화

책을 펴내며
나의 페미니즘과 (여성) 몸과의 만남

여자로서 말하는 것이 여자에 대해 말하고 있는 것은 아니다… 여자는 아직도 정의되지 않았다.
— 루스 이리가라이

누가 생명을 창조하는가?… 가부장제 역사는 몸의 창조 능력을 무에서 유를 창조하는 상징 (말씀) 능력에 종속시키는 것에서 시작한다.
— 거다 러너

현재 몸이 구성되고 경험되는 방식에 있어 우리는 근본적인 변화를 겪고 있다… 오늘날 우리는 한 종류의 "몸"의 종말과 다른 종류의 "몸"의 시작을 목격하고 있다. 한 종류란 생명 과학의 경험적인 규칙에 종속되는 고정된 물질적인 실체로 간주되는 몸으로… 이제 확인이 시작된 또다른 몸은 몸 자체가 완전히 문제적인 관념이라는 데에 기반하는, 더 이상 자연의 사실로서 간주될 수 없는 역사를 갖는 몸이다.
— 에밀리 마틴

몸은 내가 페미니즘으로 세상을 보기 시작할 때 갖게 된 화두였다. 1980년대 초 석사를 마치고 농촌에서 여성들의 피임과 출산에 관한 경험을 연구하면서 나는 여성의 몸이 여성 문제의 시작임을 깨달았다. 당시 나는 한 의과 대학의 연구원으로 가족 계획 사업이 한국 여성의 삶에 어떠한 변화를 가져왔는가에 대한 평가 프로젝트를 담당하고 있었다. 1960년대 가족 계획 사업이 실시된 이후 20여 년 만에 여성의 출산율은 6.0에서 1.6으로 감소했다. 한국의 가족 계획 사업은 전세계적으로 유례가 없는 성공적인 사업으로 인정되고 있었다.

이 연구를 하면서 나는 처음으로 나이든 여성들의 성과 재생산의 생애사를 듣게 되었다. 당시 다양한 연령의 기혼 여성들의 생애사를 들으면서 여자의 인생은 몸에 갇혀 있구나 하는 생각을 했다. 여성의 성에 대한 사회 문화적 통제들 그리고 결혼과 동시에 여성들이 겪는 계속되는 임신과 낙태, 피임, 혹은 불임, 또 폐경과 함께 나타나는 여성됨의 상실과 몸의 노화 등, 모든 기혼 여성들의 삶의 기억과 흔적들 그리고 사회 관계들은 모두 그들의 몸의 경험으로 설명되고 있었다. 여성은 몸을 통해 세계와 연결되고, 몸이 겪는 다양한 경험으로 세상을 알게 된다. 몸의 경험이 여성의 정체성을 구성한다. 여성은 태어나는 순간 딸로, 남성을 만나는 순간 여자로 그리고 애를 낳는 순간 어머니가 되고, 좋은 여자/나쁜 여자, 이쁜 여자/미운 여자, 젊은 여자/늙은 여자, 아가씨/아줌마 등이 되는데, 이러한 분류는 모두 몸의 경험에 기반한다. 물론 이것은 몸의 형태나 몸의 느낌 등에 의한 분류가 아니다. 특정 경험에 의미를 부가하여 특정 방식으로 분류하는 지배/남성적 기준에 의해서이다.

농촌 여성들을 연구하면서 나는 여성들의 사회적 역사적 삶은 20세기 후반에도 여전히 여성 생물학에 갇혀 있다고 느꼈다. 그리고 농촌 기혼 여성들의 삶의 경험은 당시 내가 읽었던 보부아르의 『제2의 성』이 어떻게 만들어지는지 그리고 왜 파이어스톤이 여성 생식에 대한 기술적 개입을 통한 성의 변증법을 주장하는지를 나름으로 이해하게 했다. 그러면서 국가의 근대화 프로젝트와 가족 계획 프로그램에서 대상 집단이면서 하나의 지표로 간주되고 있는 여성들을 중심에 놓고 근대화 프로젝트와 가족 계획 사업에 대해 질문해 보기 시작했다. 나는 여성의 출산율을 통제하는 국가의 가족 계획 사업을 여성의 몸/성의 근대화라는 측면에서 접근하기 시작했다. 그것은 내게 여성이 피임 기술을 사용하여 자신의 몸을 계획, 통제하는 (한국 사회에서의) 근대적 경험을 구축하는 과정이자, 이전까지와는 다른 방식으로 여성의 몸이 국가/사회와 접합되는 계기이며, 재생산과 분리된 여성의 성이 독립적으로 담론의 대상이 되어 가는 것 등을 의미했다.

1980년대 초반에 했던 기혼 여성에 관한 현지 조사 경험은 페미니즘에 대한 나의 이해를 몸과 권력이라는 것으로 몰고 갔다. 정치적 민주화와 자본주의적 계급 문제가 강한 사회 운동의 축을 이루고 있던 당시에 여성 해방도 이러한 정치 경제적 틀 속에서 이해되어야 한다는 것이 사회적 압력이었다. 이러한 분위기 속에서 정치 경제적 불평등 제도보다 그것이 토대하고 있는 가부장제 문화에 여성 억압과 종속의 기원이 있다고 주장하는 여성 해방론은 한국 사회의 실정에 맞지 않다거나, 중산층 여성/지식인 의식으로 비판되고 있었다. 「또 하나의 문화」에 있었던 나의 선생님은 농촌 여성들의 임신과 출산, 낙태 등을 현지 조사한 후에 "순진한" 내가 급진화되기 시작했다고 말하면서 나를 급진주의 페미니스트라고 논평했다. 당시 현지 조사를 하고 있던 20대 후반의 나를 지배했던 질문은 다음과 같았다. 모든 여성들이 결혼하려고 하고 또 결혼하고, 결혼한 후에는 당연히 모두 임신하고, 그 중에서도 아들을 원하고, 끊임없이 임신과 낙태를 반복하면서 스스로 통제하지 못하는 (여성의) 몸이 갖는 자연성과 열등성을 각인하고… 그러면서도 모든 여성들이 그렇게 살아야 한다고 주장하는 여자들 혹은 남자들이 갖는 이 논리는 무엇일까? 왜 여성들은 몸이 주는 억압성과 고통 그리고 몸에 가해지는 문화적 사회적 규범의 폭력들을 수용할까? 이러한 고리를 끊는 것, 여성의 몸의 문제를 해결하는 것은 더 이상 "여성"이 아닌 것인가? "자연적"인 여성의 몸으로부터 해방되고, 몸 자체가 해방과 자유를 실천하는 주체성을 갖는다는 것을 여성들은 상상할 수 없는 것일까? 여성이 몸으로부터 해방되면 누가 불편할까? 여성이? 남성이? 국가가? 가족이? 국가와 가족은 성별을 갖고 있을까 아니면 남성과 여성 중 어떤 성별의 이해를 대변할까? 객관적 입장을 지닌 중립적인 성별이라는 것이 두 개의 성별로 나누어진 문화 속에서 남자 혹은 여자에 의해 실천 가능할까? 그리고 국가가 여성들에게 가족 계획 사업을 실천하라고 일사불란하게 명령할 수 있는 근거는 무엇이고, 이 과정에서 이제까지 여성에게 힘을 행사했던 가족과 친족의 영향력은 어떻게 변용되는가, 그리고 가족 계획 사업을 여성의 몸에 직접 실천하는 의료는 여성들에게 어떠한 권력을 행사하는 것일까, 왜 여성들은 국가나 의료의 권력을 잘 수용할까 하는 것들이었다.

그리고 이 화두로 연구 계획서를 만들고 인류학 박사 과정을 공부하러 갔다. 나는 어떻게 몸이 여성이 되는 물질적 토대로서 작동하는가, 그리고 특정 문화의 특정 사회 관계 속에 존재하는 몸은 어떻게 인식되고 또 몸과 관련된 제도들은 어떻게 만들어지는가, 그리고 몸에 관한 사회나 문화의 권력은 어떻게 누가 획득하는가 하는 것들을 다루고자 했다. 나는 이러한 논의를 전개시키는 데 필요한 이론적 도움과 시간을 위해 유학을 간다고 생각했다. 결과적으로 본다면 유학은 필요한 이론이나 개념을 얻기 위한 비즈니스 여행은 아니었다. 당시 내가 필요로 했던 것은 몸에 관한 여성주의 시각과 개념들, 특히 급진적 여성주의 질문 제기 방식과 인식틀, 또 특정한 문화적 맥락 속에서 몸을 특정한 방식으로 훈육시켜 사회 문화적으로 수용 가능한 몸의 형태와 몸적 실천들의 논의를 위한 푸코주의적 시각과 개념들이라고 생각했다. 그리고 그 당시 나는 고통이나 문제를 안고 있는 몸/개인들이 그것을 해결해 줄 수 있다고 주장하는 자기 문화 내의 치유 제도 혹은 의료 권력에 기꺼이 종속되는 것은 몸의 육체성 때문이라고 생각했다. 그래서 고통을 견딜 수 없는 인간의 육체성과 치유 체계의 독점적 권력 관계를 보기 위해 그람시의 헤게모니 개념을 재맥락화하고자 했다.

물론 그 후 몸의 인류학과 여성주의를 공부하고, 몸의 정치를 구현하는 많은 남녀들을 만나면서 몸이 생성하는 다름, 저항성, 권력 등을 알게 되었다. 그리고 출산 과정에서 여성들이 겪는 다양한 경험을 이해하기 위해 시도했던 분만 수행원의 경험은 여성의 몸과 자녀 출산 그리고 생명에 관한 다양한 담론들의 경합을 새롭게 볼 수 있게 했다. 진통하는 여성과 진통의 표정을 보고 출산 시간을 체크하는 노련한 전문가, 여성주의적인 의미를 드러내려는 출산 조력자와 무력한 가족들이 들어서 있는 병실에서 출산하는 여성의 경험을 중시하는 환경, 병원을 상상하고 만들기 위해서는 누구의 목소리가 누구의 몸의 경험이 중시되어야 하는가, 이것은 규범이나 도덕에 관한 질문이 아니라 정치학에 관한 질문이었다. 이런 과정들을 통해 몸이 정의 가능한, 쌈박하게 파악 가능한 실체가 아니라는 것을 인식하게 되었다. 여성들은 가부장제 사회 관계에 종속되어 있지만 끊임없이 몸을 새로운 가능성의 공간인 주체성의 산실로 만들어 내고 있었다. 여성들의 몸은 삶과 경험 속에 있지만, 동시에 삶과 경험 자체였다. 주체성을 생산하는 행위자로서의 여성에 대한 관심으로 옮겨가면서 인류학적 접근에서 시작된 몸에 대한 나의 관심은 삶과 경험이 부가된 여성의 몸에 대한 연구에서 삶과 경험이 체현된 몸으로시의 여성에 대한 연구로 확내되었다. 문제 제기와 관심이 확대되고, 몸에 관한 많은 논의와 이론들이 등장했지만 경험의 주체이고 다양한 권력들의 격전장인 몸에 대한 이해는 개념들이 설명해 내는 것보다 더 역사적이고 맥락적이었다. 한국 사회에서 몸 연구자로서 내가 지금까지 해온 것은 구체적인 현장에서 이슈가 되는 여성의 몸을 둘러싼 권력 관계를 끊임없이 드러내는 것일 수밖에 없었다. 어쨌든 1980년대 현지 조사를 통해 얻은 여성의 몸에 대한 문제 의식은 내가 이후에 인류학과 여성주의를 공부/연구하는 데 아주 중요한 기본 방향이 되었다. 여기에 실린 글들은 내가 여성의 몸에 던졌던 화두를 가지고 한국 사회를 경험적으로 연구했던 연구물이다.

『여성의 몸, 몸의 문화 정치학』은 내가 초기에 가졌던 문제 의식인 "문화가 각인된 장으로서의 여성의 몸" 혹은 "문화 권력의 각축장으로서의 여성의 몸"이라는 틀 속에서 씌어진 글들을 모은 책이다. 여기에 실린 글들 가운데는 이미 다른 지면에 출판된 것을 다시 고쳐 쓴 것도 있고, 이 책을 위해 새로 쓴 것도 있다.

1장 「몸의 경험과 느낌을 중시하는 새로운 사회를 구상하며」는 또 하나의 문화 제16호 『여성의 몸 여성의 나이』(2001)의 논설로 씌어진 글이다. 이 글에서는 구체적인 여자들의 몸의 경험을 가시화하고 그것에 기반한 삶의 공간을 만들어 가는 것이 바로 남성 중심 사회에서 규범으로 존재하는 여성에 대한 비판이며 여성의 정의 방식을 바꿔 나가는 실천이라는 것을 제시하고자 한다.

2장 「성적 주체로서의 여성의 재현과 대중 문화」는 『한국 여성학』 제14호(1998)에 실린 논문을 고친 글이다. 이 장은 여성주의 연구에서 여성의 성이 논의되는 간단한 역사와 함께 한국의 대중 문화에서 재현되는 여성의 성을 어떻게 논할 수 있을까를 문제 제기하는 글이다. 한국의 대중 문화에서 여성의 성이 재현되는 방식은 텍스트 내에서 새롭게 구성되기보다는 텍스트 밖의 성별 체계에 의존한다는 것을 드러내고자 했다.

3장 「여성의 건강/몸 관리와 육체 이미지의 소비 문화」는 인류학자들과의 공동 연구를 단행본으로 묶은 『한국인의 소비와 여가 생활』(1997)에 있는 논문을 손질한 것이다. 여기서는 한국의 중산층 여성들의 운동과 몸, 여성성에 대한 관념과 운동을 하는 몸적 경험이 이들의 자아를 다르게 구성해 내는 측면을 기술하고 있다.

4장인 「성 산업 유입 경험을 통해 본 십대 여성의 성과 정체성」은 성 산업에 유입되었던 십대 여성들의 삶의 조건과 그들이 몸/성을 자원으로 사용하는 경험들을 여성주의적인 시각으로 살펴보는 글이다. 이 글은 십대 여성들이 자신의 몸/성을 사회 관계를 맺거나, 일상을 유지하는 자원들을 동원하기 위한 유일한 기제로 사용할 때 그녀들의 행위성은 어디에 기반하는지, 이러한 행위성은 현실 속에서 그녀들을 어떠한 주체로 호명해 내는지를 드러내고자 했다. 그녀들의 행위성은 재미와 재미있는 것을 할 수 있거나/살 수 있는 돈에 있다. 그리고 그녀들의 행위성은 여성의 성을 구매하는 남성들에 의해 확보된다. 이런 과정에서 십대 여성들은 그녀들에게 자원을 제공하는 남성들에 의해 그리고 스스로 여성으로 위치되면서 위계적이고 불평등한 남성 중심의 성별 체계를 당연한 것으로 수용한다. 그녀들은 구체적이고 경험적인 상황을 나름대로 이해하고 파악하지만, 그 상황 밖에서 진행되고 있는 성별 위계 체제, 성 산업의 착취 고리, 소비 문화와 십대의 몸/성의 경험 그리고 특정 소비 형태에 기반한 스타일의 정치학은 파악하지 못한다. 상황을 관리하지만 그녀들의 상황을 통제하고 새로운 상황을 만드는 문화 권력을 갖거나, 가질 수 있는 기회가 십대 여성들에게는 없다.

5장 「한국 여성의 출산 문화」는 『한국 여성학』(1996년 제12권 2호)에 실렸던 논문이다. 이 글은 출산을 생물학적 과정이 아니라 출산을 둘러싼 사회 문화적 제도들과 여성의 몸의 실천 사이에서 이루어지는 사회적 사건으로 접근한다. 이 글에서는 출산과 관련된 어떠한 사회적 실천들이 중산층 여성들의 몸을 둘러싸고 이루어지고 있는가를 드러낸다.

6장 「"아들 낳기"와 여성 주체성」은 여성들이 왜 아들 선호 이데올로기를 수행하는지 그리고 어떠한 사회적, 담론적 환경이 아들 선호를 가능한 사회적 실천으로 재생산시키고 있는가를 질문한다.

7장 「낙태에 관한 한국 사회의 담론과 여성의 삶」은 낙태에 대한 한국 사회의 지배 담론과 여성의 일상적 삶의 현실을 관련시키면서 한국 사회에서 낙태에 관한 질문은 어떻게 제기되어야 하는가를 여성주의 시각에서 접근한 글이다.

8장 「국가와 여성의 출산력」은 여성의 재생산 능력이 어떻게 국가의 근대화 프로젝트인 가족 계획 사업으로 통합되는가 그리고 그것의 몸의 정치학은 무엇인가를 다루고 있다.

이 책을 출판하는 것은 내게 큰 의미가 있다. 책 출판을 위해 글들을 정리하는 과정은 몸에 대한 화두를 가지고 시작했던 어설픈 나의 초기 연구들을 나름으로 정리하게 했다. 그래서 책을 만드는 과정은 과거로부터 나를 해방시키는 하나의 의례처럼 느껴졌다. 인류학과 여성주의를 공부한 이후 항상 내 속에서 웅웅거리던 소리를 밖으로 꺼내고 싶었지만 그것은 생각보다 쉽지 않았다. 밖으로 꺼냈을 때 대면하게 될 그 소리 모양의 불완전성과 이상함은 상상만으로도 그 소리를 삼키게 했다. 그래서 나는 항상 웅웅거리는 소리를 담고 있는 어수선한 머리/몸을 갖고 다녔다. 충분하지 않지만 거의 20여 년 동안 가졌던 생각을 모아 책으로 묶는 것은 끝을 내지 못하는 생각들을 정리하고 새로운 생각을 하기 위한 마음의 공간이 필요해서이기도 하다.

이 책을 내는 데는 많은 사람의 도움이 있었다. 이 지면을 빌어 평소에 하지 못했던 고마움을 표하고 싶다. 바쁜 일상으로 자신의 생각을 엮어 내지 못하는 나를 안타까워하면서 책을 내라고 압력을 가하는 같은 처지의 내 여성 공동체 친구들, 동료들에게 감사드린다. 격려하고, 위로하고, 비판하고, 공격하면서도

"친구"라는 것을 믿어 의심치 않는 내 여성 공동체 친구들인 김현미, 김영옥, 김소영을 비롯하여 여러 후배들이 책을 내는 과정에서 많은 지적, 정서적 지지를 해주었다. 그리고 지난 20여 년 동안 나의 여성주의 시각을 가능한 것으로 그리고 당연한 것으로 체화할 수 있게 한 여성주의 공동체에 깊은 고마움을 바친다. 조한혜정, 조형, 조옥라, 조은, 김성례, 김혜순, 이소희, 박혜란, 정진경, 최현무, 조주현 등 또 하나의 문화 공동체는 한국 사회에서 나의 준거점이었다.

구체적인 일상에서 학문적 토론만이 아니라 정서적 지원과 현실적인 삶의 문제들을 함께 공유해 주고 도와주는 또다른 여성 공동체인 장필화, 이상화, 그리고 이재경 선생님께 감사드린다. 여성학과 동료인 조순경, 허라금 선생님 그리고 여성학과의 나의 학생들에게도 그들이 보내 주는 사랑에 대해 감사드린다. 여성학과에서 내가 선택한 주제들을 자유롭게 가르치고 토론할 수 있는 장이 가능한 것은 먼저 그 터를 닦은 선배들이 있었기 때문이다. 특히 내게 여성 지성 공동체의 필요성과 그 어려움을 토로하고 함께 가기를 권하는 선배이며 동료인 장필화 선생님께 감사드린다. 여성의 몸과 성에 관한 주제로 책을 냈던 선생님은 내게 "내 책을 밟고 앞으로 나가라"고 저자 서명을 하신 책을 주셨다.

그리고 책을 내게 해준 도서출판 또 하나의 문화에 깊은 감사를 드린다. 특히 여성의 몸에 관한 내 책을 기획하고, 거의 아무도 알아볼 수 없을 정도로 심하게 고쳐 쓴 원고들을 읽어 내어 컴퓨터 작업을 한 유승희 사장과 고친 원고들을 매일 수거하러 직접 집으로 와 주시고 교정을 봐주신 안희옥 편집장께 깊은 고마움을 표하고 싶다. 이 분들의 인내와 도움이 없었다면 이 책은 나올 수 없었다.

그리고 책을 만드는 마무리 과정에서 누락된 참고 문헌을 찾고 사진 작업을 도와준 여성학과 대학원생인 김지화와 색인 작업을 도와준 김현경에게 고마움을 전한다. 김현경은 또한 영어로 씌어진 6장 「"아들 낳기"와 여성 주체성」을 한국어로 번역하는 데 도움을 줬다. 4장에 사용되는 구체적인 사례들은 대통령 직속 여성 특별 위원회의 용역 프로젝트(1999)인 「십대 여성의 향락 산업 유입 실태 및 방지 대책 연구」 보고서에 기술된 자료의 일부이다. 보고서를 위한 자료를 정리해준 본 프로젝트의 보조 연구원이었던 이효희와 정금나에게 감사드린다.

마지막으로 나를 사랑하고 지지하는 내 어머니와 아버지께 항상 죄송하고 감사하다는 말을 하고 싶다. 아마 이렇게 정신없이 살 수 있는 것은 그들이 건재하기 때문일 것이다.

여성주의 정치학에서 여성들이 생각을 하는 것, 사상을 갖는 것, 책/지식을 생산하는 것이 얼마나 중요한가를 매일 역설하면서도 자기 검열과 바쁜 일상 때문에 책을 못 내는 여성/친구들에게 이 책이 그들의 자기 검열을 깨는, 작은 시작이 되기를 바란다.

차례

책을 펴내며   나의 페미니즘과 (여성) 몸과의 만남 5

I. 한국 사회의 성별 체계와 여성의 이미지

1. 몸의 경험과 느낌을 중시하는 새로운 사회를 구상하며 19
2. 성적 주체로서의 여성의 재현과 대중 문화 43
3. 여성의 건강/몸 관리와 육체 이미지의 소비 문화 82

II. 여성의 성/몸, 정체성

4. 성 산업 유입 경험을 통해 본 십대 여성의 성과 정체성 157
5. 한국 여성의 출산 문화 224
6. "아들 낳기"와 여성 주체성 259

III. 여성의 재생산과 국가

7. 낙태에 관한 한국 사회의 담론과 여성의 삶 285
8. 국가와 여성의 출산력 311

참고 문헌 325
찾아 보기 347

아네트 메사제, 〈나의 바람〉, 1989.

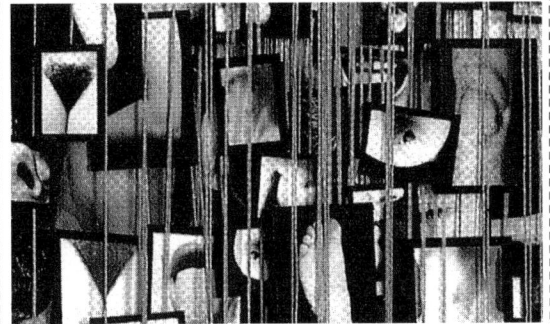

I
한국 사회의 성별 체계와 여성의 이미지

우리 사회에서 일상적 문화에서는 물론이고 여성학 논의에서조차 성별 체계 자체를 문제화하고 그것을 문제틀로 제기하는 것은 이론적, 정서적으로 어렵다. 그러나 끊임없이 성별 구도 속에서 타자화된 성, 혹은 재생산적인 성으로 구성되는 여성의 성을 문제화하기 위해서는, 여성을 규정하는 성별 체계와 성이 한국 사회에서 다른 여러 사회 관계들과 어떻게 구체적으로 맞물리면서 여성의 성적 주체의 문제를 규정하고 있는지에 대해 본격적인 논의를 시작해야 할 것이다.

▲ 한국의 여학생들에게 체육 수업이 처음 소개되었을 때 그것은 하나의 구경거리였고 스캔들이이었다. 이화학당 체육 수업 시간.

◀ 이제 외모는 얼굴만을 언급하는 것이 아니라 체형까지를 포함하는 것으로 재개념화되고 있다. 즉, 얼굴을 위주로 했던 외모가 "작은 얼굴, 길고 가는 다리와 팔, 큰 키에 마른 몸"으로 표현된다.

1 몸의 경험과 느낌을 중시하는 새로운 사회를 구상하며

— 여성의 몸과 나이를 중심으로

> 나는 여성에게 — 처녀든, 어머니든, 레즈비언이든, 기혼이든, 독신이든, 혹은 그들이 자신의 생계를 주부로, 웨이트리스로 혹은 뇌파 검사자로 해결하고 있든 간에 — 몸이 근본적인 문제가 안 되는 어떤 여성도 알고 있지 못하다… 오늘날 처음으로 우리의 신체성이 지식과 권력으로 전환되는 가능성을 갖게 되었다.
> — 아드리안 리치, 『더 이상 어머니는 없다』 중에서

1.

몸을 이성의, 정신의 종속물로 간주하던 시각은, 현실 속에 존재하는 몸에 대한 다양한 문화 인류학적인 보고들, 여성의 몸을 둘러싼 상징과 지식의 정치적 관계들을 드러내는 페미니즘의 강한 문제 제기 등에 봉착하면서 변화하기 시작했다. 최근 우리 사회에서도 새로운 인식의 조건으로 몸을 문제화하는 여러 노력들이 소개되고 있고, 여기서 여성주의 진영은 가장 선두

집단이다. 그러나 어떻게 몸의 체험을 인식의 중심으로 가져올 것인지, 몸의 체험은 정말로 진실된 것인지, 몸의 체험 그 자체가 곧 앎이나 지식의 토대가 되면서 기존의 이성 중심의 체험을 전복시킬 수 있는지, 몸의 경험을 중시하는 사회란 어떤 사회인지에 대한 고민은 별로 진전되고 있지 못하다.1)

젊고 아름답고 부드러운 몸을 지닌 "여성 the woman"의 이미지 속에서 "영원한 여성성"으로 그리고 "규범"으로 존재해 왔던 여성은 시간과 공간 속에서 살아가는 구체적이고 경험적인 모든 여자들을 일탈적이고 타자화된 여성으로 만들어 왔다. 그래서 과거와 현재에 존재하는 수없이 많은 여자들의 다양함과 차이를 가시화시키는 여성주의의 여러 운동들은 그 자체로 이미 여자들을 억압해온 이상적 그리고 규범적인 단수 "여성"에 대한 정치적 도전이며 전복의 시도였다. 이러한 운동들은 여자들에게 시간의 흔적인 삶의 구체성을 회복시키고, 시간을 살아낸 여자들의 몸의 체험들을 드러내고, 여자들의 몸을 둘러싼 사회 관계를 정치화했다. 그러면서 몸의 경험을 지식과 권력의 출처로 만들어 내면서 모든 여자들을 대표하고 재단해 온 추상적 규범으로서의 "여성"을 부단히 해체해 왔다.2) 이 글은 시간 속에서 여성의

---

1) 최근에 몸을 돌보는 사회적 실천들은 건강한 몸의 개인적인 체험이라는 차원에서 이루어지고 있다. 동시에 사회적 비판의 성격을 띠면서 서구, 근대에 대한 반동으로 동양/한국, 전통이라는 이데올로기적인 구도 속에 위치하는 경우가 많지만 그것이 몸의 배려와 사회의 조직 방식이라는 사회 비판으로 정치화되고 있지는 않다.
2) 이러한 비판을 가장 가시적인 형태로 드러낸 작업이 1970년대 미국에서 공격적으로 시도된 여성주의 미술가들의 작업이다. 남성 미술가들에 의해 재현된 여성의 이미지에 대한 오랜 역사를 비판하는 작업들이 1970년대의 여성주의 미술 운동을 주도한 작가들에 의해 수행되었다. 여성주의 미술가들은 구체적이고 경험적인 여성

몸이 구성하는 현실을 드러내고, 그 현실에 기반한 몸/삶이 온전해지는 사회를 상상해 보기 위한 것이다.

1980년대 초에 이십대 중반의 대학원생이던 나는 페미니스트 단체인 "또하나의 문화"(이하 또문) 동인이 되었다. 또문을 열심히 만들 당시 삼십대 중후반이던 초기 동인들은 이제 거의가 오십대에 들어서 있다. 이들은 남녀가 평등한 사회를 만들면 여성인 것이 더 이상 문제가 될 것이 없다는 근대의 이상에 따라 교육을 받은 여자들이다. 이들은 사회적 문화적으로 여성들을 불평등하게 만드는 제도와 인식을 바꾸고자 했던 근대주의적인 "정치적으로 올바른 politically correct"(PC) 페미니스트였다. 당시 그들에게서 여성학을 배운 대학원생이던 나는 이제 사십대 중반으로 들어서고 있고 또다른 세대의 여성들에게 여성학을 가르치고 있다. 그러나 나에게서 여성학을 배운 삼십대 초반 이십대 중후반의 페미니스트들은 자신들은 이전 세대와는 다르다고 자신들을 차별화한다. 이러한 차별화는 몸의 경험, 혹은 몸을 매개로 하는 성적 경험과 거기에 기반한 정치학을 통해 중요하게 가시화된다. 21세기 벽두에 또문의 페미니스트들은 이렇게 여성주의의 차이들 속에 서 있다. 그리고 이러한 세대의 지형은 또문만이 아니라 우리 사회의 곳곳에서 찾아볼 수 있다.

차이의 가시화는 우리 사회가 다양한 현실을 드러내고 그 차이를 허용하고 관용하고 또 공존하는 연습이 필요하다는 것을 강하게 역설한다. 여성주

들의 몸을 여성의 눈으로 재현시킴으로써 남성의 눈으로 추상화된 여성의 몸을 비판해 냈다. Norma Broude & Mary D. Garrand, eds., 1994, *The Power of Feminist Art : The American Movement of The 1970s, History and Impact*, New York : H. N. Abrams를 참고하라.

의자들도 마찬가지이다. 또문의 일세대 페미니스트들에게 여성주의는 사회적 차원에서의 평등과 자유, 자율성, 문화적 차원에서의 다양성의 문제가 중심이었다. 이때 여성들의 몸으로 겪는 경험의 다름은 권력 관계를 구성하고 매개하는 것으로 크게 문제화되지 않았다. 이들은 의식으로 그리고 이성으로 페미니즘과 세상을 연결시켰다. 이럴 수 있었던 배경에는 여러 가지 이유가 있을 수 있다. 지식인 여성이 갖는 사회적 조건에서 올 수도 있고, 아니면 당시 그들이 대문자로 추상화된 규범적인 "여성"과 크게 다른, 사회적으로 비난받을 몸의 체험을 갖고 있지 않았거나, 아니면 여성들에게 부가된 몸의 언어가 아닌 다른 언어를 만들어야 할 필요성을 느끼지 못했거나, 또는 새로운 언어를 만들 수 없었기 때문일 수도 있다.3) 그러나 나이가 들면서 생물학적 혹은 신체상의 기능 변화가 야기하는 불가피성에 대해 개인적 사회적 혼란과 갈등을 경험하기 시작했다. 나이는 몸이 생산하는 생산력의 속도와 효율에 구속과 제한을 가하기 시작했고, 또 남성과 다르게 나이가 든 여성의 몸에 함의되는 사회적 문화적 통제와 압력을 경험했다. 그리고 동시에 몸의 경험을 설명하고 논할 언어가 부재함을 깨닫기 시작했다.

반면에 나를 비롯한 삼십대 후반과 사십대 중반의 동인들은 몸/성에 관한 사회적 언설의 가운데에서 몸/성의 언설을 생산하지만 자신은 그 언설 속에 갇히거나, 그 언설이 갇히는 사회 속에서 길을 잃는다. 반면에 몸이 없이는 혹은 몸의 경험이 없이는 그들의 존재가, 정체성이 부재한 젊은 페미니스트들은 몸의 체험이 그들의 정치성의 토대라고 주장하고 있다. 그들은 다르게

---

3) 또문의 동인 중에서 시인 고정희나 가정 주부의 정체성을 문제화했던 박혜란 등은 이런 문제를 많이 드러냈고 논했다. 여기서는 몸 그 자체를 화두로 하는 연구와 관련해서 말하는 것이다.

의미화된 몸을 갖고 이미 다른 삶을 살고 있다고 선언한다.

2.

이제까지 차별적인 존재로 남녀를 구별하는 가장 기본적인 방식은 생물학적 차이에 기초한다는 주장이다. 즉, 남성이 아닌 여성을 정의하는 방식의 핵심에는 여성의 생식 능력과 그것을 담고 있는 몸이 있다. 그래서 여성은 남성이 갖고 있지 않은 바로 그 생식의 몸으로 정의되고 거기에 부여되는 의미로 규정되어 왔다. 그렇기 때문에 여성이 남성과 공유하는 것들은 남성적인 것(혹은 남녀가 공통적인 인간적인 것)이고, 남성적인 것이 아닌 것만이 바로 여성으로 이해되어 왔다. 따라서 여성인 것 자체가 파편적인 혹은 부분적인 인간이 되는 것이다. 남성은 단지 남성의 생식 능력으로 여성과 구분되는 대립 혹은 상대적 개념이 아니다.

여성은 누구인가? 여자란 무엇인가?라고 여성을 대상화하여 질문해 왔던 질문의 주체는 여성을 대상으로 볼 수 있는 여자가 아닌, 즉 남성이고, 또 남성 주체를 상정해야 그 질문이 가능하다. 여성은 무엇인가? 여성은 대지, 모성, 몸, 자궁, 아름다움, 부드러움, 따뜻함, 흡인력 등등의 명사로 그리고 그 명사들이 호명해 내는 이미지들로 설명되어 왔다. 여성에 대한 이러한 정의들은 구체적이고 경험적인 상에서 살고 있는 많은 여자들을 제거하고 오직 아름다운, 소위 부드럽고 싱싱한 몸을 지닌 젊은 여자들만을 여성으로 전제하거나, 아이를 낳은 어머니만을 여성으로 상정한다. 그래서 여성은 젊거나 어머니이다. 젊지 않은 여성 혹은 어머니가 아닌 여성은 여성을 대상화하는 남성에게만이 아니라 여성에게도 그 진정성이 의문시된다.

오랫동안 지식의 권위를 다루고 향유하는 남성들에 의해 "여성"은 누구이며, 어떠해야 하고, 어떻게 살아야 하는지, 그리고 여성성이란 무엇인지가 논의되어 왔고 또 설파되어 왔다. 이럴 때 대부분의 논의는 여성의 생식적인 몸의 특성을 중심으로 이루어진다. "여성"은 몸이고, 몸에 갇힌 존재이다. 최근에 여성학이나 페미니즘의 세례를 받은 여자들이 그들 자신과 그들의 삶의 대안을 논하고 추구할 때 많은 남자들은 여성이 상대적인 존재이기 때문에 여성에 대해 여자들만이 논하는 것은 편파적이고 또 충분하지 않다고 말한다. 그들이 충분히 인간이 되기 위해서는 그들이 결여하고 있는 남성이 있어야만 한다. 이때 여성이 갖고 있지 않은 남성은 생식 능력을 지닌 남성이 아니라 역사와 세계의 경험 주체, 즉 인간(성)이다. 나는 여성학을 여자만이 해서는 안 된다는 말에는 동의하지만, 여성학의 주도권이 여자에게 있다고 불만을 터뜨리는 사람이 갖는 가부장적 지배 질서 중심주의가 불편하다. 얼마나 오랫동안 남성들이 여성에 대한 주도권을 독점해 왔었는가? 이제 여자들은 겨우 이삼십 년 동안 여성들에 대해 떠들고 쓰고 그리고 서로 읽기 시작했을 뿐이다. 여성들이 너무 떠든다고 여성들을 싫어하는 여자들도 있다. 그들은 여성들은 떠들고, 남성들은 조용하다고 생각하는가? 그들에게 남성들이 여성에 대해 떠든, 그리고 떠드는 말의 양을 재보자고 말하고 싶다.

역사상 처음으로 여자/우리들은 특정한 시간과 공간에 살고 있는 유한한 몸/육체성을 지닌 경험적이고 역사적인 존재로 자신들을 정의하고 있다. 그러면서 새로운 지식과 권력의 원천으로 몸의 체험을 전환시키고 있다. 바로 이 과정이 초시간적이며 탈역사적인 그리고 자연적인 존재로 끊임없이 주체화되었던 규범적 이상인 "여성 the woman"을 비판해 내고 제거하는 여성주의이고 여성 운동이다. 그러나 가부장제 사회에서 탄생한 페미니스트들 역시 가부장제 사회가 여성들에게 부가하는 몸으로 정의되는 여성성으로부터 자유롭지 못하다. 페미니스트들은 하늘에서 내려온 새로운 인류가 아니라, 자신이 살고 있는 현실 속에서 매일 새롭게 자신을 만들어 가는 의식적인 행위자이다.

3.

나는 마흔이 넘어도 자기 남편을 신랑이라고 부르는 여자들(그들의 신랑은 그녀들을 신부라고 부르지 않는다), 결혼 사진을 경대 위에 올려놓은 채 여기 있는 여자가 아니라 사진 속의 여성이 "나"라고 설명하는 삼십대, 사십대 여자들, 그리고 그들이 결혼 생활에서 추구하는 남편 역할의 원형이 바로 연애 시절 남자 친구의 역할에 있다고 생각하는 여자들, 자신은 현실에 있는 것이 아니라 과거 어느 시점에 찍힌 사진 속의 고정된 이미지 속에 있다고 생각하며 살아가는 여자들, 그래서 자기의 이미지를 갖고 옷을 사러 가서 번번이 실망하는 여자들. 여자들은 자신이 원형적 의미의 오리지널한 "여성"이어야 한다고 생각하기 때문에 삶 속에서 다양한 경험과 개별성, 사건을 만들어 내는 시간의 개입을 부정한다. 물론 여자들을 둘러싼 모든 문화적 산업적 정치적 언설들은 여자들에게 시간의 물질성을 지워 내라고 요구한다.

많은 여자들이 자신을 스스로 사고하며 행동하는 자율적이고 독립적인 주체라고 생각한다. 그러나 무엇이 여성을 구성하는가, 누가 여성인가를 질문해 보면 여자 스스로가 정의하는 여성은 머리 속에 들어와 있는 남성의 눈으로 보는 이상적 여성상에 준거되어 있음을 발견할 수 있다.4) 여성에 대한 이러한 남성 중심의 규범 때문에 시간이 각인된, 나이 먹은 몸에 기반한 자아를 여성들이 인정하는 것은 자연스럽거나 쉬운 일이 아니다. 그렇다고 유치한 짓이니 그만둬야 한다고 이야기해서 될 일인가? 나는 여성주의적인 정치적 올바름으로 이러한 것들이 바뀐다고 크게 기대하지 않는다. 이것은 여성의 연령을 수용하는 삶의 방식, 그러한 것들을 수용하는 다양한 집단의 등장, 그것들을 담아내는 사회 제도들, 사회 시스템의 변화와 관련해서만 기대해볼 수 있다.

내 삶 속에서 여자들을 바라보는 나의 시선 역시 그들과 나를 끊임없이 타자화하는 방식으로부터 출발했다. 그리고 그 타자화의 핵심에는 특정 시점에 고정된 규범화된 "여성"의 몸과 나이가 있다. 그리고 특권화된 여성 이미지에 고착된 이러한 시선은 수없이 다양한 형태로 존재하는 경험적 여자들을 배제하고 억압하고 소외시키는 권력에 결과적으로 기꺼이 동참하는 효과를 가져온다.

---

4) 연애하는 십대 남녀를 연구한 한 조사는 이성 연애시 교환되고 있는 남성성과 여성성이 각각 어디에 준거하고 있는가를 밝혔는데, 재미있는 것은 남녀 모두 머리 속에 들어 있는 남성이 바로 평가자라는 것이었다. 연애하는 남자는 동료 남자들이 여자를 보는 방식으로 여자를 평가하고, 여자들은 남자가 여자를 보는 방식으로 여자를 평가한다(Holland, Janet et al., 1996). 이 논의는 여성주의 연구에서 새로운 것은 아니다. 생물학적인 남녀의 차이인 성차와 사회 문화적인 성별의 체계 sex/gender system를 연구한 여성주의 학자들은 어떻게 여성과 남성이 되는가 하는, 성별이 만들어지는 과정에 주목했다. 부계 사회에서 그들은 남성을 만드는 것은 남성이고 여성을 만드는 것도 남성이라고 설명한다.

#1

희망의 속삭임을 생물 시간에 가르쳐 주셨던 선생님이 계셨다. 당시 그녀는 스물일곱 정도의 독신 여성으로 중학교 때 친구들과 클래식 음악 서클을 만들게 해주었고, 나와 몇몇 친구들을 집으로 데리고 가서 과일 등을 주시기도 했다. 그 선생님을 친구처럼 혹은 언니처럼 좋아했던 것 같은데, 어느 날 수업 시간에 선생님은 비 오는 날에 느끼는 외로움과 슬픔 비슷한 것에 대해 말했다. 그 이야기를 들으면서 그 선생님이 나와 같은 감성을 가질 수 있다는 것에 대해 실망하면서, 그 선생님이 지녔던 많은 차이나 특질들을 무시하면서 당시의 중학생 여자들과 똑같은 감상적인 여자로 폄하했던 것을 기억한다. 그러면서 나는 "여자"가 되지 않기 위해서는 여자로 묶이는 속성들을 갖지 않거나, 설령 그러한 속성이 있더라도 그것들을 다른 여자들에게 드러내서는 안 된다고 느꼈었다. 당시 열다섯 살이던 나는 스물일곱 살이 됐을 때 유치하지 않은 "어른"이 될 거라고 믿어 의심치 않았던 것을 기억한다(물론 고등학교 때 이육사의 「청포도」를 읽으면서 "감상을 비웃을 만큼 용감하지 못하다"는 고백을 듣자 어른/남성이 감상성을 갖는 것은 멋있다고 생각했고, 그 후 가끔 따라했다).

#2

대학원 석사를 수료했던 스물일곱 살 때 나는 당시 스물다섯 살인 대학원 후배들과 음악이 흐르는 술집에 있었다. 여자 후배가 이런 음악을 어떻게 생각하냐고 물었다. 좋아한다고 했더니 "스물일곱이 돼도 그래요?" 하고 물었다. 그러면서 "스물일곱이 되면 감상적인 것은 다 극복이 되는 줄 알았다"고 했다. 그 말과 동시에 열다섯에 만났던 생물 선생님, 더 정확하게는 나이든 여성에게 젊은 여성인 내가 행했던 폭력성을 인식했다. 그러면서 "여자들 사이에서 어리다는 것은 어떤 특권적인 지위를 점하는구나, 왜 젊은 여자의 연령 공격에 나이든 여자는 취약할까"라는 의문이 들었었다. 그리고 왜 젊은 여성들은 나이든 여성의 한두 살을 건너지 못할 다리처럼 상대에게 인식시키고 싶어할까라는 생각을 잠깐 했다. 그리고 여성의 한두 살이 만들어 내는 차이와 남성의 한두 살이 만들어 내는 차이의 의미는 어떤 맥락 속에서 나온 것일까 하고 생각했다.

#3

돌아가신 시인 고정희 선생님이 서른아홉 살일 때 나는 서른 살이었다. 성산회관에서 고정희 선생님과 그녀의 친구들인 나의 선생님들이 밥을 먹고 그 앞 다방에서 마흔이 오는 것에 대한 두려움, 삶의 유한성이 일상에서 느껴진다는 것, 그래서 인생에서 이제 할 수 있는 일이 많지 않다는 것을 인식한다는 것, 그리고 죽음에 대해서 말했다. 삼십대에 막 진입하고 있던 나 역시 이러한 생각들을 한 적이 있기 때문에 그녀들과 똑같이 느낀다고 생각했고, 그래서 끼여들어 떠들었다. 서른아홉이 된 나는 그때 잘못했다고 느꼈다. 구체적이지만 설명하기 어려운 몸의 기능의 변화와 시간의 흐름을 점점 더 짧게 느끼기 시작하는 서른아홉 살의 몸의 체험은 서른 살의 몸의 체험과는 다른 현실 위에 있었다는 것을 그때야 알았다.

#4

90년대 초반 미장원에서 본 장면이다. 공주 같은 옷을 입은 여섯 살 정도의 여자아이가 머리를 자르고 있는 할머니를 보고 "야~ 여기 마귀할멈이 있다"고 소리 지르는 것이었다. 당황한 할머니는 반복하여 자신 없는 목소리로 "내가 마귀할멈 같냐"고 물어보고 있었고, 아이는 할머니의 물음은 아랑곳하지 않고 "마귀할멈이다" "마귀할멈이다" 하고 소리 질렀다. 입을 손으로 막은 채, 눈은 할머니를 쳐다보면서, 아무런 공포도 그렇다고 놀란 기색도 없이 그냥 소리 질렀다. 마치 텔레비전 화면을 보고 있는 것처럼. 그 할머니는 당황했고 그 아이 엄마는 아무 말도 안 하고 있었고, 그 할머니는 "아이고! 늙고 못생기면 아이들이 마귀라고 하는구나" 하고 탄식했다. 그러면서 거울을 보고, 자기 얼굴을 손으로 쓸었다.

#5

내가 서른아홉이 되었을 때 한 대학원생에게 어떤 선생님의 나이를 물었다. 그랬더니 76학번쯤 되지 않겠느냐고 했다. 그래서 내가 76학번이라고 했더니, 그러면 66학번쯤 되겠죠 했다. 눈을 동그랗게 뜨는 나를 보면서 66이나 76이나 그게 그거죠 하고 덧붙였다. 스물다섯의 대학원생에게 마흔 살이나 쉰 살은 감이 안 잡히는, 오지 않을 미래에 속한 시간일 뿐이다. 마흔 살이나 쉰 살 먹은 사람에게 이 나이의 차이는 매우 중요하지만 스물다섯 먹은 사람에게는 동일한 늙음일 뿐이다. 미인다움의 경중을 따지는 사십대나 오십대 여성들을 보면서 젊은 여성들은 아줌마들끼리의 비즈니스라고 신경을 끈다.

#6

오십대에 들어선 한 여성 사회학자는 여교수 모임에 갔다온 한 젊은 신임 여교수의 실망을 소개했다. 지적인 토론을 기대하며 여교수 모임에 갔던 젊은 신임 여교수는 여교수들에게 가장 중요하게 이야기되는 현안이 어린 자녀를 어디에 맡길 수 있는가 하는 것과 몸이 아프다는 이야기인 것에 실망하여 다시는 그 모임에 안 간다고 했다.

4.

나는 마흔 살이 넘는 어떤 시점에서 내 몸이 매개되어 만들어 내는 나와 세계, 현실과의 관계에 변화가 오고 있다는 것을 깨닫기 시작했다. 더 이상 몸의 현실이 내가 자신에 대해 갖고 있는 이미지를 구성할 수 없고, 내 기억 속에 있는 나를 구현시키지 못하게 되었다. 기억 속의 나는 현재의 몸이 주는 구속성에 저항하지만 또 그 기억은 교묘하게 과거로부터 선택적으로 나를 추상해내 현재와 무리 없이 제휴한다.

 나이가 들어가는 것은 몸의 기능의 변화를 동반하는 과거와의 불연속을 매일 생산하는 과정이다. 하지만 동시에 많은 사회적 장치들 속에서 불연속을 강요당하기도 하고 또 과거와의 연속성을 끊임없이 경험하게 되는 사회적이고 정치적인 과정이기도 하다. 나이가 드는 것은 매일 일어나는 일상이기 때문에 개인적으로는 급격하게 경험되지 않는다. 그래서 특별한 다른 사회적 혹은 신체적 사건이 결부되지 않는 한 나이듦 자체는 분명하게 증명할 수 있는 불편함이나 사건으로 획이 그어지는 것은 아니다. 나는 몸의 기능의 변화를 의식하고 느끼게 되면서 이러한 몸의 경험을 겪는 마흔이 넘은 사람들 모두를 어떤 비밀을 공유하는 이상한 공모 집단처럼 느낀 적이 있다. 나이를 먹는다는 것, 늙어 간다는 것, 거기에 수반하는 많은 느낌들과 몸이 주는 부자유와 구속을 경험한 사람들은 그 느낌이 무엇인지 그리고 그 느낌이 사회적 실천에 어떠한 방식으로 영향을 주고 관련되는지를 안다. 하지만 그 느낌은 사회적 언설이 되지 못한다. 그래서 개인의 몸에 갇혀 있는 이 나이듦의 느낌은 오직 개별적인 몸의 경험을 통해서만 알 수 있고 개별적 몸 밖에서는 절대 알 수 없는 그런 것처럼 보인다. 그렇기 때문에 나이듦이나 늙음을 재현하는 개별적인 보고서나 에세이들이 있지만 그것들의 진실성은 개별적인 경험의 유무에 따라 담보될 뿐이다.

 나이듦의 경험과 그것을 경험하지 않은 젊음, 그 구분은 나이듦의 경계 안에서 볼 때 너무 인위적이다. 그러나 젊음의 입장에서 볼 때 그 경계의 벽은 너무 높다. 이러한 경계는 단순히 나이듦을 경험하는 몸적 체험의 구분이 아니다. 그것은 동시에 다양한 자원이 배분되고 소유되는 경계이다. 따라서 이 경계를 개인적인 몸적 체험에 부착시키고 개별화하는 것은 경계 안과

밖에 있는 사람들의 세상에 대한 앎, 사회적 자원, 그리고 권력 실천을 통한 쾌락의 경험 등의 차이를 개별화하고 개인적인 것으로 만든다. 그렇기 때문에 나이든 몸이 구성해 내는 사유의 변화, 고통, 기능의 변화와 같은 여러 문제들과 경합하면서 만들어 내는 다양한 차원의 가능성과 한계 그리고 그것의 사회적 정치적 함의들을 침묵, 은폐한다. 바로 이러한 나이듦으로 인해 만들어지는 경계들, 그리고 변화에 대한 침묵과 언어 부재가 강한 연령주의, 그리고 성별주의를 갖는 한국 사회를 무기력과 퇴행, 소통 장애가 더욱 가중되는 사회로 만들고 있다는 강한 혐의를 나는 갖는다.

　나이듦이 갖는 가장 중요한 문제는 개별적인 몸의 신체적 변화보다도 사회적인 것들과의 대면 속에서 발생한다. 왜냐하면 나이가 문제되는 것은 항상 사회적 맥락 속에서이기 때문이다. 더욱이 사람이 아니라, 남성 중심의 사회 속에서 이제까지 사적 존재였던 여성이 변화하는 사회 속에서 나이 드는 것은 누구와 어디서 어떠한 방식으로 만나고 살아갈 수 있는가 하는 문제와 심각하게 맞물린다.

　2000년에 가장 재미있게 본 영화 중 하나가 「와호장룡」이다. 이 영화를 보고 나온 여자들 사이에서 자신이 수련, 용, 파란여우 중 누구와 동일시하는가 하는 이야기가 재미있게 회자된 적이 있다. 나와 영화를 본 학생은 내가 당연히 자신들이 동일시하듯이 배움에 대한 강한 의지와 치열함, 그리고 강한 자아를 보여 주는 젊은 여자 주인공인 용과 동일시할 것이라고 생각했다. 그러나 나는 영화를 보면서 용에게 환호하고 그녀를 이뻐했지만, 패배하여 영화 내에서 버려지고 있는 파란여우를 주목했고, 그녀를 어떻게 재현하고 있는가를 살폈다. 나는 용이고 싶었지만, 파란여우였다. 우리 사회의 대학에서 여학생을 가르치고 있는 마흔이 넘은 여자, 나는 일정 정도 파란여우이다. 「와호장룡」에서 파란여우가 다루어지고 있는 방식은 나에게 남성 중심의 지식인 사회에서 나이가 들어가고 있는 여자 선생의 위상을 보여주는 하나의 징후였다. 무술을 배우러 들어간 무당파의 사부는 여자 제자인 파란여우에게 무술을 가르치는 대신 성적 서비스를 요구했고, 그를 죽인 그녀는 무당파 제자들의 복수의 대상이 되고, 그녀는 나쁜 길로 들어선 잘못된 수련자가 된다. 그녀가 키운 유일하며 특별한 제자인 용은 더 이상 배울 것이 없는 스승을 떠날 수밖에 없고, 용의 배움에 대한 욕망과 권력 의지는 최고의 검객인 무당파의 고수 리무바이를 만날 수밖에 없다. 영화에서는 리무바이의 검은 원하지만, 그의 제자가 되는 것을 머뭇거리는 용이 리무바이의 세계로 들어가는 것을 피하도록 하지만, 리무바이가 죽어 버려 갈 곳이 없는 용의 미래에 대한 해결을 죽음으로 마무리한다.

「와호장룡」에는 사회적 삶을 창조해 내는 두 명의 스승이 나온다. 하나는 리무바이이고, 다른 하나는 파란여우다. 생물학적 재생산이 아니라 지식을 통한 삶의 창조라는 측면에서 여자인 파란여우의 재현은 새롭다. 그러나 역사의 한 계보 속에 위치하는 리무바이와 역사가 되지 못하는 하나의 사건인 파란여우의 죽음은 영화 속에서 완전히 다른 서사로 구성된다. 그래서 관객들은 각 죽음에 다른 정서를 부여한다. 스승과의 관계에서 파란여우가 여자이기 때문에 발생되는 남자 동료들과의 다름, 즉 그녀의 섹슈얼리티로부터 발생되는 (부친/스승) 살해는 그녀의 운명을 결정하지만, 그것은 무림의 방식과 무관하다. 그녀가 여자라는 이유와 검객이 된다는 것은 전혀 상관이 없다. 그래서 여자 검객의 삶은 검객으로서 전혀 일관된 하나의 서사를 구성하지 못한다. 정도로서의 검도/지식은 무성적인 것이고, 객관적인 것이다. 다시 말하면 남성적인 것이다. 따라서 여성으로서 파란여우가 겪은 지혜로운 경험이나 몸으로 체득한 지식은 공식적 지식으로 전환되지 못하고 사적 체험으로 구분된다. 파란여우의 사적 체험은 제자 용과 이어지지 않은 잔여 부분이다. 훌륭한 검법을 배우기 위해서 용은 당연히 주류가 되지 못하는, 사도 여성 검객인 파란여우와 결별할 수밖에 없다. 그래서 제자를 가질 수 없는 파란여우는 무림의 한 사건일 뿐이다. 절대로 자신들은 실패한 중년의 파란여우나 아줌마들의 삶에 도달하지 않을 거라는(그들의 두려움과 공포를 연민하지만 이해하지 못하는) 용 같은 여대생 혹은 여자 대학원생들을 가르치는 사십대 페미니스트인 나에게 파란여우는 많은 말을 하고 있었다.

  나는 이 영화에 나온 여자들, 수련, 용, 파란여우를 서로가 배타적인 여성 인물 유형으로서가 아니라, 남성 사회에서 남성 지식이며 기술인 무술을 택했던 여성들이 삶의 여정 속에서 자신을 구성하는 경험, 그리고 남성 중심인 사회에서 자신의 주체성을 구성하는 방식의 징후로 읽어 보았다. 이 영화를 보면서 감독인 이안은 더 이상 과거의 방식으로 영화의 인물과 서사를 구성해서는 안 된다는 시대의 요청과 문법을 알고 있지만, 그가 선택한 여성이 무엇을 원하고 있는가 하는 것에는 관심이 없고, 관심을 가져도 알기가 어렵다고 생각했다. 그래서 파란여우와 용은 사라진다. 남성의 배후에서 한 걸음 물러서서 자신을 위치시키는 수련 이외에 이안이 설정한 여성 인물들은 이안의 텍스트 속에서 살아남을 수 없었다. 용과 파란여우가 살아남는 텍스트를 만들어 내는 것, 역사가 되지 못한 파란여우의 사건을 역사 서사로 만들어 내는 것, 이것이 여성주의자들의 의제이다.

5.

21세기 초반을 사는 우리는 특정한 사회적 상황에서 작동하는 지배적 조건이 항상 동일한 방식으로 동일한 권력 관계를 창출하지 않는, 일련의 파편적이고 분절적인 현실을 이동해 가면서 삶을 유지한다. 여성과 남성이라는 성별 그리고 나이, 경제적 문화적 능력은 다양한 방식으로 결합하면서 다양한 층위의 정치학을 드러낸다. 나이의 차이가 만들어 내는 여성들간의, 또 여성과 남성 간의 불평등한 권력 관계가 작동하는 방식 역시 단일하지 않다. 특히 이미지가 중시되는 스펙터클의 사회에서 사회적 경제적 권력과 심리적 문화적 권력은 나이의 차이를 둘러싸고 새롭게 경합하고 충돌하고 결합한다. 이런 상황에서 여성의 입지는 다양한 방식으로 차이화되면서, 간혹은 젊은 여자라는 이유 때문에 자신도 모르게 힘을 갖는다.

나이가 권력 관계의 문제적인 틀로 언어화되지 않는 상황에서 많은 사람들은 이러한 권력 관계를 느낌의 영역에 놓아 둔다. 그러면서 이 느낌 속에는 획일적이고 단일하지 않은 힘의 중층적 구조가 있다는 것을 몸으로 안다. 그러나 여기에 대한 논의는 아직까지는 일종의 터부이다. 한국 사회에서 나이는 장유유서의 질서 속에 있는 규범이라고 간주되어 왔다. 물론 이 규범은 실제 사람들의 경험적 현실과 갈등을 일으킨다. 하지만 갈등의 해결은 규범으로의 복귀이거나 더 많은 경륜을 지닌 어른들의 이해가 필요하다는 또다른 방식으로 장유유서의 규범을 강화하는 것이었다. 그 규범을 지탱하는 관계들의 긴장을 드러내고 또 깨뜨리면서 규범을 둘러싼 느낌의 경계들, 그리고 그 경계들 사이에서 만들어지는 권력 관계를 섹슈얼리티라는 렌즈를 통해 드러낸 텍스트로 뒤라스의 「연인」이나 나보코프의 「로리타」를 들 수 있다.

나이를 둘러싼 권력 작용의 다양한 측면을 볼 수 있게 된 것은 내가 마흔이 넘으면서부터였다. 마흔이 넘으면서 나보다 어린 사람들 그리고 나이가 많은 사람들과의 관계에서 차이가 발생시키는 다양한 차원의 권력 관계를 그 이전과는 다른 방식으로 느끼고, 인식하고 또 이해했다. 어렸을 때는 나이든 사람들과의 관계에서 자신은 항상 어렸다. "어리다"는 것은 공식적 그리고 비공식적 공간에서 다른 가치/권력을 갖는데, 공식적 차원에서는 억압되고 종속되고 무력하다. 그러나 비공식적 공간에서는 아무 것도 갖고 있지 않은 자의 전복적 그리고 가능성이 갖는 불안정하고 위험한 권력을 갖는다. 이러한 어린 사람이 갖는 권력은 사회적 차원에서 타자화되고 항상 아이에 가까운 반半 어른인 여자들이 갖는 권력과 유사한 측면이 있다. 여자이면서 대학에서 여성학을 가르치고 연구하는 지위를 갖고 있다는 것, 또 마흔이 넘은 독신이라는 사회적 조건들은 장소와 상황에 따라 많은 경우 나의 주체성과는 상관없이 다양한 방식으로 여자, 사회적 지위, 나이를 결합시키면서 의미와 권력을 구성한다.

문제는 많은 여자들이 이러한 권력 속에서 만들어지는 의미들이 자신들과 매개되거나, 자신을 규정하는 권력으로 작용할 때 곤혹스러워하고 당황스러워한다는 것이다. 그리고 여기에 대한 언어는 소통 가능한 것으로 변환되지 못하고, 몸의 느낌 속에 갇힌 채 외화되지 않는다.

6.

마흔 살이 넘으면서 다양한 일을 하는 여러 친구들이 마흔이 넘은 여성들에 대해 연구하고 글을 쓸 것을 내게 부탁한다. 그들의 부탁은 지금 자신들이 느끼고 있는 그리고 고통받고 있는 문제를 써달라는 것이고, 그것의 여성학적 해결을 말해 달라는 것이다. 친구들은 지금 자신들이 느끼는 것, 행하는 것이 문제처럼 느껴지는데, 자신들은 개인적으로 해결 능력이 없다는 것이다. 그런데 문제는 시간이 갈수록 이게 아닌데 하는 느낌이 더 강해질 것 같다는 것이다. 뭔가를 해야 하지만 그것이 무엇인지 모르고 또 무엇을 해야 할지 모르겠다는 것이다. 그래서 시간을 없애 버리는 것이면 공허하고 무의미한 느낌이 드는 것이라도 한다. 그것들이 사용되기를 주장하는 시간을 죽일 수 있기 때문이다. 그녀들은 세상에 대해 순진하지 않다고 한다. 그들은 웬만큼 배웠고, 약한 자에 대한 세상의 태도에 대해서도 알고, 자존심이 웬만큼 있고 다른 상황에서는 자기 정당화에도 능하다. 그러나 적어도 현재는 "세상은 다 그런 거야" 하고 모든 것을 동질화시키면서 현실에 존재하는 다양한 차이와 차별을 은폐시키고 자신의 안위 외에 아무것도 지킬 것이 없는, 그래서 아무런 사건이 없는 무력한 "곱게 늙는" 미래를 맞이하게 될까 봐 두렵다는 것이다. 바쁘고 해야 할 일이 있지만, 이유 없는 쓸쓸함과 외로움 그리고 허무함 때문에 주어진 일이 아니면 비어 있는 시간을 개인적으로 처리하지 못하고 방황한다는 것이다. 그리고 이러한 시간이 앞으로 더 많아지리라는 예감이 들고, 지금 이 시간이 지나면 이런 말도 더 이상 안 하게 될 것 같다고 말한다.

　이제까지 이런 중년 여성에 대한 비난은 먹고 살 만하니까 하는 소리다, 또는 여성들의 종교인 자녀들이 대학에 들어간 이후에 나타난 동공 현상이다라고 비난했다. 그러나 문제는 비난이 여자들이 현실에서 느끼는 무의미성을 변화시키지는 못한다는 것이다.

　이러한 느낌을 하소연하는 것은 여자들만이 아니다. 가끔은 마흔을 넘기는 남자 동료나 친구들로부터도 듣는다. 많은 남자들이 삶을 지루해 하고 연애를 꿈꾸고 실제로 많이들 바람을 피운다. 중년 남자들의 연애와 바람은 오늘날의 일만은 아니다. 남성의 혼외 연애는 남성성의 과시나 위기의 문제 혹은 그들의 사회적 자아의 재확인 그리고 자유를 향한 욕망의 표현 등과 관련하여 이야기되어 왔다. 문제는 20세기 말부터 한국 사회에서 연애가 더 이상 남성의 전유물이 아니라 남녀 노소가 모두 열망하는 개인적 자아의 발견, 정체화의 장으로 등장했다는 것이다. 연애의 민주화 속에서 연애는 탈사회적이고 탈정치적인, 그리고 탈역사화된 개인적인 것으로 인식된다. 1990년대 이후 한국 사회가 경험하는 세계화, 글로벌라이제이션, 세계와 접속되는 미디어의 혁명적 변화는 일상적 현실을 파편적으로 경험하게 하고, 지역 사회와 민족 국가, 글로벌의 경계를 모호하게 한다. 그러면서 사람들은 몸으로 체험한 현실이 전부가 아니다. 우리의 눈은, 감각은 더 이상 우리가 살고 있는 세계를 재현하고 있지 않다 혹은 재현할 수 없다는 인식을 갖게 되었다. 이제 세계/현실에 대한 이해는 우리를 둘러싼 미디어, 특히 이미지 재현 매체에 의존하게 되고, 연애 역시 대중 매체가 제공하는 연애 방식 혹은 각본을 통해 이해하게 된다. 대부분 미디어를 통해 알게 된 연애는 탈맥락화되고, 탈역사화된 자아들의 만남이고, 그 자아의 행위성은 우연과 재미에 기반한다. 바로 여기서 낡은 인생을 살고 있다고 생각하는 중년들에게 연애는 새로운 자아를 추구할 수 있는 새로운 대안으로 등장한다.

중년들은 더 이상 자신이 하고 있는 일이 대단한 가능성을 지닌, 어떻게 끝날지 모르는 기대와 흥분을 주는 일이 아니고, 세상에 널려 있는 다른 일들과 대동소이한 것들임을 안다고 했다. 내가 알고 있는, 많은 중년의 남녀는 아주 솔직하게 말한다면 아무것도 새로운 것이 자기 인생에 없다는 것을 알아 버렸다고 했다. 더 이상 새로운 것이 없다는 것, 그것은 인생의 금기 사항이다. 그 인생의 금기를 알아 버린 사람들이 할 수 있는 것이 무엇이겠는가? 아마 성경 말씀대로라면 전락이 있을 뿐이다. 대학의 역사학과 교수들간의 여러 이야기를 다루면서 사십대 지식인 남녀의 분열되고 파편화된 자아를 보여 주는 「아메리카 제국의 쇠퇴 The Decline of the American Empire」 라는 캐나다 영화가 있다. 이 영화에 한때 예리하고 이상주의적이었고 사회 변화를 꿈꾸고, 역사 속에 등장한 유명한 역사학자와 자신을 동일시하면서 학위를 끝내고, 교수가 된 한 남자 교수가 나온다. 이 영화에서 그는 사람들과 심각하지 않게 농담하면서 반복적이고 무기력한 일상을 살고 있다. 그는 마흔이 지나면서 자신이 할 수 있는 것과 없는 것, 그리고 자신의 한계 등등을 알게 된다. 자신은 단순한 대학 선생이고, 대단한 역사학자이거나 지식인이 아니라는 것이다. 여기서 자기가 할 수 있는 일이 뭐냐고 물으면서 예쁜 여자 아이를 만나 데이트하는 그런 것 외에 무엇이 더 있겠냐는 좌절을 이야기한다.

   그렇다면 이제 문제는 한 인생을 알아 버린, 이제부터 삶이 무의미하다고 느끼는 사람들이 다시 살 수 있는 방법은 어떤 것일까 하는 것이다. 가정 주부든 교사든 대학 선생이든 어떤 일을 15년 혹은 20년 이상을 한 사람들은 이제 호기심과 기대감을 자극하는 다른 경력을 시작해야 되는 것이 아닌가? 삶에서 더 이상 새롭게 발견될 것이 없는 끝을 보아 버린 사람들에게 그 끝이 보이는 삶을 지속하라는 것은 고도로 조직화된 조용한 폭력이다. 그럴 때 남는 것은 무료함과 권태이고 일상의 무게로 인한 자연스런 타락이다. 아니면 소비 자본주의 문화 산업이 만들어 놓은 판타지를 향한 끝없는 진공 속의 여행을 떠나야 하는 것이 이 시대의 대안인가? 하나의 경력을 시작한 지 10-15년이 지났을 때 또다른 인생을 새롭게 시작할 수 있는, 하나가 아니라 두 개 혹은 세 개의 인생을 한 개인이 살 수 있는 방식으로 사회가 재조직되지 않는다면 이제 우리는 무섭게 지루한 무거운 시간을 살아내야만 한다. 그 무게를 더는 방법은 개인에게 내재되어 있는 다양한 가능성들이 실험될 수 있도록, 한 개인이 여러 개의 독립적인 퍼스널리티를 가질 수 있도록 사회를 재조직해야 하는 것이다. 이 새로운 사회의 조직 방식은 지금보다 더 입체적이어야 하고, 더 분절적이지만 훨씬 더 연계되어 있는 유연하고 볼륨 있는 뫼비우스의 띠 모양을 하고 있는지도 모르겠다.

7.

구체적인 현실에서 반복적인 몸의 수행적 과정을 통해 삶을 구성하는 개인들에게 몸은 그들이 누구인지를 드러내는 표상이다. 그러나 몸을 문제화하면서 근대의 기획을 비판하고, 몸이 어떻게 지식의 주체와 대상으로 될 수 있는가 하는 것을 문제 삼는 페미니즘의 문제 의식이 나의 세계 인식에 어떠한 역할을 하는지, 혹은 하고 있는지를 드러내는 것은 쉽지 않다. 그것은 몸을 인식론적으로 다루지 못하는 문제 이전에 내 몸의 체험을 언어화할 수 있는 언어의 부재와 나의 머리에서 작동하는 몸에 관한 많은 문화적 검열 장치 때문이다. 근대의 지식 체계에서뿐만 아니라 일상의 차원에서 몸에 관한 언어가 부재한 것, 그것이 지금 나와 몸의 체험을 달리하는 여성들과의 의사 소통을 어렵게 하는 조건이다. 서로가 몸으로 다르게 경험하지만 그것을 소통할 언어를 갖지 못한 채 모두 "여성"으로 살고 있다고 전제하는 것이다.

나/페미니스트는 몸 밖에 존재하는 사회적 권력에 대해서는 언설적으로 자유롭다. 여전히 우리/페미니스트들 모두는 낙태, 피임, 모성, 재생산, 외모, 성, 포르노그라피 등과 같은 주제들을 다루면서 여성의 몸에 가해지는 사회적 정치적 권력들이 여성이 몸을 통해 경험하는 여러 체험들을 부정하거나 침묵하게 한다는 페미니즘의 몸의 정치학을 공유하고 있다. 그리고 몸은 단순히 객관적이고 자연적인 주어진 생물학적 조건이라기보다는 특정 사회에서 이해할 수 있고 수용할 수 있는 담론들의 효과로서 존재하고, 또 특권화된 몸(예를 들어 남성의 몸)의 체험이 여성의 몸의 체험까지도 규정하는 지배적인 지식과 진실의 인식 조건이 된다는 것을 알고 있다. 그러나 내 몸이 그 권력의 에이전트이고 또 권력의 희생자이며 또 저항하고 있다는 것을 개념화하는 것은 쉽지 않다.5) 아드리안 리치는 몸에 대한 공포와 증오 때문에 여성들인 우리의 두뇌는 기형이 되고 있다고 했다. 그래서 우리 시대의 가장 뛰어난 여자들조차도 여성의 몸 밖에 있는 다른 지점에서부터 사고하려고 애쓰면서 여전히 낡은 형태의 지성을 생산하고 있다고 지적했다. 여자들이 자기를 부정하는 것은 이제까지 남성 중심 사회에서 성원권을 갖는 문제, 생존의 문제와 관련되어 왔다. 남성 중심의 사회에서 여성 존재의 모든 측면과 여성의 삶의 방식 간에는 냉혹한 상관 관계가 있다. 그래서 몸이 인식의 구성 요건이라는 측면들을 무시한 여성의 연구들은 여자들의 일상적 삶이나 여자의 몸에서 발생하는 많은 현실들을 부정한다.

그렇기 때문에 많은 경우 여성학적 앎이 우리/여자들의 욕망과 욕구, 몸의 변화로부터 기인하는 삶의 구체성을 서로 소통하게 하고 이해하게 하고, 그

---

5) 우리 사회에서 아줌마 운동이나 장애 여성의 몸의 정치학, 여성 동성애 운동 등이 이러한 시도에 위치한다. 정찬의 소설을 극화한 연극, 「슬픔의 노래」는 이 문제를 심각하게 다룬, 중요한 우리 사회의 텍스트였다.

래서 여성 연대 속으로 묶어 주고 있지 못하다는 것을 여자들은 잘 알고 있다. 그러나 공개적으로 이 문제에 대해 우리는 논하지 않는다. 대신 우리는 크게 기능도 하지 않는 자매애라는 여성주의 규범 속에서 고독해 하고, 조금씩 황폐해 가고 있고, 개인화되어 가고 있다. 새로운 공동체가 필요하다고 인식하지만 그 공동체를 묶어 주는 준거들이 무엇이고, 이러한 공동체가 어떠한 것일 수 있을까에 대해서는 아직 아이디어가 없다.

근대의 이성에 기반한 통합된 개인을 만들어 내는 권력과 많은 타자성을 억압하면서 구성해 내는 일관된 자아라는 개념에 입각한 사회 제도와 질서 체계를 비판하는 푸코와 데리다, 들뢰즈 같은 소위 후기 구조주의자들은 과거를 부정하고, 새로운 주체를 만들라고 주장한다. 오랫동안 일관된 지배적인 역사 서사를 구성해온 남성들의 경험은 이제 억압적이고 규정적이어서 새로운 생각이나 경험을 의미 있게 만들고 인간들을 해방시키는 데 방해가 된다는 것이다. 그리고 이러한 주장은 이제까지 축적된 계보적 서사들을 한 번도 구성해 보지 않은 여성들의 경험에 무차별로 적용되기도 한다. 그러나 이들의 주장에는 역사가 아닌 사건으로 존재하는 여성들을 포함하지 않는다. 여성과 남성의 경험이 지식/역사로 구성되는 것의 차이, 그리고 나이/시간이 결합되는 여성들의 경험이 갖는 정치성에 민감해지면서 과거의 자아가 현재의 몸의 가능성을 억압하지 않는 그러한 사회의 가능성, 그리고 한 개인이 전 인생을 통해 한 번 이상 새로운 주체로 다시 살 수 있는 그러한 사회를 만들 수는 없을까 하는 구상을 해본다. 나이가 들어가는 것은 과거의 몸이 수용했던 자아를 더 이상 실천할 수 없음을 포함한다. 여성과 몸의 화두에는 몸의 경험에 기반하는 불연속적 자아들을 수용할 수 있는, 그러한 자아들이 자유로운 그래서 변화된 현실을 부정하는 규범적 자아를 버릴 수 있는 새로운 공동체의 조직 원리에 대한 생각이 포함되어야 할 때라고 제안하고 싶다.

2 성적 주체로서의 여성의 재현과 대중 문화

1. 들어가는 글[1)]

최근 한국의 여성학 연구에서 성이란 섹슈얼리티를 의미한다. 하지만 한국 사회에서 "성"은 사회 문화적인 차원에서 남성과 여성을 구별하는 성별, 성 역할 gender을 의미하기도 하고, 성별화된 여성의 성적 욕망과 실천 female gendered sexuality을 의미해 왔다. 우리 사회에서 여성주의 연구의 대상인

---

1) 여성학 혹은 성 연구에서 사용되는 용어들의 혼란이 이 글에도 있다. 여성 연구에서 가장 많이 그리고 논쟁적으로 사용되는 개념 혹은 용어가 젠더, 섹스, 섹슈얼리티이다. 한국 사회에서 이 개념들이 차별적으로 정의되고, 한국어로 번역되어야 한다는 필요성과 문제 제기가 많고, 또 많은 학자들이 개별적으로 번역해 사용하기도 한다. 이 문제에 대해 여러 번 여성 연구자들과 토론을 했지만 합의를 이루었다고 보기는 힘들다. 이 글에서는 이런 토론에 기반해 섹스를 성차로, 젠더를 성별 혹은 성별성으로, 섹슈얼리티는 성으로 번역한다. 동시에 맥락에 따라 번역 없이 원어를 한국어로 표기하기도 했다.

여성을 단일한 성별 gender 범주로 묶어 냈던 여성주의 정치학은 항상 생물학적 성차 sex와 사회 문화적인 성별/성역할 gender을 구별해 왔다. 그리고 여성학과 여성 운동의 대상은 성차가 아니라 역사적, 문화적 구성물인 성별로서의 여성이라고 역설해 왔다. 여기서 섹슈얼리티인 성은 성별성인 젠더의 하부 구성물로서 간주되는 경향이 있어 왔다. 그래서 성폭력, 매춘, 낙태, 피임, 포르노, 출산, 청소년의 로맨스 성 문화, 부부 관계 등에서 다루어지는 성은 비대칭적 성별 구조가 낳는 여성의 성적 문제들로 여겨졌다.

 1990년대 한국 사회는 마치 모든 것이 성적인 것 같은 everything is sexual 성에 대한 과다한 담론에 둘러싸여 있다. 여성주의 연구자들은 1990년대 중반 이후 여성의 성이 상품화 commercialization of sexuality되고 상품이 성화 sexualization of commodities되는 일상적 현실에서 어떻게 여성이 성적 주체일 수 있는가 하는 "해방적"인 여성의 성에 대해, 그리고 동시에 성의 상품화의 물결 속에서 여성의 성/몸이 얼마나 피해받고 왜곡되고 있는가에 대해 논평해야 하는 모순적 상황에 놓여 왔다.

 1990년대 한국 사회에는 성과 관련하여 다양한 태도와 입장을 갖는 여자들이 등장했다. 여성은 남성과 똑같이 성에 대한 욕망과 쾌락을 갖는다는 성해방주의자 여자들에서부터, 페미니스트이며 동시에 성적으로 해방된 여성임을 자처하는 포르노 배우와 누드 모델, 또 성적 매력을 사회적 자본으로 사용하는 여성이 곧 해방된 여성이라고 인정하는 젊은 여자들이 가시화되기 시작했다. 동시에 직장과 가정 그리고 거리에서 성폭력과 성희롱을 경험한 피해 여성들이 자신을 드러내기 시작했다. 그러나 여성의 성은 여전히 금기이고 위험이다. 따라서 여성의 몸이나 성에 관한 지식들을 과다하게 유포하는 것은 "여성성"을 저하시키는 것이라고 믿는 여자들이 여전히 많고, 성적인 행위를 적극적으로 하지만, "성적"인 것에 대한 자기 언어를 갖지 못한 십대, 이십대 초반의 젊은 여자들이 거리를 메우고 있다.

1990년대 한국의 대중 매체는 성적으로 적극적인 젊은 여성과 과다한 성적 욕망으로 괴로워하는 가정 주부들을 재현해 냄으로써 성적 존재로서의 여성을 보여 준다. 성적 존재로서 여성들이 부상되고 재현되면서 남성 중심의 성 체제에서 여성의 성이 갖는 위험성을 지적해 내고 성폭력이나 성희롱의 문제를 사회화, 정치화시키는 1990년대의 한국 사회에서 페미니스트들은 성적으로 교착된 지점에 위치해 있다. 그래서 어떤 남성 문화 평론가는 "한국의 페미니스트들은 섹시하지 않다"고 한국의 (제도적) 여성주의자들의 무성성 asexuality을 비판한다. 성 담론에 관한 한 한국의 페미니스트들은 성을 다룰 수 없는, 보수적이거나 무성적인 존재로 간주된다. 이럴 때 여성이 성을 논하는 것은 위험하다. 여성의 성 경험을 드러내고 여성의 성적 주체성을 논하는 여성 작가들은 본격적인 작가로 취급되지 못하거나 페미니즘을 잘못 이해한 아류 혹은 이류 페미니스트라고 남성 지식인들로부터 비난받고 공개적 충고를 듣는다. 반면에 남성 중에는 우리 사회에서는 성 개방이 곧 여성 해방이라며, 결혼한 여성에 대해 창녀론을 쓰는 남성이 있다. 그렇지만 여전히 한국 사회에서 여성의 성적 개방은 여성의 고유성을 손상시키고, 남녀의 성 질서를 훼손한다고 생각하는 남성들과 여성들이 대다수이다. 그래서 많은 여성주의자들과 여성 작가들은 성을 논할 때 문화적 자기 검열을 경험한다.

한국의 페미니스트들은 1980년대 후반 이후 한국 사회에서 성을 권력의 한 형태로 문제 제기하여 여성의 성을 정치적 사회적 이슈로 만들고 연구 주제로 부상시켰다(장(윤)필화, 1999 ; 조주현, 2000). 한편 1990년대 전반기에 한국 여성주의자들의 성 담론에 대한 비판도 조금씩 제기되기 시작했다. 비판은 성별 위계보다는 성적 쾌락의 위계성을 문제화하는 성 정치론자들에 의해 제기되기 시작했다. 성 정치론자들은 가부장제 사회에서 위계적으로 존재하는 여성의 성을 문제화하는 여성주의자들이 성 연구를 성별의 권력 작용으로 다루거나, 성에 관한 피해자적 입장만을 정치화한다는 것을 지적하기 시작했다(서동진, 1996 ; 김지혜, 1998). 사회적 구성물로서의 성에 대한 문제 제기와 급진적인 서구 페미니스트 성 연구의 유입은 20세기 후반의 한국 여성주의 연구 / 정치학에 처음으로 성 sexuality과 성별 gender의 범주에 대한 논의를 구체적으로 가져왔다. 이러한 논의가 시작되었다는 것은, 남녀라는 이분화된 성별 구도 위에서 전개되는 한국 여성학의 성 논의가 남녀의 성애적 결합을 강제하는 성별 중심의 이성애 제도의 틀 속에 갇혀 있고, 여성의 성이 어떻게 성별과 성의 정치적 과정 속에서 구성되는가 하는 시각을 결여하고 있다는 비판을 제기하는 것이었다.

모든 인간에게 보편적으로 "참되고 해방된 자연적인 성이 있을 것이다"라는 성과학의 성 담론과는 달리, 페미니즘은 시작부터 여성의 성에 대한 의미와 실천은 역사적이고 문화적인 산물이라는 전제를 가지고 있었다. 그래서 여성의 생물학적 조건으로 여성의 성을 환원시키는 사회 문화적 재현 체계를 변화시키고자 시도해 왔다. 그러나 한국의 여성학은 성이 "인간 내부에 있는 본능적인 어떤 것"이라는 우리 사회의 일반적 통념을 크게 비판해 내지 못했다. 그 이유는 성이 어떻게 역사적 구성물이며, 우리의 사적, 공적 삶이 어떻게 성에 의해 구조화되는가에 초점을 맞춰 연구를 진행하지 않았기 때문이다. 성에 대한 여성주의적인 입장들 역시 "성은 모든 인간들에게 좋은 것이고, 그것을 저해하는 폭력적이고 가부장적인 남성 중심의 성을 규제,

통제해야 한다. 문제는 어떻게 건강하고 평등한 성을 가질 것인가이고, 그것을 위한 사회적 대책과 성교육이 시급하다"는 것이 중심이었다. 긍정적이고 사랑에 기반한 성을 주장하는 이러한 여성주의의 논의는 가부장제 구조 속에서 성이 제자리를 찾을 수 있다는 함의를 내포하면서 본질적이고 성별 중립적인 성 논의와 크게 차별되지 않는 논의를 전개해 왔다. 다시 말해서 한국 사회에서 성을 둘러싼 여성주의 논의에는 성별주의, 성에 대한 본질주의, 성과학, 그리고 역사주의적이고 구성주의적인 관점들이 혼재되어 있다. 이러한 상황은 한국의 여성학 연구자들로 하여금 다양하게 등장하는 성 문제에 대해 "여성들은 억압받고 희생되고 있다"는 이성애에 기반한 성차별주의의 일반론을 반복하면서 모든 이유들을 이론적 방법론적 교착 지점에 대열시키게 했다. 이제 여성주의의 성 연구는 남녀 구도 속에서 모든 문제를 가부장적 남성 중심의 성으로 환원시켰다. 성 논의의 교착 지대를 피해갈 수 없게 되면서 성 연구를 둘러싼 이론적 방법론적 모색을 하고 있다.

위에서 보는 것처럼 우리 사회에서 유통되고 있는 여성의 성에 관한 언설들은 서로 모순되고 충돌한다. 이 글은 이러한 한국 사회에서 여성의 성을 어떻게 논할 것인가, 여성의 성을 논하기 위한 개념적 방법론적 이슈들은 무엇인가를 페미니스트 문화 연구의 측면에서 다루어 보기 위한 것이다. 이러한 문제 제기를 위해 이 글은 여성의 성이 어떻게 우리 사회의 대중 문화에 재현되는지, 재현된 여성의 성은 어떻게 성적 주체로서 구성되는지, 그리고 그 사회적 정치적 의미는 한국 사회에서 어떻게 논의될 수 있는가를 살펴보고자 한다. 이 글의 초점은 대중 문화가 여성의 성적 주체성을 어떤 방식으로 형성하고 있다는 것을 검토하려는 것이 아니다. 단지 대중 문화 속에 재현된 여성의 성이 여성을 어떻게 재현하는지 그리고 여성이 맺는 다양한 사회 관계 속에 어떻게 위치하고 있는가를 통해 성적 주체로서의 여성에 대한 여성학적 의미를 추구하고자 하는 것이다.

이 글은 여성의 성은 성별화된 인간 범주인 여성 the woman의 내부에 혹은 몸에 존재하는 것이 아니라, 한 사회에서 다양한 사회 관계를 맺고 있는 여성 개인이 그 사회에서 위치지어지는 다양한 담론 속에서 구축된다는 입장을 갖는다. 따라서 성적 주체의 문제는 성적 존재로서의 인간/여성을 상정하는 것이 아니라, 사회적 담론과 실천에 의해 성적 주체로 구성되고, 새롭게 구성될 수 있다는 것이다.

이 글에서는 우리 사회에서 성을 공개적인 대중 문화의 담론에 본격적으로 끌어들였다고 평가되는 장선우 감독의 「너에게 나를 보낸다」를, 여성이 재현되는 방식, 재현된 여성이 텍스트 내에서 위치하는 방식, 그리고 한국 사회에서 텍스트와 여성의 성이 조직되는 방식과 관련시켜 분석할 것이다.

2. 여성학 연구에서 성별과 성, 그리고 성적 주체

이 글은 어떻게 한국의 대중 문화에 재현된 여성이 성적 주체로 구성되는지 그 과정을 보고자 하는 것이다. 즉 여성의 성별과 성의 문제가 어떻게 맞물리면서 우리 사회에서 여성의 성을 정의하고 규정해 내는가를 논하고자 한다. 그러나 아직 한국의 여성학 연구에서는, 한국 현실에서 일어나고 있는 성적 현상들이 어떻게 여성학의 기본 개념인 성별과 맞물리고 교차하는지, 갈등하는지에 대한 논쟁이나 개념화 작업이 본격화되고 있지 않다. 따라서 이 절에서는 성별의 정치학과 성의 정치학이 여성학 논의에서 어떻게 접합되고 경합되는지를 드러내기 위해서 서구의 여성학에서 경험했던 성별과 성 개념의 접합과 경합에 대해 소개하고자 한다. 이는 우리 사회에서 성적인 것에 접근하는 여성주의자들이 갖는 정치적 문화적 어려움이 어떠한지를 상상하는 데 도움을 줄 것이다.

성을 역사적 문화적 구성물로 접근하는 성에 관한 새로운 연구가 서구 학계에서 논의되기 시작한 것은 1970년대이다. 성에 대한 새로운 연구가 시작되기 이전의 성 sexuality은 19세기 초기 이래 개인의 생리 혹은 심리에 위치해 있으면서 문화와는 독립되어 있는 자연적이고, 변하지 않는 자아의 본질적인 핵심으로 정의되어 왔다. 이것은 하나의 고정된 에센스 이상의 것으로 성이란 분석적으로 구별 가능한 본성들을 지닌 남성, 여성, 동성애, 레즈비언, 가학, 피학 등등으로 나뉠 수 있는 것으로 간주되었다(Padgug, 1990). 1970년대의 섹슈얼리티는 이러한 오래된 본질주의적, 자연주의적인 성에 대해 의문시하면서 무엇이 성적인 신념과 행동을 구성하는가 하는 질문뿐만 아니라, 성 그 자체의 역사에 관한 새로운 질문들을 제기했다(Foucault, 1978 : 105).[2] 성은 이제 특정한 질문 양식을 통해 그 구체적 형태와 역사가 드러나는 담론의 산물로 간주되었다. 바로 성에 대한 이러한 접근 방식 때문에 1970년대 이후의 성 연구는 역사주의와 문화주의적인 입장에

---

2) 1970년대 이후, 성은 사회적 역사적 힘의 산물로서 접근되기 시작했다. 성은 우리의 사적 공적인 삶을 구분하는, 명백하게 사회적인 모습으로 존재하지만 그것은 수다한 생물학적, 정신적 가능성 — 성별 정체성, 신체적 차이, 출산 능력, 욕구, 욕망과 환상 — 들이 뒤엉켜 만들어진 하나의 역사적 구성물로 정의된다. 이런 맥락에서 성에 부여하는 의미는 사회적으로 조직되며, 성이란 무엇이고 무엇일 수 있는가는 다양한 담론들에 의해 그 의미가 유지된다(웍스, 1994 : 19).

서 진행되었고, 성은 사회 관계와 무관하게 개인의 내부에 보편적으로 존재하는 본능으로 다루는 본질주의와는 구별되었다.3)

여기서 성을 논하는 방식은 두 가지로 제기될 수 있는데, 하나는 자신과 맺는 관계 즉 자신의 주체성과의 관계에서 제기되는 것이고, 다른 하나는 성이 사회와 맺는 방식에 대한 질문이다. 첫째는 특정한 역사적 시점에서 성이 자아 정체성과 관련되는 지점을 살펴보는 것으로, 특히 근대 서구 사회에서 성이 왜 자아와 정상을 정의하는 데 그렇게 중요한가를 질문하는 것이다. 또다른 하나는 성의 사회 관계에 대한 질문으로, 특정한 역사적 시점에서 성이 다른 경제적, 사회적, 정치적 구조와 어떻게 접합되어 있는가 하는 것이다. 이는 성적인 영역이 조직되는 방식과 그 의미에 대한 질문이다 (Foucault, 1984 : 77).

이러한 성 연구의 역사주의적 접근과, 성을 오랫동안 정치적 의제로 간주해온 페미니즘 사이에는 처음에 아무런 문제가 없었다.4) 여성을 정의하는

---

3) "성이 역사를 갖는다" 그리고 문화마다 성적 욕망과 실천의 형태가 다르다는 "발견"은 인간 존재의 객관적인 토대로 간주했던 몸이나 성에 대한 사고에 급진적 전환을 가져왔다. 그리고 몸과 성 그 자체가 정치적 의제가 되기 시작했다.
4) 남성과 여성의 성 sexuality이 자연의 산물이 아니라 문화의 산물이라는 초기 여성주의의 성 개념은 1972년에 씌어진 앤 오클리 Ann Oakley의 글에 잘 정리가 되어 있다. 성은 일반적으로 자신을 여성과 남성이라고 인식하는 데 사용되기도 하지만, 이것은 성별 개념과는 차별되는 개념이다. 여성주의에서는 여성다움과 남성다움을 정의하는 개념을 포함하여 여성과 남성 간의 사회적 문화적 차이를 언급하는 데는 성별 gender이라는 개념을, 그리고 여성과 남성 간의 친밀한 성애적 활동은 성적 sexual이라는 개념으로 사용해 왔다. 여기서 성애적 의미를 가지면서 개인적 사회적 삶을 지시하는 성 sexuality의 개념은 고정된 것이라기보다는 그 내용과 범위가 유동적이라고 정의된다. 성적이라는 것을 남성과 여성 간의 관계에 관련된 것이라고 설

성별은 문화적 산물이고, 남성과 여성의 성관계 혹은 성(섹슈얼리티)에는 가부장제 사회에서 관철되는 남녀의 권력 관계가 내재되어 있다는 여성학의 입장은 성에 관한 역사주의적 연구에서 처음부터 특권적 지위를 갖고 있었다. 그래서 오랫동안 일관되게 여성의 몸에 가해지는 성폭력과 "여성성" 혹은 "여성의 성의 대상화"에 관한 재현 연구가 여성학에서 중요하게 다루어져 왔다. 여성주의자들은 분석적인 차원에서 성과 성별의 구분이 가능하다고 보았지만, 남성 중심의 가부장제 사회에서 두 개념은 경험적인 차원에서 관련된 것으로 인식해 왔다. 여성주의자들에게 성은 성별과의 관련 속에서 그 중요성이 있었는데, 왜냐하면 남성과 여성 간의 사회적 구분과 위계적 관계가 여성의 성이 갖는 종속성, 수동성 등 성의 사회적 실천 형태에 심대한 영향을 미친다고 보았기 때문이다. 이러한 논의에서 여성의 성은 남성과 여성의 이분적 성별 위계 체계 위에 구축되어 있었다. 이렇게 성별화된 여성의 성은 1970년대 성에 관한 해방적 담론과 연결되면서 여성 중심적, 여성적인 성의 발견이란 논의로 나아갔다. 그리고 페미니스트들은 자율적이고 자기 규정적인 성에 대한 여성 중심적인 성 담론의 확대를 여성의 개인적 해방과 권력화로 등치시켜 왔다(Stanton, 1992 : 14).

그러나 1970년대 여성들의 성적 쾌감은 질이 아니라 음핵의 자극을 통해 온다는 성의학의 연구 결과는 삽입 성교와 이성애적 성애 그리고 여성들의 성적 실천에 대해 새로운 사고를 가능하게 했고, 성이 여성들에게 쾌락적일 수 있다는 지식이 주류 문화에 침투하기 시작했다(Koedt, 1972 ; 추애주, 1991).

명한 오클리의 글은 후에 이성애적 사고를 강화한다고 다른 여성주의자들로부터 비판을 받았지만, 광범한 의미에서 성은 성애적 욕망, 실천, 그리고 정체성을 포함하는 것으로 페미니즘 내에서 수용되어, 정의되어 왔다(Jackson & Scott, 1996 : 2).

그러면서 남녀의 성별 구도에 입각한 이성애주의에서의 여성의 성적 위험, 레즈비어니즘과 여성의 성애 그리고 성적 쾌락의 언설이 페미니즘 내로 들어오기 시작했다(Jackson & Scott, 1996 : 12-17). 그러나 여성의 성적 쾌락에 관한 언설의 도입은 여성주의 성 시각/연구에 대한 비판을 동반하면서, 페미니즘 내에 성을 둘러싼 긴장과 갈등을 만들어 낸다. 즉, 성별 체계 위에서 구축된 여성주의 성 연구는 욕망의 이성애적 위계를 인정하면서 남성의 강제적이고 폭력적인 성의 위험을 강조함으로써 여성을 끊임없이 피해자로 만들고, 모든 여성을 이성애의 구도 내에서 동질화해 내고 있다는 비판이 시작되었다. 특히 성의 쾌락적 측면을 강조하는 성 자유주의자들은 1970년대의 페미니즘이 레즈비언 페미니스트들의 경험을 탈성화할 뿐만 아니라, 여성들에게 성의 위험성을 강조함으로써 가부장적 성별 구도 속에 여성들을 묶어 놓고 있다고 비난했다. 특히 이러한 반격은 성폭력과 포르노그라피를 둘러싸고 첨예한 논쟁으로 이어졌다.5)

마침내 이러한 긴장과 갈등은 1982년 미국 뉴욕의 버나드 대학에서 열린 "성 정치 회의" 이후 페미니즘 내에서 일종의 "성 전쟁"으로 발전하게 된다. 게일 루빈은 이 버나드 회의를 언급하면서 여성의 성에 대해 다른 주체가 구성되는 "여성주의적 성의 위기"라고 이 사건을 칭했다. 이 회의는 성 논의

---

5) 위험으로서의 성과 쾌락으로서의 성을 강조하는 것을 둘러싼 여성주의 내의 논쟁과 분열은 서구 페미니즘에서 이때 처음으로 등장한 것은 아니다. 19세기 말과 20세기 초의 서구 페미니즘 내에서도 이 논쟁과 갈등이 첨예하였는데, 이러한 갈등은 불가피하게 성적 그리고 재생산적 이슈를 강조하는 것으로 여성 운동을 각각 분열시켰다(Dubois & Gordon, 1984). 성을 둘러싼 이런 갈등은 1990년대 이후 한국의 페미니즘 진영 내에서도 매매춘과 포르노그라피 등을 둘러싸고 학회 등에서 간혹 발생했다.

에 "전쟁"을 불러오면서 역사적 문화적 구성물로서의 성, 욕망하는 주체로서 자신을 의식적으로 규정하는 성적 주체로서의 여성, 그리고 이성애와 동성애를 포함한 여성들간의 성애적 다양성의 논의가 여성학 연구 내로 들어오는 계기가 된다. "성 정치 회의" 이후 성에 관해 급진적인 입장을 취하는 여성주의자인 게일 루빈과 캐럴 반스는 당시까지 성에 대해 우월한 입장을 갖는 (이성애에 기반한) 여성주의의 포지션을 규범주의적, 위계주의적인 성에 관한 가정들이라고 비판했다. 반스는 여성의 성적 쾌락을 궁극적인 권리로 주장하면서 페미니스트들은 좋고 나쁜 성에 대한 범주를 제거해야 하며, 자신이 정의내리는 비규범적인 성의 실천들을 포용할 수 있어야 한다고 주장했다(Vance, 1984 : 22-24). 루빈은 여성주의 사고는 성의 권력 관계와 사회 조직을 포용할 수 없는 억압 이론이라고 주장하면서, 젠더와 섹슈얼리티는 분석적으로 구분되어야 한다고 주장했다(Rubin, 1984 : 307-309). 이 사건 이후 여성학 연구에서는 포르노그라피, 사도마조히즘, 정치적으로 올바른 성, 이성애와 동성애를 둘러싼 페미니스트들의 이론적 정치적 분열이 시작되었고, 성 논의는 여성주의와 성 정치 사이에서 정치적인 경합장이 되기 시작한다(Jackson & Scott, 1996 : 17-25 ; Duggan & Hunter, 1995).

그러나 성은 독립적으로 존재하는 것이 아니라 그것이 존재하는 사회적 맥락 속에 위치한다. 문제는 사회적 맥락을 어떻게 설정하고, 여성을 어떻게 문제화하느냐에 따라 성과 여성을 관계짓는 방식이 달라진다. 여전히 많은 급진주의 여성주의자들은 사회적으로 불평등하게 조직화되는 성별 체계 속에 위치하는 여성의 성은 그 불평등한 권력의 관계망 속에서 구성될 수밖에 없다고 주장하면서, "성 전쟁" 기간에 성폭력과 포르노 반대 운동을 전개했다. 성별 대신 성을 특권화하여 자신의 입장을 발전시킨 매키넌은 성이란 욕망을 지시하고 표현하고 조직하고 창출하여 우리가 알고 있는 남성과 여성이라는 사회적 존재로 창조해 내는 사회 과정이라고 규정한다. 성의 중립성을 강하게 비판하는 매키넌은 성차는 몸에 대한 견해, 성과 재생산의 장소에 근거하는 것으로, 사회 생활에서 이미 불평등한 것을 의미하는 성별에 의해 각인된 일련의 실천이라고 주장한다. 따라서 성애적이란 권력의 차등을 성적으로 만드는 것이라고 비판하면서 불평등한 조건하에서 성적 경험은 곧 위계의 경험을 의미한다고 지적한다(MacKinnon, 1992 : 126). 매키넌은 여성의 위계화된 성적 경험, 성적 착취가 남성 지배와 남성과 여성의 불평등한 관계를 낳는 것이고, 바로 표준화된 이성애적 관계에 내재하는 강제적 성이 여성을 "여성의 자리"에 있게 하는 사회적 권력이라고 설명했다. 그러나 모든 여성과 남성을 보편적인 존재로 설정하는 매키넌의 논의는 여성들간의 차이 그리고 다양한 여성 집단들이 남성과 맺는 관계, 또 여성의 다양한 성적 정체성이 어떻게 만들어지는가 하는 성과 성별의 관계를 묻는 질문에 봉착하면서 다른 여성주의자들과 이론적, 운동적 갈등을 낳았다.

    성차 sex가 주어진 것이나 기원이거나 어떤 궁극적인 것이 아니라 성 sexuality의 사회적, 담론적 지배의 산물이라는 푸코의 영향을 받은 성 구성주의자들은 성과 성별을 문제화하면서 성적 주체라는 것이 어디에 표식되는 무엇을 의미하는가를 질문했다. 그러면서 성별을 특권화시켜온 페미니스트들과 자신들을 차별화했다. 특히 이들의 성 논의는 성 정체성으로 인해 정의되는 레즈비언의 성을 논하면서, 성과 성별, 성차 그리고 몸, 욕망, 쾌락 등의 관계에 대해 문제를 제기해 왔다. 여기서는 이들의 성 논의가 다른 여성주의자들과 다르다는 것을 드러내기 위해 드 로레티스나 버틀러 그리고 그로쯔가 문제화하는 개념이 무엇인지를 간단히 지적하겠다.

1980년대 이후에 성별성 자체가 고정되어 있는 것이 아니라 재현의 산물이라는 입장을 갖는 드 로레티스나 버틀러의 등장은 성별과 성, 그리고 (여성의) 몸에 부가되는 성적 의미라는 것을 둘러싸고 이전보다 훨씬 복잡한 논의를 전개시켰다. 성별 정체성 자체가 재현 체계 속에서 구성되는 기호라고 보는 드 로레티스는 푸코의 성의 기술 technologies of sex을 젠더의 기술 technology of gender에 차용하여, 어떻게 성별이라는 것이 사회적인 기술 혹은 장치에 의해 구축되는가를 보여 준다(Butler, 1987 : 11-26).[6] 버틀러는 젠더라는 것이 본래적인 것이 없는 것에 대한 일종의 모방이고, 생물학적 성차라고 알려진 섹스 역시 사회적 성별인 젠더만큼이나 사회적 수행과 심리적인 각본화를 통해 가정된 "자연성"을 획득하려는 담론들의 정치학이라고 본다. 그리고 성적 정체성이란 그 자체가 본질적인 내용을 담보하는 것이라기보다는, 외부의 다른 정체성 혹은 정치적 담론과의 관계 속에서 의미를 가질 뿐이라고 설명한다. 그렇기 때문에 성적 정체성은 그 자체로만 존재하는 것이 아니라, 특정한 사회적 맥락에서 작동하는 다양한 차이/차별화의 과정 속에서 구축되는 주체라고 보았다(Butler, 1990). 이들은 여성을 남성과의 대립과 차이로 설명하는 성별에 기반한 여성주의는 모든 여성들을 동질화하고 본질화하여 여성들 사이의 다양한 차이들을 설명하지 못하고, 본질적이고 형이상학적인 어떤 것으로 여성성을 가정하는 한계에 봉착한다. 그리고 억압의 기제로 작동하는 성별 체계를 설명하는 대신 이분법적 성별을 계속적으로 재현해 낸다는 것이다. 그러나 그로쯔(Grosz, 1995)는 버틀러나 드 로레

---

6) 성이 다양한 테크놀로지의 산물이고 재현이라는 드 로레티스의 논의에 대해서는 김소영, 1995, 「페미니즘의 주체 형성과 정치학」, 『시네 페미니즘, 대중 영화 꼼꼼히 읽기』, 과학과 사상을 참조할 것.

티스가 푸코의 성차 sex / 성 sexuality의 구도에 문화적 구축물로서 성별 gender을 하나 더 가져오는 것은 여성주의에 이롭다기보다는, 이미 성차 자체가 담론의 산물이거나 혹은 연행의 결과로 설명하는 틀 내에서 부적절하고 반복적인 논의라고 보았다.[7] 그들의 성별 개념은 우리가 성차화되고, 성차에 의미를 부여하고 규정하는 방식에서 광범한 사회적 제도들, 맥락, 다양성을 설명하는 데는 불필요한 용어라는 것이다. 그로쯔는 성의 제도의 결과로 존재하는 성차는 결국 몸의 형태에 관한 질문이고, 성적 차이를 언급하는 성차란 결국 성차화된 몸의 생산과 규정을 의미한다고 보았다. 그러면서 논의는 성별의 질서 속에 있는 것이 아니라 성차와 몸이 갖는 불안정성이고, 그것들의 관계가 구성되는 방식이라는 것이다. 결국 몸이 행하는 것, 그리고 행할 수 있는 것들이 주체를 만들어 가는 것이고, 성차와 주체가 생산되고, 각인되는 몸을 문제화하는 것이 현실적인 문제 제기라고 지적한다.

성별과 성의 정치학의 결합을 경험한 1980년대 중반 이후 1990년대 여성학의 성 연구는 여전히 많은 부분 남녀의 성별 경계 위에서 구축된 젠더와 성이 맞물리면서 구성해 내는 정치적 현상들에 주목했고, 동시에 성별과 성에 작용하는 사회적·정치적·인종적 차이 등의 중요성을 인정하기 시작했다. 특히, 젠더나 성이 복합적인 사회적 정치적 기술(혹은 담론)이 생산하는

---

7) 다시 말해서 성별 gender이 더 첨가된다 하더라도 그것이 푸코의 성차 / 성 sex / sexuality의 논의를 더 확대시키거나 변화시키지 않고 있다는 것이다. 푸코는 성차 sex가 나중에 만들어지는 상부 구조적인 파생들(예를 들면 성별이나 성)의 기초, 사실, 자연적 토대로 이해될 수는 없다고 지적한다. 대신 푸코는 주체성, 정체성 혹은 문화 헤게모니에 대한 기원으로, 주어진 것으로 성차를 이해하는 방식 자체가 성(섹슈얼리티)의 사회적 담론적 제도의 산물 혹은 효과라고 말한다(Grosz, 1995 : 212에서 재인용).

일련의 효과라는 논의들에 영향을 받은 페미니스트 문화 연구가들은 여성의 성적 주체를 논하기 위해서 여성과 남성이라는 보편적 대립 구도를 넘어 여성들간에 존재하는 차이가 구성해 내는 성적 주체에 주목했다. 즉, 특정한 역사적 문화적 맥락 내에 존재하는 민족·계급·성정체성이라는 층위들이 교차하면서 분열되고 모순된 정체성들이 구성되는 측면을 문제화하고자 하였다(Haraway, 1991). 그리고 이러한 차이들을 만들어 내는 맥락의 역동성에 주목하면서 서구 페미니즘은 성과 성별성, 인종적, 계급적 차이 등이 결합되는 방식들의 다양성과 불안정성을 이슈화하였다. 동질성을 기반으로 한 고정된 집단/범주로서의 여성이 아니라 특정한 맥락에서 이질적인 층위들이 교차하면서 구성되는 여성 주체가 1990년대 성 연구와 여성주의 정치학의 주요한 화두로 대두되었다.

　현대 여성주의 논의에서 가장 강하게 주장되어온 언설 중의 하나가 "가부장제하에서 여성들은 그들의 주체성이 부정되어 왔다" 그리고 "남성은 주체이고 여성은 대상이다"라는 것이다. 그러면서 어떻게 여성의 주체성이 구성될 수 있는가 혹은 타자성을 극복할 수 있는가 하는 질문들을 던져왔다. 보부아르는 『제2의 성』에서 여성들이 완전한 인간이 되기 위해서는 남성의 역사적 특권이었던 초월적 주체성을 획득해야 한다고 역설한 바 있다. 이러한 논의는 초월적 주체인 남성과 동등하게 되는 것에 의해 주체/남성/인간이 될 수 있다고 가정한다. 그리고 이러한 논의의 직접적인 반영으로 남성적 기준에 맞는 여성 주체가 되고자 하는 노력이 오랫동안 여성학 전통에 있어 왔다. 억압된 존재로서, 타자로서의 여성이 주체의 특권에 도전하고 그것이 되는 것 이외에 다른 방도가 없었다. 왜냐하면 이미 문화 속에서 모든 인간은 성별화되기 때문에 타자로서의 여성의 성별성을 지워 내고, 본래적인 자기 자신이 되는 것은 이분법적 구도 속에서 현재의 타자가 아닌 주체를 택하는 것이기 때문이다. 이런 맥락에서 성적 주체로서의 여성에 대한 논의는 가부장제하에서 여성은 성적 대상이고 피해자이지만, 어떻게 여성의 성적 쾌락과 성적 표현의 욕망을 회복할 수 있는가와 관련된다. 이러한 논의는 불가피하게 쾌락을 강조하는 여성주의자들에 의해 제기되었고, 그들은 여성들의 자율적인 성의 권리가 부인되었고, 성의 대상으로만 다루어져 왔다는 점을 반박해 왔다. 여기서 문제는 여성을 위해 자율적으로 정의된 여성의 욕망, 그리고 여성들을 성적 주체로 만드는 능동적인 성을 재주창하는 것이었다(Cameron & Frazer, 1987). 그러나 성적 주체화와 자유는 새로운 욕망을 구성하는 것은 아니고, 가부장제적인 힘에 의해 억압된 여성들의 성적 욕망을 수용 가능한 형태로 조직하여 드러내는 것을 의미했다. 따라서 이러한 논의 구도 속에서는 남성과 여성의 성별 체계가 갖는 역사성과 정치성, 그리고 그 과정에서 성적 욕망과 쾌락이 어떻게 구성되었고, 구성되고 있는가 하는 측면은 배제되었다. 반면에 보부아르의 진술을 새롭게 구성해 내는 여성주의자들은 체계 속에서 타자로 논해지던 여성의 성을 주체성을 생성하는 장으로서의 몸에 대한 질문으로 전환시키고 본질적인 토대로서의 성별에 대한 비판들과 함께 성이 성별을 조직하고 구성하는 논의들을 등장시켰다. 이들은 특정한 방식의 성적 욕망과 쾌락의 생산 방식 자체를 논의의 대상으로 삼기 시작했다(Wittig, 1981 ; Butler, 1987 ; Irigaray, 1985).

최근 여성주의 성 연구에서 가장 많이 언급되는 성적 주체성의 문제는 본질적이고 자연적인 초월적 자아의 속성으로서가 아니라, 변화하는 역사로서의 성과 특정한 역사적 시점에서 구성되는 주체(개인)들의 포지션과의 관계 속에서 논의된다. 이러한 성의 역사화(문화화 혹은 탈자연화)는 근대성을 특징지어온, 중심화되고 통합된 개인인 초월적 주체의 해체를 의미한다. 따라서 성에 대한 새로운 연구는 태어나 성장 과정을 거치면서도 일관되게 유지되는, 보편적이고 불변하는 데카르트적인 초월적 주체의 소멸을 반영한다. 이러한 주체는 우연적이고 불안정하고 일관되지 않은 허구적인 정체성을 지닌 소외되고 분리된 주체로서, 의식과 무의식으로 분리된 프로이트의 자아, 상징계의 언어로 규정되는 라캉의 주체, 역사적으로 특정한 담론 체계의 산물인 푸코의 주체에서 보여 주듯이, 더 이상 통일된 자아, 개인이 아니다.

여성의 성적 주체성이 어떻게 구성되는가를 살펴보는 이 글에서는 성의 연구가 개인들이 스스로를 성의 주체로서 인식하는 양식에 대한 연구를 의미하는 푸코의 방식을 이용한다. 여기서 성적 주체란 욕망하는 인간을 의미한다(Foucault, 1984 : 4). 따라서 성에 대한 중심적인 이슈는 그 중요성을 주장하거나 그 효과를 부인하는 것이 아니라, 그것이 말해진다는 사실을 설명하는 것이고, 그 말을 누가 하고 있고, 그들이 말하는 포지션과 관점을 발견하는 것이다(Foucault, 1978 : 11). 이런 입장에서 푸코는 사회가 직접적으로 성을 주조하기는커녕, 오히려 성적인 것이 복잡한 사회 관계를 구성한다고 말한다. 푸코는 근대적 성 장치는 이질적이고 다양한데, 무엇이 성적인가에 대해서도 모순적인 설명들이 존재하고, 성을 구성하는 데도 동등한 효과를 갖지 않는다고 말한다. 이런 상황에서 주체는 다양한 담론과 실천의 총체들 ― 결혼, 의학, 가족, 시장 경제, 대중 매체 능능 ― 사이에서 기존의 의미망과 관련을 맺으며 형성되고 또 자신을 형성한다. 주체 형성에 관한 푸코의 논의는 대중 문화에서 성적 주체로서 재현되는 여성이 어떻게 구체적인 현실에서 다양한 사회 관계를 맺고 있는 여성들의 주체와 관계되고 있는가를 설명하는 데 하나의 방식을 제공한다.

3. 대중 문화와 성적 주체의 형성 :
이미지와 여성에 관한 페미니스트 문화 연구

대중 매체의8) 발달은 여성의 삶에 중요한 변화를 가져왔다. 여자들이 많이 보는 텔레비전은 가정 영역에 머물고 있는 여자들에게 이미지와 정보를 통해 공적/사적 영역의 경계를 허물게 했고, 여자들이 접근할 수 없었던 남성의 세계나 다른 여성들의 삶과 경험에 접근할 수 있게 하였다. 이러한 대중 매체가 처음으로 여성 운동의 공격 대상이 된 것은 사회의 지배 가치를 반영하고 사람들을 사회화시키는 대중 매체가 성차별적인 메시지를 반영하고 사람들의 의식을 결정시킨다는 점에서였다. 여기서는 재현물에 무엇이 반영되고 있고, 무엇을 반영해야 하고, 어떻게 하면 더 잘 반영할 수 있을까 하는 것이 논의의 초점이다. 그러나 대중 매체는 그것 자체가 현실을 규정하는 권력을 발생시키기도 하지만, 수용자와의 관계에서 의미를 타협하고 재창조하기도 한다. 바로 여기서 대중 매체가 관객 혹은 소비자를 어떻게 구성하는가 하는 대중 매체 혹은 문화적인 것의 의미 작용에 대한 이론적 논의가 필요한 것이고, 그 관객/소비자가 성차별적인 사회에서의 여성이라는 사실과 맞물려 여성주의 이론의 필요성이 대두된다.

---

8) 이 글에서는 자본과 시장이라는 산업적 메커니즘에 의해 매개되는 대중 매체들이 주도적으로 생산하는 문화를 대중 문화라고 통칭하여 사용한다. 따라서 이 글에서는 대중 문화 혹은 대중 매체를 구분하지 않은 채, 우리 현실에서 의미를 생산하는 문화적 힘, 혹은 장치로서 대중 문화를 간주한다. 본 연구에서 대중 매체, 대중 문화를 문화적인 것으로 접근할 때, 문화적이라는 의미는, 의미 생산의 실천 즉 의미를 만들기 위해 기호와 상징을 이용하는 실천으로 정의한다(보콕, 1992 : 117).

여성주의 비판에서 여성 이미지의 재현9)에 관한 연구는 여성주의가 이론화되는 초기부터 있었다.10) 보부아르와 케이트 밀레트의 작업은 문학에서 여성들이 어떻게 재현되었는가를 분석하여 거기에 내포되어 있는 성차별적, 남성 중심적, 가부장제 남녀 관계를 드러냈다. 페미니스트들은 항상 문화적 재현에 관심을 가져왔는데, 재현이 갖는 이데올로기적 작용이 어떻게 여성들의 현실적인 삶과 경험을 설명하는 데 관련되어 왔는가 하는 데서부터 나온다. 미셸 바렛(Barret, 1980 : 112-123)은 "모든 재현은 부분적인 진실을 표현하

---

9) 이 글에서 사용하는 재현은 아래의 세번째 입장인 구성주의적인 개념을 의미한다. 언어를 통한 의미의 생산으로 정의되는 재현을 설명하는 데는 세 가지 정도의 입장들이 있을 수 있다(Hall, 1997 : 24-25). 첫번째는 반영적 입장으로 재현의 의미는 실제 세계의 사물, 사람, 관념, 사건에 있다고 간주하고, 언어는 거울처럼 이 세계에 이미 존재하는 진실한 의미를 반영한다는 것이다. 두번째는 의도적 접근인데, 재현의 의미는 언어를 통해 세계에 자신의 고유한 의미를 부여하는 저자/작가가 의도한 바로 그것이라는 입장이다. 그러나 문제는 언어가 의사 소통 수단으로 가능한 것은 공유된 언어적 관습과 코드에 속해 있기 때문이다. 따라서 저자들이 사용하는 언어의 의미는 이미 기존의 언어 체계에 속하는 그 언어의 이미지와 의미들과의 타협의 결과일 수밖에 없다. 세번째는 구성주의적인 접근인데, 여기서는 언어의 사회적, 공공적 성격을 인정한다. 이 접근에서는 사물과 사람들이 존재하는 물질적 세계와 재현, 의미 그리고 언어가 작동하는 상징적 실천과 과정을 구별하고, 의미가 전달되는 것은 물질적 세계가 아니라 언어 체계나 개념을 재현하는 재현 체계에서 일어난다고 본다. 그리고 여기서 의미를 구성하기 위해, 세계를 의미있게 만들기 위해, 다른 사람과 소통하기 위해 개념적 체계, 언어, 재현 체계를 사용하는 것은 바로 사회적 행위자라고 보는 것이다.
10) 한국에서도 문학이나 문헌 등에 여성들이 어떻게 재현되고 있는가 하는 여성 연구들이 진행되어 왔다. 처음에는 문학에서 여성 재현이 문제가 되었는데, 지난 15년간 여성학 연구에서의 재현 논의는 영화와 텔레비전 그리고 광고 등에서 놀랄 만한 현상학적 성장을 하였다. 그리고 최근에는 한국뿐만 아니라 중국의 고전 문학이나 역사 속에 기술되는 여성 이미지 유형에 관한 연구들이 진행되고 있다.

지만, 그것은 지배 집단의 이데올로기적 작용에 의해 부분적인 진실을 유일한 진실로 정당화시킨다"는 점에서 여성주의자들은 재현의 문제에 주목해야 한다고 주장했다. 특히 미셸 바렛은 여성주의 재현 연구는 어떤 여성 이미지가 텍스트에 재현되었는가 하는 것보다, 여성다움의 이데올로기가 텍스트에 어떻게 상징화되고 압축되는지 하는 데에 초점을 두어야 한다고 강조했다.

1980년대 이후 미국 여성 운동에 대한 정치적인 반격이 어떻게 대중 매체에 의해 이루어졌는가를 분석한 수잔 팔루디의『반격 *Backlash*』(1991)은 미국 여성 운동에서 대중 매체가 갖는 힘을 많은 여성주의자들에게 일깨워주었다. 팔루디는 1980년대 미국 여성 운동의 위축은 조직화된 반격에 의해 이루어진 것은 아니다, 하지만 페미니즘에 대한 1980년대 미국의 보수적인 미디어의 공격은 여성들을 페미니즘으로부터 격리하는, 매우 파괴적인 결과를 가져왔다고 보았다. 미디어의 힘은 주도하는 세력의 부재, 단일화된 선동자의 부재를 통해 그 정체를 알기 어렵지만, 페미니즘에 대한 미디어의 공격은 대중들로 하여금 이러한 문화 환경 속에서 페미니즘과 자신을 연결시키는 것을 불편하게 만들었다는 것이다. 팔루디는 여성 운동에 대한 문화적 반격이 성공한 것은 그 반격이 문화적인 형태를 띠면서 여성 문제를 덜 정치적이고 덜 투쟁적인 것으로 보이게 했기 때문에 가능했다고 말한다.『반격』의 출판은 여성들에게 대중 매체의 문화 권력에 대한 새로운 인식을 하게 만들었고, 1980년대 중반 이후 문화 정치학이란 이름으로 여성의 주체와 저항에 관한 많은 연구들을 정치화시키는 또다른 맥락을 제공했다.[11]

---

11) 최근 우리 사회의 여성 운동 진영에서도 문화가 갖는 파급력과 대중 문화가 일상에 미치는 영향력에 대한 인식들이 높아지면서 미디어에 대한 관심이 증대되고 있다. 그래서 여성주의적 입장에서 모니터 활동을 통한 미디어에 대한 개입이 시도되

문화 연구에서 여성주의적인 접근은 모든 여성주의자들을 묶어 주는 "여성"의 성별에 기초한다. 그러나 이 "여성"이라는 성별적 범주를 어떻게 위치지우는가에 따라 다양한 여성주의적인 접근들이 있을 수 있다. 여성주의는 성별 범주를 특권화하지만, 그것은 현실/재현된 현실에 존재하는 여성들을 설명하는 총체적이거나 충분한 개념이 아니다. 성별성은 어느 공간에서나 모두에게 동질적인 의미를 부여하지 않는다. 각 개인의 성별성은 나이, 민족, 계급, 성적 지향성 등이 교차하는 다중적인 관계망 속에서 자신의 입장을 갖게 된다. 따라서 여성주의적으로 문화를 읽기 위해서는 여성주의자 주체가 만들어져야 하는데, 그것은 성별로서의 여성 경험 내부에서뿐만 아니라 그 경험 밖에 자신의 경험을 위치시키는 것이 필수적이다. 즉, 자신이 성별 체계 내의 산물임을 성찰하는 동시에, 자신을 젠더 체계 밖에서 의식하는 이중의 비전을 갖는 이중적인 주체(de Lauretis, 1986)가 되어야 한다. 물론 여전히 사회적인 것이 사람들의 현실을 구속시키는 현대 사회에서 문화적인 것이 만들어 내는 의미와 권력 작용에 주목하는 여성주의 문화 이론에서 여성이라는 성별적 범주는 여전히 중요한 논의로 남아 있다. 폴록(Pollock & Parker, 1987)은 성별로서 혹은 사회 동질 집단으로서의 여성 Woman과 경험 세계의 여자들 women의 재현이란 구분을 비판하면서 문화 영역의 형성에 성별이 어떻게 통합되어 왔는가를 보여 주고자 하였다.

여성주의 문화 연구는 재현된 여성과 현실 속의 여자들을 어떻게 연관지

고 있고, 대중 매체가 갖는 영향력을 감안하여 정책적인 차원에서도 대중 매체의 성차별성에 대한 관심을 보이고 있다. 그러나 우리의 실정은 실증주의적이고 경험적인 차원에서 여성의 참여 빈도를 측정하고 있는 단계이고, 아직 대중 매체에서의 여성의 재현 이미지를 다루는 이론적, 방법론적 논의가 본격화되고 있지는 못하다.

을 것인가 하는 이론적 시각이 변화함에 따라, 재현에서의 여자들의 이미지 images of women에 관한 연구에서 여성이 어떻게 재현 체계에서 여성으로 구성되는가 하는 이미지로서의 여성 woman of images 연구로 옮겨 왔다. 현재에는 재현된 이미지가 특정한 사회적 역사적 맥락 속에서 만들어 내는 의미를 연구하는 방향으로 나아가고 있다. 이러한 경향이 여성주의 문화 이론 전반을 다 포함하고 있다고 할 수는 없지만, 각각의 관점들은 대중 매체를 어떻게 이해하는가 그리고 어떠한 여성주의적인 이론과 정치적 의제를 지향하는가를 각기 다르게 보여 준다. 하지만 각각의 접근들이 서로 대립되거나 배타적으로 완벽하게 구별되는 것은 아니다. 여기서는 간략하게 재현에서의 여성 이미지 연구와 이미지로서의 여성 연구를 기술하고, 각 접근이 어떠한 이론적 지평들을 포함시키고 있는가를 살펴보겠다.[12]

(1) 이미지 관점에서 재현된 여성 연구

재현물 속의 여성에 대한 연구는 서구에서 1970년대 여성 운동과 함께 진행되어온 가장 오래된 연구 영역이다. 이는 주로 여성과 대중 매체에 관한 실증주의적이고 사회 과학적 경험 연구에서 이루어졌고, 현재도 계속되는 연구 경향이다. 여기서는 매체 속에 재현되는 여성 이미지가 갖는 현실성 그리고 즉각적인 사회 영향력에 초점을 맞춘다. 그래서 대중 매체가 만들어 내는 여성에 관한 이미지와 메시지가 구체적인 삶을 살고 있는 현실의 여자

---

[12] 아래의 이미지 연구 관점 기술은 월터스(1999)와 루리(Lury, 1995)의 설명을 정리한 것이다.

들의 경험과 일치하지 않는다거나, 그것이 구체적인 여성들의 경험을 억압하고 왜곡한다는 비판이 주 논점이다. 이러한 논의는 제2차 여성주의 흐름에 도화선이 된 베티 프리단의 『여성의 신비』이래 여성주의 연구와 운동 진영에서 중요한 비판 영역이 되어 왔다. 여성주의자들은 여성 이미지를 분석하는 데 많은 노력들을 기울여 왔는데, 이러한 접근은 대중 매체가 지배적인 사회 가치나 규범을 반영하는 사회적 정치적 제도라고 인식하기 때문이었다. 1970년대 미국의 많은 성역할 모델 연구와 사회화 기제로서의 대중 매체의 역할에 대한 사회 과학의 연구가 여기에 속한다.

여기서의 문제 의식은 재현되는 이미지가 무엇인가, 즉 무엇이 보이고 있고 그것이 얼마나 현실과 부합되는가 혹은 바람직한가라는 경험적이고 규범적인 시각에서 재현을 분석하는 것이다. 이는 1970년대 서구 여성 운동에 많은 영향을 주었고, 거의 모든 사회의 여성주의 문화 운동에 영향을 주었다. 거의 모든 나라에서 여성 운동은 미디어 속의 여성 이미지가 현실의 여성 모습을 폄하, 대상화, 왜곡했다고 지적하면서, 상업적 매체가 재현하는 여성 이미지에 대해 정치적 공격을 해왔다. 이러한 접근은 더 많은 여성들이 대중 매체 산업에 종사해야 한다거나, 변화하는 여성들의 모습이 더 정확하게 재현되어야 한다거나, 방송 관계자나 정부의 의식 변화가 있어야 한다는 규범적 해결책을 요구한다.

(2) 재현 체계 내의 이미지 / 기호로서의 여성의 의미 작용 연구

여기서는 재현을 하나의 기호 체계로 간주한다. 그래서 재현된 이미지가 의미를 갖는 것은 재현 체계 내의 여러 기호가 결합함으로써 의미를 구성한다

는 것이다. 이 입장은 텍스트의 재현 체계가 어떻게 성별적 차이를 구성하는지에 강조를 둔다. 재현 체계 속의 여성은 그것 자체로 이해되는 것이 아니라, 재현된 이미지가 여성으로 의미화되는 재현 체계 내의 성별성과 성적 우열의 관계망 속에서 여성으로서 의미를 획득한다는 것이다.

폴록은 시각 예술에서 이미지로서의 여성 연구를 통해 재현된 여성의 이미지는 곧 현실의 반영이라는 개념을 문제화하는 동시에, 여성의 재현 이미지에 부착되어 있는 의미란 텍스트 내의 다른 기표와의 관계에서 구축된다고 주장했다(Pollock, 1988). 즉, 시각 예술에서 여성은 바로 그 이미지 때문이 아니라, 그 이미지가 위치하는 재현 체계 내의 맥락에 의해 의미를 생산하고 있다는 것이다. 예로서 폴록은 시각적 재현물에서 여성들은 여성의 이미지 그 자체나, 보여지는 몸에 의해서가 아니라 남성과의 상대적 관계 속에서 여성으로 의미화된다고 지적한다. 폴록은 사회 과학이나 문화 연구에서 문화 자체가 성별적으로 중립적이라는 전제에 대해 전면적인 비판을 하면서, 문화적인 것은 이미 성별화되어 있다고 주장한다. 문제는 어떻게 성별화되어 있는 것으로 읽히는가, 즉 의미화되는가 하는 것인데, 그녀는 정신 분석학을 이용하여 텍스트 내에서 성별의 차이가 어떻게 조직되는지를 드러내고자 하였다. 그러나 영상 문화 연구, 모성, 성 정체성과 성별성 연구에서 중요한 연구들을 수행한 정신 분석학은 텍스트 내의 의미화에 초점을 두는데, 그것이 어떠한 정치적 실천을 해내고 있는가에 대해서는 설명하지 못한다는 비판을 받으면서 여성주의 문화 연구는 텍스트와 관객/수용자들이 처해 있는 사회적 역사적 맥락을 관련시키고자 시도했다. 그래서 문화가 만들어 내는 현실의 변화를 원하는 여성주의 문화 연구가들은 정신 분석학적 독해보다 텍스트 내의 기호의 상관성에 더 관심을 둔다. 문화와 성별의 상호 관계에 대한 인식이 어떻게 우리의 문화와 여성의 범주에 관한 이해를 바꿀 수 있는가에 대한 사회적 질문에 더 관심을 갖는다는 것이다.

(3) 구체적인 맥락에서의 여성 이미지 의미화 연구

사회적 역사적 맥락에서 재현된 여성과 구체적인 여성들 간의 관계를 보는 세번째 접근은 재현되는 여성 이미지와 그것을 보는/수용하는 구체적인 여자들의 삶의 맥락을 관련시키는 접근이다. 이러한 접근은 이미지를 어떻게 받아들이고 해석하는가는 텍스트와 보는 이와의 해석 과정을 통해 이루어진다는 입장을 갖는다.

여성주의 문화 연구자들은 여성의 이미지 분석이나, 텍스트 내의 기호로서 여성이 어떻게 작용하고 있는가를 분석하는 의미 연구의 모든 텍스트는 항상 그것을 보고 있는 구체적인 여성들의 역사, 사회 관계, 정체성과 연결되어 있다고 본다. 텍스트의 의미화 작용은 텍스트 내의 재현 체계 속에서뿐만 아니라 각기 다른 사회적 맥락에 놓여 있는 구체적인 여성의 삶과의 관계 속에서 일어난다. 그러므로 문화와 주체 형성을 연구하는 여성주의 연구가들에게는 텍스트와 텍스트가 놓여 있는 맥락과의 관계, 이미지로 재현된 여성과 그것을 보고 있는 실제 여성들의 삶과의 관련성에서 어떠한 주체가 형성되고 있는가를 살펴보는 것이 중요하다. 텍스트와 콘텍스트의 다층적 분석을 통해 재현된 여성과 구체적인 여성의 관계 속에서 주체 형성이 드러나기 때문이다.

여기서는 맥락에 따라 텍스트가 다르게 수용되고 다른 의미를 창출하는 것에 관심을 두게 되므로, 간텍스트적인 것, 맥락적인 것, 수용자와의 사회 관계에 위치하여 만들어지는 주체에 관심을 갖는 문화적, 인류학적 사회적 연구들이 관련된다.

4. 대중 문화에 재현된 성적 주체로서의 여성에 대한 여성주의적 독해

문화 권력의 한 장치로서 대중 문화, 특히 영화가 재현하는 여성의 성을 논하려는 이 글에서는 바로 재현 체계 내의 이미지로서의 여성이라는 입장에서 어떻게 한 여성의 성이 성별화된 여성의 성 female gendered sexuality 으로 구성되는가를 드러내고, 재현 체계 내의 여러 기표들에 의미를 확보해 주는 한국 사회의 성별 체계와 영화 속의 성이 어떻게 관련되어 있는가를 보이고자 한다.

  1990년대 이후 한국에서의 대중 매체에 대한 연구는 문화 연구를 시도하는 남성학자들에 의해 대중 문화의 생산 체계, 대중 문화의 현상들을 징후적으로 읽는 시도들이 진행되었다(강명구, 1993 ; 강내희, 1995 ; 김성기, 1993 등). 그리고 몇몇 여성 문화 연구가 / 평론가들에 의해 대중 매체에서의 성역할 연구가 수행되어 왔는데, 이는 문학, 영화, 광고, 포르노그라피 등에서 여성이 어떻게 이미지화되어 있는가를 분석하는 것이었다(김소영, 1995). 그리고 대중 매체와 여성과 관련해서는 여성 대상 프로그램에 나타난 여성의 이미지 혹은 가부장적 성역할이 어떻게 재현되고 있는가 하는 연구가 있어 왔다 (최상진, 1995).

최근에는 우리 나라에서 방영된 주요 드라마의 텍스트, 생산자, 그리고 여성 수용자와의 관계를 성의 역학이라는 차원에서 보려는 역사적 연구가 시도되고 있다(최선열 외, 1997). 그러나 여기서의 성의 역학은 남성과의 관련 속에서 여성들이 얼마나 드라마 생산에 참여하고 있는가, 드라마의 내용에 등장하는 여성들의 성격은 어떻게 변화하고 있는가 그리고 이러한 변화는 사회 정치적 경제적 상황과 관련이 있고, 동시에 연출가나 작가의 성별과 어떤 관련이 있는가를 살펴보는 것이다. 이러한 연구들이 제기하는 대안은 대중 매체 산업에 좀더 여성이 많이 고용되는 것이고, 변화하는 시대적 추세에 맞추어 좀더 평등한 여성 이미지가 재현되는 프로그램이 제작되는 것이다. 따라서 여성에 대한 이러한 연구들은 기존의 대중 매체 연구에 여성을 더하거나 성차별성을 고발하는 것이 대부분이다. 이러한 연구들은 여전히 여성을 성역할에 기반한 고정된 주체로 상정하고 연구를 진행한다. 이제까지 여성학 연구에서의 대중 매체에 대한 연구는 대중 매체를 사회적인 지배 가치를 반영하고 수용자들을 사회화시키는 매체로 간주하는 것이어서 매체를 통한 수용자의 주체 분석의 필요성과 이론적 모색을 도모하는 목소리도 제기되어 왔다(김소영, 1995 ; 원용진, 1995). 최근에 여성학계에서 등장하고 있는 여성들간의 차이 그리고 주체 형성의 논의가 대중 매체와 관련해서 문제 제기되고 있다(김소영, 1999 ; 변재란, 2000).

이 절에서는 대중 문화의 한 영역인 한국 영화에서 여성을 성적 주체로 이미지화하고 있는 영화들 속에 재현된 여성의 성과 성별성을 여성주의적인 입장에서 논하고자 한다. 즉, 재현 체계 속에서 여성이라는 성별성이 어떻게 조직, 재현되고 있는가, 그리고 욕망하는 주체로서 여성이 어떻게 자신의 경험을 조직하고 있는가를 살펴보겠다. 여기서의 분석 텍스트는 1990년대에 성적 욕망을 영화의 가장 중요한 테마로 가져온 「너에게 나를 보낸다」이다.

남성적 욕망의 메타포로서의 여성의 성 : 「너에게 나를 보낸다」

장선우의 「너에게 나를 보낸다」는 우리 사회에서 본격적으로 성과 정치를 연관시키는 문제적인 영화라는 평과 함께 많은 논란을 불러일으켰고, 성적인 차원에서는 소프트 포르노로 언설화된 영화이다. 「너에게 나를 보낸다」는 여성인 "바지"와 소설가인 "나", 그리고 소설가의 친구인 "은행원"이 등장하는데, 이들이 누구인가는 성이 매개되었을 때 드러난다.

  영화에서 "나"는 표절 작가로 알려져 신춘 문예 당선이 취소된 무력한 남자로, 남의 글을 베끼거나 배설적인 글을 남을 위해 대신 써주면서 산다. 그는 자신을 관철시키는 어떤 사회적 일도 하고 싶어하지 않는다. 그를 여성인 "바지"가 찾아가 소설가로 만들기 위해, (즉 그를 욕망의 주체로 만들면서) 성과 가사 노동을 제공하고 심지어 자신의 성을 매개로 하여 경제적인 생활까지 책임진다. "바지"는 어려서부터 가족/의붓 아버지, 학교에서 남성/선생님들의 성(추행)의 대상이었고, 여성은 남성들의 성적 요구를 들어주는 것이 세계의 평화를 가져오는 것이라는 이야기를 어머니로부터 들으면서 자란다. "여공" 생활을 하면서 시를 쓰다가 파쇼적 국가 권력에 저항하는 운동권 학생과 만나 동거하면서 문학에 대한 그의 언어를 배우고, 숭배하게 된다. 운동권 남학생과의 만남, 결합은 성을 통해 가능해진다. 운동권 학생과 그녀의 성관계는 한편에서는 하층 계급과의 계급 연합이고, 또 한편에서 그의 분노의 대상인 파쇼적 국가 권력과 그것을 폭발하려는 욕망의 투사로서 표현된다. 즉, 그가 분노하는 대상에 대한 폭력이 그녀의 성에 대한 폭력으로, 그리고 분노의 배출 장소로 의미화된다(이것은 애니메이션을 통해 화면에 직접적으로 드러난다). 남성에게 성관계는 자신의 힘을 표출하는 폭력이고 배설 행위이다. 이 과정에서 정신 이상을 일으킨 그녀는 미친 듯이 책을 읽어 대다가, "나"라는 사람이 표절 시비로 신춘 문예 당선이 취소되자 그를 도우러 오게 된다. 그녀는 "나"가 좋은 작품을 쓸 때까지 "모든 것"을 제공할 테니 소설만 쓰라는 것인데, 여기서 "모든 수단"은 "바지"의 성을 통해 동원된다. 그리고 "나"의 친구인 은행원은 남편에게 구타당하는 유부녀를 사랑했다가 성병을 얻고, 그후 발기 불능이 된다. 이후 그는 항상 신체적으로 사회적으로 "발기"되지 못한 상태에 있게 된다. "바지"는 은행원을 발기시키려고 노력했으나 실패했고, 그는 매춘을 하는 여관에서 소설을 써 소설가가 되면서 성 기능을 회복한다. 이 영화의 마지막 부분은 "바지"가 배우가 되어 "나"를 운전 기사로 고용하고, "바지"는 모든 것을 제공할 테니 "나"에게 소설을 써서 소설가가 되라고 한다. 그러나 "나"는 "바지"의 운전 기사를 선택한다.

본 절에서는 여성주의적인 관점에서 어떻게 한국 사회의 성별의 정치학이 여성의 성과 남성의 성의 재현에 관련되는가를 살펴보려고 한다. 여성주의적인 관점에서 볼 때 이 영화의 마지막 부분은 1990년대의 한국 남성과 여성에 대해 아주 재미있는 해석을 하고 있다고 본다. 욕망의 주체이기를 포기하고 "바지"에게 소용되는 운전 기사로 남아 있으려는 "나"의 모습은 남성 중심적인 사회로 알려진 한국 사회에서 가부장적 남성성이 완전히 지워진, 더 이상 주체(통합된 초월적 자아)이기를 포기한 남성의 모습을 재현한다. 반면 여성의 성이 구성되는 방식 때문에 한 번도 자신에 대해 주체가 되어 보지 못한 여성은 사회적 지위를 가진 남성성의 모습으로 이미지화되고 있지만, 그녀는 전복적이기는커녕 끊임없이 종속적 위치에 자신을 두는, 주체를 보조하려는 모순적인 존재로 재현되고 있다. 이러한 측면은 이 영화를 근대/남성/대서사에 대한 비판 그리고 포스트모던적인 지향을 지닌 전환적인 영화로 보게 만들지만, 사회적 영역에 진출한 여성 혹은 공적 영역에 있는 여성들의 주체성에 대해서는 강한 남성 중심적인 틀/상상력을 드러내고 있다. 여성에 대한 남성 중심적인 성별 정치학은 이 영화 전체를 관통하는 중요한 재현 양식이다. 특히 여성의 성을 재현하는 방식에 의해서 여성 주체가 끊임없이 부정되고, 남성 주체를 설명하는 타자/메타포로 지시된다. 성과 정치를 연결시키는 문제적인 영화로 이 영화가 평가되는 것은 1980년대를 정치적으로 살았던 남성들의 1990년대의 모습을 "나"와 은행원의 성적 욕망과 실천 양식으로 은유화했다는 데 있다. 여기서 남성들의 성은 그들 주체성의 기표이지만, 여성의 성은 그것을 드러내기 위한 보조 도구이다.

영화 평론가 김소연은 이 영화를 "욕망의 보고서"로 읽으면서 「너에게 나를 보낸다」는 1980년대 한국 사회의 진보적 가치와 변혁 운동 세력들이 갖는, 기존 규범들을 전복시키는 패러다임의 전환 영화라고 설명하고 있다 (김소연, 1995 : 153-164). 김소연은 이 영화가 보여 주는 욕망과 성욕은 권력과 폭력이 어우러진 사회 정치적 맥락과 잘 연결되고 있다고 보았다. 모든 것이 우연적인 사건의 연속으로 연결되는 이 영화는 "욕망의 역학"이 관통하고 있고, 여기서 욕망은 곧 성욕으로 환원된다(154). 그래서 이 영화의 내적 구조는 "성욕"에 대한 집중적인 탐구로 구성된다는 것이다(163). 그러나 문제는 누구의 욕망이고, 그 성욕이 남성과 여성을 어떻게 차이화하고 있는지, 이 영화의 재현 체계와 우리 사회의 성별 정치학은 어떤 관련을 갖는지이다. 김소연은 여성의 재현 방식을 보여 주는 장선우의 의식은 "구태"이며,

그의 정치성을 의심하게 하는 하나의 축으로 등장한다고 비판하고 있다. 그리고 결론적으로 여성을 "욕망 없는 존재, 그것은 무가 아닐까" 하고 묻고 있다.

나는 이 글에서 김소연이 말하는 성적 욕망이라는 것이 주체를 구성하는 권력 작용이라기보다는 이미 한국 사회에 전제되어 있는 성별 위계 구조의 산물로서 존재한다는 것을 드러내고자 한다. 「너에게 나를 보낸다」에서 성욕은 그 자체가 사회 관계를 구조화시키고 재조직화하는 힘이나 권력으로 작동하고 있지 못하다. 성적 욕망은 여성에 의해서가 아니라 여성에 맞서 존재하는데 여성이 나타나면 거기서 해소된다. 여기서 성적 욕망의 형태가 드러나는 장이 남성과 여성의 성관계인데, 영화 전반을 통해 이 관계 구도는 고정된 채 욕망의 기표만이 상황을 따라 이 구도 속을 항해한다. 따라서 여기서 성 욕망의 재현 체계는 성별 체제 속에 고정된 채, 그 차이만이 담론화되고 있다. 따라서 「너에게 나를 보낸다」는 성적 욕망이 조직화되는 방식이 이미 구조적으로 텍스트 밖에 존재한다. 여기서 성은 남성 주체성을 드러내는 것으로 작동하고, 여성은 남성의 성을 수용하는 것에 의해 남성과 매개된다.

여성 "바지"의 성은 여러 가지 형태로 제시되는데, 그것은 그녀에 의해서가 아니라 그녀가 만나는 남자에 의해서이다. 한편으로는 폭력적이고 상품화된 희생자적인 성의 양식인 근친 성폭력의 대상으로, 술집에서 돈/권력 있는 남성의 강요된 성으로, 파쇼 권력을 파괴하려는 운동권 남자의 분출하는 분노/욕망의 대상으로, 또다른 쪽에서는 "내"가 "바지"가 하라는 일을 끝내면 그 대가로 "내"가 원하는 성을 선물하는 모성의 모습으로, 성 불능인 "은행원" 남자를 치료하는 치유자의 모습으로, 여관을 운영할 때는 손님이 원하는 매춘 여성으로, 그리고 감독에 의해서는 배우가 되는 등 이 영화에서 여성의 성은 남성의 권력과 욕망에 의해 미끄러져 가는 다양한 기표로 존재한다. "바지"는 남성들과의 관계에서 그들이 누구냐에 따라 끊임없이 변형되는 여성의 성으로 재현된다. 남성이 누구냐에 따라 "바지" 여성은 끊임없이 변형된다. 상대가 누구인가에 따라 역할이 달라지지만, 그 역할은 모두 성을 통해 매개된다. 그러나 이 영화에서 그 성을 토대화하는 것은 "여성"이라는 고정된 성별성이고, 그것은 미니 스커트/치마라는 성별 재현 기호로 지시된다. 여성은 구체적으로는 항상 모성/아내/애인/창녀/간호사/정부/보조원 등으로 존재하는데, 이러한 역할들은 여성의 성이 남성과 어떤 관계를 맺는가에 따라 결정되는 것이다. 즉, 여성의 성의 사회적 형식은 남성과의 관계 속에서 종속적으로 결정된다. 여성의 성, 그것 자체가 여자로 하여금 세상을 다르게 경험하는 매개적 힘을 갖는 것이 아니라, 남성과의 관계에 따라 형식이 결정되는 비결정적인 기표일 뿐이다. 여성의 성은 욕망의 발로가 아니라, 여성의 성별성에 속한 어떤 속성으로 남성과의 관계, 혹은 남성들 사이, 혹은 한 남성의 성적 환상 속에서 끊임없이 움직인다. 그러면서 남성들 사이의 질서를 유지하게 만드는, 소위 "평화"의 매개자이다. 그렇기 때문에 가부장적 문화 담론 내에서 남성의 몸과 달리 여성의 몸은 흔히 변화하기 쉬운, 불안정한, 카멜레온 같은 것으로 묘사된다. 이 영화에서 여성의 욕망이 능동적이고 구체적으로 표현되는 장면이 하나 있는데, 그것은 떠나겠다는 여자를 잡는 남자에게 자신의 권력을 사용하는 방식으로 재현될 때이다. 성의 실천은 이 영화에서 분명하게 권력 관계 속에 위치함을 보이는데, 그 권력은 영화 내에서 확보된다기보다 영화 밖의 현실에서 확보된다. 성 sexuality의 성별 gender 정치학은 동시에 동일한 개인 속에서도 그 개인이 속한 공적/사적, 수동적/능동적, 여성적/남성적 상황에 따라 다른 성별의 모습으로 재현된다. 색안경을 낀 공안 기관의 남자가 "나"에게 부탁할 때는 여성화된 남성으로, 그러나 "나"에게 폭력과 폭언을 행사할 때는 군인 같은 남성의 모습으로 변화하는 것은 성별 정치학의 재현 구조 속에서 여성적인 것과 남성적인 것의 권력 관계를 분명하게 의미화해 내고 있다. 동시에 "바지" 역시 "나"와 인터뷰 연습을 하면서 기자 흉내를 내거나 공적 존재인 아나운서의 역할을 할 때는 바지를 입거나 안경을 낌으로써 남성적인 성별 기호를 착용한다. 영화 전체를 통해 무엇이 여자이고, 무엇이 남자인지를 단순히 신체적 혹은 코드화된 외연의 재현 형태만이 아니라, 남성성과 여성성이라는 관념/의미 체계로 재현해 내고 있다.

「너에게 나를 보낸다」에서 남성의 성은 사회적 정치적 성취의 메타포이다. 그래서 남자의 개인적 임포텐스는 사회적 임포텐스의 메타포이다. 남성 성기는 이 영화에서 권력의 다른 표현 방식인데, 남성의 성기를 통해 사회와 정치가 재현된다. 발기 불능인 "은행원" 남자가 소설을 생산하면서 성적 능력을 회복한다거나, 파쇼에 대항하는 운동권 남자의 정치적인 저항과 성적 공격이 동일시되는 것은 이를 잘 설명한다. 남성들이 사회적 정치적이 될 때, 그것은 동시에 성적으로 적극적이 되는 것인데, 이때 여성의 성은 그들의 성적 권력을 드러내는 장일 뿐이다. 남자의 성은 생산적인 것이고, 동적인 것이고, "나"처럼 세상을 다르게 경험하는 매개체이거나, 은행원처럼 세상을 다르게 살게 하는 힘으로 등장한다. 남성들의 성에는 그들의 삶의 경험을 생산하는 행위성이 담보된다.

「너에게 나를 보낸다」에서 남성들은 다양하게 재현된다. 남성들은 여성의 성을 대상화하고 정복하는 욕망의 주체들이다. 동시에 대상에 대한 욕망들을 잃어 버린 남성 역시 등장한다. 무기력하고 아무것도 안 되고 싶어하는 "나", 이미 성취한 것조차 언제든지 버리겠다고 하는 "은행원", 그들은 사회 속에서 성취, 성공, 욕망 주체의 포지션을 벗어 버리고 싶어한다. 그런데 재미있는 것은 그들을 남성으로 만드는 것은 그 자신이 아니라 종속되고자 하는 여성 주체에 의해서라는 점이다. 남성들에게는 성취, 욕망의 근대적 주체를 포기하고, 자아가 비틀거릴 때조차도 그들의 근대적 남성성을 살려 주기 위해 기꺼이 종속되고 대상화되려는 여자들이 있다. 이 영화는 여성은 어디에 있든지 결핍자로서 남성을 욕망하고, 사회적으로 성공한 남성을 끊임없이 필요로 한다는 것을 드러내어, 여성들은 남성들을 모방하여 그들의 자리에 오르더라도 결코 거기서 남성화된 혹은 근대적 주체가 될 수 없다는 것을 보여 준다. 그래서 그녀는 "나 / 남자"를 소설가로 만들고 싶어한다. 이 영화는 남성들의 정치를 성으로 알레고리화하면서, 남녀간의 성적 관계를 탈정치화시키고, 성을 고정된 남녀의 성별 정치학의 함수 혹은 기능으로 만들어 버린다. 여성의 성은 남성의 권력과 욕망에 의해 미끄러져 가는 성의 형태, 기표로서 기존의 성별 체계를 견고하게 하는 담론의 교환 고리로 치환된다.

"아래로부터의 혁명"이라는 주체 사상이 영화의 포르노적 맥락에서 전유되어 위치하는 것에서 보이듯이 중심적인 남성 주체에 의한 진보적 사회 개혁 운동의 퇴조는 일상적이고 개인적인 것이 정치적인 것이 된 1990년에 만들어진 「너에게 나를 보낸다」에서 "아래"로부터 일어나고 있음을 보인다. 혁명은 남성들의 성의 욕망, 성의 양식의 변화로 읽힌다. 남성인 "나", "은행원"은 더 이상 욕망을 지닌, 여성을 정복하는 중심 주체가 아니다. 그러나 아직도 여성의 성은 역사 밖에 존재한다. 그래서 중심에서 이탈한 주체를 살리려는 기호로서 재현된다. 여전히 중심 주체인 남자들과의 폭력적인 성관계에서 여성의 성은 무제한적으로 용이한 성적 욕망의 대상으로 재현되고, 무력한 남자들, "어린애"가 되어 버린 남자들과의 관계에서 여성의 성은 남성의 욕구를 해소시키고, 사회적/성적 임포텐스를 해결하는 보살핌과 치유의 성으로 재현된다. 폭력적이든 무기력이든 남성들의 성은 다양하고, 구체적이고, 살아 있고 경험되는 역사적 주체로 재현되고, 여성과의 관계에서 그들의 역사성을 드러낸다. 반면에 여성의 성은 변화된 남자에 부합하는 방식으로 성의 실천 양식이 달라지기는 하지만 동일한 "여성"으로 재현되는 것에 의해 그 탈역사성을 드러낸다. 다양한 방식으로 실천되는 여성의 성은 "바지"의 변화를 가시화시키는 기호이지만, "바지"의 경험과 실재를 구성하는 현실은 아니다. 남성 주체를 보살피는 여성은 타자로 대상화되면서, 주체의 지위가 끊임없이 부정되는 것으로 재현된다. 그래서 여성은 중심으로서의 남성 주체가 없어지는 공간에서도 중심 주체를 욕망하며 "나"의 타자로 자신을 정의하고자 한다.

　남성과 여성의 차별화를 가능하게 하는 한국 사회의 문화적 사회적 성별 구도가 강력한 재현 양식으로 채택되고 있는 이 영화에서 여성은 남성의 영원한 타자로 재현된다. 그리고 여기서 재현된 여성은 경험이 축적되지 않는 비역사적 존재이다. 이 영화는 영화 전체를 통해 남성과 여성의 고정된 성별 관계의 틀 속에서 여성을 비역사적인 존재로, 자신의 서사를 갖고 있지 않은 비주체적인 타자로 구성해 내고, 단지 남성을 설명하기 위한 도구로 여성의 성을 사용하고 혹은 이해한다.

　여성의 성을 탈역사화, 탈현실화시키는 현상에 대한 가장 단순한 설명 방식은 「너에게 나를 보낸다」의 남성 감독이 갖고 있는 남성 중심성에 대한 성찰의 부재, 그리고 성찰할 이유를 갖기 어려운, 남성 중심의 성문화를 갖고 있는 한국 사회의 문화적 맥락을 들 수 있다. 즉, 여성을 정치화하는 시각이나 의식의 부재, 그리고 남성의 성만을 정치적으로 읽게 만드는 우리 사회의 남성 중심의 성 욕망 헤게모니의 결과라는 것이다. 이런 상황에서는 여성이 자신이 누구인가를 말하게 하는 것, 그러한 여성 주체성의 재현을 시도하기가 어렵다. 이야기되는 것이 단지 남성 주체이고, 여성 주체성은 단지 남성 주체의 욕망의 기의로서 존재할 뿐이다. 이것이 우리 사회의 성 재현이 기반하는 성의 기본 구조이다. 여성의 성을 다르게 재현하기 위해서는 이를 의도하는 감독이 누구이고, 누구에게 말하려고 하고, 그것이 영화 밖의 현실과 어떤 관련을 맺고 있는가 하는 의식적인 작업의 결과로서 나타날 수밖에 없다. 「너에게 나를 보낸다」가 남성 감독에 의해 재현되었기 때문에 여성이 타자화되었다는 것이 아니라, 여성이 여성으로 재현되는 과정에 개입하는 재현 양식에 관한 남성 감독의 의식적인 노력과 성찰의 부재, 그것으로 결과되는 한국의 성 각본의 반영에 의해 타자화되고 있는 것이다. 1990년대 자기 경험을 드러내는 주체로서 여성을 재현해 내려는 우리 사회에서의 노력은 여성들이 침묵이나 고통, 혹은 여성들에 의해 스스로 드러낼 수 없는 이슈들을 친여성적인 입장에서 다루고 있다는 남성 감독이나 비상업적인 영화 부문에서 시도되고 있다. 박철수의 「산부인과」나 변영주의 다큐멘터리 「낮은 목소리 2」가 그러한 예가 될 수 있는데, 이에 관한 본격적인 논의는 다음 기회로 미루기로 한다.

5. 맺음말

한국의 여성주의 성 논의에서 여성의 성은 주로 가부장적 남녀 관계 속에 위치하는, 대상화되고 피해자적인 성으로 다루어져 왔다. 그러나 최근 개인적 삶과 성을 연결시키는 성 담론과 성적 욕망과 쾌락을 가시화하는 다양한 성 관련 이미지와 산업의 팽창은 우리 사회에서 여성의 성을 새롭게 구성해 내고 있다고 언설화되고, 여성의 성적 욕망과 쾌락에 대한 새로운 시각을 요청한다. 이러한 시점에서 본 연구는 우리의 문화 현실을 구성하는 대표적인 담론인 대중 문화에서 여성의 성이 어떻게 재현되고 있는가를 여성주의적 입장에서 살펴보았다. 이를 위해 이 글에서는 여성의 성을 여성주의적으로 논한다고 했을 때 어떠한 개념들이 문제시되어야 하는지, 대중 문화에 재현된 여성의 성을 논할 때 무엇이 문제인지를 논하기 위해 여성학에서 성별과 성의 문제가 어떻게 논의되어 왔는지, 여성주의 문화 연구에서 재현을 어떻게 다뤄 왔는지를 간단히 소개하였다. 이는 우리 사회의 여성주의 문화 연구의 방법론적 이론적 문제 제기를 위해 먼저 성별, 성, 그리고 재현이란 개념이 논의되어야 한다는 것을 제시하고, 또 그러한 논의의 맥락을 제공하기 위해서였다.

그리고 1990년대 한국 사회에서 여성의 성적 주체에 관한 논의를 어떻게 할 수 있을까의 문제를 대중 문화에 재현된 여성의 성을 가지고 살펴보았다. 우리 사회에서 소프트 포르노라는 평가와 함께 성적 재현에 관한 획기적인 모습을 보여 주었던 장선우의 「너에게 나를 보낸다」라는 영화에서 여성의 성이 어떠한 재현 체계 속에서 표현되고 있는지, 여성의 성은 남성의 성과 어떠한 차별성으로 존재하는지, 그리고 남성과 여성의 차이를 구성해 내고, 거기에 의미를 부여하는 영화 밖의 현실인 구체적 여성의 삶과 한국 문화의 성별 위계 체계는 영화에서 재현되는 현실과 어떤 관련이 있는지를 분석했다. 이 영화에서 재현된 여성의 성과 남성의 성은 철저하게 성별 구조 위에 구축되어 있는 성이었다. 남성의 성을 주체화하기 위해 여성의 성이 타자화, 대상화되면서 남성간의 관계 사이에서 움직이는 기표로 존재하고 있다는 것을 알 수 있었다. 여기에서 재현된 남성의 성은 다양하고 구체적이며 역사를 갖지만, 여성의 성은 관계하는 남성과의 관련 속에서만 그 형태를 부여받는다. 이렇게 타자화된 형태로 재현되고 있는 여성의 성은 성별 위계 체계 위에 구축되어 있는 영화 밖의 현실과 관련되어 있다. 그래서 관객들은 과다하게 노출된 여성의 성에 의해 교란되거나 전복되지 않는다. 그러나 「너에게 나를 보낸다」에서 중심이기를 포기하는 남성인 "나"와 "은행원"의 주체는 영화 밖의 남성과 여성을 교란시킨다. 이는 그들이 중심이기를 포기함으로써 기존의 성별 구도를 이탈하지만, 여전히 자신의 경험과 현실을 조직하는 주체이기 때문이다. 그러나 여성의 성은 과다하지만, 스스로 경험을 창출하거나 현실을 구성해 내지 못한다. 성별 관계를 전혀 정치적으로 문제화하지 않는, 그래서 여성을 역사 밖에 위치시키는 장선우가 여성을 재현하는 방식은 남성과 여성이라는 성별 이분법을 강화한다.

  이 글은 대중 문화와 성적 주체로서의 여성이라는 논의를 위해 여성이라는 성별 범주와 성이 어떻게 문제화되어야 하는지를 생각해 보기 위한 시론이다. 연구의 대상으로서의 여성과 여성의 성은 더 이상 성별과 성이라는 내포적 관계에서 설명할 수 없는 다양한 성 경험과 성적 실천들이 존재하고 의미를 생산한다. 정치적인 범주가 사회적인 것에서 문화적인 것으로 옮겨

가는 오늘날 우리 현실에서 대중 문화에서 재현되는 성적 주체는 이러한 현실에 어떠한 정치적 의미를 부여해줄 수 있을까를 생각해본 것이다. 그래서 여성의 성별성이 성과 관련되어 작동되는 방식, 성별성이 다른 층위들과 만나는 방식, 성별의 정치학이 메타포로 작용하는 방식, 그러면서 성별 위계 구조 속에서 타자화된 여성을 볼 수 있는 페미니스트 주체의 포지션이 어떤 것인가를 모색하고자 했다.

우리 사회에서 성별 체계에 의해 여성들에게 부여되는 의미를 거부하고, 여성들의 삶과 욕망에 대한 목소리를 드러내고자 하는 여성주의 문화 생산자들이 등장하고 있기는 하지만, 여전히 대중 문화에서 재현되는 여성의 성은 남성들의 욕망에 의해 형태지워지는 타자로서의 성이고, 모성을 정체화하는 재생산적 성이 견고한 성별 위계 체계 위에 구축되어 있다. 최근 우리 사회에서 문화적 혹은 역사적 구성물로서 성별을 논하는 논의가 등장하고 있고, 특히 성이 항상 성별적 범주 내에서 작동하는 성별화된 것으로만 존재하는가라는 의문과 함께 성별을 어떻게 사고해야 하는가라는 문제들이 제기되고 있다. 그러나 우리 사회에서 일상적 문화에서는 물론이고 여성학 논의에서조차 성별 체계 자체를 문제화하고 그것을 문제틀로 제기하는 것은 이론적, 정서적으로 어렵다. 그러나 끊임없이 성별 구도 속에서 타자화된 성, 혹은 재생산적인 성으로 구성되는 여성의 성을 문제화하기 위해서는, 여성을 규정하는 성별 체계와 성이 한국 사회에서 다른 여러 사회 관계들과 어떻게 구체적으로 맞물리면서 여성의 성적 주체의 문제를 규정하고 있는지에 대해 본격적인 논의를 시작해야 할 것이다.

3 여성의 건강/몸 관리와 육체 이미지의 소비 문화

1. 들어가는 글

이 글은 여성들이 운동을 통해 실천하는 건강과 몸의 이미지 관리 그리고 여성성의 관계를 보고자 한다. 즉 이미지 시대의 도래와 함께 여성들이 "뚱뚱한" 몸을 관리하기 위해 하는 운동이 여성의 몸에 실천/재현되는 방식과 의미에 관해 연구해 봄으로써 여성에게 "건강한 몸"의 의미가 무엇인지, 그리고 건강한 몸의 개념에 영향을 주는 사회 문화적 요인들이 무엇인가를 살펴보려는 것이다.

1960년대에서 1980년대의 한국 사회가 조국 근대화라는 구호 아래 생산에 대한 참여가 개인의 사회적 정체성을 결정하는 생산의 사회였다면, 경제 발전의 성취와 복지 국가의 실현을 강조하는 1990년대의 한국 사회는 소비의 사회적 관계가 개인의 정체성을 구성하는 소비 사회로 설명된다. 특히 1988년 올림픽을 전후로 하여 한국 사회에서는 본격적인 소비 문화의 담론이 부상하게 된다. 그러면서 1990년대의 한국 자본주의는 장시간의 노동과 저축을 장려하는 것이 아니라 대중 매체들의 광고를 통해 여가와 소비를 찬양하는 시대로 진입해 갔다. 더욱이 1995년 이후 WTO 체제의 출범은 우리 사회에서 소비 문화의 세계화를 공식화하였고, 더 이상 재화의 부족이나 결핍에 대해서 말하지 않게 되었다. 대신 너무 많이 소비하는 것, 다 사용하지도 않고 버리는 재화의 쓰레기들, 영양 과다와 비만이 사회 문제로 등장하는 풍요한 사회에 살고 있다는 이미지가 우리를 둘러싸고 있다. 필요에 의해서가 아니라 유행 때문에 특정한 상품이 품절되고, 특정 지위와 이미지를 표현하기 위해 동일한 상품이 다양하게 생산되며, 또 같은 기능의 재화가 차별적으로 소비되는 시대를 맞이한 것이다. 이제 우리 사회는 소비가 일상적 삶의 양식을 주도하는 소비 문화가 지배하는 사회가 된 것이다.

이 글은 소비가 자기 정체성의 구축에 중요한 양식이 되고, 우리를 둘러싼 대중 매체의 시각적 이미지가 자아 형성에 중요한 역할을 하는 이미지 소비의 사회에서, 운동을 통해 자신의 건강/몸을 관리하는 여성들에 관한 문화/여성 인류학적인 연구이다. 이전까지 우리 사회의 여성들은 건강 관리나 유지라는 측면에서 크게 주목을 받아오지 못했다. 건강은 몸에 좋다는 음식, 약, 의료 기술, 운동 등에 관한 이야기와 맞물려 오늘날 우리 사회에서 가장 비정치적이면서도 대중적인 관심사로 자리잡았다. 그러면서 건강은 삶의 질을 논하는 가장 대표적인 언설로, 그리고 경제 성장과 소비의 대중화를 실감하게 하는 사회적 지표로 간주된다.

전통적으로 건강의 추구 혹은 몸의 관리를 둘러싼 담론의 주체는 늘 남성이었다. 여성들의 건강을 추구하는 사회적인 담론은 우리 문화에서 거의 드러나지 않았었다. 단지 생식의 차원에서 임신이나 출산의 기능을 보완하거나 이와 관련하여 출산 후 허약해진 몸을 회복하기 위해 보약 등을 섭취하는 건강 실천의 전통은 있었지만, 여성의 신체적 건강 그 자체를 유지하거나 관리하기 위한 사회적인 실천 방식은 크게 두드러지지 않았었다. 한국 사회에서 공적인 담론으로 여성의 건강이 논의되기 시작한 것은 최근의 현상이고, 여성의 건강이 운동과 관련되어 논의되는 맥락은 더욱 그러하다.

운동은 활력 있게 움직이는 몸의 이미지를 통해 신체적 건강과 항상 동일시된다. 그러나 전통적으로 운동은 근력이나 체력 혹은 훈련이라는 말과 함께 남성적인 영역으로 간주되면서 남성의 성역할과 밀접한 연관을 갖고 있었다. 운동은 흔히 보편적이고 중립적인 가치를 갖는다고 간주되지만 문화와 특정 집단이 사회에서 점하는 위치에 따라 다른 의미들을 갖는다. 사람에 따라 운동은 근력과 체력을 단련시키는 일상의 한 부분인가 하면, 스트레스 해소를 위한 개인적인 놀이이기도 하고, 사회적 관계를 유지하기 위한 사회적 활동의 한 측면이기도 하다. 그리고 성별에 따라 사회적 삶이 다르게 조직되는 성별 체계의 사회 속에서 운동은 남성과 여성의 일상적 삶에 다른 방식으로 관련된다. 특정 사회를 설명하는 문화 텍스트의 하나인 몸은 성별의 차이를 보여 주는 가장 경험적이고 구체적인 상징인데(Douglas, 1973), 이러한 몸의 특정 형태를 생산하는 운동은 남성과 여성의 차이를 강조하는 문화의 정도에 따라 남녀의 몸을 다르게 만들어 낸다. 따라서 운동을 통한 여성의 건강 관리에는 신체적 건강의 증대를 도모하는 측면이 있지만, 동시에 성별 체계 속에 위치하는 여성의 몸의 이미지에 관한 사회 문화적인 요구들이 관련된다.

오늘날과 같은 소비 사회에서 몸에 관한 성별 이미지의 대중적인 인식은 재현 representation의 중심에 몸을 위치시키는 소비 문화의 이미지 보급과 밀접한 연관을 갖는다. 그리고 이미지의 대중적 실천은 이를 가능하게 하는 대중 매체의 발달과 관련된다. 대중 매체에 의한 이미지의 보급은 각 집단이나 문화마다 다르게 재현되던 남성성과 여성성의 이미지를 동질화시키는 경향이 있다. 또한 이러한 사회적 경향은 전혀 운동을 하지 않던 여자들에게도 건강한 여성적 몸을 갖기 위해 운동을 하거나, 해야 한다는 사회 문화적 욕구들을 창출시킨다.

2. 운동과 소비 문화에 관한 사회 문화적 접근

(1) 건강 / 병 담론과 문화 연구 대상으로서의 운동

우리 사회에서 건강이란 개인이 가질 수 있는 복 중에서 최고의 것으로, 삶의 질과 관련된 가장 중요한 항목으로 꼽힌다. 그래서 건강은 가장 지배적인 일상적 언설이고, 흔히 가장 귀중한 가치로 언급되곤 한다. 우리는 매일 몸의 경험적 상태를 언급하는 다양한 말로 하루를 시작한다. "몸이 안 좋다", "몸이 좋아 보인다", "안색이 안 좋다", "몸이 말랐다" 혹은 "몸이 불었다", "스트레스 때문에 몸이 찌뿌드드하다" 등과 같은, 몸의 상태를 가리키는 말들은 모두 암묵적으로 몸의 안녕을 상정하고 있고, 이때의 몸의 안녕은 곧 상식적 차원의 건강을 의미하곤 한다. 이때 건강은 몸의 정상성, 기능성과 긴밀하게 통합되어 있고 이의 측정이나 인지는 몸의 경험에 의존한다. 따라서 일상적으로 사용되고 있는 건강이란 말은 경험적인 차원에서 몸의 기능에 문제가 없는 상태로 인식된다. 보통 우리는 건강하지 않은 상태에

대한 언설과 건강을 유지하고 증진시키는 기술들에 대해서 말함으로써 건강이 무엇인지에 대해 논의한다.[1)

전통적으로 우리 사회에서는 일상적인 삶의 실천을 중심으로 한 건강 담론이 있어 왔다. 그래서 건강이 무엇인지에 대해서는 정의되지 않았지만 대신 기능상의 문제가 없는 것, 일상적인 생활 자체를 잘 유지시키는 것, 몸의 안녕을 보존하는 것을 건강으로 간주했다. 최근의 건강 담론은 항상 건강하지 않음과 관련되어 언설화되면서 몸의 느낌, 기능을 객관적인 지표로 제시하는 경향이 있다. 특히 과학이라고 알려진 의학이 우리의 일상 속으로 들어오면서 건강은 의학적/과학적 담론 속에 포섭되어 논의되기 시작했다. 의학적으로도 건강은 질병이 없는 상태를 의미했다. 따라서 건강은 별다른 관리를 필요로 하지 않는 것이었고, 의료는 단지 건강하지 않음, 즉 질병을 관리하여 건강의 일탈 상태를 정상화시키는 것이 그 주된 역할이었다. 그러나 최근 의학 지식의 발달과 그 영향력의 확대로 "건강하지 않은 상태"라는 것의 범위는 점점 더 넓어지고 있고, 정상이나 건강도 예방적 차원에서 넓은 의미의 잠재적인 비건강/비정상으로 간주되면서 의료/과학의 관리 영역으로 포섭되어 가고 있다(Waitzkin, 1983 ; Lock, 1988). 이러한 의료화 medical-ization가 가속화되는 현대 사회에서 이제 건강은 개인이 느끼는 경험적인

---

1) 가장 흔하게 언급되는 건강에 대한 몸의 징후는 남성들의 성적 능력을 지칭하는 정력이나 사회적 생산력을 저하시키는 것과 관련된 스트레스 등으로 표현된다. 그리고 이러한 몸의 경험, 느낌이 표현되는 곳에서는 동시에 이를 증진 혹은 감소시킬 수 있다고 믿는 몸의 회복에 대한 다양한 언설들이 존재하고, 또 이를 실천할 수 있는 다양한 제도적, 비공식적 기술들이 존재한다. 그리고 이러한 기술들의 사회적 인정은 일상적 차원에서의 몸의 경험적 효과에 의해서, 혹은 공식화된 의학/과학의 지식 담론이 발휘하는 사회적 권위에 의한다.

상태라기보다는 의학적 기술에 의해 계량화되는 어떤 상태로 정의되고 있고, 이러한 상태를 유지시키는 여러 장치들이 우리의 일상 속으로 통합되고 있다.[2]

일상 생활 속으로 침투해 들어온 의학/과학적 담론은 무엇을 얼마만큼 먹어야 하는지, 몸무게가 얼마가 되어야 하는지 그리고 몇 시간을 자야 하는지, 그리고 일주일에 얼마나 자주 그리고 몇 시간 동안 운동을 해야 하는지 등과 같이 일상을 조직하는 것을 통해 개인들의 일상적이고 정상적 몸에 대해 권력을 행사하고 있다. 또한 의학/과학적 지식이 행사하는 이러한 일상의 재조직화와 통제는 현대 사회의 대중 매체를 통해 의학/과학적 지식을 상식화하고 있으며, 이러한 지식에 기반한 병/의원과 각종 건강 산업은 그 지식들을 개인의 몸에 직접 행사함으로써 그 통제력 혹은 권력을 체화시킨다. 건강과 의학 지식, 의료 시설의 관계, 그리고 건강과 영양의 관계, 건강과 운동의 관계에 대한 우리의 믿음은 이러한 관계들이 갖는 "과학적" 인과성에 대한 검토를 통해서 획득된다기보다 우리의 일상에 들어와서 그 연관성에 관해 헤게모니를 장악해 버린 지식 담론에 대한 주술적 믿음에 기반한

---

[2] 의료 인류학에서 질병 disease과 병 sickness 그리고 개인이 느끼는 몸의 불편함 illness은 그것을 정의하는 주체가 누구인가에 따라 정의된다. 클라인먼(Kleinman, 1980 : 72-73)은 병 sickness을 질병 disease과 불편함 illness으로 구분하여 질병은 의학적 분류 체계에 기반하여 의료 기관 혹은 의사가 정의하는 이상성 abnormality을 의미하고, 불편함이란 환자의 입장에서 느끼는 혹은 경험하는 이상성이라고 정의했다. 클라인먼에게 병은 정치적으로 중립적인 용어이지만 프랑켄베르그(Frankenberg, 1980)와 영(Young, 1982)에게 병은 환자가 느끼는 불편함과 의사가 정의하는 질병 간을 매개하는 사회적 권력 과정으로 정의된다. 의료화의 문제는 불편함이 질병의 영역으로 넘어가는 바로 프랑켄베르그와 영의 sickness 개념에서 찾아볼 수 있다.

다. 브라이언 터너는 과학적 지식이 우리의 일상 속에 깊이 들어와 우리의 몸에 직접적으로 담론적 통제를 가하는 대표적인 영역이 음식과 운동이라고 설명한다. 그는 개인들이 이러한 통제를 가능하게 하는 구체적인 공간 속에서 일상적인 삶을 살기 때문에 그 주술적 효력이 실현되고 있다고 설명한다 (Turner, 1984).

우리 사회에서 건강과 운동의 일상적 논의는 이제까지 의학보다는 체육학의 영역에서 많이 다루어져 왔다. 그러나 체육학에서 강조하는 일상의 운동은 신체의 각 부위를 사용함으로써 얻으리라 기대되는 효과와 단체 운동을 통한 협동심의 증대와 같은 사회적 목적을 겨냥하거나, 혹은 운동하는 즐거움을 강조하는 기능주의적인 설명 방식이 주요 내용을 이룬다. 그리고 최근 여가 활동의 한 부분으로 여성들의 운동 참여를 주장하는 몇몇 연구들을 제외하고는 운동은 기본적으로 남성적인 것이고 또 비정치적인 활동으로 간주되어 왔다(김숙자 외, 1995 ; 이후원, 1993 ; 차주은, 1995). 그러나 운동을 문화와 특정 집단이 사회에서 점하는 위치에 따라 다른 의미를 발생시키는 하나의 사회적 실천이라고 보는 사회 과학적 접근에서는 기존의 체육학적 시각과는 다른 측면에서 논의들을 전개시켜 왔다.

서구에서 운동에 대한 사회 과학적 접근은 1960년대에 시작되었다. 당시까지만 해도 스포츠/운동은 비정치적인 영역으로 간주되었고(Parker, 1996 : 128-129), 스포츠 연구는 기능주의 틀 내에서 접근되었다. 따라서 운동은 신체적인 안녕과 원만한 인성 발달의 촉진제로, 사람들을 사회에 기능적으로 통합되는 데 유용한 태도, 규범, 가치를 재생산하는 활동으로 간주되었다. 그러나 신마르크스주의적인 입장이 주를 이루던 1970년대와 1980년대에 스포츠를 기능주의적이고 비정치적으로 보는 인식이 바뀌기 시작했다.

1980년대에 스포츠를 연구한 사회 과학자들은 스포츠를 계급 관계와 민족주의 이데올로기, 문화적 편견들을 내포하는 좀더 복잡한 문화 영역으로 접근하면서, 스포츠의 역할을 사회의 계급 재생산의 틀 속에서 설명하고자 했다. 한편 1980년대의 그람시주의자들은 기존의 사회 과학자들이 간과한, 운동하는 개인들이 갖는 능동적인 행위성과 정치성에 주목하고 논의를 시작했다. 그러나 1980년대 중반까지 남녀의 성별차에 초점을 둔 운동의 사회 관계와 의미를 추적하는 연구는 거의 없었다.

(2) 운동 / 여성성 / 육체 이미지

전통적으로 운동은 규칙과 단체성, 위계성, 경쟁성과 같은 공적 사회의 지배 가치를 훈련하고 재생산하는 남성의 영역이었다. 흔히 여성적인 경험이라고 간주되는 정서적이며 비위계적이고 비계량적이며 기록되지 않는 여성적인 경험 세계와는 구별되어 왔다. 여성이 운동에 맞지 않는다는 전통적인 논의는 임신과 수유에 적합한 피하 지방을 갖는 여성의 생물학적 몸 자체가 신체적 놀이와 스포츠에 적합하지 않다는 데 초점이 두어졌고, 스포츠 영역에서 보이는 남성과 여성의 차이는 성역할 차이를 정당화하는 지표들로 사용되었다. 따라서 운동하는 이미지는 남성성과 관련되어 있었고, 거기에 반해 여성들은 약하고 수동적이며 정서적이고 재생산적인 존재로 이미지화되었다. 여성에 대한 이러한 언설은 여성들의 활동 범위를 사적 영역으로 국한시키는 데 결정적인 영향을 끼쳤고, 활동이나 이동성을 비여성적인 경험으로 범주화하는 사회적 효과를 낳아 왔다. 이러한 사회적 분위기는 남성들이 여가 활동이나 소일거리로 운동을 하는 것은 바로 남성다움의 자연스런 발현으로 간주하게 했고, 반면에 여성들에게 운동은 육체적으로나 심리적으로 맞지 않는 것으로 인식케 하였다.

근대의 국민 국가가 형성되고 근대 교육이 보편화되면서 여성들의 스포츠 참여도 허용되기 시작했다. 그러나 사회적인 허용에도 불구하고 신체적 근력과 근육으로 상징되는 운동은 문화적, 관념적으로 여성들에게 여전히 금기시되었다. 왜냐하면 운동하는 여자는 곧 남성적인 여성이라는 관념 때문에 공적인 영역에서 체력을 겨루는 운동은 전통적인 여성의 성역할 이미지에 부합되지 않았기 때문이다. 또한 현실적으로도 결혼 후 사적 영역에서 개별적인 생활을 유지하는 여성들에겐 집단 활동의 성격을 띠는 남성들의 전통적인 운동/스포츠를 하기란 쉽지 않았다. 여성들은 단지 학교나 단체 생활에서 제한적으로 운동을 경험하는 것이 전부였다.[3]

여성과 운동을 관련시킨 초기의 연구들은 체육학의 틀 내에서 운동이 남성에게 행사되었던 것과 마찬가지로 여성에게도 긍정적 영향을 준다는 것을 강조하는 데 초점을 두었다. 그래서 운동은 여성들에게 환경을 통제하고 조작하는 능력을 고양시키고 물리적 세계에 대한 인식을 높이는 데 기여한다고 주장되었다.[4] 그러나 1980년대 이후 스포츠와 여가 문화를 연구하면서 성별성 gender이 운동을 하는 데 중요한 요인으로 작용한다는 인식에서 여성주의자들은 여성의 성역할과 운동 이미지에 대한 문제 제기를 시작했다.

---

3) 한국의 여학생들에게 체육 수업이 처음 소개되었을 때 그것은 하나의 구경거리였고 스캔들이었다. 18쪽 사진 참조.
4) 운동이 여성들에게 적극성, 사회적 활동성 등을 배양시킨다는 것을 강조한 어떤 연구는 1970년대의 미국 기업의 여성 경영진들 모두가 어렸을 때 스포츠를 했던 경험이 있음을 밝히기도 했다(Boutilier and SanGiovanni, 1985 : 225).

운동이 여성들의 자율성 신장의 반영이고 또 운동하는 여성의 몸을 재현하는 것 자체가 여성에 관한 기존 관념의 변화를 보여 준다는 경험 사례들이 보고되면서 1980년대 중반에는 어떻게 운동이 여성들에게 해방적일 수 있는가 하는 연구들이 진행되었다. 그리고 운동하는 여성의 이미지는 전에 주 변화되었던 여성들의 이미지나 가치들의 수용을 허용하면서 스포츠가 여성들의 삶에 창조적인 과정으로 편입된다는 것을 드러냈다. 그리고 이는 운동이 여성들에게 자신의 신체성에 대한 새롭고 급진적인 이미지를 갖게 하는 하나의 사회적 실천이라고 설명했다(Hargreaves, 1982 : 4). 동시에 여성주의 연구들은 운동 자체가 중산층적인 것이기 때문에, 운동과 여성에 관한 연구는 모든 여성들을 설명하지는 못한다고 지적했다. 가사 노동과 모성 역할은 여성들의 여가 시간을 제한하고, 그것은 노동 계급의 여성들에게 더 심각하기 때문에 여성들 사이의 차이, 다름에 따라 운동의 경험 역시 달리 체험된다는 것을 지적했다(Hargreaves, 1982 : 35).

한편, 마이클 메스너(Messner, 1990)는 여성 운동 선수들의 몸은 이데올로기들이 경합하는 장이라고 표현했다. 왜냐하면 운동하는 여성의 몸은 여성의 자율성을 제한하는 이데올로기적 권력이 투입되는 장이고, 성역할의 재정의가 이루어지는 장이기도 하기 때문이다. 다시 말해서 운동하는 여성들에게 운동은 진보적이고 기존의 여성성과 대립되는 것들을 실천케 하지만, 동시에 관습적이고 고정 관념화된 여성성을 재현하거나 재창출하는 수단이 되기도 한다는 것이다. 이러한 갈등은 운동하는 여성들에 관한 기존의 문화적 편견, 여성의 사회적 참여가 증가하면서 갖게 되는 성역할의 변화, 동시에 여성의 몸에 관해 새롭게 구성되는 이미지와 성의 상업화가 여기에 결합하면서 더욱 복잡한 양상으로 드러난다.

전통적으로 남성의 영역이었던 스포츠와 달리 최근 많은 여성들이 참여하고 있는 운동은 서구, 특히 미국에서 1950년대 이후 등장한 새로운 운동 형태인 피트니스 fitness 개념하에 발전된 것들이다.5) 이는 이전에 집단으로 행해지던 스포츠와는 다른 것으로, 사회성에 대한 강조보다는 개인이 자신의 육체에 대한 지식을 갖고 지속적으로 수행하는 일상적 육체 관리라는 측면이 강하게 부각되는 운동이다. 그리고 이러한 운동은 몸과 운동을 매개 시키고 가시화시키는 관리 공간에서 이루어진다. 따라서 오늘날 한국 사회에서 일상적이고도 개인적인 성격의 운동에 대한 여성들의 열기는 각종 체육 시설을 갖춘 산업화된 헬스 클럽의 등장과 더불어 비로소 현실이 되었다. 이 글에서 다루는 여성의 건강/육체 관리에서 말하는 운동은 피트니스의 개념하에서 수행되는 운동을 의미한다.

---

5) 본 연구에서는 운동이란 말로 이야기되는 스포츠 sports, 레크리에이션 recreation, 엑서사이즈 exercise, 피트니스 fitness는 개념상 다음과 같이 구별된다(Boutilier & SanGiovanni, 1985 : 210). 스포츠는 ① 복잡한 신체적 기술과 강한 신체적 움직임, ② 공식적이고 조직적인 상황하에서의 경쟁, ③ 내부적 외부적 보상이 참여자에게 주어지는 것을 포함하는 것이고, 레크리에이션은 스포츠에 비해 놀이에 가까운 것으로 자발성, 최소한의 규칙과 순발성, 표현성, 내부적 동기가 그 특징이다. 엑서사이즈는 신체적 활동의 특정한 형태를 말하는 것으로 다소 정력적이고 지속적인 신체적 활동을 지칭한다. 반면에 피트니스는 꽤 정력적인 신체적인 활동에 참여할 수 있는 능력으로 정의된다. 즉 개인의 건강과 일반적인 안녕에 필수적이라고 믿어지는 능력을 포함하는 것으로 그것은 심폐 기능, 근육 지구력, 힘, 유연성 등으로 측정된다.

(3) 여성의 성역할과 여가 활동으로서의 운동

1980년대 중반부터 1990년대가 되면서 많은 여성들이 운동을 하게 되었는데,[6] 여기에 대한 일반 언설은 다음과 같다. "사회가 변화되고 경제적으로 어느 정도 먹고사는 걱정이 없어졌기 때문이다. 그리고 경제의 발달로 영양 상태가 좋아져서 살을 빼야 한다고 생각하는 사람들이 많아졌고, 핵가족과 생활의 기계화로 인해 자녀 양육과 가사에 드는 시간이 줄고, 또 여성들의 자기 시간이 많아졌기 때문이다."

이러한 설명 방식은 흔히 여성들이 하고 있는 운동을 여성들의 여가 활동의 하나로 접근하게 한다. 이는 여가에 대한 개념에서 유래하는데, 여가는 주로 생활에서 필수적인 활동에 종사한 이후에 남는 자유 시간, 즉 생활 시간에서 노동 시간과 생리적 시간을 제외하고 남는 잔여 시간으로 흔히 정의된다(Kraus, 1971[이후원, 1993 : 8 재인용]). 그리고 여가 활동은 내적 만족을 달성하기 위해 자유 시간에 행해지는 활동으로 간주된다(김길호, 1985[이후원, 1993 : 8 재인용]). 이러한 맥락에서 여성들, 특히 가정 주부들의 여가는 여성들의 성역할인 재생산 영역의 활동과 관련되어 논의될 수밖에 없는데,

---

[6] 신체 활동에 직접 참여하는 광의의 개념으로서 스포츠 참여를 조사한 실태 자료는 여성의 스포츠 직접 참여율(수 2-3회)이 1985년 10.6%에서 1989년 33.1%, 1994년 43.8%라고 보고하고 있다. 물론 가장 많은 종목으로는 맨손 체조 / 줄넘기와 육상 / 조깅 / 달리기이지만, 그 종목이 다양화되고 있다. 두 종목의 연도별 추이는 맨손 체조 / 줄넘기는 18.5%(1985), 21.9%(1989), 19.5%(1994), 육상 / 조깅 / 달리기가 19.0% (1985), 10.7%(1989), 15.4%(1994)이다. 특정한 장소에서 지도를 받는 에어로빅과 미용 체조의 경우는 1985년에 13.7%에서 1994년에 11.6%로 감소했다(김숙자 외 1995 : 55). 이는 종목의 다양화에 기인하는 것으로 보인다.

문제는 여성들이 주로 담당하는 가사 노동이 시간적으로나 활동의 내용상 여가 시간과 분명하게 구분되지 않는다는 데 있다. 그래서 이후원(1993 : 10)은 여성에게 여가란 가사 노동과 관련된 준여가 활동까지를 포함하는 것으로 정의한다. 여가를 정의하려는 많은 시도들이 있지만, 여가 활동은 대부분이 자유, 선택 그리고 삶의 만족이라는 것과 관련된 일상의 실천으로 정의된다.

여가 활동 중에서도 주부의 여가가 논의되는 맥락은 산업화 이후 핵가족화되어 자녀 양육 기간이 짧아지고 국민 소득의 증가와 생활 수준의 향상, 생활 의식의 변화 그리고 많은 가정의 기능이 사회로 이전되었다는 데 있다. 그래서 여성들의 역할이 이전보다 줄었고, 삶의 질을 향상시키고 싶은 여성들의 욕구는 커졌다는 것이다. 이런 상황에서 여가 활동은 사회 생활의 기회가 극히 제한되어 있고, 가사 노동의 단조로운 반복과 좁은 인간 관계를 갖는 가정 주부들에게 사회적 상호 작용을 유도하는 역할을 함으로써 가사 노동에서 야기되는 여성들의 갈등이나 불만족을 해결해 주고, 좀더 적극적인 삶을 살 수 있는 긍정적이고 진취적인 태도를 갖게 한다는 것이다. 여성과 여가에 대한 연구들은 대부분 이러한 측면을 강조함으로써 여가 활동이 주부들 자신의 개인적 욕구뿐만 아니라 궁극적으로 가족 구성원의 행복과 주부 자신의 생활 만족에 지대한 영향을 미친다는 것이다. 여가와 여성에 대한 대부분의 연구들은 여성들이 운동 및 스포츠 활동이나 취미 교양 활동과 같은 여가 활동에 참여할수록 그들의 생활 만족도가 높다고 보고하고 있다(이후원, 1993 ; 차주은, 1955). 또 교육 수준이 높을수록, 소득이 높을수록, 가족 생활 주기에서는 막내 자녀의 연령이 증가할수록 운동 및 스포츠에 많이 참여한다는 것이다. 여성과 여가라는 측면에서 접근되는 여성의 운동 논의는 바로 여성이 갖는 성역할의 기능적 수행이라는 것과 맞물려서 논의가 되어 왔다.

그러나 최근의 여성주의적인 접근에서는 여성들의 여가를 설명하는 데 이러한 접근이 충분하지 않다고 지적한다. 여성주의 학자들은 사적 영역에서 관계적인 삶을 살아야 하는 여성들에게 여가 활동과 성역할 수행 간의 구분이란 불명확한데, 그것은 여성들의 삶 속에서 그 경계가 분명할 수 없기 때문이라고 설명한다. 여성들의 여가 활동을 논하는 데에 여가에 소용되는 재화와 서비스 문제는 중요하지만 문제는 여가 자체가 경험되는 방식에 있다. 여가를 체험하는 방식을 일상적 삶 속에서 살펴본다면 남성과 여성 간에 차이가 있고, 남성에게 적용되는 여가의 기준이 여성에게 그대로 적용될 수가 없다. 여가의 경험은 레저 교육자나 레저 관리자들이 생각하는 것보다 훨씬 복잡하다는 것인데, 여가학은 여성들이 선택하는 여가 활동들이 어떠한 것들이고, 그것이 여성의 삶과 어떠한 관련성을 갖는가 하는 것을 문제화하지 않는다(Rojek, 1995 : 1-2). 여가 활동에 대한 접근은 그것이 누구의 여가이고, 어디서 일어나고 있고, 삶의 다른 부분들과 어떻게 연관되어 있는가 하는 문제와 분리해서 논의될 수 없다.

여가에 대한 여성주의적인 접근들은 여가가 여성들에게 만족스럽고 해방적인 경험을 가져다준다는 설명 방식에 비판적이다(Rojek, 1995 : 31). 기능주의적 설명 방식은 여성들이 행하는 모든 여가의 효과를 가정에 기반한 여성들의 성역할과의 기능적인 상관성 속에서 그 의미를 논의하여 왔다. 페미니스트 이론들은 여가의 이데올로기, 성별성, 선택 간의 관계를 문제화함으로써 현대 여가 이론에 아주 중요한 기여를 해왔다. 그래서 전통적인 남성 중심적인 사회 구조와 여가의 유형 그리고 여가의 선택 간에는 기능적인 관계가 있음을 밝혔다(Rojek, 1995 : 34). 즉, 공적 활동을 하는 남성들에게 자유와 쾌락으로 인식되는 여가 활동이 여성들에게는 바람직한 여성성과 모성이라는 규범과 결합되어 여성들에게 허용되는 여가 활동의 성격과 범위를 제한한다는 것을 밝혔다. 여성주의적인 경험적 연구들은 비지불 노동에 기반하여 논의되어 왔던 보편적 여가라는 개념이 남녀에 따른 생산과 재생산의 성별 분업, 그리고 남성 지배 사회에서 성별간에 있을 수 있는 여가의 선택이라는 문제를 간과한, 성적으로 무지한 것 gender-blindedness이었음을 드러내 주었다. 그러면서 페미니스트 연구들은 여성들이 가정 내 성역할이나 남성들의 시선을 벗어난 자율적인 여가 활동을 어떻게 어느 정도 하고 있는가를 질문해 왔다.

여성들의 여가 활동을 강조하는 담론들은 많은 경우에 여성들을 항상 동질적인 집단으로 강조하면서, 사적 영역에서 여성들이 행하는 역할을 고정적이고 본질적인 부분으로 구성해 내는 측면이 있었다. 그래서 여성들의 삶의 변화에 대한 전망이나 모색, 계층이나 공적 생활의 경험에서 오는 여성들 간의 차이들을 모호하게 함으로써 여성들이 누구이고 어떠한 삶을 살고 있는가를 설명할 수 없게 하는 측면이 있었다. 여가에 대한 여성주의적 연구들은 이미 여성들이 점하는 지위, 계급, 가구의 유형에 따라 여가에 대한 여성들의 주관적 경험이 다르다는 것을 보고하고 있다(Glyptis et al., 1987 ; Bolla et al., 1991, [Rojek, 1995 : 32 재인용]). 그리고 성역할의 전형성에 기반한 여성들의 여가 활동은 여성들에게 자기를 부정하고 훼손시키는 측면이 많다는 것을 보고한 연구들도 있다(Wimbush & Talbot, 1988 ; Henderson & Bialeschki, 1992). 동시에 최근의 여성주의적 연구들은 여가를 통해 구성되는 여성들의 주관성이나 자기 이미지가 분명한 것이 아니라 유동적이고 놀이적이라고 기술한다. 그래서 기존 성역할에 대한 균형, 투쟁, 저항, 타협, 전복, 쾌락뿐만이 아니라 고통과 좌절을 경험한다고 보고하면서 여가 활동을 통해 여성들이 발전시키는 여가 효과의 다양성을 드러내고 있다(Wearing, 1992 : 327). 여가 활동의 하나로 간주되면서 만족이나 선택, 일상으로부터의 탈출이라는 측면에서 접근했던 여성의 운동을 이 글에서는 한국 사회의 성별 체계에서의 여성의 삶, 경험이라는 측면에서 문제화한다.

(4) 여성의 몸을 이미지화하는 소비 문화

1) 소비 문화의 "소비" 개념

여기서는 우리가 살고 있는 현대의 소비 사회에서 소비가 갖는 위상과 의미가 무엇인지, 그리고 운동을 통해 건강하게 관리된 여성의 몸의 이미지가 어떻게 소비의 사회 관계 속에 위치하는가를 살펴보고자 한다. 여성들이 헬스 클럽에서 상품화된 건강 관리를 하는 현상을 설명하는 대표적인 방식은 우리 사회의 생산력이 높아지고, 소득 수준이 높아짐에 따른 결과라는 것이다. 즉 더 많이 벌수록 더 많이 원하게 되는 소비자의 합리적 선택의 결과라는 것이다. 그러나 경제적 이유만으로 몸에 대한 관심, 건강에 대한 최근의 대중적 관심을 설명할 수는 없다.

파커는 날씬한 여성의 육체가 운동과 맺는 관계는 경험적 체력의 문제가 아니라, 현대의 소비 문화에서 여성의 몸이 위치하는 방식과 관련하여 설명해야 한다고 했다(Parker, 1996 : 129). 소비 문화는 인간의 육체를 아무런 수치심 없이 전시하는 것을 허용하면서, 육체를 고정된 것이 아니라 육체 관리에 노력을 기울임으로써 각 개인들이 원하는 육체를 가질 수 있다는, 몸에 대한 유연한 사고를 하게 만든다. 그래서 소비 사회의 대중 매체들은 광고를 통해 개인들에게 자기 외모에 책임을 지라고 요구하고, 소비 사회에서 몸은 자신이 배려해야 하는 일차적인 대상이 되어야 한다는 정언적 명제들을 제시한다. 여성에 대한 여러 이미지들이 경합하는 현대 사회에서 날씬한 몸이 여성 정체성의 지배적인 이미지로 여성들 사이에서 선호되고 추구되는 메커니즘은 바로 소비 사회의 시장 기술과 관련하여 살펴봐야 한다.

소비 문화란 소비에 의해 관계가 구축되고, 문화 체계 전체가 소비에 기초하는 체계적이고 포괄적인 활동 및 반응의 양식이다(보드리야르, 1991 : 98-99). 대량 생산과 대량 소비 사회의 사람들의 생활 양식을 설명하는 소비 문화라는 말은 1920년대 미국에서 최초로 등장했다(Ewen, 1988). 이것은 소비가 하나의 체계를 이루어 물질적 유통 과정을 주도해 나간다는 뜻인데, 이때 소비를 추동시키는 것은 소비자의 합목적적 욕구를 충족시키는 재화의 기능이 아니라, 행복이나 위계 등을 설명하는 기호로서의 재화에 대한 욕구이다. 그러므로 소비 사회에서 개인이 하는 소비는 자율적이고 합목적적이며 자기 목적적인 향유의 현상이 아니다.

보드리야르는 후기 자본주의의 소비는 물질적 풍요의 향유라거나 생산에 의해 조건지어진 욕구의 충족이라는 시각에서는 설명될 수 없다고 단언한다. 욕구와 소비는 생산력의 조직적인 확대로서 개인의 사적 영역(욕구, 감정, 갈망, 충동)을 생산력으로 남김없이 통합하는 것에 의해, 생산 체계의 합리화가 개인 영역까지 전반적으로 확대되는 것에 의해 가능한 현상이라는 것이다. 그에게 소비의 영역은 재화뿐만이 아니라 욕구까지도 포함되는 것이고, 이 욕구는 사회적 선택에 의해 결정된다는 것이다. 그래서 현대의 소비는 전면적 균질화로 향하는 소득 상승이 아니라 차별을 만드는 경쟁의 욕구가 개인들을 차이의 관계 속에 위치시키는 것에 의해 비약적으로 증대한다. 이것이 바로 소비 사회에서 집단적 서비스보다 사적 서비스 영역이 엄청나게 증가하게 되는 요인이고, 체계가 원하는 것이 아니라 "내가 원하는 것"으로서, 개인의 욕구라고 하는 것에 의해 체계의 욕구가 은폐되는 이유라고 보드리야르는 보았다. 따라서 보드리야르는 소비 사회를 특징짓는 가장 중요한 사회학적 구조는 차별화의 사회적 논리라고 지적한다.7) 현대 서구 사회뿐만이 아니라 최근 한국 사회에서도 하나의 일상적 규범으로 자리잡고 있는 소비는 사용의 필요를 충족시키기 위한 전시대의 소비 행위와는 구별된다. 여성들의 육체 관리를 다루는 이 글은 보드리야르의 소비 사회에 대한 견해와 그의 차별화 논리가 우리의 소비 현상에 유용하게 적용될 수 있다고 간주한다. 그것은 1990년대 한국 사회에서 볼 수 있는 개인들의 소비 행위가 상품의 유용성과 사용 가치 때문이 아니라, 자신의 정체성을 표현하고 싶어 하는 차별화와 위장 욕구 등에 의해 특징지어진다고 보기 때문이다. 즉, 소비를 매개로 하여 드러나는 사회 관계가 소비 행위의 실제적인 목적이 되고 있다고 보는 것이다.8)

---

7) 후기 자본주의의 과잉 소비에 대해서는 보드리야르와 다른 견해들이 많다. 예를 들어 갤브레이스는 과잉 소비는 현대 자본주의의 근본적인 모순으로부터 나온 문제라고 설명한다. 즉, 소비는 무한한 잠재적 생산력과 시장 사이의 모순에서 생산 기업이 시장의 움직임을 통제하고 사회의 사고 방식 및 욕구를 조정하고 주무른 결과라는 것이다. 따라서 소비 욕구는 생산 영역의 전면적 독재로부터 창출되는 것으로 소비 욕구는 전문 기술 관료 계급에 의해 조정되고 소비자는 현대 자본주의 체계의 수동적 희생자라는 것이다(보드리야르, 1991 : 87, 재인용). 그러나 이러한 구조적 설명만을 가지고는 개인들이 참여하는 소비의 행위성이 사적인 차원에서 증대되고 작동되는 방식을 설명하지는 못한다.
8) 현대 소비 사회에서의 상품에 대한 욕망은 그 상품이 갖는 실제적이고 유용한 기능이 아니라 그 상품이 매개로 하는 가치들의 교환, 전달, 분배에 있다. 재화에 대한

1980년대를 거쳐 1990년대에 들어 광범하게 실천되는 여성들의 건강 혹은 육체 관리를 살펴보려는 본 연구에서 보드리야르의 논의를 수용하는 의도는 바로 여기에 있다. 즉 여성들이 수행하는 운동인 건강/몸매 관리가 개별적인 여성들이 느끼는 몸의 활력/정상성의 느낌 혹은 신체적인 근력을 증진시키는 긍정적인 면이 없다는 것이 아니다. 문제는 집단적으로 이루어지는 건강 관리가 여성성이 생산되고 구성되는 사회적·문화적 의미 속에 위치한다는 것이다.

2) 소비 기호로서의 여성의 몸/육체

어떻게 운동이 소비 문화에서의 여성의 몸의 이미지와 관련되고, 날씬한 여성의 몸이 여성성의 대중적 인식에 영향을 끼치는가 하는 것은 여성의 몸에

> 사람들의 욕구는 재화가 보유하는 기능의 합목적성과 연결되어 있는 것이 아니라 기표로서의 재화가 기의하는 사회적 요구에 따라 조직된다. 이때 소비는 소비자 개인의 만족이나 향유의 기능이 아니라 생산 체계의 기능이며, 재화의 생산과 마찬가지로 개인적인 기능이 아니라 직접적이고 전면적인 집단의 기능으로 접근되어야 한다. 이러한 소비의 사회 관계 속에서 소비는 혼자 하는 것이 아니라, 모든 소비자들이 자기도 모르는 사이에 서로 상호 연관된 일반화된 가치들의 생산 및 교환 체계 속에서 소비 행위를 하게 되는 것이다. 따라서 소비는 욕구와 향유의 우연적 세계가 아닌 문화적 세계의 산물이고, 자연적이고 생물학적 질서 속에서 일어나는 것이 아니라 가치 및 서열의 세계에서 행해지는 것이다. 보드리야르는 현대 사회의 독특한 개념인 소비는 효용과 무관하게 이해하는 것이 필요하다고 말하는데, 이러한 보드리야르의 설명 방식에는 소비 행위에 개인의 욕구가 부재하다거나 재화가 효용 가치를 갖고 있지 않다고 말하는 것이 아니다. 단지 현대 사회의 소비는 언어가 의미의 질서 즉 문법적 구조 속에서 이해되는 것처럼, 소비되는 재화에 대한 이해는 소비자 개인의 합리적 동기보다는 재화가 위치하는 사회 관계의 질서 속에서 접근되어야 한다는 것이다.

관한 시각적 이미지의 광범한 사용을 통해서이다. 소비 문화 내의 몸의 인식은 광범한 시각적 이미지의 존재에 의해 지배되고, 소비 문화의 내부 논리는 이미지를 소비하는, 물리지 않는 욕구의 배양에 달려 있다(Featherstone, 1991 : 178). 소비 문화는 현대의 생활 방식이다. 현대는 대중 시장을 위한 상품과 서비스의 소비를 둘러싸고 조직되는 사회이고, 이러한 소비 문화의 편재적 발전을 가능하게 하는 장치들, 특히 대중 매체를 통해 유지된다.

자본주의 초기에는 물건을 생산하는 사람과 소비하는 사람들 사이에 경계가 있지만 대량 생산과 대량 분배 단계로 들어가면 그 경계가 없어진다. 대신 대량 소비 사회에서는 구매력과 소비 욕구의 지속적인 창출이 필요해지는데, 여기에는 욕망의 담론인 광고가 매개된다. 광고는 새로운 필요와 욕망을 수반하는 쾌락주의적 생활 스타일을 핵심으로 한다. 생산과 소비를 연결시키면서 소비자를 효과적으로 창출하는 수단으로서의 광고는 후기 자본주의 사회의 소비 문화를 구축하는 데 결정적으로 중요하다. 왜냐하면 광고는 보는 사람들에게 현실 생활에 대하여 불만을 느끼도록 유도하여 바로 광고가 제시하는 상품을 구입하는 것에 의해 생활을 바꿔야 한다는 긴급 메시지를 전달한다(Ewen, 1988 : 37). 그래서 광고는 소비자들에게 그 상품을 구입하지 않으면 그 상품이 속한 세계의 생활 양식을 지닐 수 없고, 거기에 맞는 어떤 역할을 할 수 없다는 불안감을 조성하는 것에 의해 개인들의 심리를 지배한다(버거, 1987). 소비 문화가 상품을 통해 자발적으로 개인들의 생활 양식을 변화시키는데, 여기서 가장 중요한 변화의 매개 수단은 바로 몸이다. 몸은 대중 소비의 시장 궤도 내에서 항상 드러나고 가시화되면서 오늘날 소비 문화의 중심에 위치한다(Parker, 1996 : 129). 소비 문화의 대단한 힘은 상품들이 바로 몸, 즉 육체의 필요와 욕망이 무엇인지를 일깨워 주고 해결할 수 있다는 능력을 드러내는 것인데, 이는 개인의 가치는 젊음, 건강, 날씬함, 미의 대중적 이상을 성취하는 능력에 달려 있다는 메시지의 유포를 통해 가능해진다. 생생하고 드라마틱하고 아름다운 몸의 이미지는 건강, 장수, 성적 성취, 즐거움, 힘, 에너지, 움직임, 속도, 민첩함과 같은 스포츠 문화에 허용되었던 표현들이 대중 매체를 통해 재현되면서 몸을 표현의 가장 주요한 수단으로 사용하는 운동 문화와 결합하는 것이다(Hargreaves, 1994 : 134).

광고를 통한 몸의 이미지는 자본주의적 시장 전략의 새로운 도구가 되면서 몸을 갖고 있는 개인들을 육체 이미지의 수인으로 만들어 버렸다. 자본의 논리를 수행해 내는 관리된 육체 이미지의 상품화는 과거에 공장주나 국가가 생산자를 직접 감시하여 통제했던 것과 달리, 소비자가 자신의 이미지를 직접 관리하고 감시하게 되는 새로운 형태의 자기 감시 체계를 발전시키게 된다. 초기 자본주의 시대의 공장이 개인들의 감금의 공간이었다면, 소비 자본주의 시대에는 사람들이 귀속하고자 하는 이미지에 스스로가 감금당하는 현상이 벌어진다. 소비 사회에서 개인들은 더 이상 자신의 육체를 자연스러운 것으로 여길 수가 없게 되는데, 이것이 바로 광고의 효과이다. 대중 매체, 광고의 이미지가 거대한 사회적 감시, 감금의 공간을 만들어 간다(이득재, 1993 : 29). 여기서 발생하는 육체 이미지의 강조는 소비의 문제를 운동과 여가의 논쟁으로 끌고 가고, 이러한 이미지를 실현시킬 수 있는 공간인 체형 관리, 외모 관리 산업들의 번창을 가져오게 하는 것이다.

소비 문화 속에서 육체에 대한 지각은 수없이 널려 있는 시각적 이미지들에 의해 지배된다. 대중 매체는 몸에 대한 상상력의 광범위한 활용을 통해 개인들로 하여금 몸에 대해 항상 의식하게 만들고, 이러한 분위기 속에서 외모에 대한 만족은 개인의 주관적인 느낌을 지배하게 된다. 그래서 외모는 사회 관계의 소통, 사회 내에서의 개인의 가치, 그리고 사회적 인정에 대한 가능성을 재현하는 기표가 된다(Shilling, 1993). 자신의 외모에 대한 인식은 비교를 통해 이루어지는데, 많은 경우에는 이미 고정화되어 각인된 자신의 과거의 사진 이미지들뿐만이 아니라, 광고와 시각 매체를 통해 증식되는 이상화된 육체 이미지들과의 비교를 통해 분명해진다. 헬스 클럽에서 면담을 했던 여성들 중에는 현재 나이에 상관없이 과거의 한 시점에 고정된 자기 이미지를 본래의 자기 이미지로 준거시키는 것을 종종 볼 수 있다. 이 여성들은 운동을 하게 된 이유가 본래적 이미지와 현실과의 격차 때문이었다고 했다. 올림픽을 전후로 한국 사회의 시각 매체와 광고 산업의 폭발적인 성장은 많은 한국 사람, 특히 여성들을 거대한 이미지의 세계에 광범위하게 노출시켰고, 동시에 상품 이미지들과 관련되어 무한히 수정 가능하고 결합 가능한 육체 이미지들이 창조되었다. 본 연구의 정보 제공자들에게 시각화된 이미지들은 항상 자신들과 다른 여성들과의 비교를 조장하고, 동시에 자아와 이상화된 자아를 혼동하게 하는 사적이고 나르시시즘적인 자기 이미지의 보유를 가능하게 하면서 이전 사회에서는 허용되지 않던 새로운 자아 개념을 갖게 하는 모호한 경계의 공간을 제공하고 있었다.

3. 한국에서의 여성의 운동 / 건강 관리

: "헬스"의 민족지적 연구

20세기의 두드러진 특징 가운데 하나는 뚱뚱한 여자에 대한 날씬한 여성의 승리라고 할 만큼 풍요의 사회, 소비 사회의 대표적 여성 이미지는 날씬하고 마른 여성의 몸이다. 서구에서 음식을 거부하는 행위의 결과로 드러나는 여성의 날씬함이 하나의 미적 이상으로 등장하는 것은 먹는 것이 충분해지는 초기 빅토리아 시대부터이다. 19세기 말이 되면 부의 축적과 사회적 권력을 상징했던 부르주아 남성의 배도 더 이상 부르주아 계급을 재현하는 데 등장하지 않는다. 단식을 통해 먹는 것을 통제했던 사례는 동서고금 거의 모든 사회에서 찾아볼 수 있다. 하지만 그것은 선택된 소수나 특정 집단에 의해 음식 조절이 정신이나 자아 발달의 수단으로 채택되면서 종교적이거나 자기 수련의 의미에서 행해져 왔다. 여기서는 체중이나 음식 조절이 관심의 초점이 아니었다. 그러나 19세기 후반에 서구에서 나타나는 단식이나 음식 조절은 체중 혹은 체형 관리를 위한 중산층의 강박 관념으로 등장한다. 이때부터 다이어트는 이상적인 체중과 체형을 추구하는 노력으로 나타났고, 정신이 아니라 몸이 관리의 대상이고, 몸에 붙어 있는 지방, 혹은 "살"이 그들이 해결해야 하는 문제의 대상이었다. 그러면서 "날씬함"은 부르주아 계급에서 하나의 지배 관념으로 등장하고, 특히 여성들이 이러한 날씬함을 갈망하게 되면서 다양한 기술들이 발달하기 시작했다. 단순히 신체를 관리하고 변화시키기 위한 목적으로 다이어트, 운동, 화학적 그리고 외과적 시술 등을 포함하는 다양한 기술들이 등장한다(Bordo, 1990).

   1990년대 한국 여성의 건강에 대한 일상적인 논의는 이제 "잘 먹어야 한다"는 영양의 섭취 문제가 아니라, 운동을 통해 "날씬하게 만들어야 한다"는 외모에 대한 문제 제기가 주를 이룬다.[9] 전통적으로 한국 여성들에게

---

9) 1995년의 통계청 자료는 건강 관리 방법으로 남성들은 운동을, 여성들은 식이 요법

외모는 주로 얼굴을 의미했다. 그러나 이제 외모는 얼굴만을 언급하는 것이 아니라 체형까지를 포함하는 것으로 재개념화되고 있다. 즉 얼굴을 위주로 했던 외모가 "작은 얼굴, 길고 가는 다리와 팔, 큰 키에 마른 몸"으로 표현된다. 이러한 외모는 이제 개인적 차원에서 이루어지는 것이 아니라 건강 및 미용 관리 산업과 연관되어 관리되고 만들어진다. 이 글에서 다루는 건강 관리 산업의 하나인 에어로빅을 통한 체형 관리 역시 다이어트, 머리방, 선텐, 성형외과, 피부 관리실과 같은 미용 소비 문화와 연결되어 있다. 여성 잡지에는 다이어트 용품과 운동 기구의 광고 그리고 비만 치료에 대한 많은 광고와 기사가 있고, 날씬하고 긴 다리의 모델들이 지면을 가득 메우고 있다. 텔레비전 방송국들 역시 다이어트와 관련된 프로그램들을 방영하고 있고, 비만을 병으로 규정하거나 문제화하는 내용들이 대중적인 프로그램 속에 포함되어 전국적으로 방영된다. 특히 1995년 12월에 제작된 SBS의 「육체와의 전쟁」이라는 프로그램은 사람들에게 비만은 일종의 병이고, 살 빼는 작업 그 자체가 문자 그대로 "육체와의 전쟁"이라고 느끼게 만든 대표적인 프로그램이었다. 이후 살 빼는 일은 흔히 육체와의 전쟁이라고 언급된다. 본 연구의 여성 정보 제공자들 역시 살을 빼려는 자신들의 노력을 "육체와의 전쟁"이라는 말로 자연스럽게 표현하곤 한다.

상대를 배려하는 인사말이 "많이 먹어라"였던 우리 사회에서 "몸이 좋아

을 가장 선호한다고 보고하고 있다. 1995년 현재 15세 이상의 남녀 중 남성의 61.9%가, 여성의 52.8%가 건강을 관리하고 있다고 응답하였는데, 남성의 24.4%가 운동으로, 11.8%가 식사 조절, 10.3%가 담배와 술의 절제, 7.9%가 목욕과 사우나, 7%가 보약을 이용하여 건강을 관리하고 있다. 그리고 여성의 22.8%가 다이어트를, 12.2%가 에어로빅과 조깅 등의 운동으로, 8.7%가 목욕과 사우나 그리고 8.1%가 보약으로 건강을 관리하고 있다(『조선일보』 1997년 1월 28일).

졌다"는 인사는 이제 "뚱뚱하다"는 말과 동의어로 사용되면서, 상대의 기분을 해치는, 더 나아가서는 모독적인 인사가 되어 버리는 상황으로 변했다. 소비 문화 속에서 날씬함은 좋은 이미지/건강과 연결되어 있고, 과도한 체중은 건강의 위기라는 건강 교육적 메시지는 이제 우리의 상식이다. "운동을 해야지" 그리고 "살을 빼야지" 하는 말은 "날씬한 몸"은 "바람직한 몸", "좋은 몸"이라는 의미를 함의하면서 우리 시대의 지배적인 하나의 강박증을 형성하고 있다.

1990년대의 한국 사회에서는 몸의 "컬트화"가 진행되고 있다. 이는 수영장, 체력 훈련 및 에어로빅 헬스 클럽, 기수련원, 요가 등의 공간에서뿐만이 아니라 비만 치료실, 헤어 숍, 피부 미용실, 레그 케어 등과 같은 미용 공간들에서 이루어지고 있다. 1990년대의 우리 사회에서 건강에 대한 여성들의 관심은 미용에 대한 관심과 크게 구별되지 않는다. 그래서 여성들은 건강 관리를 위해 어디에 다니느냐고 질문하면 에어로빅, 사우나, 찜질방 등을 무차별로 선택한다. 이들에게 건강 관리는 "몸을 푸는 것", "땀을 내는 것" 그리고 "살을 빼는 것"과 동일한 의미를 갖는다. 특히 이 중에서도 아름다운 몸/육체 관리를 위한 대표적인 공간은 헬스 클럽이다. 이제 외모는 얼굴만이 아니라 몸의 체형을 포함하면서 자신과 남들의 시선 속에서 관리되는 시대로 들어섰다. 건강하고 보기 좋은 몸은 이제 자신이 느끼는 것에 의해서가 아니라 남에 의해 규정되고, 또 제도적인 공간에서 관리된다.

1990년대의 건강 관리는 "건강하기 위해 무엇을 행한다"는 것에서 "어떻게 행하는 것으로의 이행"을 포함한다. 이러한 건강 관리는 몸을 움직이면, 혹은 무엇을 먹으면 모두에게 똑같이 좋다는 기존의 관념을 부정한다. 요즘 이야기되는 건강 관리는 나이, 성별 그리고 직업 등에 따라 적합한 건강 관리법이 있다는 것을 함의하고 있고, 그것을 관리, 지도해 줄 수 있는 전문가가 있다는 것을 전제하고 있다. 최근의 모든 육체의 관리는 바로 전문가에 의해 수행되는 특징을 갖는다. 건강 관리 역시 그것을 가능하게 하는 다양한 기제와 공간과 전문가를 필요로 하는 사회적 실천으로 존재한다. 본 장에서 다루는 "헬스 health" 역시 이러한 전제를 갖고 있다.10)

(1) 연구 대상지와 연구 방법

본 연구를 위한 현지 조사는 1972년 한국에서 최초로 문을 연, 서울에 있는 체조 에어로빅 헬스 클럽인 "앨리스 헬스"(이하 헬스는 바로 앨리스 헬스 클럽을 의미한다)11)에서 1995년 3월에서 1996년 4월까지 행해졌다. 본 연구를 위한 자료는 연구자가 헬스에 회원으로 다니면서 실시한 참여 관찰과 수 차례에

---

10) 본 연구는 우리 나라에서 최초로 만들어진 에어로빅 헬스 클럽이라고 이야기되는 여성 전용 에어로빅 헬스 클럽에 대해 행해졌다. 본 연구의 헬스는 남성들이 말하는 웨이트 트레이닝 중심의 헬스와는 다르다. 보통 우리 나라의 헬스 클럽은 1972년 9월 주한 미군 출신인 미국인 클라크 해치 씨가 을지로에 클라크 해치 피지컬 클럽을 열면서부터라고 말해진다. 그 후 헬스 클럽이 늘어났지만 많은 경우 회원권이 수백에서 수천만 원에 이르고, 한달 회비도 몇십만 원이 되는 보디 빌딩을 위한 곳이 대부분이었다. 개인적 관리와 피트니스라는 개념을 갖는 헬스 클럽은 1990년대가 되면서 등장했고, 이때부터는 값싼 대중적 헬스 클럽이 등장하기 시작했다. 그리고 이때부터 체력 관리의 과학화에 대한 논의들이 헬스 잡지 등에 나타나기 시작한다. 하지만 헬스 클럽이 하는 일은 많은 경우 남성들의 근육 강화가 주 목적이었다. 1992년에 여성 전용 헬스 클럽인 "위 밋 김숙진"과 "한강 여성 헬스 클럽"이 문을 열면서 여성 헬스 인구가 증가하기 시작했는데, 여성 전용인 경우는 보디 빌딩보다는 살 빼기를 통한 몸매 관리가 우선이었다(채규형, 1996).
11) 장소의 익명성을 위해 가명을 사용하고 있음을 밝힌다.

걸친 21명에 대한 심층 면접과 헬스에서 만나는 여성들과의 대화, 나중에 배포한 설문지에 직접 자신의 생각을 기술한 20명의 설문 응답지를 통해 수집되었다. 그리고 5명의 체조 교사와 2명의 사무직 여성을 면접하여 앨리스 헬스 클럽과 에어로빅 운동에 대한 자료를 수집하였다.

이 글은 21명에 대한 심층 면접과 일 년 정도에 걸친 참여 관찰 그리고 설문지의 응답과 비공식적인 대화에 기반하여 씌어졌고, 면접의 자료는 주로 연구자가 체조 교실을 방문할 수 있는 오후 4시, 6시 10분, 7시 30분 그리고 토요일 12시와 2시반 교실에 참여한 여성들의 사례가 주를 이루고 있다. 그러나 전업 주부인 E, F, I, K, L 등은 주로 오전에 운동을 하는 전업 주부이다.

(2) 체조 에어로빅 헬스 클럽,「앨리스 헬스」의 전경

앨리스 헬스의 광고지는 일 년에 여러 차례 조간 신문에 끼워 Y지역 일대의 아파트에 배달된다. 앨리스 헬스의 광고 문안에는 "96 봄, 봄 세일!! 탄력 있는 건강과 아름다운 몸매, 봄의 생기를 잡으십시오"라는 문구를 중심으로, "여성 전용 헬스 클럽, 앨리스, (시간) 오전 6:30부터 오후 9시까지" 그리고 6개월 간의 회비를 30만 원에서 20만 원으로 인하한 세일 가격과 세일 기간이 4월 22일에서 29일까지라는 것을 표시하고 있다. 그리고 선탠 역시 세일하고 있다는 광고 문구가 있다. 그리고 "Program 프로그램"이라는 영어 밑에 박스로 "에어로빅 (AFAA체조) 1일 7교시. 각종 헬스 기구 이용(서킷 트레이닝). 철저한 개인 지도. 쑥 스팀 사우나"가 광고되어 있다. 그리고 앨리스 헬스에서 제공하는 체조 에어로빅의 효과가 기술되어 있는데 "효과·단시

간 내의 체중 조절 및 군살 제거·운동 부족으로 인한 각종 성인병 및 고혈압 심장병 예방 치료·허약자 체질 개선 및 스트레스 해소"라고 적혀 있고, 그 밑에 약도가 그려져 있다. 연구자가 앨리스 헬스를 알게 된 것은 이 광고 전단을 통해서이다.

전화를 통해 장소를 확인하고 헬스 클럽을 찾았을 때 L씨가 사무를 보고 있었다. L씨는 이곳에 1982년에 취직했는데, 현재는 이 헬스의 거의 모든 실무를 담당하고 있는 여성이다. 그녀는 헬스를 방문하거나 새로 온 회원들에게 시설을 안내하고 소개해 주는 일에서부터, 헬스 용품들을 파는 일, 그리고 일하는 아주머니들과 회원들을 관리한다.

앨리스 헬스에서는 하루에 일곱 번 체조 교실이 열리고(아침 6시, 9시, 12시, 오후 2시, 4시, 6시 10분, 7시 30분), 토요일에는 오후 2시반이 마지막 교실이다. 그리고 일요일에는 문을 닫는다. 회원들은 하루 중 아무 때나 자신이 갈 수 있는 시간에 간다. 그리고 체조 교실이 열리는 사이 사이에 회원들은 체력 단련을 위한 기구들을 사용한다. 체조 교실이 열릴 때에는 같은 공간 내에 비치되어 있는 기구 사용을 원칙적으로 금하고 있다.

여성 전용 체조 교실인 앨리스 헬스는 Y지역의 5층짜리 빌딩의 지하에 위치하고 있다. 입구에 들어서면 팝 음악이나 댄스 음악 소리가 들리고, 벽에 신발을 벗어 놓지 말고 가지고 들어가라는 문구와 회원들에게는 선탠을 30% 할인한다는 안내문이 붙어 있다. 입구에 놓여 있는 책상에 L씨가 앉아 있고, 그 옆에 60번까지의 번호판이 부착되어 있는 탈의실의 옷장 열쇠가 있는 열쇠장이 있다. 책상 왼쪽에 놓여 있는 유리 진열장에는 판매하는 에어로빅 운동복이 쌓여 있고, 벽에는 헬스복들이 전시되어 있다. 진열장 건너편에는 응접 세트가 있고, 그 앞에는 선탠실이 위치해 있다. 책상 앞에 앉아 있는 L씨는 처음 온 방문객에게 회비가 얼마인지, 이곳의 특징이 무엇인지, 얼마나 전통 있는 곳인지 등을 설명하고 사우나 시설과 로커 룸, 그리고 체력 훈련 기구가 있는 운동 공간으로 안내한다. 탈의실이며 로커 룸은 한쪽으로는 사우나실(이곳은 크기나 시설이 공중 목욕탕과 꼭 같다)과 연결되어 있고, 다른 끝은 운동실로 연결되어 있다. 맨 처음 방문했을 때 운동실에는 20여 명의 여성들이 에어로빅 헬스복을 입고 운동을 하고 있었다. 운동실로 들어가면 오른쪽에 체력 단련 기구들이 놓여 있고 다른 한쪽이 체조를 하는 마루 공간이다. 왼쪽 끝에는 근육을 푸는 기구들이 있다. 운동을 끝낸 여성들이 드러누워 다리나 발을 회전 기구에 올려 놓거나, 아니면 서 있는 상태에서 어깨나 배의 근육을 푸는 띠를 작동시키고 있다.

체조는 1회에 1시간 동안 지속되는데, 처음 10분 정도는 준비 운동으로 가볍게 몸을 풀고("워밍 업 warming up"), 다음 15분 정도는 좀 빠르게 뛰고("로 앤 하이 low & high impact"), 다음 20분은 곤봉을 가지고 팔 운동을 하거나 기구를 가지고 계단 운동 혹은 매트 위에서 윗몸 일으키기와 다리 운동을 한다("쿨 다운 cool down"). 그리고 마무리 운동으로 마지막 15분 정도는 "스트레치"를 한다. 체조 교실의 시범 교사들은 서너 명이 돌아가면서 운동 지도를 하는데, 20대 초반의 젊은 선생일 경우에는 많이 뛰기 때문에 나이든 회원들은 따라하기가 힘들다고 말한다. 연령과 직업에 따라 체조하러 오는 시간대가 다르기 때문에 체조 시범 교사들은 각 시간대에 오는 연령층에 맞게 운동의 강도를 조절한다. 시범 교사들은 대부분 20대의 여성들인데 1년 동안에 30대 초반의 여성이 1명 있었고, 20대 중반의 남성이 1명 있었다.

매주 수요일에는 음악에 맞추어서 에어로빅을 하는데(여기서는 이것을 작품한다고 말한다) 에어로빅을 좋아하는 사람과 그렇지 않은 사람들이 있다. 헬스 회원들 중에는 체조 교실이 끝난 후에 혼자서 혹은 서너 명이 30분에서 1시간 정도 거울을 보면서 에어로빅을 한다. 그리고 몇몇 회원들이 뒤에서 그들을 따라하고, 몇몇 사람은 러닝 머신이나 스텝 오르기 기구를 이용하여 체력 단련을 한다. 그리고 많은 여성들은 샤워나 사우나를 하러 목욕탕으로 간다.

Y지역에 있는 앨리스 헬스는 미국에서 에어로빅 헬스 사업을 하던 K씨가 1972년 한국에 들어와 개업한 것으로, 사람들은 앨리스 헬스가 우리 나라 최초의 에어로빅 헬스 클럽이라고 말한다. 처음에는 너무나 생소한 것이었기 때문에 사람들이 오지 않아서 회원이 10여 명 정도였다. 1970년대 중반부터 이 헬스를 다닌 한 여성은 1970년대만 해도 에어로빅을 하는 것이 평범한 일은 아니었다고 했다. 자신은 시어머니가 뭐라고 할까봐 에어로빅 헬스복을 식구들이 보는 데서 빨아 걸지도 못했다고 했다. 주인인 K씨는 자신의 아파트까지 팔아서 적자임에도 불구하고 영업을 계속했는데, 그러다가 1979년에 에어로빅 붐이 일면서 1982년까지 대호황을 맞았다. 1995년에 문을 닫을 것이라는 소문이 나서 많은 회원들이 새로 생긴 인근의 스포츠 센터로 옮겨 갔는데, 현재 회원 중에는 1980년대 초부터 이 곳을 이용한 사람들이 많다. 1980년대에는 1년 회비를 내고 다니는 정회원이 약 380명에서 400명이었는데, 1994년부터 줄어들고 있다. 현재 등록된 회원 수는 약 200명 정도이다. 1년 회비를 낼 때는 60만 원이고, 회원이 되려면 최소한 3개월은 능독해야 한다. 회원들 중에는 주부들이 60만 원을 일시불로 자신을 위한 운동비로 내는 것이 쉬운 일은 아니라고 말한다. 여성들이 자신을 위해 매달 6-8만 원을 쓴다면 그럴 수 있다고도 할 수 있지만, 일시불로 60만 원을 내는 것은 보통의 가정 주부들에게는 부담스러운 일이라고 말한다. 하지만 앨리스 헬

스의 많은 여성들은 시간과 경제적 여유 때문에 운동이 보편화되고 있다고 말하고, 우리 사회의 중산층 여성들은 이 정도의 비용은 자신을 위해 쓸 수 있다고 말한다. 1995년 11월에는 150명 정도가 3개월 혹은 6개월 회원이었다. 연회원 중에는 40-50대가 가장 많고, 50-60대 여성들 중에는 이곳에서 15년에서 20년 정도 운동한 사람들이 많다. 70대 여성은 2명이다.

앨리스 헬스는 처음부터 미국식의 피트니스 센터로 운영되었고, 현재는 체조 에어로빅이 중심 "아이템"이다. 처음 온 회원들의 경우, 체조는 다른 사람들을 따라서 하고, 기구 사용은 체조 시범 선생들의 지도를 받는다. 처음에 오면 시범 선생은 회원의 신체 각 부위를 잰 신체표를 작성한다. 이 표는 영어로 되어 있는데,[12] 표에는 이름과 주소, 전화 번호, 시작한 날짜, 끝나는 날짜, 방문 회수/주, 나이, 키를 기재하는 난이 있고, 그 밑에 측정한 날짜를 적고 팔, 가슴, 허리, 배, 엉덩이, 허벅지에 대한 측정치를 적게 되어 있다. 그리고 질병 상태와 회원이 살을 빼고 싶은 부위가 어디인지를 쓰는 난이 있다. 또 각 기구들을 사용한 후의 몸의 상태, 운동할 때 개인적으로 느낀 문제점을 쓰는 난이 있다. 체중은 매일 재는 것이 권고되고, 팔, 가슴, 허리 등은 일주일에 한 번씩 재는 것을 권고한다. 신체표의 뒷장에는 회원이 먹는 음식에 대한 논평과, 자신이 데리고 온 사람들의 명단과 회비 납부 상황을 기록하게 되어 있다. L씨는 1980년대까지만 하여도 회원들이 이런 식의 개인별 관리를 좋아했는데, 요즘은 이전처럼 트레이너들이 철저하게 관리하지도 않지만 회원들이 이러한 개인별 관리를 별로 좋아하지 않는다고 했다. 가정 주부들은 자신들에게 관심을 가져 주는 것을 좋아하지만, 젊은

---

12) 이것은 미국에서 사용하던 것을 그대로 가져온 것이다.

여성들은 간섭이라고 여겨 싫어한다는 것이다. 젊은 사람들은 살을 빼는 것이 목적이기 때문에 헬스에 오는 것, 그리고 운동하는 것이 자기가 알아서 할 일이라고 생각한다. 자외선으로 얼굴과 몸을 태우는 선탠은 10회 하는데 11만 원을 낸다. 선탠은 이틀에 한 번 정도가 적당하다고 말하지만, 매일 하는 여성도 있다. 연구자가 L씨와 면담할 때 찾아온 20대 중반의 한 여성은 거의 매일 선탠을 한다고 했다.

앨리스 헬스를 특징지우는 체조는 에어로빅보다 몸의 동작이 훨씬 단순하지만, 운동량은 보통의 에어로빅보다 많다고 이야기된다. 보통의 에어로빅은 춤이 많은데, 여기서는 춤 동작보다는 거의 뛰는 운동이 주를 이룬다. 회원들 앞에서 체조 시범을 하는 선생들은 체조가 에어로빅보다 더 신체적으로 힘들다고 말한다. 그래서 시범 선생을 구하는 데도 어려움이 있는데, 시범 선생은 주로 여러 에어로빅 연맹에 전화해서 구한다. 앨리스 헬스의 선생 교체는 아주 심한 편인데, 이는 주인인 K씨가 교사들을 자주 바꾸기 때문이다. 물론 회원들의 불평 때문에 교체하는 경우가 많지만, 더 많은 경우 사무직원인 L씨를 통해 K씨가 시범 선생에게 그만두게 통보함으로써 교체된다. L씨에 따르면 선생들의 교체가 잦은 이유는 주인인 K씨가 시범 선생들이 이 곳에 익숙하게 되면 회원들에 대한 태도와 서비스가 나빠지기 때문에 그러한 폐단을 없애기 위해 오래 있지 못하게 한다는 것이다. 간혹 새로 온 선생들이 금방 사라져 버리는 경우가 있었는데, 그것은 새로 온 선생을 회원들이 싫다고 하여 금방 교체했다고 하였다. 한 시범 선생인 경우 운동을 열심히 해야 살이 빠진다는 것을 강조하는 과정에서 회원들에게 "살을 빼는 것이 억울하여 내가 하는 운동을 열심히 따라하지 않느냐"고 반말로 여러 번 소리를 질러 회원들이 불편해 했는데, 그녀는 곧 교체되었다.

대부분의 선생들은 에어로빅 연맹에서 3개월 정도 교육을 받고, 2개월 정도 연수한 후 에어로빅 교사가 된 사람들이다. 이 곳에 오기 전에 적어도 몇 년 간 에어로빅 교사 생활을 했다고 말하는 시범 교사들은 에어로빅 선생이 아주 많이 양산되고 있기 때문에 취직 경쟁률은 아주 높다고 말한다.

시범 교사들은 일주일에 3일 정도 일한다. 3일 중에서 하루는 3회, 이틀은 2회 정도 회원들과 함께 체조를 한다. 앨리스 헬스에 다니는 회원들의 연령, 사회 경제적 배경 그리고 거주 지역 등은 다양하지만 헬스에 오는 시간대에 따라 여성들의 삶의 방식이 어느 정도는 범주화된다. 예를 들면, 직장 다니는 여성들은 저녁이나 새벽 시간에 올 수 있지만, 가정 주부들은 가족들이 집에 있는 새벽이나 저녁에는 거의 올 수가 없다. 그래서 가정 주부들은 가족들이 출근하거나 등교한 후인 오전 9시 교실에 주로 온다. 시범 교사들에 따르면 주로 오래된 회원들이 가정 주부들인데, 그들은 운동을 많이 했기 때문에 "인텐스"하게 "하이 임팩트"를 원한다는 것이다. 그래서 시범 선생들이 가장 강하게 운동을 하는 시간대가 오전이다. 시범 선생들은 점심 전인 12시나 점심을 먹은 오후 2시에 하는 운동에는 나이든 사람들이 주로 오기 때문에 이때는 좀 느리고 "로 low"하게 한다. 그리고 직장 여성들이 많이 오는 저녁에는 중간 정도의 강도로 운동한다. 대부분 한 번 체조할 때 약 15명에서 20명 정도가 오는 것이 보통이다. 그러나 붐비는 시간인 오전과 저녁 시간대에는 35명에서 45명이 될 때도 있고, 토요일 마지막 시간과 월요일 아침과 저녁 시간에는 50명이 넘는 것이 보통이다. 앨리스 헬스에 오는 모든 여성들이 체조를 하는 것은 아니고, 50대 이상의 여성들 중에는 체조는 하지 않고 사우나나 목욕을 하러 오기도 한다. 어떤 부인들은 외출하고 집에 돌아가는 길에 들러서 사우나를 하거나 샤워를 하기도 하고, 50대 여성들

중에는 매일 20여 분 정도 운동을 하고 그 시간보다 더 길게 사우나를 한다. 대부분의 여성들도 체조 후 거의 매일 사우나를 이용한다.

(3) 연구 대상자들의 일반적 성격

앨리스 헬스에 다니는 여성들의 구성은 상당히 다양하다. 이들을 계급적으로나 연령적으로 하나로 묶어 내는 것은 거의 불가능하다. 오래된 회원들에 따르면 이전의 회원들은 모두 Y지역에 사는 주부들이어서 상당히 동질적이었다고 말한다. 그러나 강남이 개발되면서 Y지역에 살던 많은 주부들이 강남으로 이사갔고, 그 이후에는 분당이 개발되면서 또 많은 회원들이 그곳으로 이사갔기 때문에 이제 오래된 회원들은 소수라고 한다. 또 에어로빅과 같은 헬스가 이전과는 달리 이제는 누구나 원하면 아무데서나 할 수 있는 운동이 되었기 때문에 1980년대 말 이후 앨리스 헬스에 오는 사람들의 수준은 상당히 "낮아졌다"고 말한다. 이 곳에서 운동을 한 지 15년이 된 52세인 A씨는 "에어로빅하는 여성들의 수준은 천차 만별이어서 여기서 같이 운동한다고 사람들과 친하게 지낼 필요가 없다. 골프를 배운 지 일 년 반이 되는데, 거기 사람들은 훨씬 동질적이다. 모두 50대 중반이고 생활이 안정되어 있다. 남편들도 올라갈 때까지 다 올라가, 높은 데 있어 본 사람들이어서 서로 이해하기 때문에 심적으로 편하다. 그래서 골프 하는 사람들과 어울린다. 골프 하는 사람들 중에서는 남편이 교수인 내가 가장 가난한 편에 속한다"고 말한다. 이러한 논평은 에어로빅이나 산업화된 운동 산업이 우리 사회에서 보편화되면서 운동 종목 내부에서 차별화가 일어나고 있음을 보여준다. 여성들이 운동을 한다는 것이 특별한 의미를 가질 때와, 여가 활동이나 건강 관리 혹은 몸매 관리에 대한 관심이 일반화되면서 운동이 그것을 도와주는 장치로 변모되고, 헬스 클럽의 수가 폭발적으로 증가하고, 동시에 헬스의 값이 싸지는 여러 사회적 변화들이 에어로빅과 골프에 부여되는 의미의 차별화를 만들어 내고 있다.

앨리스 헬스에서 만난 여성들은 대부분 대학이나 대학원을 졸업한 높은 학력의 소유자들이다. A씨는 대학원에서 박사 과정을 하다가 그만둔 사람이었는데, 면담자 20명 중에서 외국에서 대학원 이상의 교육을 받은 사람이 3명이었고, 국내에서 대학원 이상의 교육을 받은 사람이 2명이었다. 전업주부인 경우도 B, C, N씨 등처럼 남편 때문에 외국에서 산 경험이 있거나, U씨처럼 외국을 여행했던 경험이 있는 사람들이 많았다. 앨리스 헬스에 10여 년 이상을 다닌 여성들은 모두 Y지역에 거주하거나, Y지역에 살다가 인근 새 아파트 단지로 이사간 사람들인데, 여전히 운동을 위해 이곳에 온다. 10년 이하에서 5년 정도 된 가정 주부 중에서는 버스나 택시로 이 곳에 오는 여성들이 많았다.

그러나 낮 시간이나 저녁 시간대에 헬스를 이용하는 젊은 여성들 중에는 이 지역에 살지 않는 사람들이 많았다. Y지역에 직장을 갖고 있는 사무직 여성들도 꽤 있었는데, 이들 중에서 몇몇은 고등학교 졸업의 학력 소유자이다. 그들은 이 헬스에 다닌 지가 대부분 1년 혹은 1년 이하인 사람들이다. 이들은 J씨와 마찬가지로 살을 빼기 위한 목적으로 헬스를 다닌다. 그래서 매일 열심히 헬스에 오는 편이고, 매일 체중을 잰다. 그들 중에는 땀을 내는 것에 의해 체중을 빨리 감소시키기 위해 "땀복"을 입고, 체조가 끝난 후에도 1시간 이상씩 스텝 (계단 오르기) 기구를 사용하여 운동을 계속한다. 그리고 더 많은 땀을 내기 위해 땀복 속에 비닐 랩을 두르기도 한다. 하지만 이

미혼의 여성들 중에는 비만이라고 부를 수 있는 여성들은 거의 없고, 일반적으로 "날씬하다"는 범주에 속하는 여성들이다. 그러나 그들은 마음에 맞는 옷을 "폼나게" 입기에는 자신들이 너무 뚱뚱하다고 생각한다. 면담자 21명 중에는 2명의 고졸 사무직 여성이 있었고, 이들은 모두 미혼이고 Y지역 근처의 회사에 다니고 있었다. 오전반에 다니는 전업 주부들에게 배포한 질문지 응답자 20명 중에서는 18명이 자신의 학력을 밝혔는데, 그 중에 고졸은 1명도 없었다. 응답자는 모두 대졸, 대학원 졸업이었다. 면담자 21명 중에서 직장을 갖고 있는 사람은 9명이었고, 이 중에서 미혼은 5명이었다.

앨리스 헬스의 대부분의 회원인 전업 주부들은 대부분 일주일에 5-6회 정도 운동을 하고, 적어도 일주일에 3회는 꼭 운동을 한다고 했다. 관리자 겸 사무원인 L씨는 회원들 중에서 가장 운동 빈도가 낮은 회원들은 일을 갖고 있는 사람들, 특히 전문직에 종사하는 사람들이라고 말한다. 그들은 건강을 위해서 정말 운동이 필요하다고 말하곤 하는데, 대부분은 일정한 시간을 내기가 어려워 못 온다는 것이다. 전문직에 종사하는 4명의 심층 면접자 중에서 2명은 일주일에 두 번, 다른 2명은 일주일에 한 번 혹은 이주일에 한 번씩 온다. 이들은 자신들의 일이 규칙적인 운동을 할 만큼의 시간을 허용하지 않는다고 말한다. L씨는 이들이 2주나 3주가 지나도 안 나타나면, 집으로 전화하여 오도록 종용하곤 한다.

간단하게 심층 면담자의 일반적 상황을 요약하면 [표 1]과 같다.

[표 1] 심층 면접자의 일반적 상황

	나이	교육 수준	직업(婦/夫)	자녀수	운동 기간	헬스에 오는 교통편	운동 일수	현재 하고 있는 다른 운동
A	52	대학원졸	무/교수	2	14년	도보, 차	5회	골프
B	57	대졸	무/교수	2	2년	도보	4-5회	
C	41	대학원졸	대학강사/연구원	2	1년	도보, 차	2회	에어로빅
D	40	대학원졸	전문직	2	3개월	도보	1-2회	
E	50	대졸	무/조종사	2	5년	버스	4-5회	등산
F	54	대졸	무/회사원	2	10년	도보	4-5회	
G	43	대졸	(미혼)공무원		7년	버스	5회	수영,등산
H	32	대학원졸	(미혼)학원강사		1년반	버스, 택시	5-6회	에어로빅
I	40	대졸	무/회사원	2	15년	도보, 버스	5회	
J	26	고졸	(미혼)은행원		1년 미만	회사에서 도보	5회	
K	42	대학원졸	무/의사	2	2개월	도보	3회	
L	35	대졸	무/의사	3	5년	차	3회	수영
M	48	대졸	무/교수	2	9년	도보, 편승	4-6회	
N	42	대졸	상담원/회사원	2	2년	차	3회	수영,볼링
O	56	대졸	사업/무직	2	18년	차	4-5회	
P	26	대졸	(미혼)학원강사		6개월	버스	3-5회	수영
Q	43	대학원졸	(미혼)교수		3개월	버스, 택시	2-3회	
R	36	대졸	무/사업	2	2년반	버스	3-6회	수영,볼링
S	71	고졸	무직	3	6년	도보	5-6회	
T	22	대재	학생		2개월	도보, 버스	3-5회	
U	63	대중퇴	무/농장 경영	딸2	20년	차	5회	수영

4. 한국 여성의 삶과 건강 / 육체 관리

우리 사회에서 여성들이 남편이나 아이가 아니라, 자신을 위해 무엇을 한다는 것을 드러내기 시작한 것은 최근의 일이다. 여성들은 항상 다른 사람의 건강을 돌보는 모성으로 기대되었고, 또 인식되어 왔기 때문에 자신의 건강을 위하여 자신을 배려하는 행위는 아주 현대적인 현상이다. 물론 오늘날에도 우리 사회에서는 여성의 건강보다는 남성의 건강이 가족 내에서 일차적인 관심의 대상이고 남편의 건강이 곧 가족 건강을 의미한다. 이는 남성의 건강은 남성 개인의 것이 아니라, 가족의 생계 부양자 혹은 책임자라는 남성의 역할과 지위를 수행하는 물질적인 토대로서 이해되기 때문이다.[13] 남녀의 건강 관리 역시 성별 분업에 의거하여 가족 내 자원 생산과 배분의 원리에 의해 실천되어 왔다. 그런데 최근 중산층 여성들이 실천하는 건강 관리는 남편이나 자식들과 독립되어 자아 정체성과 관련지어 언급되는 것이 특징이다. 최근 한국 사회에서 여성들의 건강 관리가 가시화되는 현상에 대해 많은

---

[13] 남성 특히 생계 부양자인 남성 건강이 한국 문화의 성역할 체계 내에서 갖는 의미는 정부의 가족 계획 정책하에서 남성의 피임법인 정관 수술에 대한 우리 사회의 수용에서 대표적으로 찾아볼 수 있다. 1970년대, 1980년대 정부 주도하의 가족 계획 사업에서 남성의 정관 시술이 강력하게 추천되고 있었지만, 여성의 복강경 시술에 비해 훨씬 낮은 비율로 실천되었다. 그 대표적인 이유가 정관 수술로 인한 부작용이 남성의 건강을 해칠 수 있다는 것이었는데, 이는 남성의 건강이 여성의 건강보다 가족의 생존 문제와 더 관련되어 있다는 인식에 기인하고 있었다(정관 수술이 어떻게 인식되고, 계층에 따라 어떻게 다르게 실천되었는지, 또 가정 내에서 부인들이 남성의 정관 시술을 어떻게 인식했는가 하는 바는 김은실(Kim, 1993)의 박사 학위 논문의 5장에서 다루어지고 있다).

학자들은 여성 자신에 대한 관심의 증가, 가족과 자신을 독립시키는 개인 의식의 성장, 그리고 한국 사회의 경제적인 풍요가 가장 중요한 요인이라고 지적한다. 그러나 이러한 설명들은 여성들을 질문의 중심에 위치시키지 않는다. 즉 여성들에게 무슨 일이 일어나고 있는가, 그리고 여성들이 이러한 변화를 어떻게 수행하고 또 변화의 주체가 되고 있는지를 묻지 않는다. 본 절에서는 자신의 건강/몸을 관리하는 여성들이 무엇을 건강이라고 말하고 있는가, 그리고 운동과 건강/몸을 관련시키는 그들의 삶의 맥락이 무엇인가 하는 것을 살펴보겠다.

(1) 건강 추구, 스트레스 해소, 사회 관계 형성

연구 대상자들 중에서 건강 그 자체인 체력 강화를 위해 운동을 한다고 말하는 여성은 P씨 한 명이었다. 그러나 26세인 그녀는 체력 강화를 젊고 탄력 있는 몸매라는 말로 동일시했고, 건강을 아프지 않은 상태라기보다는 활달하고 젊은, 긍정적 가치를 지닌 몸의 상태로 인식하고 있었다. 운동 역시 경험적인 차원에서 느껴지는 건강을 생산하기 위한 것이라기보다는 몸에 직접 행하는 행위로서, 신체에 가시화되는 그리고 체험되는 긍정적인 효과 때문에 일차적인 관심이 되고 있었다. 몸보다 건강 그 자체가 문제가 되는 경우는 운동보다는 의료 혹은 약/보약, 또는 음식을 통한 관리가 한국 사회에서 더 선호된다. 연구 대상자들 중에도 몸의 건강을 위해 1년에 한두 번 보약을 먹는다는 여성들이 많았다.14)

---

14) 전국 건강 조사에서도 운동보다는 보약으로 건강 관리를 한다는 여성이 15%가 더

N씨가 운동을 시작한 것은 몸이 허약하고 불면증이 있어서였다. 사람들이 규칙적인 운동을 하면 불면증이 해소된다고 했고, 자신이 생각해도 운동을 하면서 시간적 여유를 쓰게 되면 체중도 줄고, 건강해질 것 같아서 운동을 시작했다. 76세인 한 할머니는 몸이 아파서 병원을 다녔는데 전혀 효과가 없었다. 그런데 이웃에서 앨리스 헬스에 가서 체조도 하고, 사우나를 하면 나아질 거라 권고하여 시작했다. 처음에는 어깨 위로 손도 제대로 못 올렸는데, 이제는 아주 건강해져서 손도 자유자재로 움직이고, 체조도 20-30분 따라할 정도이다. 이 76세 할머니는 에어로빅이 건강에 도움이 된다는 사례로 앨리스 헬스에서 많이 인용되지만, 대부분의 회원들은 체조 에어로빅은 사실 허약하거나 너무 비만한 사람은 할 수 없다고 말한다. 이 헬스에서 제시하는 체조 운동량은 몸이 약한 사람이 하기에는 너무 힘들고, 또 너무 뚱뚱한 사람은 창피해서 이런 공공적인 데서 운동을 하지 못한다는 것이다. 앨리스 헬스에는 70대 여성이 2명인데, 다른 71세 할머니는 젊은 사람들과 거의 같은 양의 운동을 한다. 71세의 할머니는 운동하는 것이 즐거운데, 자신을 가장 신나게 만드는 것은 음악과 젊은 사람들과 함께 운동하는 분위기라고 말한다. 그녀는 운동시 가장 크게 소리를 지르고, 체조 시범 선생의 구령에 제일 크게 호응한다.

운동과 관련되는 건강은 특히 몸의 활력을 의미하는데, 그것은 한마디로 "스트레스 해소"라는 말로 표현된다. "스트레스"는 경험적인 차원에서 몸의 건강 혹은 불건강 상태를 표현하는 우리 시대의 대표적인 기호이다. 이는 우리 사회의 남녀 노소가 모두 몸의 상태를 언급할 때 사용하는 일상적 관용

많았다(채규형, 1996).

어가 되었고, 일상 생활에서 건강에 관한 담론의 증폭을 가져오는 기호가 되어 왔다. 많은 앨리스 헬스의 회원들이 운동을 통해 스트레스가 해소되었다고 말하고, 이것이 처음 운동을 시작한 이유이고, 또 그것의 결과인 일상의 활력이 운동을 계속하게 되는 이유라고 말한다. 그러나 "스트레스"는 많은 경우 구체적인 어떤 것을 지칭한다기보다는 설명되지 않은 모든 불건강, 불편함의 기원으로 기의 signified된다. 그래서 "스트레스 해소"라는 말 역시 맥락에 따라 그 의미가 달라지는 움직이는 기호이다. 운동과 "스트레스 해소"를 관련시키는 방식 역시 일대일의 대응 관계 혹은 인과적 관계를 갖는 것이 아니다. 따라서 몇몇 여성들은 운동 그 자체가 아니라 다른 사람들이 어떻게 살고 있는지를 알고, 또 그들과 사귀는 것이, 혹은 무엇이라도 해야 스트레스가 해소될 것 같아 운동을 시작했다고 말한다. 그리고 바로 이 이유 때문에 자신들이 운동하는 것을 남편이나 아이들, 즉 식구들이 좋아한다고 말했다. 운동을 통해 주부가 행복해지면 가족들이 져야 하는 부담이 가벼워져서 그들도 행복해진다는 것이다. 주부가 스트레스가 있으면 가족들에게 의존하고 그들에게 부담을 주기 때문에 가정이 행복한 곳이 못 된다. 이럴 때 운동은 여성 자아와 관련되어 있다기보다는 가족의 행복을 위한 지원 체계이다. 그러나 여성들은 운동하는 몸의 체험을 통해 가족 내의 아내나 어머니와는 다른 자아를 경험한다. 이것은 오랫동안 헬스를 다닌 여성들에게서 드러나는 측면이다.15)

   주부들의 스트레스에 대해서는 흔히 여성들의 가정 내의 성역할에 국한하

---

15) 앨리스 헬스의 여성들은 자신이 갖는 스트레스 때문에 운동을 한다는 이야기는 되도록 하지 않으려고 했다. 어떤 여성은 이곳에서는 마치 사람들끼리 친하게 지내려고 하는 것이 문제 있는 여성처럼 취급되는 느낌이 있어서 불쾌했다고 말했다.

여 논하지만, 실질적으로 여성들이 받는 스트레스의 내용은 아주 광범하고 또 그 내용에 있어서 구체적이지 않다. O씨는 주부들에게는 몸매 관리도 중요하고, 남편에게 잘 보이는 것도 중요한데, 최근에 주부들에게 더욱 중요해진 것은 "뭐든지 하고 있어야 한다"는 성취와 업적 그리고 생산성에 대한 강박증이라고 했다. 많은 부인들은 "자신들은 아무것도 하고 있지 않다"는 의식에 사로잡혀 있다는 것인데, 한 여성은 "무엇을 하고 있지 않아도 집에 있어서는 안 된다"는 강박증을 갖고 있다고 했다. 그래서 "어디든지 나가야 한다"는 의식이 운동을 하게 한다는 것이다. O씨는 "남들은 다 보람 있는 일들을 하는 것 같은데, 집에 있으면 나만 혼자 뒤처지는 것 같아서 불안하다. 그래서 수다를 떨거나, 남들하고 뭘 같이 하고 있으면 나도 다른 사람과 같구나 하고 안심이 된다"고 말했다.

그래서 대부분의 전업 주부들은 혼자 있을 때의 "잡념"이나 "집안에 있다"는 스트레스로부터 해방되고 싶어서 에어로빅도 하고 수영도 한다. 여기서의 문제는 이러한 활동을 혼자서 하는 것은 그들에게 큰 의미가 없다는 것이다. 전업 주부인 정보 제공자들은 운동을 혼자서 하면 재미가 없고, 다른 여성들과 같이 어울리지 못하면 자기 혼자만 문제인 것 같아서 운동한다는 것에 아무런 의미를 발견하지 못해 곧 운동을 그만둔다고 했다. 그러나 무리를 져서 같이 운동을 하면 서로 잘 알지는 못해도 비슷비슷한 사람들이 같이 있다는 기분으로 사는 것이 괜찮다고 했다. 그래서 전업 주부들 중에는 자기 혼자서 운동을 하는 사람은 드물고, 대부분 2-3명이 같이 하거나, 아니면 헬스 클럽에 나가서라도 친구를 만든다. 한 여성은 가정 주부들이 동료도 없고, 강제도 없는 자유 수영을 잘하지 못하고, 싫어하는 이유가 바로 여기에 있다고 말했다. 보통 여성들이 다니는 에어로빅 헬스나 수영 강습반에서는 여성 회원들을 집단적으로 묶어 주는데, 다른 헬스에 다녔던 여성들은 운동 후의 이러한 집단적 사회/사교 활동은 집단적인 유대와 일상적인 정보 교환을 가능하게 하면서 스트레스 해소는 물론 세상과 연결되고 있다는 새로운 경험들을 하게 만든다고 했다. 그들이 운동을 지속하게 하는 이유가 이와 같이 다른 여성들과의 관계이고, 그것은 여성들에게 일종의 사회 활동과도 같다. 많은 30대와 40대 부인들은 운동은 개인적인 자기 관리이지만, 더 큰 의미는 그들이 참여하는 사회적 관계망이라고 인정한다.

앨리스 헬스의 회원들은 운동을 하면서 체력이 강해지고, 근육이 생겨 이전보다 건강해졌다는 신체적 경험과 스트레스가 해소되어 생활의 활력을 갖게 되었다는 말을 한다. 그러나 여성들에게 에어로빅 헬스 클럽이 건강 증진 그 자체를 위한 공간이라거나, 운동 그 자체가 스트레스를 해소시킨다고 말하는 것은 충분한 설명이 못 된다. 운동으로 인해서 얻게 되는 신체상의 유용성은 분명히 존재한다. 그러나 많은 여성들에게 더 중요한 것은 운동이나 건강의 결과가 그들의 삶에 위치되는 사회적 분위기와, 또 여성들이 한 공간에 모여서 신체를 움직이면서 행하는 운동 행위에서 발생되는 의미이다.

그러나 앨리스 헬스를 오래 다닌 사람들은 운동은 자기 자신과 관련된 것이고, 자기 자신에 대한 관심 외에 다른 목적으로 운동을 할 경우는 오래 지속할 수 없다고 말한다. 헬스를 다닌 지가 10년이 넘은 사람들은 물론이고 5-6년이 지난 사람들은 운동과 관련된 사회적 효과나 사교적 성격은 거의 언급하지 않았다. 그들은 운동을 결국 자기 절제이고 자기 관리라는 말로 표현한다. 그리고 집단을 지어 운동하는 사람들은 친구가 없거나, 집에 무슨 일이 생기면 곧 운동을 그만둘 사람들이라고 자신들과 차별화시킨다.[16]

(2) 재생산과 생산 활동을 위한 투자

앨리스 헬스의 많은 여성들이 자신들의 개인주의적인 성향과 앨리스 헬스에서 행하는 운동의 비단체성 혹은 개별성을 주장하지만, 또 많은 여성들은 다른 여성들과 운동하는 데서 만나 사교 활동을 한다. 같이 식사를 하고 운동 후 영화를 보러 가고, 카페에서 담소를 한다. 운동하러 다니는 것은 여전히 많은 전업 주부들에게는 중요한 사교/사회 활동이다. 오전에 체조를 하는 여성들은 남편이 출근한 후 보통 9시에 나와 운동을 하고, 점심을 먹고, 차를 마시고, 아이들이 집에 들어오는 오후 1시쯤에는 집으로 들어간다.

운동을 하는 여성들 중에는 운동이 자기만을 위한 투자라고 말하기도 하지만, 30대 중후반과 40대 초반의 가정 주부들은 자기만을 위해 시간과 돈을 투자한다는 것을 말하고 드러내는 것이 편하게만 생각되지는 않는다고 했다.17) 어떤 여성들은 자녀들이 집에 있게 되는 방학 때는 그만둔다고 했는데, 집에 있는 자녀들을 돌보는 것이 우선되어야 하기 때문이라는 것이다. 이들은 자신들이 운동을 하는 것은 자신들을 위한 일이기도 하지만, 자신이

---

16) 건강 관리에 대한 기존의 연구들은 신체적 여가 활동의 장애 요소로 남성과 여성 모두에게 "시간 부족"과 "게으름"을 가장 중요한 것으로 지적한다. 특히 여성의 경우는 남성에 비해 "신체 허약"과 "동반자/지도자 부재" 등이 장애 요소로 꼽힌다 (김숙자 외, 1995 : 55).

17) 일본 여성들은 자식을 위해 학부모 회의 등에 갈 때 아이나 집을 시어머니에게 맡길 때는 당당하지만, 상대적으로 자신의 일을 보러 아이를 시어머니에게 부탁하는 것은 어려운 일이라고 느낀다. 일본의 가정 주부들 역시 자기 자신만을 위한 시간이나 돈을 확보하는 데 아직은 어려움을 느끼는 것 같다(문옥표, 1996, 개인적인 의견 교환).

건강해지고 스트레스가 해소됨으로써 가정에 활력을 준다거나 가족들에게 너그러워지기 때문에 궁극적으로는 가족들에게 도움이 되는 것이라고 말한다. 그리고 같은 시간대에 체조를 하는 사람들과 사우나를 같이 하고 일종의 친목 모임을 갖기도 하고, 영화나 전시회를 같이 가기도 하면서 개인적인 그리고 사회적인 정보도 듣고 생활의 활력소를 제공받는다. 그러나 이런 모임에 아무나 낄 수 있는 것은 아니고, 얼마나 오래 앨리스 헬스에 다녔고, 어떤 연계망으로 들어왔고, 또 어디에 살고 있는가 등이 친목 모임을 만드는 데 중요하다. 앨리스 헬스에 처음 온 사람들은 이곳 여성들이 다른 사람과 별로 관계를 맺고 싶어하지 않아서 재미가 없다거나 차가운 느낌을 받는다고 말한다. 그리고 다른 에어로빅 헬스와 비교하여 이 곳은 아주 개인주의적인 곳이라고 말한다. 앨리스 헬스의 오래된 사람들과는 달리 처음 온 전업 주부들은 자기 혼자서 운동하는 것이 어려워, 중간에 많이 그만둔다. 처음 온 여성들은 혼자 와서 기구들을 사용하거나 거울을 보면서 혼자서 에어로빅을 하는 사람들을 보면서 생소하고 신기해 하고, 여기서 운동하는 여성들을 부럽게 생각하기도 한다. 대부분 비공식적인 친목 모임은 비슷비슷한 사람들끼리 하게 되고, A, G, L씨와 같은 심층 면접자들은 앨리스 헬스의 회원들보다는 수영이나 골프를 함께 하는 여성들과 친목 모임을 갖고 있다. 이들은 앨리스 헬스의 회원들이 동질적인 계층의 사람들로 구성되어 있지 않다는 것을 지적하곤 했는데, 이들의 언설은 자신들은 앨리스 헬스의 다른 회원들과 다르다는 것을 강조한다. 이것은 운동이 여성들의 계층, 연령에 따라 동일한 의미를 생산하는 여가가 아님을 보여 준다.

많은 여성들은 다른 여가 활동들 중에서도 운동을 한다는 것에 더 큰 의미를 부여한다. A씨는 "여자들이 할 수 있는 여가 활동이라는 것이 화투를

치거나, 춤을 배우거나 아니면 문화 강좌 등에 다니는 것인데, 문화 강좌를 다니다 보면 다 그렇고 그런 소리들이고, 또 여성들이 하는 웬만한 것은 다 사회에서 나쁜 것으로 보기 때문에 여성들이 여가로 할 수 있는 일은 사실 별로 없다"고 말한다. 이런 상황에서 운동은 건강 유지와 노화 방지, 그리고 몸을 움직여서 하는 것이기 때문에 스트레스가 해소되어 생활에 중요한 활력을 준다는 점과 육체 관리를 통해 만들어져 가는 몸의 변화가 주는 자아의 발견이 여성들로 하여금 무엇인가를 성취했다는 느낌을 갖게 한다고 말한다. 더욱이 사회적 활동을 하지 않는 중산층 전업 주부들이 생활 여건상 다른 사람들을 만날 수 있는 기회가 별로 없는 상황에서 인간 관계를 맺고 비슷한 사람들끼리 관계망을 형성케 하는 운동은 그들의 생활을 재생산하는 사회적으로 중요한 자원이라는 것이다. 그렇기 때문에 A씨에서 보듯이 이들은 헬스 클럽에서도 자기와 비슷한 사람이 누구인가를 찾아 모임을 만든다. 많은 여성들은 말씨와 행동, 표정을 보고 여성들의 사회 경제적인 정도와 교육 정도를 알 수 있다고 했다.

전업 주부들이 운동을 그들의 삶의 유지와 활력의 재생산 기제로 간주한다면 사회적 노동을 하는 여성들에게 운동은 또다른 차원을 갖는다. 체력의 필요성 때문에 운동을 한다는 여성들은 주로 직업을 갖고 있는 경우가 많았다. 전문직 종사자인 Q씨는 40세가 넘으면서 과거에 비해 일을 할 때 지구력과 민첩성이 떨어지는 것을 느끼기 시작했다. 또 살이 찌기 시작하여 운동을 해야겠다고 생각했다. 그러나 Q씨가 운동을 계속하게 되는 직접적인 이유는 체력 증진과 일상의 카타르시스였다. 공무원인 G씨 역시 마르고 생리가 불순하고, 또 미혼으로 있으면서 자꾸 자신감이 떨어진다는 것을 느끼면서 좀더 생동감 있고, 자신감 있게 사회 생활을 하는 데, 그리고 퇴근 후의 방황을 없애고 좀더 생산적이고 유용한 시간을 갖는 데 운동이 가장 적합했다. G씨는 결혼한 친구들이 모두 저녁에 돌보아야 할 가족에게 돌아가기 때문에, 결혼하지 않은 40대 여성이 저녁에 할 수 있는 일이 별로 없는 우리 사회에서 운동은 생활을 자신 있게 유지하고 일상을 탄력 있게 만드는 데 아주 좋은 활동이라고 말한다. 여기서의 자신감은 사회적, 심리적인 것일 뿐만이 아니라 신체적인 것도 의미하는데, 많은 여성들에게 신체적이고 심리적인 자신감은 서로 매우 밀접한 관련을 갖고 있다. 신체적인 것이란 여기서 몸의 이미지를 말하는 경우가 더 많다. 도심에 직장이 있지만 Y지역에 거주하는 C씨는 퇴근하자마자 달려오면 7시 30분 체조 교실에 참여할 수 있다. 그런데 그것이 여의치 않아 일주일에 한 번, 아주 신경을 쓰면 두 번 정도 운동을 한다. C씨가 피트니스를 하는 것은 자신의 20대 후반 혹은 30대 초반이었을 당시의 이미지를 회복하고, 사무실에서 일을 하는 데 느끼는 피곤함을 해소하기 위해서이다. C씨는 운동을 하기 전에는 자꾸 피곤함을 느끼곤 했었는데, 일주일에 한두 번이라도 운동을 하고 난 다음부터는 몸의 느낌이 달라지는 것을 체험했다. 즉, 운동을 하고 난 다음주에는 일의 능률이 달라지는 것을 느낀다는 것이다. C씨에게 운동은 생활을 통제하고 몸의 생산성을 높여 주는 것이다. D씨 역시 일과 후의 운동은 사회와 가족 사이의 완충 지대로 체력을 회복시키고 자기 자신을 유지하게 만드는 활력소이다.

공적 영역에서 사회적 노동을 하는 여성들, 특히 30대 중반을 넘은 이들에게 체력은 일상의 관리에서 가장 중요한 것으로 꼽히고 있으며, 곧 직업에서의 성공과 관련된다고 인식하고 있었다. 이는 공적 영역에서 말하는 자기 관리라는 말과도 연관되는데, 몸이 가장 중요한 생산 수단이라는 것이다. 초기에 몸매 때문에 건강 관리를 시작한 H씨도 "일하는 여성에게는 서른이 넘어서는 몸매도 몸매이지만, 체력이 더욱 중요한 이슈"라고 말한다. 그러나 공적인 영역에서 일을 하는 여성들에게도 그들의 성별성은 여전히 그가 누구인지를 설명하는 중요한 축이다. 따라서 여기서의 체력 역시 몸매 관리와 독립되어 논의될 수는 없다.

   그러나 일하는 여성들에게 체력을 위한 건강 관리가 쉬운 일은 아니다. 대부분의 가정 주부들이 운동을 위해 어느 정도 시간을 조절할 수 있는 생활을 영위하고 있는 것에 반해, 체력 단련이 필요하다고 말하는 일하는 대부분의 여성들은 자신이 고정된 시간을 낼 수 없는, 즉 작업 환경이나 작업 과정, 작업 시간을 통제할 수 없는 지위에 있다. 따라서 생산적인 몸에 대한 인식은 여성이라는 그들의 성별이 갖는 제한성으로 인해 전업 주부와는 다른 상황에 놓이게 한다. 일하는 많은 여성들은 늘 체력 관리의 필요성을 느끼며, 언젠가는 체력 단련을 해야겠다는 욕망을 지니지만 그들이 갖는 삶의 조건은 그것을 현실화시켜 주지 못한다. 그것은 여성들이 차지하는 공적 영역의 지위가 시간을 마음대로 조정할 수 있는 자율성을 허락하지 않는다는 것, 또 결혼을 했을 경우에는 저녁 시간을 가정에 할애해야 하는 부담이 있기 때문이다. 따라서 무차별로 관철되는 여성의 이미지에 관한 사회적 요구와 맞물려 공적 영역에서 일하는 여성들은 기존 성역할과의 관계에서 해방과 좌절의 경계에 있게 된다. 이런 상황은 C씨와 J씨 경우에서 잘 드러난다. 전문직 여성인 C씨는 운동을 위해 저녁의 사회적 일정을 깨는 경우가 있는 데 반해 사무직 여성인 J씨는 운동을 위해 조퇴를 한다. 고졸 사무직 여성인 J씨는 짧은 기간에 체중을 빼려고 앨리스 헬스에 들어왔는데, 그녀는 매일 땀복을 입고 체조를 하고 체력 단련 기구를 이용했었다. 그녀는 6개월 정도 헬스에 다니고 있었는데, 가끔 이른 오후에 나와 운동을 하는 것을 볼 수 있어서 어떻게 올 수 있냐고 물으면 운동하기 위해 조퇴를 했다고 말하곤 했다. 현재의 시간 구조에 의거해 여성이 운동을 규칙적으로 하려고 한다면 그것은 그들의 원래의 의도인 생산 활동을 위한 투자가 아니라 생산 활동을 통제하면서 운동을 해야 하는 상황이 되어 버린다.

(3) 자기 정체성 찾기와 자기 관리

앨리스 헬스에서 "운동을 왜 하는가"라는 질문에 대한 가장 특징적이고 두드러지는 대답은 "자기 자신을 위해서 운동을 한다"는 것이다. 이런 대답을 하는 여성들은 운동은 자기 관리이고 자기 이미지에 대한 자기 결단이라고 한다. 운동을 10년 이상 한 사람들은 운동하지 않으면 몸이 불편하기 때문에 운동을 하지 않을 수 없다고 하지만, 동시에 매일 운동을 한다는 것이 쉬운 일이 아니라고 말한다. 그러나 운동하는 것이 힘은 들지만 운동을 계속하는 자신들을 이들은 대견하게 여긴다. 이들은 운동을 하면서 자신을 배려하고 자신을 좋아하는 경험을 하게 된다고 말한다. 운동을 오래한 여성들은 "날씬한 몸"은 운동의 결과로 나타나는 것이고, 그것은 자신이 행하는 자기 관리나 절제의 정신적 표현이라고 말한다. 특히 운동하는 여성들 사이에서 말하는 자기 관리나 자기 절제라는 말은 몸을 통해 경험되고 표현되는 어떤 상태를 의미한다. 그것은 곧 "관리된 몸", "날씬한 몸", "건강한 몸" 그리고 자기를 통제하는 "개인의 능력"으로 연결된다.

43세이며 미혼인 공무원 H씨는 일주일에 5회 정도 운동한다. 그녀는 근무지에서 인근 역까지 지하철을 타고 와서 걸어서, 혹은 버스로 앨리스 헬스까지 온다. 그리고 운동을 하고 나서 버스를 타고 집에 간다. 그녀는 이러한 과정뿐만이 아니라 어떤 때는 신체적으로도 운동을 하는 것이 힘이 든다고 했다. 하지만 H씨는 자신과의 싸움에서 이기고 싶어서 계속 운동을 한다. 운동을 계속하면서 그녀는 스스로 자신을 칭찬해 주고, 운동은 "나를 위해 하는 것이다. 이것은 나와 나의 건강을 위한 투자"라고 자신에게 말한다. 그녀에 따르면 운동이 갖는 정신적인 측면은 바로 자아 관리, 자기 정체성에 대한 인식이다. C씨에게 운동은 자기만을 위해서 돈과 시간을 투자하는 일이다. 그녀에게 운동은 곧 체형을 관리하는 작업인데, 그것은 자신을 관리하고 자신의 이미지를 만드는 작업이다. 그녀는 여성들이 뚱뚱해지는 것은 자신의 자연적인 욕망인 식욕을 통제하지 못해서 일어나는 것이라고 단언했다.

심층 면접시 많은 앨리스 헬스 회원들은 자신들이 얼마나 남을 의식하지 않는지, 그리고 얼마나 개인주의적인지 하는 것을 강조했다. 그것은 시간을 보내거나 친구들이 필요해서 운동을 하는 것이 아니라, 순전히 자기 자신의 개인적인 이유 때문에 자발적으로 운동을 하러 온다는 것을 강조하기 위해서였는데, 이들은 운동 시간 이후에 다른 회원들과 식사를 하거나 담소를 하지 않는다고 말했다. 그 이유는 바쁜 일과 중에 운동하는 시간을 내기 때문에 시간이 없다는 것이다. 반면에 이들과 달리 오전에 운동을 하는 주부들은 운동이 끝난 후 회원들과 식사를 하거나 차를 마시곤 한다는 대답을 하였다. 이는 운동이 여성들 사이에서도 같은 경험을 가져다 주고 있지 않음을 의미하고, 또 운동이 여성들에게 가져다 주는 효과를 여성들의 삶과 연결시키는 방식이 여성 모두에게 동일하지 않음을 의미한다.

여성들은 왜 몸의 관리가 필요하고, 또 여성에게 불가피한가를 설명하는데 많은 은유들을 사용한다. 이들이 사용하는 은유들은 여성의 몸에 관한 인식 체계를 보여 주는데, 이들에게 몸은 통제 가능한 대상이라는 기계론적, 근대적 사고가 지배적이었다. 그들이 육체 이미지를 논하는 중요한 준거틀로 사용하는 비유물로는 동물, 기계, 집과 같은 아주 일상적인 대상들이다. 예를 들면 "인간은 동물이기 때문에 움직여야 한다. 그래야 건강해진다"는 것에서부터 "자기 몸을 움직이지 않으면 녹슬어서 못 쓴다" 혹은 여성의 육체는 "집과 같다" 그래서 "집을 구석구석 깨끗이 닦으면 집의 수명이 오래 가고 항상 새것과 같은 것처럼 여성의 몸도 몸 속에 있는 노폐물이나 땀 등을 빼내면 신선하고 젊어진다"와 같은 은유들을 사용한다. 그래서 운동을 하여 땀을 내는 것은 몸을 청소하는 것과 같고, 기계를 작동시키는 것과 같다. 또 어떤 여성은 살이 찌지 않으려면 몸에 불필요한 찌꺼기를 남기지 말아야 하는데, 그러려면 먹은 것을 다 소비해야 한다는 것이다. 몸은 정확하게 얼마만큼 먹으면 그만큼을 소비해 주어야 하는 평형체이기 때문이라고 했다. 따라서 운동을 하든지 배설을 하든지 하여 소비해 주지 않으면 그만큼 살이 된다는 것이다. 따라서 체형이 유지되려면 어떻게 해서든지 먹은 음식을 다 소비해야 되고, 이 소비에 운동은 가장 적합한 방법이라는 것이다. 몸에 대한 여성들의 이러한 접근은 적어도 헬스에서 운동을 하는 여성들의 몸은 관리되고, 만들어질 수 있는 어떤 것이라는 근대적이고 기계론적인 사고 방식에 기반해 있다. 이들은 몸이 주어진 것이고, 자연의 한 부분이라는 몸에 대한 자연주의적인 접근을 거부한다. 그래서 헬스 클럽이라는 공간에서 아름다움과 노화의 문제 등이 모두 개인의 노력에 의해 변형될 수 있는 어떤 것이고, 그렇지 못하다면 그것은 개인의 책임으로 돌려지고 있었다.

많은 여성들이 비만을 병이라고 생각한다. 그리고 뚱뚱한 여자들은 자기 절제나 자기 관리가 부족한, 약한 여성이라고 본다. U씨는 운동하고 나서 자신의 식욕을 통제하지 않고, 음식을 마구 먹은 후 다시 살찌는 여자들은 자기 절제가 부족한 자기 파괴적인 여자들이라고까지 언급했다. 이들이 설명하는 "자아" 혹은 "자기"는 항상 성별을 갖는 "여성적 자아"이다. 그리고 여성적 자아는 바로 몸이나 육체 이미지로 재현된다는 것을 강하게 내포하고 있다. 현재 사무원인 L씨나 회원들로부터 어머니라는 호칭으로 불리고 있는 U씨의 이야기는 오늘날 우리 사회의 중산층 여성의 삶 속에서 부상하는 육체 관리가 갖는 의미를 잘 보여 주고 있다. U씨가 한국 여성이나 앨리스 헬스의 일반 회원들을 대표할 수는 없다. 하지만 그녀가 헬스에서 공개적으로 여성의 몸에 관한 자신의 관념을 말할 수 있는 정당성은 오랫동안 헬스에 다니면서 얻은 날씬하고 관리된 몸에 대한 여성들의 욕망과 최근에 부상하는 여성에 관한 이미지들의 대중적 인식을 대변하기 때문이다. "날씬하게 관리된" 체형과 자기 관리, 정신의 관리가 어떤 연관을 갖는가에 대한 U씨의 설명은 다음과 같다.

건강 유지는 운동의 결과이고, 운동을 지속할 수 있는 조건은 지구력이다. 운동을 하는 것은 쉬운 일이 절대 아니다. 육체적인 고달픔을 해결하기 위해서는 지구력이 필요한데 이것은 운동을 통해 얻어야 한다. 시간이 있어서 운동하는 사람은 드물다. 운동을 하기 위해서는 의무적으로 시간을 내야 한다. 어떤 때는 내가 운동하는 시간을 내기 위해 파출부를 고용하는 것이 아닌가 하는 생각을 하기도 한다. 운동을 하려면 집이 아닌 어떤 장소에 와서 해야 한다. 혼자서 운동을 계속하는 것은 너무 힘들다. 집에 비디오 테이프가 있거나 운동 기구가 있어도 안 하게 된다. 처음에 운동을 시작한 것은 첫째, 옷을 입었을 때 사이즈가 항상 같으면 옷을 버릴 필요가 없어 경제적이 된다는 이득 때문이었다. 나는 체형 관리에 아주 신경을 쓴다. 음식물 관리는 덜 하는 편인데 가끔 사슴피를 먹는다. 그리고 음식량을 적게 먹는다. 음식량을 조절하지 않으면 아무리 운동을 많이 해도 체중 조절이 되지 않는다. 여자들이 뚱뚱해지는 것은 무책임하게 먹고, 나태하고, 자신에 대해 긴장을 안 하니까 몸이 퍼지는 것이다. 여자들이 늙으면서 체형이 엉망인 것은 여자들의 나태함의 결과이다. 전적으로 여자 개인의 책임이다. 나는 엄마들이 애들에게 먹어라 먹어라 하는데 딸이 대학 들어가자마자 밥을 못 먹게 했고, 운동을 하게 했다. 나는 집에서도 홈드레스나 편안한 옷, 허리에 고무줄이 들어가 있는 옷은 입지 않는다. 몸이 뚱뚱하지 않다는 것은 비쩍 마른 몸을 의미하는 것이 아니다. 건강하고 부지런한 몸을 의미한다. 여자가 예쁘다는 것은 몸이 날씬한 것이 첫째이지 얼굴은 그 다음이다. 나는 아무리 재미있는 일이 벌어져도 운동하는 시간은 꼭 지킨다. 20년 동안 그랬다. 어떤 때는 죽은 다음에 "그 여자 날뛰고 운동하더니 그렇게 죽는구나" 하는 이야기를 들을까봐 무섭기도 하지만 그래도 나는 운동을 한다. 아픈 것은 정신력의 문제이다. 몸은 정신의 표현으로, 게으르고 나태하고 아둔한 사람들은 자기 몸에 신경을 안 쓴다. 어떤 이는 운동을 하나의 성취로 생각하여 하루 열심히 하고 나서 다음날 많이 먹고 그러는데, 운동은 자기 관리이고 자기 절제이다. 나는 운동에는 시간을 열심히 내지만 친구들과 어울려 다니는 데 시간을 그렇게 내지는 않는다. 운동도 혼자 하고 어디에 가고 싶어도 혼자 간다.

U씨는 운동은 자기 절제이고 자기 관리의 중요한 기술 technology이라는 입장을 취한다. 그리고 그것의 결과인 날씬한 체형은 바로 그 관리 정신의 구현이다. 즉 날씬한 몸은 계획적이고 관리적인 삶의 결과로서 드러난다. 그러나 U씨의 자기 관리에는 강한 성별성이 개입되고 있다. 그녀는 자신과 자신의 딸의 몸에 대해서는 아주 혹독한 관리를 했지만, 그녀의 남편은 4년 전 혈압으로 쓰러지기 전까지 운동을 전혀 하지 않았었다. 그녀가 운동을

하라고 권했지만 그녀의 남편은 전혀 응하지 않았었고, 그녀 역시 여자만큼 남자에게 몸매의 관리가 치명적이라고 생각하지도 않았다. 여기서 U씨가 강조하는 운동이나 자기 절제는 바로 여성이라는 성별적 요인과 특수하게 관련되어 있음을 볼 수 있다. U씨는 "나는 몸이 뚱뚱하고 엉망인 여자들을 보면 그 식구들이 어떻게 여자를 저렇게 내버려두는지 이해가 안 된다. 남편도 그렇게 될 때까지 아무 말 안 했나 하는 궁금증도 있고, 남편이 싫어해도 인식하지 못하는 여성들이 너무 답답하다. 나는 어렸을 때 예뻤다고 해서 자기가 계속 예쁠 거라고 생각하는 여자들, 남편이 자기에게 한 번 만족했다고 해서 영원히 자기에게 만족할 거라고 생각하면서 현재 자기가 어떤 모습을 하고 있는지를 보지 않는 여성들을 이해할 수 없다. 얼굴이나 몸은 변한다. 그래서 한 번 만족했다고 남편이 그 상태에 있게 되는 것이 아니다"라는 것을 모르는 여성들이 너무 많다고 운동하지 않은 여자들에 대해 걱정한다.

A씨의 경우에도 운동은 자기 관리와 자기 투자의 일부로서 간주된다. 그녀의 남편은 독일에서 학위를 했고, 한국에서 학부를 졸업한 A씨도 독일에서 다시 학부를 졸업하고 석사 학위를 받았다. 그녀가 운동을 시작한 것은 거의 15년이 되었다. 그녀는 여러 가지 여가 활동들을 했는데, 한국 사회에서 여성이 욕먹지 않으면서 계속해서 할 수 있는 유일한 여가 활동이 운동밖에 없다는 것을 여러 가지를 시도한 후에 알게 되었다고 했다. 그녀는 가정주부라는 것도 하나의 전문적인 역할이라고 생각하는데, 그래서 시간을 정해 자신이 하는 모든 활동들을 관리한다. 밥하는 것, 설거지하는 것, 그외 자신을 위한 활동, 운동하는 것, 책 읽는 것 등을 일정표 안에서 수행한다. 따라서 자신은 애들과 남편의 일상을 챙기긴 하지만 밥도 매일 하지 않고, 대청소는 일주일에 두 번 오는 파출부가 와서 한다. 자신은 매일 운동을

하고, 한 달에 한 번 정도 연극과 음악회에 가고, 일주일에 한 번 골프 연습장에 나간다. 그녀는 자신의 경우에는 남편을 잘 만났기 때문에 인생 전체로 볼 때 여자로 사는 것이 과히 나쁘지 않았다고 말한다.

U씨와 A씨는 운동을 하는 데 시간이나 돈을 쓰는 것은 자기를 위한 어떤 결단에서 나온 것이라고 말한다. 이들에 따르면 여자가 운동을 한다는 것은 어떤 결단이 필요한데, 집안일이란 항상 바쁜 것이고 끊임없이 일을 만들 수 있기 때문에 24시간을 들여도 할 일이 남아 있게 된다는 것이다. 따라서 여성이 운동을 하는 것은 돈과 시간이 있어서가 아니라, 여성 자신이 자기 몸에 대해서 책임을 지고, 건강해지고 체형 관리를 해야겠다는 결단력에 따른 실천이라는 것이다. 이러한 자기 결심이 없이는 여성들은 운동을 계속해서 할 수 없다. 그리고 결단이 있다 하더라도 이러한 운동은 결코 집에서 수행될 수 없다. 모든 운동 기구와 에어로빅을 할 수 있는 음악 테이프가 집에 있다 하더라도 운동을 강제하는 요소가 없기 때문이라는 것이다.

운동을 계속하게 하는 강제에 대한 언급은 중요하다. 헬스 클럽이 여성들에게 강제하는 것이 무엇인가 하는 것인데, 물론 이것은 헬스 클럽이 특정 시간에만 운동을 할 수 있게 하는 물리적인 조건들, 그리고 시간과 돈을 투자한 것에 대한 개인의 보상 욕구 등이 강제가 될 수도 있다. 하지만 여성들이 말하는 강제는 이들을 계속해서 운동하게 만드는 자아에 대한 검열과 인정의 분위기이다. 이들이 말하는 강제는 헬스 클럽이 물리적으로 가하는 강제가 아니다. 운동을 계속하게 하는 분위기이고, 운동으로 결과된 생산물의 가치를 체험케 하고 인식케 하는 분위기이고, 그것을 인정하고 감시하는 타인들의 시선이다. 동시에 이것은 운동의 결과로 나타나는 관리된 몸, 날씬한 몸매가 이 사회에서 어떤 위상과 의미를 갖는가 하는 것을 끊임없이 각인시키고 훈육시키는 분위기를 말한다. 즉, 몸이 날씬하게 됨에 따라 사회가 부여하는 가치 그리고 자신이 체험하는 몸의 가치를 타인의 시선을 통해 느끼고 인정받는 분위기인데, 이는 개인의 몸의 이미지가 갖는 사회적 위상이 어떤 것이고 다른 사람들에게 인정된다는 것이 어떤 것인가를 알게 됨으로써 가능한 강제이다. 이것은 건강하다는 것, 날씬하다는 것을 통해 다른 사람과 구별짓게 되는 사회적 상황이 존재하는 것을 인식하는 것이고, 또 그것을 기꺼이 실천하는 것을 의미한다. 따라서 이러한 강제성은 운동을 하면서 체험하는 강제성이고, 이미지가 구성해 내는 현실을 인식하는 여성들이 느끼는 강제성이다. 운동을 시도한 적이 없거나, 이미지가 갖는 정치성을 인식해 보지 않은 여성들에게 이런 강제성은 의미가 없고, 또 그들에게 존재하지 않는 것으로 인식된다.

　자기 관리와 자기 투자를 강하게 주장하는 회원들은 많은 경우에 강한 이미지의 세계, 가상의 현실에 대한 준거를 갖고 있다. 이들은 우리 사회의 여성들의 삶을 미국이나 서구에 있는 여성들과 비교하고 다른 여성들과 달리 자신들이 개인성에 대한 강한 집착이 있음을 강조한다. 이것은 면담자들이 실제로 외국에서 살았거나, 잦은 해외 여행의 경험에서 온 준거틀이기도 하지만 동시에 이것은 그들이 자기의 몸을 비교하는 준거틀을 어디에 두고 있는가 하는 지향성과 관련된다. 이들의 자아에 대한 이미지는 한국의 경험적 현실보다는 욕망으로서의 서구적, 근대적 몸의 이미지에서 오고 있다. U씨는 여성들이 긴장된 몸을 가지려면 우리 문화에 대한 강한 저항을 해야 한다고까지 말한다. 예로서 U씨는 자신은 여성들의 체형을 엉망으로 만들어도 별로 긴장하지 않게 하는 체형을 감추는 한복 치마 같은 것은 절대 입지 않는다고 했다. 몸에 대한 긴장을 풀게 하는 한복은 체형을 유지하지 못하게 한다는 것이다. 그리고 E씨는 아들을 낳았다고 미역국을 많이 먹는 여성들에게 미역국을 많이 먹지 말라고 말한다고 했다. "배만 커지고 나중에 살을 빼는 데 힘이 들기 때문에 산후에도 조금 먹고 운동하라고 권한다"고 했다. 이들이 갖는 체형이란 서구적인 기준의 몸의 이미지이다.

앨리스 헬스의 많은 회원들이 보여 주는 운동 방식은 아주 개인주의적이고, 개별적으로 진행되는 피트니스의 문화를 보여 준다. 그들은 시간이 허용될 때 혼자 와서 운동하고 간다. 이것은 운동과 자발적 의사, 자기 관리를 연결짓는 앨리스 헬스의 경영 방식과도 연결되어 있는데, 다른 에어로빅 교실들이 가는 시간이 정해져 있는 데 비해 여기는 열려 있는 시간에는 누구든지 올 수 있기 때문에 헬스 회원들을 묶어 내는 암묵적으로 강제되는 집단성이 없다. 이러한 앨리스 헬스의 경영 방식은 운동은 자기 관리라는 회원들의 생각을 더욱 공고하게 만든다. 많은 여성들은 매일 시간을 내어 일정 시간 동안 운동을 하는 자신들의 일상은 매우 관리되어 있고 계획되어 있다고 느낀다. 그리고 사회가 현대화될수록 사람들의 삶이 계획화, 관리화된다고 본다. 그리고 그러한 경향은 바람직하고 좋은 것이라고 간주한다.

(4) 보이는 몸 / 젊음의 몸 / 가치(상품성이) 있는 몸

왜 앨리스 헬스에서 운동을 하게 되었는가 하는 질문에 대해 가장 많이 들을 수 있는 응답은 "체중 감소와 건강을 위해", "살이 찌는 것 같아서", "균형잡힌 몸매를 위해서"와 같은 것들이다. 여기서 체중 감소와 건강은 같은 의미로 사용되고, 또 거기에 날씬한 것을 원하는 욕망이 함께 포함된다. 이러한 대답은 20대에서 50대에 이르는 여성들로부터 거의 비슷하게 들을 수 있다.

 체조가 진행되는 과정에서 체조 교사와 회원들 간에 교환되는 언어는 사실 별로 없다. 굉장히 큰 팝 음악에 맞추어 동작이 진행되는데 그것은 음악에 동작이 유발되는 생산 라인과 같다. 교사들은 간간이 어떤 지시 사항들을 말하는데, 대부분은 살 빼는 것에 관련된 것이다. 굉장히 힘든 동작에서 사람들이 힘들어할 때 어떤 교사는 "그 고통의 순간이 바로 살이 빠지는 순간"이라고 말한다. 음악에 맞추어 모두 열심히 하는데, 거기에 체력에 따른 강약이나 개별적 관리란 불가능하다. 헬스 교사는 회원들에게 웃으면서 운동을 하라고 한다. 그러나 한 시간 운동 시간 중에 40여 분이 지나면 힘들어하는 회원들이 많아지고 또 몸을 푸는 스트레치나, 윗몸 일으키기, 팔 굽혀 펴기를 할 때 회원들은 고통스러워한다. 교사들은 살을 빼려면 고통을 참아야 한다고 말하고, "아픈 만큼 살이 빠진다"고 소리를 지른다. 체조 교사의 이야기들은 모두 살을 빼는 것에 초점이 있고, 모두 살을 빼기 위해 여기에 있다는 것이 합의되어 있는 상태이다. 그래서 여름철이 시작되면 소매 없는 옷을 입을 수 있게 팔의 살을 빼는 운동을 집중적으로 하고 등과 허리와 다리 등의 운동도 강조된다.

 40대의 N씨는 사람들이 운동을 하는 것은 실제로 몸이 아파서라기보다 체중 감소를 통한 몸매 관리가 주 요인이라고 말한다. 30대 초반의 한 여성은 출산 후 과다 체중으로 몸매가 없어지고, 건강의 위협을 느껴 임신 전의 활력을 찾고 균형 잡힌 몸매 관리를 위해 운동을 시작했다. 여성은 어떻든간에 아름다움이 생명이기 때문에 자기 몸매를 위해 운동을 해야 한다는 것이 이들의 주된 목소리이다. 이러한 몸매에 대한 여성들의 관심에 대해 그들은 남편에게 잘 보이기 위해서이기도 하지만, 남편과 상관없이 자기 자신을 위한 노력이라고 말한다. 어쨌든 "비만이 보기 싫기 때문에 하는 것인데, 뚱뚱한 몸매는 둔해 보이고 답답해 보이고 또 늙어 보이기 때문에 싫다"는 것이다.

보여진다는 것은 보는 사람의 시각에 의해 가치가 평가되는 것을 의미한다. 헬스 클럽에서 매일 사방에 있는 거울을 통해 자신의 몸을 보는 여성들은 자신의 몸의 변화를 아주 세밀하고 자세하게 관찰한다. 하루에 10번 이상 체중기만 보이면 체중을 잰다는 여성에서부터, 운동을 하기 전과 운동한 후, 그리고 사우나에서 나온 후에 체중을 잰다는 여성들은 보여지는 것에 의해 여성들의 몸에 대한 가치가 측정됨을 잘 알고 있다. 이러한 감각은 헬스 클럽에 오기 전에도 있었지만, 많은 회원들은 헬스를 다니면서 더욱 자신의 육체 이미지의 변화에 민감해지고, 몸에 대한 미적 감각이 높아졌다고 한다.

H씨는 헬스 클럽에서 자신에 대해 너무 크게 말하기 때문에 H씨에게 사람들은 말을 걸지 않지만 그녀가 누구인지 어떤 여성인지 다 알고 있고, 조금은 이상한 여자로 간주된다. 그녀는 매일 선 본 이야기, 결혼하고 싶다는 이야기, 자신이 하루에 2시간씩 운동하는 것은 날씬하게 되어 결혼을 하기 위해서라는 이야기를 아무에게나 한다. 그녀는 여자가 날씬해져야 하는 이유는 남자들이 날씬한 여자를 좋아하기 때문이라는 것이다. 자신은 전문직을 갖고 있는 것도 아니고, 또 출세하기도 틀린 학원 강사이기 때문에 "시집이나 가야" 하는데 그러려면 "날씬하고 예쁘게 보여야 한다"는 것이다. 그녀는 선을 봐서 괜찮은 사람과 만났다 헤어지거나 남자에게 싫은 소리를 들으면 운동도 하기 싫고, 많이 먹게 되어 살이 찌는데 여성들이 운동을 열심히 하게 되는 것은 마음의 상태가 좋거나 그래도 여성으로서 살아가는 어떤 희망이나 전망이 있을 때 한다는 것이다. 자신은 남자와의 관계에서 잘될 거라는 기대가 있어야만 운동을 계속할 마음이 생긴다는 것이다. 여성

들이 운동을 열심히 하는 것은 결국 보여지는 몸매 때문에 하는 것인데 그것은 누가 몸을 봐줄 것인가와 연결되어 있다는 것이다. 아무도 보지 않는다면 "왜 이렇게 매일 하겠느냐"고 그녀는 반문한다. 자신은 가끔 여성들이 외모에 너무 신경 쓰는 것이 우습다고 느끼지만 결혼을 하지 않은 미혼인 여성에게 가장 큰 관심은 남자이고 결혼인데, 남자들이 여성을 외모로 평가하는 한 한국 사회에서 외모에 신경을 안 쓸 수가 없다는 것이다. 그리고 여성이 결혼을 하지 않은 채 사는 것이 사회적, 경제적, 성적으로 어려운 우리 사회에서 외모에 의해 남자와의 결혼이 결정되니, 결국 외모가 여자의 인생을 좌우하게 된다는 것이다. 그러니 결혼할 수 있는 여자가 되기 위해서는 마음을 독하게 먹고 자기 관리로서 외모 가꾸기를 해야 한다는 것이다.

미혼 여성들은 "남자를 의식하여 운동을 한다는 것이 갈등을 일으키지만, 우리 나라에서 날씬한 여자가 아닌 여자를 예쁘다고 볼 남자가 없는 상황에서 결혼을 하거나 연애를 하려면 우선은 전략적으로 날씬해야 한다"고 말한다. 미혼만이 아니라 결혼한 여성들도 여성성은 외모/몸매에 있다는 말을 많이 한다. "결혼한 후는 어쩔 수 없다 하더라도 결혼 전에는 여자가 아무리 똑똑해도 우리 나라에서는 여자가 뚱뚱하면 남자와 사귈 수가 없으니 여성들은 미혼시에는 날씬해야 한다"는 것이다. 그들은 그것이 억압적이긴 하지만, 동시에 날씬해지면 거기에 따르는 보상이 있기 때문에 운동을 해서 날씬하게 몸을 만드는 것이 꼭 나쁘지만은 않고, 여성들에게 꼭 괴로운 것만은 아니라고 인식한다. 지배 규범이 원하는 것을 갖게 되면 그것이 결국 개인에게 이득이 된다는 이들의 논리는 곧 여성들이 날씬해지는 것을 스스로 원한다는 결론에 이른다. 그리고 개인적인 이득과 사회적 이득은 날씬해진 후에 따라오는 것이다. 뚱뚱했던 경험이 있었던 여성들은 날씬해진 후의 보상에 대해 많이 언급하는데, 표준형이나 바람직한 몸을 갖게 된다는 것은 그것이 설사 우리 문화의 각본이라고 하더라도 여성들에게 개인적으로는 존재의 안정감 혹은 정상성을 느끼게 한다. 이것은 뚱뚱했던 여자가 날씬해졌을 때 자신이 남편이나 다른 사람들로부터 어떤 대접을 받았는가, 그리고 살을 뺐을 때 남자와의 관계가 어떻게 변했는가 하는 체험을 통해 무엇이 좋은 것인지, 무엇이 바람직한 것인지를 구체적이고 경험적으로 알게 되는 것이다.

전문직을 갖고 있는 Q씨는 운동하기 전의 자신의 상황에 대해 "당시 나는 자신감 self-esteem을 갖고 있지 못했다." 자신의 뚱뚱한 몸이 흉하다고 생각했다. 왜냐하면 연애도 하고 시집도 가고 싶은데, 남자들이 그녀를 좋아하지 않았다. 주위 사람들의 언질은 남자들이 그녀를 좋아하지 않는 가장 중요한 이유는 뚱뚱한 외모 때문이라는 것이다. 특히 어머니는 노골적으로 "뚱뚱해서 시집 못 가는 것"이라고 구박을 했다. "남자들은 뚱뚱한 여자에게 매력을 느끼지 못한다"는 것, 즉 체형이 여성의 사회적 가치를 결정한다는 Q씨 어머니의 압력 때문에 Q씨는 운동을 하기 시작했다.

남들에게 보기 싫은 외모를 갖는다는 것은 "여자가 아니다" 그리고 "외모는 본인의 노력에 의해 바꿀 수 있다"는 인식은 건강 관리를 하는 모든 여성들이 아는 상식이다. 여기서 외모는 몸매를 말하는 것이고, 얼굴은 몸매에 포함된다. 여자는 하고 있는 일이 무엇이든지간에 예뻐야 한다는 것, 그리고 그것으로 여성/인간의 가치가 결정된다는 것은 앨리스 헬스의 회원들 사이에서 공유되어 있다. 50대 중반의 한 여성은 작년까지만 해도 젊었을 적의 몸무게인 48kg를 유지했는데, 최근 52kg가 됐다고 걱정하고 있었다. 그녀는 살을 빼기 위해 배에 랩을 감고 체조를 하고, 사우나를 하면서 땀을 뺀다. 자신의 몸을 젊었을 때처럼 "타이트"하게 하기 위해 군살을 없애야 하는 것은 물론, 옷을 제대로 입었다는 느낌을 갖기 위해 항상 코르셋을 한다. 그렇지 않으면 몸이 부풀어오르고 마음대로 퍼지는 느낌이 들어 불안하다는 것이다.

헬스에 다니는 많은 여성들은 체중기에 의존하여 산다. 그들은 체감적인 몸의 변화가 오기 전에 체중기의 수치를 통해 몸의 변화를 먼저 보고/느낀다. 하지만 대부분의 여성들이 일상 생활 속에서 느끼는 몸의 변화는 자신이 입는 옷을 통해서이다. 이전의 옷이 더 이상 맞지 않는 체형의 변화는 살을 빼야 한다는 현실적인 위기 의식을 준다. 30대 여성들 중에는 헬스에 오게 된 직접적인 계기가 최근에 유행하는 옷을 입을 수 없는 좌절 때문이었다고 말하는 경우가 있다. 옷에 대한 언급은 특히 외모가 중시되고 스타일이 자신의 정체성을 설명하는 유행 담론이 되면서 더욱 두드러지고 있다. 많은 여성들이 옷을 사러 갔을 때 옷가게 종업원들의 말 때문에 상처를 받았다고 말하곤 하는데, 이는 여성들의 외모가 어떻게 자기 평가와 밀접하게 맞물려 있는가를 말해 준다. 종업원들은 "날씬함과 이쁨"을 동일시하고, 뚱뚱한 여성들을 기본적으로 바람직한 고객으로 간주하지 않는다. 이런 분위기는 날씬하지 않은 여성은 기본적으로 환영받지 못한다는 것을 전제하는데, 이는 대부분의 여성들로 하여금 끊임없이 뚱뚱하다는 자기 부정과 자기 경멸에 빠지게 만들고, 항상 자신이 충분히 여성적이지 않다는 자기 회의에 빠지게 만든다.

Q씨가 여성으로서의 자신감을 상실하고, 다른 여자들보다 덜 여성적이라고 느끼게 만드는 장소가 옷가게이다. 그녀가 자신에 대해 갖고 있는 이미지는 몸무게가 54kg인 20대 후반 때의 자기 모습이다. 그래서 그녀는 자신이 좋아하는 젊은이들의 상표인 S나 SS의 옷가게에 간다. 그녀가 자신의 허리 사이즈인 31을 말하면 종업원들이 비웃듯이 사이즈 29가 그 가게에서 가장

큰 사이즈라고 퉁명스럽게 완전히 무심한 표정으로 말한다. 그때 자신은 무시된다고 느낀다. 이런 경험을 통해서 여성들은 자신의 여성적 자존심을 회복하기 위해 살을 빼고, 살을 뺀 후에 입으려고 미리 자신의 체형보다 작은 사이즈의 옷을 사곤 한다. 대중 매체나 옷가게 점원들의 언설은 날씬하다는 것은 곧 예쁜 것이고, 젊은 것이고, 또 다른 사람보다 우월한 것이라는 가치의 전환을 보여 준다. 이러한 이미지의 순환 체계는 여성들에게 여성성에 대한 이미지의 구조를 구축시킨다. 그래서 살을 빼는 것은 곧 유행하는 스타일의 옷을 입는다는 것과 밀접하게 관련되면서, 외모의 한 부분을 이루게 된다. 젊은 여성들에게 건강한 몸은 날씬한 몸이고 이는 마른 몸을 의미하는데 마른 몸은 곧 옷을 잘 입는 스타일의 문제와 관련되고, "몸의 옷걸이"라는 대중적 언설과 맞물리게 된다. 그래서 20대의 젊은 여성들은 앨리스 헬스의 체조가 근육형의 몸을 만드는 심한 운동이라고 두려워하기도 한다. 이들은 체조 후 근육이 몸에 배는 것을 방지하기 위해 근육 푸는 기구를 장시간 이용한다. 여성들, 특히 미혼의 젊은 여성들이 여성적인 느낌이 나게 옷을 입으려면 근육은 기피되어야 하는 것이다. 20대 초반의 한 여성은 에어로빅 체조 교사가 되면 어떨까 하는 생각으로 운동을 시작했는데 곧 포기했다. 이유는 에어로빅 체조 교사들의 몸이 너무 근육질로 변해 있고, 팔과 다리도 두껍고, 말하는 것이 거칠어서 여성답지 않다는 것이다. 그녀는 에어로빅 선생이 되는 것보다 아이스크림 가게에서 일하는 것이 훨씬 여성스러운 일이고 자신에게 더욱 맞겠다고 했다. 반면에 30대 후반에서 40대 여성들 중에는 어느 정도 근육이 있는 튼튼한 몸을 원하는데, 이들은 건강한 몸은 마른/날씬한 몸과 구별되는 활동성을 갖는 몸이어야 한다고 생각한다.

여성들은 남들로부터 자신의 몸에 대한 직접적인 논평을 듣게 될 때 자신을 새롭게 들여다본다. 여성들은 자신이 원해서 운동을 한다는 말을 많이 하지만, 동시에 자신의 몸에 대한 남들의 반응 때문에 운동을 시작했다고 말하기도 한다. 특히 남편으로부터 "몸을 가꾸라"는 말을 들었거나, 다른 사람들로부터 "나이가 들어 보인다" 혹은 "몸매가 변했다" 특히 "아줌마 같다"는 말을 들었을 때 많은 여성들은 충격을 받고, 자신이 알고 있고, 또 자신이라고 믿고 있는 젊은 이미지를 회복하기 위해 상당한 노력을 하게 된다고 진술한다. 여성들은 자신이 누구인가, 어떤 외모를 갖고 있는가를 말할 때 현재보다는 과거의 어느 한 시점에 있었던 자신의 이미지를 고정시켜 간직하고 있는 경우가 많았다. 그래서 현재의 모습을 의식했을 때 당황하고 그것을 교정하여 자신이 갖고 있었던 "원래 이미지"로 돌아가기 위해 부단히 노력한다. 이런 경우는 집에 있는 전업 주부나 사회적 직업을 갖고 있는 경우나 별 차이가 없었으나, 본 연구에서는 사회적 활동을 하는 여성들에게 자아와 이상적 자아 이미지의 격차가 더욱 충격적으로 인식되는 것 같았다. 이것은 아마 사회적 활동을 하는 사람들이 자신을 비춰 주는 거울 자아가 고정되어 있지 않고, 그들의 삶의 현장이 소위 "아줌마"들이라는 동년배 집단과 떨어져 있는 현실에서 기인하기도 하고, 같은 연령의 전업 주부들보다 이러한 혼란을 설명하는 언어나 개념을 갖고 있다는 것에서 기인하기도 한다.

Q씨 외에 C씨 역시 자아 이미지의 혼란 때문에 운동에 집착한다. 그녀는 미국에서 에어로빅을 한 경험이 있었다. 그녀는 헬스에 온 지 두 달 정도 되었는데, 그녀는 체조가 끝난 후에 기구를 이용하여 30분 정도 더 운동을 한다. 그녀가 운동하는 이유는 "자기만을 위한 것"인데, "자기 이미지를 지키기 위해서"라고 말한다. 다른 사람이 자신에 대해 언급할 때 더 이상 과거

에 익숙했던 자신이 아니고, 남편이나 주위의 남자들이 더 이상 자신을 젊은 여성으로 보지 않는 것, 그리고 자신이 느끼는 몸의 경험이 더 이상 옛날과 같지 않은 것이 적극적으로 운동을 하게 하는 동력이라는 것이다. 그녀는 시간이 없어서 운동 시간을 지킬 수가 없는 것이 괴로운데, 간혹 운동을 위해 사회적 일정을 깬다고 했다. 미국에서는 운동이 일과에 완전히 속할 수 있었는데 한국에서는 개인 생활이 집단이나 사회와 구별되어 있지 않기 때문에 사회 생활을 하면서 일정 시간을 운동에 할애하기가 쉽지 않다.

늘 새롭고 젊어야 한다는 것은 근대의 강박 관념이다. 그리고 이러한 관념은 소비 사회의 광고에 의해 더욱 강화된다. 거실의 가구들을 새로운 것으로 바꿔야 하는 것, 새로운 모델의 냉장고를 사야 하는 것과 같은 현대의 물신 숭배는 오래된 것은 낡은 것, 나쁜 것이라는 관념을 끊임없이 생산해 낸다. 그래서 늙는다는 것은 비생산적이고 폐기되어야 하는 것이고, 또 나쁜 것이라 간주된다. 그래서 젊음과 생산의 이미지가 중시되는 소비 문화 속에서 사람들은 젊어지려고 노력하는 것이다.[18] 헬스에서 만난 한 여성은 자신이 68세인 것을 믿을 수 없다고 했다. 자신은 40세 정도라야 적당하다고 생각한다는 것이다. 늙음이란 사회 내에서 무용함, 기능 없음을 의미하고, 그것

---

[18] 서구 근대 문화가 어떻게 늙음을 비생산성, 무용, 폐기된 기계의 이미지로 전화시켜 문화화하는가에 대해서 많은 인류학자들이 비판적인 글을 썼다. 대표적인 학자로 머피는 *The Body Silent*(Murphy, 1990)에서 장애가 된 자신의 경험을 통해 생산주의에 경도된 몸의 근대성을 비판했고, 마틴은 *The Woman in the Body*(Martin, 1987)에서 여성의 폐경을 폐기된 공장 이미지로 기술하고 접근하는 의학에 대한 비판을 하고 있다. 아리에스는 *Western Attitude Toward Death*(Aries, 1974)에서 어떻게 20세기 서구 사회, 특히 미국에서 늙음과 죽음이 마치 19세기 서구 사회에서 섹스가 차지했던 외설적 위상을 갖게 되었는가를 기술하고 있다.

은 건강하지 않음 그리고 아름답지 않음으로 연결된다. 더욱이 이것은 아름다움을 생명으로 하는 여성들에게는 여성성의 상실로 연결되고, 그것은 뚱뚱함으로 표현된다. 여성들이 살을 빼야 하는 직접적인 이유로 살이 있게 되면 늙어 보인다는 것인데, 마른 몸은 소녀 같은 이미지를 주지만 살이 찐 몸은 아줌마 같은 이미지를 준다는 것이다. 동시에 지방이 제거된 날씬함에는 또 그 내부의 차별성을 논하는 담론들이 있다. 날씬하고 마르지만 배가 나왔다든가, 팔이 두껍다거나 혹은 어깨에 살이 있다거나 하는 아주 세부적이고 부분적인 비교들이 존재하고, 그 부분적인 문제들을 관리하기 위한 실천 공간들이 몸매와 미용의 산업 구조를 이루고 있다.

앨리스 헬스 클럽에서 운동을 한 지 20년이 지난 U씨는 여성의 몸매는 만드는 것이라는 생각을 일찍부터 했다고 말한다. 그녀는 자기를 만들어 가고 자기 자신에 대한 어떤 생각이 있어야만 운동을 계속 할 수 있다고 본다. 그녀의 지론은 운동을 하면 일단 늙지 않는다는 것이다. 60대인 그녀를 40대로 사람들이 보는 이유는 바로 운동 때문이라고 그녀는 믿는다. 그녀는 아직까지 오십견 같은 근육통을 가져본 적이 없고, 현재도 아침 5시 반에 일어나서 수영장에 가서 수영을 하고, 저녁 4시에 이곳 헬스 클럽에서 체조를 한다. 14년 동안 운동을 계속하고 있는 A씨 역시 운동을 좋아하는 편은 아니지만 몸이 늙는 것과 뚱뚱해지는 것을 방지하고, 젊고 "곱게 늙고" 싶어서 운동을 한다. 그녀는 여러 가지 운동을 시도한 적이 있었는데, 수영은 물 속에 얼굴을 집어넣는 것이 싫고, 피부도 나빠지고 또 일정 단계가 넘어서면 혼자서 해야 하는데 그것이 힘이 들고 재미가 없어서 그만두었다. 그녀에게는 특히 50세가 지나면서부터 운동의 의미가 달라지기 시작했다. 이전에는 여가 활동의 하나로 스트레스를 해소하거나 사회적인 관계를 만들기 위한 측면이 있었는데, 50세가 지나면서부터 운동은 자신을 위한 것이 되기 시작했고, 이것은 그녀가 늙어 간다는 것을 인식하면서부터이다. A씨는 많은 여성들이 자신의 외모에 대해 논평하는 것이 싫다고 말한다. 그러나 싫은 것은 자신의 외모에 대한 부정적인 논평이지 논평 그 자체를 반대하는 것은 아니다. 여성들은 자신들의 외모가 이뻐졌다거나 날씬해졌다, 특히 "어려 보인다", "젊어 보인다"는 말은 듣기가 좋다고 했고, 운동을 오래한 여성들은 자신들이 친구나 다른 사람들과 비교했을 때 젊어 보이고 어려 보이기 때문에 자신에게 만족하고 자신감이 생겼다고 말했다. 이것은 여성들 사이에서 가치를 창출하는 차이의 기준이 어디에 있는지를 보여 주는 예이다. 몸매에 대해서는 20대 여성들의 관심도 상당하지만, 50대의 노력도 상당하다. 한 30대 여성은 50대의 노력이 "발악적"이라고 표현한다. 하지만 얼마나 오래했느냐에 따라 그 "발악적"인 모습은 현상을 잘 유지하는 "품위 있는" 자기 관리로 변한다.

여성들은 살이 찌면 아줌마가 되어 버린다. 그리고 "여성"적인 몸의 형태, 이미지가 상실되어 중성적인 인간이 되어 버린다. 그런데 육체의 이미지가 중성화된 것, 그것도 늙고 살이 쪄서 여성적 차별성을 상실하는 것에 대한 여성들의 우려는 "남성"과의 관계에서 여성성의 상실, 성적 매력의 상실, 사회적 가치의 저하 문제로 인식된다. 완강한 성별 체계의 사회에서 여성들은 여성적이어야 한다는 절대적인 명제를 갖고 있기 때문에, 여성적 특성이 무시/상실되어 중성화되는 것은 성별 체계의 사회에서 자기 정체성을 잃게 되는 것이다. 특히 늙음과 관련된 비만은 곧 성인병과 연관된다는 담론 속에서 외모의 추함은 정상이 아닌 질병의 개념으로 등치된다. 여기서 날씬한 육체가 추구되고 비만이나 뚱뚱함이 죄악시, 질병시, 타부시되는 문화적 맥락이 존재하는 것이다. 그래서 외모의 문제는 젊음/건강과 여성들의 정체성과 성적 지위의 문제로 전환된다.

몸이 모두에게 보인다는 것, 그리고 젊은 몸이 아름다운 것이고, 몸을 관리하면 젊음을 유지할 수 있다는 생각은, 이제까지 몸은 조상이나 가족, 사회에 속한 것이고 몸에 손을 대어 변형시키는 것은 불경하다는 한국 사회에서 통용되던 몸에 관한 전통적인 관념이나 상식에 대한 일종의 저항이고 도전이다. 정신에 의해 지배받는 자연으로서의 몸, 주어진 실체로서의 몸에 대한 기계론적, 근대적 사고 역시 여성들이 운동하면서 경험하게 되는 자아와 세계에 대한 새로운 인식, 쾌락 그리고 끝없는 이미지의 욕망을 통해 구체적 삶 속에서 도전받고 변화되고 있다.

5. 맺음말
: 신체적 자아의 발견과 소비적 육체 이미지

이 글은 최근 우리 사회에서 현저하게 가시화되고 또 도시 중산층의 여성들에게 일반화되고 있는 건강 관리, 그 중에서도 에어로빅 운동에 대한 문화/여성 인류학적인 기술지이다. 소비에 의해 일상적 삶이 조직되는 사회에서 여성들은 어떠한 운동을 어떻게 실천하는지, 운동은 여성들의 일상적 삶 속에서 어떤 의미를 갖고 있는지, 그리고 여성들이 운동을 하는 데 영향을 미치는 문화적 규범들은 어떤 것들인지에 초점을 두고, 어떻게 운동/건강과 여성성의 개념이 연관되고 있는지를 밝혀 보려고 하였다.

운동은 신체적 움직임을 통해 몸의 일정한 형태를 조직해 내는 활동이고,

만들어진 몸의 의미는 몸이 속한 사회 관계 속에서 구축된다. 문화의 상징 혹은 문화의 텍스트로 몸에 접근하는 문화 인류학자들은 몸은 살아 있는 문화 형태 혹은 문화의 블랙 박스로 간주하는데, 그것은 몸의 존재 형태 혹은 이미지, 바디 랭귀지에는 그 문화가 갖는 여러 규칙과 규범들 그리고 의미 체계가 각인되어 있다고 보는 것이다. 이런 맥락에서 많은 연구들이 여성의 몸이 재현하는 성차별적 지배 규범, 남성 시선에 포박당한 "여성적" 아름다움의 이미지, 권력 관계 등을 분석하여 왔다. 이런 의미에서 몸으로 규정되는 여성들이 운동을 통해 새로운 몸의 형태 혹은 몸의 움직임의 양식을 만드는 과정을 살펴보는 것은 여성들이 외부 세계와 자신의 몸을 매개시키는 행위성을 들여다보는 과정이다. 여성들은 운동을 통해 자신의 몸에 새로운 이미지, 의미를 재현하고, 세계를 다르게 느끼는 몸의 체험을 한다.

본 연구에 참여했던 여성들은 운동을 통해 새로운 몸의 형태를 갖기를 원하고 있었고, 또 그 과정에서 몸이 만드는 새로운 사회적 문화적 경험들을 하고 있었다. 여성들은 헬스 클럽에서 다른 사람들과 함께 운동하는 것을 통해 새로운 사회 관계를 맺는다. 헬스 클럽에서 운동하는 여성들은 그 곳에서 만나는 여성들과의 관계를 통해 일상적 정보를 얻거나 사교 생활을 하면서 자기의 사적 생활을 벗어나서 세상과 연결되어 있다는 경험을 한다. 그것은 그들의 가족 생활을 다시 활력 있게 만들어 주고, 가족 내에서의 자신들의 입지를 원활하게 해준다. 반면에 일을 갖고 있는 여성들에게 운동은 체력을 증진시켜 생산적인 몸을 갖게 하는 수단이다. 여기에서 생산적인 몸이란 여전히 성별화된 구도 속에서 추구되는 것으로, 젊고 동적인 몸의 이미지가 포함되어 있다. 그러나 여성들은 사회적인 유용성이나 체력 증진 그 자체만으로 운동을 오랫동안 지속할 수는 없다. 10년 이상 운동을 한 여성들은 새로운 자아관이 몸에 체현되지 않고서는 새로운 몸의 형태를 유지하게 하는 운동을 지속할 수는 없다고 말한다. 운동을 계속하는 여성들은 자신의 이미지에 대한 자기 관리, 자기 절제 그리고 몸과 자신의 정체성을 연결시키는 자아관을 갖고 있다. 이는 바람직한 여성의 몸매를 가꾸기 위한 체중 조절 혹은 몸매 관리를 목적으로 운동을 하는 여성들의 자아 의식과는 다른 것이라고 이들은 강조한다.

하지만 여성들의 운동은 여전히 우리 사회의 성별 구조 속에서 여성적 몸을 조직하는 방식으로 구성된다. 운동은 여성들에게 몸의 활력을 찾게 하고, 체력을 증진시킨다. 그리고 사적 영역에 국한된 그들의 사회 관계를 확장시키고 몸을 통해 자신의 신체성과 개별성을 인식케 한다. 그리고 남성에게 속했던 근육 있고 강한 몸을 아름다운 여성의 몸으로 인식하는 새로운 경험들을 하게 한다. 운동을 통해 여성들이 신체를 발견/경험하는 것은 특히 한국 여성들에게는 아주 중요한 점이다. 이제까지 여성들은 몸으로 정의되어 왔고, 신체적 존재로 규정되어 왔지만, 이때의 신체성은 성과 출산, 그리고 양육에 국한되는 여성의 생물학적 능력 위에 구축된 기능을 의미했다. 그러나 신체에 대한 관리와 훈련을 통해 개별적인 몸을 체험하고, 운동을 통해 자기 배려를 배우는 과정은 여성이 되기 위해 타자와 자신의 몸의 기능을 매개시켰던 기존의 몸적 경험과는 아주 다른 것이다. 몸에 가해지는 운동의 효과를 통해 개인의 독립성과 자율성 그리고 개별성을 인식하는 것은 운동을 하는 여성들이 갖는 강한 체험이다. 이러한 체험들은 여성들에게 이제까지 한국 사회가 요구했던 성역할의 규범을 변화/확장시키고, 또 새로운 여성성에 대한 추구를 하게 만든다.

그러나 이들의 운동 체험이 곧 대안적인 것은 아니다. 기존의 여성적 이미지와 결합, 경합하면서 운동을 통해 여성들이 추구하는 육체 이미지는 새로운 이미지 문화 속에서 기존의 성역할을 재창출하거나 혹은 새롭게 적응된 것으로 간주할 수 있다. 많은 여성들이 운동을 통해 얻고자 하는 것은 건강하고, 젊고, 날씬한 몸매이고, 이들은 운동을 다이어트나 사우나, 찜질방과 같은 아름다운 육체 관리의 기술로 인식한다. 많은 여성들이 자신을 위해 날씬한 몸을 원한다고 말하지만 그들은 문화에 의해 주조된 여성 이미지를 그들의 몸에서 경험하고 있다는 것을 인식한다.

시각적 재현 이미지에 사로잡혀 살게 되는 소비 문화 속에서 여성들은 몸에 대한 강박적 집착을 갖는다. 소비 문화가 구성하는 정상성, 여성성은 바로 이미지로 재현된 마르고 날씬한 주체이다. 이러한 이미지가 전달하는 것은 바로 남성과 여성의 차이에 대한 강한 인식, 젊음에 대한 찬양과 늙음에 대한 혐오/두려움, 그리고 시각적인 것에 대한 미적 쾌락이다. 이미지들은 현재의 경험적 구체적 몸은 결함 있고 불충분한 것으로 인식하게 만들면서 외모는 자기 결정적인 것이라는 것을 강조한다. 소비 문화의 담론은 "자기 연출", "자기 하기 나름"이라는 행위성을 개인들에게 돌려주면서 "바로 자기가 원하는 것", 욕망 때문에 무엇을 한다는 행위에 대한 내면적인 동기를 부여한다. 바로 이런 과정을 거쳐 개인들은 소비 문화의 지배적 규범에 통합되어 간다. 이런 차원에서 볼 때 여성들의 건강 관리는 바로 소비 문화가 요구하는 육체 이미지를 관리하는 몸의 실천으로 간주할 수 있다. 또 이것을 지속하게 하는 것은 여성에 대한 지배 규범의 내재화로써 바로 지배 문화가 여성에게 요구하는 것을 충족시켜 주는 것에 의해 여성의 삶에 구체적인 보상을 하기 때문이다.

여성들 특히 최근에 여성주의 영향을 받은 여성들은 운동을 계속하게 되면서 여성의 몸에 부여되는 의미들과 갈등한다. 여성들은 자신들이 추구하는 건강한 몸이 남성을 의식한 결과라는 것에 강한 저항을 보인다. 하지만 동시에 그들은 우리 사회에서 여성들이 독립적인 삶을 추구할 수 있는 사회적 대안이 부재하고, 남성과의 관계에서 여성을 정의하는 성별 체계가 강하게 작동할 때는 여성의 몸이 갖는 대상성 혹은 상품성은 불가피하다는 점을 인식하고 있다. 따라서 개인적으로는 남성 중심의 문화 권력에 대해 어쩔 수 없다고 말한다.

  소비 문화와 운동 산업이 결합하여 만들어 내는 에어로빅 헬스 공간은 오늘날 여성들에게 신체적 자아를 경험하게 하고, 소비적인 육체 이미지를 생산하는 제도적이고 일상적인 공간이 되고 있다. 그리고 일상 생활이 전면적으로 조직화, 균질화된 소비의 중심에 있게 되면서, 헬스 공간은 또다른 기호로 작동한다. 여성들은 단순히 운동을 하고 몸매를 관리하기 위해 운동 센터에 가는 것만은 아니다. 그 장소가 어디냐에 따라서 거기에는 건강 관리와 함께 여성들의 사회적 지위 등에 따른 다른 의미가 부착된다. 여성의 여가 활동이나 건강/운동에 관한 연구들은 이제까지 기존의 논의틀이 갖는 성별의 문제를 제기하지 않은 채 여성의 경험을 문제화했다. 이 글은 여가 활동 혹은 소비 문화를 논의하기 위해서는 성별이라는 조건에 입각하여 여성의 경험이 먼저 분석되어야 한다는 것을 논하기 위해 중산층 여성들이 행하고 있는 건강 관리로서의 운동의 의미를 살펴보았다.

아들 출산은 지난 20-30년 동안 한국의 기혼 여성들의 가장 중요한 관심이었으며 기혼 여성의 젠더 주체성은 이를 통해 획득되었다. 기혼 여성의 "아들 출산"은 사회적으로 장려되었으며 한국에서 결혼을 희망하는 모든 여자들에게 문화적으로 강제되었다.

II
여성의 성/몸, 정체성

여성의 출산 행위성을 사회적 논의로 끌어들이기 위해서는 여성의 재생산 능력과 실천을 생물학적이고 문화적인 것의 합명제로 살펴보아야 하고, 여성의 겪는 재생산 경험이 어떻게 여성들의 힘과 현실 인식의 출처가 되고 있는지를 살펴보아야 한다. 그래서 출산이 배우자와 아이와의 관계에서만이 아니라 어떻게 여성과 남성의 다양한 역할에 영향을 끼치는지, 그리고 인간 재생산에 관련된 남녀 관계가 어떻게 사회의 다양한 권력 관계와 관련되어 있는지를 살펴보아야 한다.

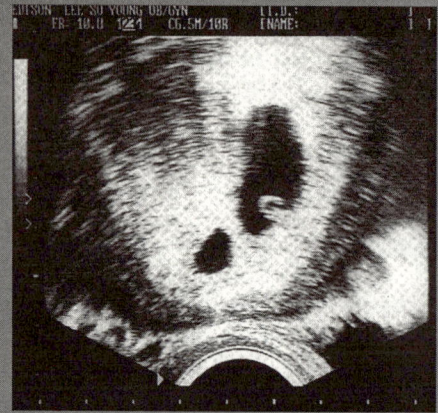

의학이 특정 문화적 틀 내에서 실천될 때, 의료 서비스의 조직과 실행은 헤게모니를 쥔 문화적 실천에 의해 조정된다. 한국 사회는 다른 어떤 사회보다도 태아의 성 감별을 위해 초음파 기록을 읽는 기술이 잘 발달되었는데, 소위 이것이 사회적 필요에 따른 발전이다.

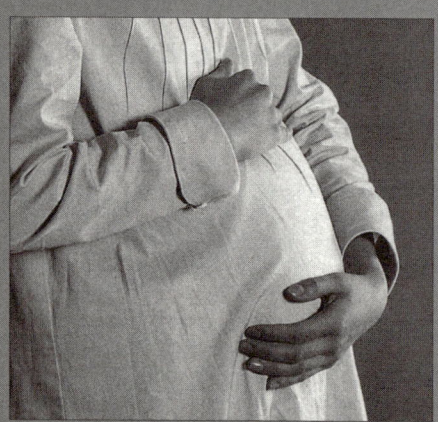

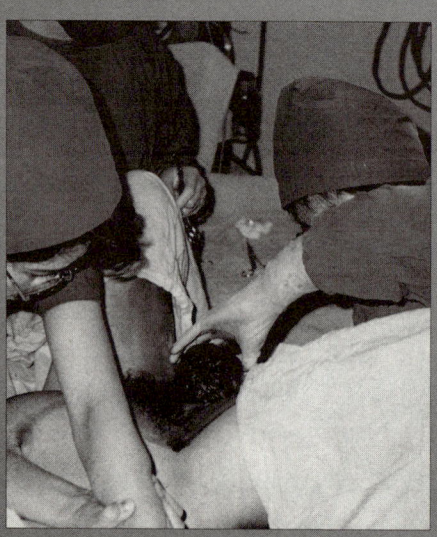

4 성 산업 유입 경험을 통해 본[1] 십대 여성의 성과 정체성

1. 문제 제기

1990년대 이후 한국 사회에서는 청소년들이 기성 세대와 차별화되는 자신들만의 정체성을 구성하고 있다는 새로운 담론들이 나타나기 시작했다. 그리고 그러한 담론에서 청소년의 성 경험이 그들의 차별화된 정체성을 구성하는 중요한 부분으로 등장하면서 대중 매체나 문화 연구가들의 관심이 되어 왔다. 그 중에서도 특히 여자 청소년의 성은 남자 성인들이 선호하는 성 산업의 "영계" 상품이 되고 있음이 알려지면서, 1990년대 중반 이후 한

---

[1] 이 글에서는 "청소년", "미성년" 혹은 학생이라는 용어 대신에 중고등학교 학생의 연령대와 성별을 표기하기 위해 "십대 여성"이라는 표현을 사용할 것이다. 이는 본 연구를 위한 자료 수집 당시 연구 대상자들이 자신을 정체화하는 방식이었고 또 선호하는 용어였다. 이들은 "청소년"이란 범주는 성인 혹은 어른들이 자신들을 규정하는 용어로 이해했다.

국 사회를 진단하는 징후로 읽히고 중요한 사회 문제로 등장했다. 십대 여자 청소년의 성을 논하는 가장 대표적인 언설로는 청소년 보호라는 측면에서 십대 여성의 성을 보호하는 것이지만, 또다른 하나는 성적 주체로서의 십대 여성을 인정하고 그들의 성에 대한 새로운 접근을 주장하는 것이다.2)

  1990년대 중반 이후 한국의 여성학 연구들은 청소년 특히 여자 청소년의 범주가 구성되는 방식과 그들의 성에 대한 남성 중심적 규범주의와 도덕주의를 비판하고 해체하고 있다. 청소년을 논의하는 한국 사회의 지배 논의는 보호와 통제의 틀인데, 여기서 청소년의 성 실천은 탈선과 일탈, 혹은 희생자로 담론화된다. 청소년들은 무성적인 존재로, 그리고 미래에 종속된 현재를 사는 미성년으로 위치된다. 그리고 이러한 지배 논의의 청소년은 남성 청소년을 의미하는 것이 일반적이다. 여자 청소년은 여학생 혹은 소녀라고 표현되면서 가부장제 사회의 젊은 여자이며 동시에 미래를 준비하는 미성년이라는 경합하는 정체성을 지닌 청소년의 하위 범주로서 취급되어 왔다.3)

---

2) 십대 여성의 성의 상품화에 대한 여성주의적 연구로는 이효희(1998)의 연구가 있다. 이효희는 청소녀 혹은 학교를 중퇴하거나 집을 나온 십대 여성들이 성적 서비스를 매매하는 유흥업소에서 일한 경험들을 통해 어떻게 여성 정체성을 형성하는가 하는 것을 연구하였다. 그리고 민가영(2000)은 가출한 십대 여성들이 자신의 삶의 현장에서 성적 실천을 다양한 생존 전략의 수단으로 또 여성성 형성의 중심 부분으로 구축해 내고 있다는 연구를 하였다.

3) 조한혜정(2000)은 한국의 근대사에서 "청소년"이란 주체가 어떻게 구성되어 왔고, 근대화라는 전지구적 질서 개편 과정에서 한국의 "어린/젊은 세대"의 범주화가 누구에 의해 어떻게 이루어졌는가를 논하면서, 청소년들이 누구이고 무엇을 하고 있는 인구층인가 하는 범주화와 사회 문화적 혹은 정치적 맥락과의 관계를 보지 않고, 청소년을 9-24세 혹은 13-18세라고 규정하는 기계적인 정의 방식은 무의미하다고 논하고 있다. 청소년과 여성이라는 성별이 결합하여 구성되는 여자 청소년 혹

반면에 여성학적 연구들은 성 sexuality은 사회적으로 구성되는 것이라는 입장에서, 한국 사회에서 새로운 성적 주체의 구성이라는 차원에서 청소년들의 성, 특히 여학생의 성 혹은 성문화를 접근하여 왔다(김현미, 1997 ; 조한혜정, 2000 ; 이효희, 1998). 이러한 연구들은 우선적으로 1990년대의 소비 사회를 살고 있는 청소년들의 현실에서 문제를 제기한다. 그리고 청소년들을 욕망, 관계 맺기, 호기심, 또 구체적인 성적 욕구를 지닌 성적 주체로 간주하면서 한국 사회에서 청소년의 성이 구체적으로 맥락화되는 상황을 드러낸다. 그리고 그들이 무엇을 성적인 것이라고 간주하고 있는지, 이들이 수용하고 실천하는 성의 의미는 한국 사회의 지배적인 성 각본과 어떠한 관련을 갖는지, 성에 대해 그들이 알고 싶어하는 지식/교육의 내용은 무엇이고 어떻게 구성될 수 있는지 하는 논의들을 전개시켜 왔다.

이 글은 이러한 상황에서 성 산업에 유입되는 십대 여성의 경험을 통해 성을 매개로 십대 여성의 정체성이 구성되는 방식을 살펴볼 것이다.

이제까지 한국 사회에서 십대 여성이 성 산업에 유입되는 현실에 대한 문제 의식은 십대들의 가출과 학업 중퇴와 관련하여 제기되었다. 가출이 사회에서 문제로 인식되는 것은 가출한 십대 여성은 성 산업에 유입될 가능성이 높고 그로 인한 학업 중퇴는 미래를 준비할 수 있는 기회를 차단하여

은 여학생의 범주화에 대한 논의로는 엄연수와 강보길의 연구가 있다. 엄연수(1997 : 24)는 여학생(여고생)은 청소년의 범주로 설명되지 않는 성별화된 특수성을 명시하는 하위 범주로서 같은 또래의 남학생과는 구별되는 여성성의 통제가 부가되어 구성된다고 설명하고 있다. 강보길(1997)의 연구는 여학교 교육의 명시적 비명시적 과정을 통해 여학생이 (남성) 청소년과는 다른 주체로 구성되는 과정을 보여주면서, 청소년 개념의 남성 중심성을 비판하고 있다.

정상적인 삶에서 일탈되게 만들기 때문이었다. 가출에 대한 연구물들은 가출한 십대 여성들이 할 수 있는 일이 별로 없기 때문에 성 산업의 유혹이 얼마나 큰지를 지적하면서 가출이 십대 여성의 성 산업 유입과 밀접한 관련이 있다는 것을 보여 준다.[4] 그러나 가출에 초점을 둔 이제까지의 연구들은 십대 여성이 성 산업에 유입되는 경로와 그 상황적 맥락, 특히 그들이 젊은 여성이라는 문제와 관련되어 나타나는 특징들에 관심을 두지 않았다.

이러한 맥락에서 이 글은 십대 여성이 성 산업에 유입되는 경로와 성을 매개로 한 남성과의 관계 맺기 경험을 통해 한국 사회에서 십대 여성이 삶을 구성해 내는 방식을 살펴보고자 한다. 이 글은 심층 면접에 의한 십대 여성의 성 산업 유입 경로와 그들의 성적 실천의 다양한 측면들을 제시하고, 그것이 남성 중심적인 성별 체계 속에서 지니는 여성주의적 함의를 드러내는 방식으로 기술될 것이다.

---

[4] 박정은(1993)은 성 산업에 종사하는 성인 여성들의 배경을 보면 가출 경험률이 높고, 또한 가출을 시작한 연령도 점차 낮아지고 있어서 성 산업에 유입되는 여성들의 연령이 낮아지고 있다고 지적한다. 또한 가출한 십대 여성에게 필요한 사회 복지 서비스 방안을 모색하는 연구물들은 가출 기간이 길어지면서 십대 여성은 일을 하게 되는데 십대가 일할 수 있는 고용 시장은 불법적이고 불안한 일자리가 대부분이기 때문에 장기 가출은 성 산업 유입의 직접적인 원인이라고 밝히고 있다(박정은, 1993 ; 김성경, 1997).

2. 십대 여성의 성적 서비스 상품화를 위한 논의틀

(1) 성 산업과 성 매매라는 용어의 사용 근거

특정 현상을 어떻게 명명하고, 또 어떤 개념으로 논의할 것인가를 결정하는 것은 그 용어가 구성해 내는 현실 규정성 때문에 매우 중요한 작업이다. 이러한 맥락에서 한국 사회에서 십대 여성의 성의 매매가 일어나는 공간을 무엇이라고 명명해 왔는가, 십대 여성의 성 매매를 무엇이라고 언급했고, 어떻게 논해 왔는가를 살펴보는 것은 십대 여성의 성 그리고 성 산업에서 여성을 어떻게 보고 있는가 하는 이론적인 입장을 검토하는 작업이다.

이제까지 한국 사회에서 성 매매가 이뤄지는 공간을 지칭하는 것으로 "유해업소", "향락업소", "유흥업소"라는 용어들이 주로 사용되었다.[5] 유해업소라는 용어는 그것이 십대들에게는 유해한 공간이라는 의미가 강하게 부각된다. 그러나 이 공간은 성인들의 것임을 당연하게 전제하고 있으며 거기서 일어나고 있는 성 매매 자체는 전혀 문제로 삼지 않는 함의를 담고 있기 때문에 유해업소 내부에서 일어나고 있는 문제들을 은폐시킨다. 또한 대중 매체에서 일반적으로 사용하는 향락업소, 향락 산업의 경우는 특정 서비스,

---

5) 유해업소란 용어는 청소년 보호법 제5조에 근거를 둔 것으로 "청소년의 출입과 고용이 청소년에게 유해한 것으로 인정되는 업소"들을 지칭하는 말이다. 반면 향락업소, 유흥업소 등은 특별한 법적 근거를 가지고 있지 않은데 도시 계획 시설 기준에 관한 규칙 제54조 3의 1항에 "유흥업소 기타 청소년의 건전한 인격 형성에 지장을 초래하는 시설 등"이라는 표현에 비추어볼 때 청소년과 관련해서는 유해업소와 유사한 의미로 사용되고 있음을 알 수 있다.

특히 성적 서비스를 즐거움이란 상품으로 의미화하는 것에 의해 성을 산업적인 상품으로 가치 중립화한다. 이 용어는 즐거움을 사는 구매자인 남성과 즐거움을 파는 여성의 입장이 객관적인 거래 관계인 것처럼 취급되는 것에 의해 성적 서비스의 매매가 갖는 권력 관계를 은폐한다. 반면에 여성주의 연구자들에 의해 사용되는 성 산업은 이윤 창출이 이루어지는 공간을 지칭하는 용어로, 이는 교환 가치를 창출하는 하나의 상품으로 여성의 성이 산업화되는 측면을 강조한다. 성 산업이란 용어의 사용은 성을 경제 중심적으로 접근하여 가부장제 사회에서 여성의 성이 매개되는 사회적 측면들을 무시한다는 문제점이 지적되기도 한다. 하지만 자본주의 사회에서 돈을 매개로 거래되는 익명적 그리고 상업적 성의 매매 문제를 가시화시킬 수 있고, 성 산업의 메커니즘 속에서 여성의 성이 산업화되는 이유를 질문할 수 있다는 장점 때문에 사용된다. 이런 차원에서 이 글 역시 성 산업이라는 용어를 사용한다.

그리고 여성의 성적 서비스의 상품화를 지칭하는 용어로 한국 사회에서는 윤락, 매춘, 매매춘(매매음)이란 용어가 사용되어 왔다. 그것이 향락 산업, 유해업소, 성 산업과 같이 사용될 때는 "퇴폐 행위", "유해 행위", "성 매매"라는 용어로 설명된다. "윤락"은 불특정인을 상대로 금품 및 기타 재산상의 이익을 목적으로 성행위를 하는 것(윤락 행위 등 방지법)을 의미한다. 이 용어는 도덕적인 관점을 지니면서 매춘 여성의 도덕적 타락 행위를 지칭하는 것으로 남녀의 윤리 규범을 다르게 인식하는 이중적 성 윤리를 반영한다. 더욱이 이러한 시각에는 성 매매의 원인이 윤락 여성에게 있다는 인식이 내포되어 있다. 또다른 용어로는 "매춘 賣春" 혹은 "매음 賣淫"이 있는데 이는 성의 판매에만 중점을 두는 성 차별적 표현이라고 지적할 수 있다.

그리고 "매매춘"은 수요와 공급의 노동 시장에 비추어 사고 파는 행위(買春 / 賣春)라는 것을 강조하는 경제적인 관점을 지닌다(장(윤)필화, 1999 : 156). 그러나 많은 경우 이러한 용어들은 "윤락"과 마찬가지로 성기 접촉에 의한 성행위에 국한시키면서, 사고 파는 사람 중심으로 정의되기 때문에 이를 가능하게 하는 중간 매개자들을 보이지 않게 한다. 이런 맥락에서 성 산업과 함께 사용되는 성 매매라는 용어는 성을 사고 파는 행위의 맥락성을 강조하면서 성이 상품화되는 사회적 상황을 가시화시킬 수 있다는 유용성을 갖는다. 이 글에서는 성이 상품화되는 맥락을 중시하기 위해 여성의 성적 서비스의 상품화를 성 매매라는 용어로 사용할 것이다.

(2) 십대 여성의 성의 상품화 논의를 위한 여성주의 준거틀

성적 서비스 매매를 설명하는 방식은 여러 가지가 있지만 성 매매를 통해 무엇을 설명하고자 하는가에 따라 이론적 구성 방식이 달라진다. 성 산업에 대한 가장 일반적인 질문 방식은 성 산업이 어떻게 기원되었는가 그리고 왜 유지되는가 하는 측면이다. 이에 대해서는 많은 사회 이론들이 성 산업의 기원을 설명해 왔다. 그러나 여성주의적인 설명틀이 매매춘을 하는 여성들의 삶의 맥락과 여성의 성이 상품화되는 사회학적 문화적 경제적 관계를 설명하기 전까지 거의 모든 성 매매의 기초에 대한 논의는 남녀의 성적 욕망의 생물학적 차이나 매춘 여성들의 병리적 측면들을 중심으로 전개되었다. 특히 많은 사회 과학적 연구들은 기능주의적인 틀 속에서 매춘 여성들을 사회 문제 집단으로 접근해 왔다(Scambler & Scambler, 1997 : xii-xiii).

매춘에 대한 여성주의자들의 연구는 1970년대 여성 운동의 급격한 부상과

함께 지속되어 왔지만 성과 관련되어 페미니즘 내에서 다양한 논쟁들이 전개되었다. 1980년대 중반 이후 매춘 논의는 도덕주의적인 입장에 선, 완전 폐지론에서 매춘을 하나의 일로서, 그리고 매춘 여성의 권리 확보라는 접근까지 지난 10여 년 간 지난한 여정을 걸어 왔다. 그리고 매춘에 대한 여성주의자들의 다양한 입장은 페미니즘 내에서 여성주의자들의 연대와 분리의 현장이 되어 왔다. 최근에는 후기 근대 혹은 탈근대와 관련시켜 한층 맥락적인 측면에서 매매춘 문제가 접근되고 있다. 즉, 단순히 매춘이 아니라 건강, 법, 매춘 여성의 권리, 성 문화의 개혁 등과의 연관 속에서 매춘이 논해지고 있다.

매춘 연구는 여성주의 내에서 많은 분파를 낳고 있지만 크게 두 가지로 대별될 수 있다. 하나는 매춘 여성은 성 산업을 운영하고 조직하는 남성들에 의해 착취된다는 것이고, 매매춘 그리고 성 산업은 궁극적으로 모든 여성과 성별화된 관계에 영향을 주는 가부장제 제도로서 가부장제 남녀 관계를 지속시키고 강화하는 데 기여한다는 것이다. 이 입장에서는 매춘과 여성주의는 서로 타협할 수 없다. 두번째는 현대 사회에서 많은 여성들에게 매춘은 하나의 선택적 일이라는 것이고, 그래서 성 산업에 종사하는 여성들도 다른 노동자들과 마찬가지로 노동 과정에서의 공포, 착취, 폭력으로부터 자유와 권리를 가져야 한다는 것이다. 그리고 성 노동이나 성애적 노동이 사실 여성들에게 해방적인 영역이 될 수 있다고 주장한다.[6]

---

6) 미국의 페미니스트 내부에서 매매춘을 둘러싼 다양한 접근들이 있는데 챕키스는 이를 세 가지로 분류하고 있다(Chapkis, 1977). 한 부류가 친섹스 긍정 페미니즘 pro-positive sex feminism으로 이들은 사랑에 기반한 긍정적 성과 성애를 해치는 것이기 때문에 매춘과 포르노에 반대한다. 챕키스는 캐서린 배리, 글로리아 스타이넘, 셸리아 제프리스, 캐럴 패트먼을 친섹스 긍정 페미니스트로 분류하고, 이들은 남성의 성적 대상화로부터 여성을 해방시키고 포르노적 성애는 폐지되어야 한다고

그러나 여성주의자들의 매춘에 관한 차이들은 페미니스트들끼리의 이론적 정치적 투쟁을 위한 것이 아니라 궁극적으로 여성과 남성 간의 자원과 권력을 재분배하고 매춘 여성들에게도 합법적인 성원권의 지위를 부여하기 위한 것이다. 이런 측면에서 최근 매매춘에 대한 접근은 특정 여성주의의 입장을 취한다기보다는 혼합적인 접근을 취한다. 단순한 반대가 아니라 전복적 실천을 수행하는 것, 그리고 동의하에 이루어지는 성적 활동은 탈범죄화하는 것, 동시에 정의롭지 못한 것은 도전되어야 하는 것이지 타협의 대상이 아니라는 급진주의 여성주의의 주장 등을 결합하는 것을 말한다(O'Neill, 2001 : 25).

이런 과정에서 매춘 여성들의 경험을 듣는 것은 매우 중요한데 그것은 매춘과 성 산업을 이해하기 위해서는 여성의 일상적 삶의 세계와 사회적 조건 간의 관계를 드러내 줄 수 있기 때문이다. 이 글은 매춘에 대한 여성주의 틀 내에서 성 산업에 유입되었던 그리고 일상적 차원에서 성적 거래의 정치학을 삶의 전략으로 사용하는 십대 여성들의 경험을 검토해 보고자 하

주장한다고 기술하고 있다. 그리고 반섹스 페미니즘 anti-sex feminism이 있는데 이들은 가부장제 사회에서 섹스 자체가 남성 지배적이기 때문에 여성을 위한 성적 영역은 없다고 간주하는 페미니스트들로 가부장제 사회에서 섹스는 남성 지배에 의해 구성된다고 주장하는 캐서린 매키논, 카렌 데이비스, 안드리아 드워킨을 챕키스는 포함시키고 있다. 또다른 부류로 성급진주의 페미니즘 sex-radical feminism이 있는데, 이들은 섹스에 불평등 구조가 깊이 배태되어 있는 것은 사실이지만 섹스는 투쟁의 영역이지 성과 권력 관계가 고정되어 있는 영역이 아님을 주장한다. 이들은 성적 언어와 성적 실천을 재의미화할 수 있는 새로운 성 문화를 제시하면서 성관계 내에 내포되어 있는 문화적 질서를 성적 실천 속에서 전복시켜야 한다고 주장하는 페미니스트들이다. 여기에는 성해방적 윤리와 정치학을 주장하는 까밀 파글리아와 권력과 특권의 구조 내에 섹스를 위치시키는 애니 스프링클과 팻 칼리피아 등이 포함된다.

는 것이다. 이러한 측면에서 유용한 질문은 성 매매를 하는 여성을 중심으로 매매춘 문제를 다루는 또다른 방식인데 그것은 매춘 여성과 다른 여성과의 관계를 질문하는 방식이다.7) 즉, 매춘 여성과 다른 여성을 같게 볼 것인가 다르게 볼 것인가 하는 문제인데, 이것은 가부장제 사회에서 보편적으로 일어나는 여성의 성에 대한 남성의 통제를 문제시하는 여성주의 틀 속에서 이론적으로 그리고 정치적으로 중요한 질문이다. 이는 어떻게 가부장제를 역사적인 개념으로 만들 것인가 그리고 여성을 역사적인 주체로 만들어갈 것인가 하는 문제와 맞물려 있다.

이 글은 남성 중심의 성별화된 사회 체계가 구성해 내는 여성 주체라는 차원에서 매춘 여성과 비매춘 여성이 크게 다르지 않지만, 그들의 삶의 경험이 구성해 내는 정체성이 다름으로 인해 그들간에는 차이가 존재하고 그

---

7) 피닉스는 대략 4가지 방식으로 정리 소개하고 있다(Phoenix, 1999 : 35-69). 매춘 여성과 보통 여성은 다르다는 입장을 갖는 논의로는 매춘하는 여성들은 생물학적 혹은 심리적으로 다르다는 병리학적 모델과 매춘 여성이 갖는 하위 문화의 삶의 방식이 다른 여성과 다르다고 접근하는 사회적 일탈과 범죄적 하위 문화 모델이 있다. 일탈과 범죄적 하위 문화 모델은 매춘 여성의 다름은 그들이 경험하는 빈곤 등 사회 경제적 조건에서 유래된다고 본다. 반면에 매춘 여성과 다른 여성과의 차이가 없다는 입장에는 경제적 지위와 빈곤 모델과 성별과 남성 폭력 모델이 있다. 경제적 지위와 빈곤 모델은 매춘도 하나의 직업으로서 단지 사회 경제적 차이만이 존재할 뿐 여성으로서의 차이는 없다는 입장이고, 성별과 남성 폭력 모델은 특정한 경제적 혹은 성별적 관계에 의해 구조화된 사회의 산물로서의 매춘 여성은 보통 여성으로부터 크게 벗어나 있지 않다고 설명한다. 그러나 매춘 여성들이 매춘에 참여하는 그 효과의 사회적 결과로 인해 매춘 여성과 비매춘 여성 사이에는 차이가 있게 된다. 이 설명 모델은 여성의 성이 매매되는 교환 관계와 관련하여 여성의 성 매매에 대해 더욱더 맥락적인 질문을 던지고 있다.

차이가 다른 방식의 정치학을 남성 중심의 사회에 대해 실현하고 있다는 입장을 갖는다. 그래서 이 글은 비명시적으로 남성 중심의 가부장적 질서를 재구축하고 강화하는 성적 실천과 그것을 잠식시키는 성적 실천 간에는 정치적 차이가 존재한다는 이론적 배경을 지지하는 입장을 갖는다.

이러한 측면에서 호이가드와 핀스타드의 연구는 중요한 시사점을 준다 (Hoigard & Finstad, 1992). 노르웨이의 오슬로에서 십대 여성의 성적 서비스 매매를 연구한 호이가드와 핀스타드는 "누가 매춘 여성이 되는가", "어떻게 여성이 매춘 여성이 되는가," "매춘 여성이 된다는 것이 무엇인가"라는 질문에 대해 중요한 지적들을 하고 있다. 이들의 연구는 대표적인 성별과 남성 폭력의 모델로 어떻게 경제적 신체적 강제가 십대 여성들에게 매춘을 하게 하는지 그리고 여성의 성이 생존의 방식으로 사용되는지 하는 것을 구체적인 맥락에서 설명했다. 이들은 매춘 여성이 되는 경로는 경험들이 자신과 다른 여성 그리고 남성에 대한 존중을 파괴하는 하나의 과정이라고 기술하고 있다(17). 그리고 매춘 여성이 되는 경로는 개인적인 것이 아니라 사회적이라는 것을 보여 준다.

매춘 여성에 대한 많은 연구들이 지적하듯이 많은 매춘 여성들의 사회적 배경은 기능주의적인 용어로 말하면 일탈적이다. 그러나 소위 일탈적인 사회적 배경이 매춘 여성이 되게 하는 것이 아니라, 이것은 단지 매춘 여성이 될 수 있는 여자들의 배경일 뿐이다. 열악한 사회 경제적인 배경은 한 여자가 매춘 여성이 되는 충분 조건이 되지 못한다. 그러한 배경은 집단적인 경험으로 전환되고 통합되는 특정한 문화적 맥락 속에서만 매춘 여성이 되게 하는 조건이 될 뿐이다. 호이가드와 핀스타드는 십대 여성들이 매춘 여성이 되는 것은 그들의 열악한 사회 경제적 배경이 아니라, 매춘이 하나의 선택으로 공유되는 집단적인 문화 경험을 하고 거기에 통합될 때 가능하다고 설명하고 있다. 즉, 십대 여성들이 다른 십대들과 함께 매춘이 하나의 선택이라는 것을 공유하는 집단적 경험으로 자기 경험을 전환시켜 그 집단의 성원이 될 때, 그리고 여성이 된다는 것, 남성이 된다는 것이 집단적 경험 속에서 학습되어야 가능하다는 것이다. 또 그것보다 더 중요한 전환은 십대 여성이 매춘을 시작하기 전에 "여성의 성/몸이 자기에게 가장 중요한 자산"이라는 자기 변환의 경험을 해야 한다는 것이다. 호이가드와 핀스타드는 사회적 경제적 계급이나 주류 사회와의 통합 정도와 같이 잘 알려진 요인 이외에 여성들이 자신의 이미지로서 어떠한 여성 이미지를 채택하고 있는가 하는 정도가 매춘 여성이 되는 경로를 이해하는 데 중요하다고 지적했다 (17-19). 성적 상품으로 자신을 매매할 수 있는 십대 여성들의 행위의 의미는 개인적인 데에 있는 것이 아니라, 이미 집단적 경험으로 전환되어 통합된 문화 속에서 그 행위가 구현되고 있다. 그래서 그들끼리 공유하는 하위 문화 속에서 매춘은 수용 가능하고, 또한 집단 내의 연대 행위이고, 그것을 하지 않는 것이 일탈이 되는 것이다. 바로 여기서 호이가드와 핀스타드는 매춘 여성들이 사회에 의해 거부되었고 사회적 일탈과 범죄의 하위 문화라는 모델로는 이들의 행위를 설명할 수 없다고 보고, 그들은 나름대로의 공유된 경험을 만들어 내고 있다고 보고 있다.

  호이가드와 핀스타드 연구의 흥미로운 점은 바로 이 지점인데, 이들은 "왜 여성들이 매춘을 하는가"라는 개인적인 문제와 매춘 여성이 되는 과정을 구별한다. 매춘 여성은 개인적으로 단지 돈 때문에 매춘한다. 그들은 자신의 연구 과정에서 돈 이외의 이유 때문에 매춘을 하는 여성은 한 명도 없었다고 쓰고 있다(40). 그러나 이런 개인적인 동기가 매춘 여성이 되게 하는 것이 아니라 사회가 그들을 매춘 여성으로 만들고 있다고 설명하는 것이다. 바로 이것이 매춘의 문제가 사회적 차원에서 논의되어야 하는 이유다.

매춘은 성이 교환을 위해 상품이 되는, 그리고 여성의 성이 양도되고 교환되고 혹은 어떤 맥락에서는 교환되지 않는 어떤 것으로 간주되는 사회 체제에서 나타나는 현상이다. 이러한 사회 체제 내에서 여성은 여성의 성을 사용하는 남성을 통해 사회의 이익/자원에 접근할 수 있다. 그렇기 때문에 돈을 벌 수 있는 가능성이 상대적으로 적은 여성들이 돈을 위해 매춘을 하는 것이 가능하다(186-187). 여성의 성이 교환 수단이고 장사가 되는 상품이라는 사실은 여성에 대한 남성의 억압의 일부이다. 이런 측면에서 매춘 여성은 체제의 희생자이고, 매춘은 억압된 집단을 만든다. 그리고 매춘을 통해 여성들이 희생자가 되는 것은 사회적 차원에서 진행되고 있는 것이다. 그러나 많은 여성들이 공적 영역에 진출하고, 공적 사적 영역의 결합으로서의 결혼 혹은 이성애 관계가 불안정하게 되면서 많은 여자들에게 성이 더 이상 우선적인 생계 지원 수단이 아니고, 남성과의 성을 매개하지 않고 사회적 자원에 접근하는 여자들이 등장한다. 이럴 때 성과 돈을 매개로 사회적 자원에 관련되는 매춘 여성과 성이 아닌 다른 자원에 의해 사회와 매개되는 여성들이 모두 함께 가부장제 사회에서 살고 있기는 하지만 그들이 모두 여성으로서 동일한 억압을 받고 있다는 논리는 이제 상대적으로 느슨해지는 과정 속에 있다고 호이가드와 핀스타드는 논하고 있다.

이 글은 한국 사회에서 성 산업에 유입되었던 십대 여성들을 차별화해 내는 성적 서비스 거래 현장을 문제화하고 어떠한 완충 기제도 없이 십대 여성들이 남성 중심의 성차별적 위계 사회로 어떻게 흡수되어 가는가를 살펴보고자 한다. 이는 십대 여성들의 성적 서비스 상품화 경험은 성 산업의 메커니즘 속에서 구축되는 것이고, 성 산업이 호명하는 성적 주체가 구성되는 과정임을 드러내고자 한다.

3. 연구 방법 및 연구 대상

본 연구를 위한 자료 수집은 1999년 7월부터 1999년 10월 사이에 면접 조사를 통해 이뤄졌다. 면접 대상자들은 성 산업에 종사하고 있거나 종사한 경험이 있는 서울과 서울 근교 지역에 거주하는 십대 여성이었다. 서울의 선도 보호 시설 입소자 중에서 성 산업에 종사한 경험이 있는 사례도 포함시켰고, 십대들이 쇼핑이나 놀이 장소로 많이 이용하는 번화가 지역인 이대앞, 연대앞, 대학로, 노원역 부근, 신림동, 가리봉동, 성남 시장, 안양 등에서 무작위로 만나기도 하였다.

십대 여성의 삶을 더 자세히 살펴보기 위해 십대 여성뿐만 아니라 이들과 밀접한 관련을 맺고 있는 교사, 사회 복지사, 경찰, 공무원 등도 연구 대상에 포함시켰다. 면접 대상자는 총 73명이었으나, 면접 내용이 충실하지 않은 사례를 제외하여 총 45사례를 연구 대상으로 삼았다.

구체적인 자료 수집은 십대 여성들의 경험적 현실을 파악하는 데 초점을 두었기 때문에 사실 발견을 위한 심층 면접을 하였다.[8] 처음 한달 동안에는

---

8) 면접원은 총 7명이었는데, 이들은 모두 여성학과 석사 과정을 졸업했거나 석사 과정에 재학중인 여성들로 모두 질적 방법에 관한 교육을 받고, 실습을 해본 경험들을 갖고 있었다. 그들 중 몇몇은 십대 여성을 연구한 경험이 있고, 나머지는 매매춘 문제에 지속적인 관심을 갖고 있었다.

주로 거리에서 무작위로 십대들을 만나서 이들의 전반적인 특징들, 하위 문화 등을 파악하는 데 주력하였다. 면접원들의 면접 방식은 미리 면접지를 준비했지만, 십대들이 자유롭게 이야기할 수 있도록 했다. 무작위로 만나는 경우에 성 산업 종사 경험이 있는 경우를 찾기 힘들었으며, PC방과 컴퓨터 통신을 이용하여 십대 여성들과 채팅을 시도하였으나, 직접 만나지는 못했다. 십대들을 만나기 위한 다양한 방식들이 시도되었는데, 면접원들이 알고 있는 십대 여성들의 관계망을 이용하여 유흥업소에서 일한 경험이 있거나 원조 교제를 하고 있는 친구들을 소개받기도 하였고, 또한 교사들에게서 학생을 소개받기도 하였다. 티켓 다방에서 일하는 십대 여성을 만나기 위해서는 이들과 알고 지내는 남자를 소개받고, 이들이 티켓을 끊어서 커피숍에서 면접을 하기도 하였고, 사회 복지사의 도움을 받아서 선도 보호 시설에 수용되어 있는 십대와도 면접하였다. 쉼터에서 생활하는 십대 여성의 경우에는 성 산업에 종사한 경험이 없는 다른 쉼터 입소자들에게 자신의 경험이 알려지는 것을 꺼려했기 때문에 면접원과의 개인적인 친분 관계로 외출한 상태에서 면접이 이루어졌고, 쉼터에서 생활하는 십대 여성이 친구들과 경험을 공유하는 한 방식으로 또래 면접을 시도하기도 했다.

4. 십대 여성과 성 산업

(1) 십대 여성의 성 산업 유입 경로

가출은 십대 여성들이 성 산업에 유입되는 가장 중요한 지점이다. 면접 대상자 25사례 중에서 가출 이후 직접 성 산업으로 유입된 경우가 15사례이다. 가출 후 바로 성 산업에 유입되는 이 유형은 왜, 어떻게 십대가 가출 후 직접 성 산업에 유입되는가 하는 것을 보여 주는데, 그것은 그들이 가출 후 가장 어려운 문제인 주거와 현금을 해결해 주기 때문이다.

가출한 십대들이 유입되는 성 산업이란 단란 주점, 티켓 다방, 원조 교제 등을 말한다. 가출중인 십대 여성들에게 단란 주점과 티켓 다방은 숙식을 제공한다는 점에서 우선 "살 곳"이 필요한 십대 여성들이 제일 많이 유입되는 곳이다. 대부분 가출 후 밤이 되면 갈 곳이 없기 때문에 일을 권유하는 성 산업에 접속되거나 이미 집을 나온 또래들에게 의존한다.

본 연구가 드러내는 중요한 사실은 십대 여성의 성 산업 유입 경로에서 가장 중요한 고리인 매개자들이 선배, 친구, 또래 등 십대의 또래 집단 혹은 주변 사람들이라는 것이다. 15명 중에서 10명이 선배나 친구, 주위 사람들의 소개로 성 산업에 유입되었고, 나머지는 일일 생활 정보나 "삐끼"를 통해서이다. 가출 이후 성 산업에 직접 유입된 15명 중에서 면접 당시 성 산업에 종사하고 있는 경우는 4명이었으며, 나머지 11명은 현재 성 산업에 종사하고 있지 않다. 이들은 귀가하였거나 쉼터에서 생활했고, 쉼터에서 가출하여 남자와 동거중인 사례도 2명 있었다.

성 산업에 유입되는 두번째 유형은 가출 이후에 한동안 또래 친구들과 어울려 놀거나, 남자 친구와 동거, 또는 성 산업 외의 일을 하다가 성 산업에 유입되는 경우이다.

가출 후 일정 기간이 지나고 성 산업에 유입되는 두번째 유형의 사례들은 많은 십대들이 가출 후 나름대로 성 산업 외의 대안을 모색하다가, 어떻게 결국 성 산업으로 유입되는가 하는 과정을 보여 준다. 따라서 이들이 가출 후 어떤 일을 하였으며, 왜 결국 성 산업으로 유입되었는가 하는 과정을 보는 것은 우리 사회에서 가정이나 학교를 제외한 공간에서 십대 여성들이 무엇을 할 수 있는가 그리고 십대와 성 산업이 매개되는 사회적 문화적 맥락이 무엇인가를 드러내 준다. 두번째 유형에서도 성 산업의 매개자가 모두 같이 놀던 동료/친구들이고, 또 카페 주인처럼 아는 주위 사람들이라는 것이다. 성 산업으로 유입되지는 않았지만 한 사례는 자신이 장신구 등을 사는 가게 주인으로부터 원조 교제를 제의받은 경우도 있었는데, 이처럼 십대 여성의 주위에 있는 사람들이 성 산업의 매개자가 되는 것이 새로운 현실로 등장하고 있다. 성 산업에 직접 유입되는 첫번째 유형의 사례들과 마찬가지로 이들 역시 동료나 친분이 있는 사람의 소개로 유입되기 때문에 성 산업에 대한 저항이나 거부감이 적다.

이제까지 대부분의 연구에서 십대 여성의 성 산업 유입은 가출 이후의 일탈, 비행 행위로 설명되었는데, 본 연구에서는 가출하지 않은 상태에서 성 산업에 유입되는 새로운 성적 서비스의 판매 역시 하나의 유형이 되고 있음을 알았다. 이것은 가출을 하지 않은 상태에서 성 산업에 종사하고 있는 유형이다.

이 세번째 유형의 사례들은 신종 성 산업이라고 할 수 있는 원조 교제, 080전화방뿐만 아니라 집에서 거주하면서 주말에만 단란 주점에서 일하는 등의 형태로 드러난다. 성적 서비스가 이렇게 다양한 방식으로 거래되고 있다는 것은 십대들의 성 산업 유입의 경로와 내용이 다양해지고 있다는 것을 말해 준다. 이 사례들은 이제까지 "가정은 안전하다", "밖은 위험하다"는 전제하에 성 산업 경험이 있는 십대 여성들을 가정으로 복귀시키는 우리 사회의 청소년 가출에 대한 대책의 한계를 보여 준다. 동시에, 십대의 욕구와 세계에 대한 인식을 가정 내에 국한시키는 것의 한계 또한 보여 준다. 세번째 유형의 십대 여성들은 컴퓨터나 전화를 이용하여 자신이 직접 성 산업을 찾거나, 또는 지나가는 아저씨가 주는 명함을 보고 성 산업에 진입했다고 진술한다.

면접자 — PC방 같은 데 자주 가니?
현지 — 네, 채팅해서 만나면 또 같이 놀구.
면접자 — 어디서 채팅하는데?
현지 — 스카이헌팅요. 그리구 PC방 오빠들이랑두 놀구요, 소개두 해줘요.

화영 — PC방은 거의 매일 하루에 2-3시간씩 해요.
면접자 — 2-3시간 동안 뭘 하는데?
화영 — 하다보면 재밌어요. 데이트가 계속 들어오니까.

면접자 — (이대 앞에서) 여기 왜 온 거예요?
지희 — 채팅해서 만난 남자 만나러 왔어요. 오늘 처음 만나는 거예요.
면접자 — 채팅 많이 해요?
지희 — 네, 셀 수 없이 많아요. 그렇게 만난 사람 많아요.

본 연구의 사례 중에서 성 산업 경험이 있는 십대 여성들이 가장 많이 경험한 성 산업 유형은 단란 주점이다. 검찰청의 "자녀 안심 추진 본부"의 단속 현황에서도 단란 주점은 일반 음식점을 제외한 성 산업 유형 중에서 십대 여성이 가장 많이 고용되는 곳으로 나타났다(한국 청소년 개발원, 1999). 그밖에도 티켓 다방이나 특정 매매춘 지역에 많은 수의 십대 여성들이 불법 고용되어 있다. 그런데 문제는 단속이나 통계에 전혀 잡히지 않는 성 산업 종사 유형의 등장이다. 이 유형의 특징은 가출을 하지 않고 집에 거주하면서 원조 교제, 폰섹스 등을 통해 남성들을 개별적으로 만나거나, 주말을 이용하여 단란 주점이나 호프집에서 성적 서비스를 판매하는 것이다.

성 산업에 종사해본 경험이 전혀 없는 십대 여성들의 경우도 새로운 유형의 성적 거래 제의와 대면해 본 경험이 있다고 진술한다. 많은 십대 여성들이 PC방을 일상적으로 이용하고 있는데, 이들은 스카이헌팅, 디어러브 등의 사이트를 통해 인터넷상의 전화 데이트를 한다. 원조 교제나 폰섹스는 이러한 과정에서 자연스럽게 진행되고 있었다. 사회 일각에서는 원조 교제나 남성과의 거래적 성관계가 일본에서 발생한 것으로 퇴폐 문화의 유입과 함께 우리 사회에 유입되었다고 말한다. 하지만 이것은 단순히 문화의 수입이라기보다는 실제 우리 나라 십대 여성들의 놀이 공간, 성 문화 등과 관련지어 논의되어야 하는 문제이다.

(2) 십대 여성의 사회적 주변성화와 맞물리는 "영계" 산업

십대 여성의 독립성과 자율성을 사회적인 의제로 제기하고자 하는 한 십대 페미니스트는 십대 여성에게 가장 큰 문제는 일과 성이라고 했다. 일할 권리가 없는 것, 그래서 공적인 의미에서 경제적 수입이 없다는 것 그리고 성적인 권리 행사에 따르는 지식이나 물리적 지원 체제가 전혀 부재하다는 것을 지적했다. 가출한 여성들이 성 산업에 유입되고 거기에 머물러 있는 가장 큰 이유가 돈 때문이다. 그리고 문제를 해결하거나 도와줄 자원이 없기 때문이다.

성 산업 경험이 있는 십대 여성 25사례 중에서 8사례는 현재도 성 산업에 종사중이다. 이들 중 3년 이상의 경험자가 5명, 1-3년이 2명, 6개월-1년이 7명, 1-6개월이 5명, 1개월 미만의 경험을 가진 경우가 2명이고, 나머지 4명이 기간을 분명히 제시하지 않았다. 본 연구의 대상 중에서 성 산업에 유입된 최저 연령은 초등학교 6학년(13세)이었다.

1) 닫힌 십대 여성 노동 시장

십대 여성들은 가출 후 밤이 되면 대부분 잘 곳이 없고 돈도 없기 때문에 자기 업소에서 일하지 않겠냐는 주위의 권유가 있을 때 성 산업에 직접적으로 연루된다. 그러나 십대 여성들이 성 산업에 유입되어 거기에 지속적으로 머무는 가장 중요한 이유는 현금에 대한 십대 여성들의 욕구를 해결할 수 있는 수입원인 일이 사회적으로 부재하다는 것이다. 십대들은 친구들과의 관계 유지를 위해, 자신의 소비 생활을 위해 돈이 필요하다. 또 어떤 십대들은 부모로부터 독립하여 스스로 용돈이나 생활비를 벌려고 한다. 본 연구를 통해 만난 많은 십대들은 아르바이트를 통해 돈을 벌고 싶다고 했다. 십대를 둘러싼 소비 시장의 변화, 고도 성장으로 인한 십대 노동 시장의 변화, 그리고 이러한 사회적 변화로 인한 노동과 자립에 대한 십대들의 의식은 좀더 자세한 연구를 필요로 하지만, 여기서는 성 산업으로의 유입과 관련된 부분만을 다루려고 한다.

십대 여성들이 돈이 필요하다고 처음부터 곧장 성 산업으로 들어가는 것은 아니다. 십대 여성들은 소비 사회의 영향도 받지만 성 산업에 대한 사회의 부정적 시각 역시 크게 의식하고 있다. 따라서 나름대로 처음에는 십대에게 적당하다고 생각되는 아르바이트 일거리를 찾아나선다. 그러나 현재 한국 사회에서 십대 여성들이 할 수 있는 일은 커피숍 서빙, 주유소, 식당이나 음식점업의 잔심부름, 전단 돌리기 등으로 매우 한정되어 있다. 본 연구에서 만난 십대 여성들의 아르바이트 경험은 다음과 같은 것이었다. 노래방, 신문 보급소, 방적 회사, 주유소, 편의점, 레스토랑, 커피숍, 횟집, 신발 가게, 호프 집 등에서 일하거나, 다방에서 주방일, 서빙을 하거나 전단지 돌리기 등을 하였고, 장소나 일의 경계가 불분명한 허드렛일들이었다.

그러나 이러한 일들을 얻기 위해서는 경쟁이 치열할 뿐만 아니라 일이 단순 반복에다 고되고, 노동에 비해 임금이 너무 적다. 그래서 십대들은 이러한 일들은 오래 할 만한 일이라고 생각하지 않는다. 반면에 성 산업은 별다른 기술, 연령 등의 제한이 없고 오히려 어린 여성일수록 선호한다는 점, 고소득 보장이라는 것 때문에 십대 여성들에게 유혹적이다.

특히 한번 성 산업에 종사하다가 나온 십대 여성의 경우에는 비록 성 산업이 고정적인 소득을 보장해 주지는 않는다 해도, 성 산업에서 "쉽게" 만질 수 있었던 현금을 다른 아르바이트를 통해서는 절대로 만질 수 없다는 것을 안다. 그래서 경험 있는 십대 여성들은 당장의 생활이 어려울 때는 성 산업에 종사할 수 있고 또 견딜 수 있는 일이라고 생각한다.

숙경 — 구로 공단 근처에서 식당에 다닌 적이 있거든요. 9일 정도. 근데 다녀 보니까 차라리 단란이 낫겠다는 생각이 들더라구요. 식당에서 일할 때 아침 10시 반부터 밤 11시까지 일하고 3만 원 받았어요. 일도 되게 힘들어요. 공단 근처라 손님들도 굉장히 많구요, 서빙, 청소, 설거지, 배달 같은 거 했는데 너무 힘들었어요. 그리고 주유소에서도 9-10일 정도 일해 봤는데 여기도 힘들어요. 막 뛰어다녀야 하고 기름 냄새 때문에 머리도 너무 아프고. 근데 시간당 1,800원 받거든요. 너무 힘드니까 차라리 단란이 낫겠다 싶어서 신문 보고 단란에 들어갔죠.

한빈 — 그만두어도 자꾸 생각이 나요. 돈을 들고 있으면 이렇게 만 원짜리 한 장 들고 있으면 생각이 나요. 돈이 좀 궁할 때 옛날에는 안 그랬는데, 나 자신이 한심해 보이고 비참해 보여요. 그러면 다시 일하고 싶어져요.

종호(소개업자) — 집에는 다시는 안 한다고 다짐을 한 애들도 결국에는 다시 돌아오는 경우가 많아요.

면접자 — 애들이 왜 못 그만두는 건데요?

종호 — 딴일은 힘들어서 못해요, 걔네들은. 지가 몸에 안 익어서 그렇기도 하고, 이런 일 하다가 다른 일은 잘 못하죠.

면접자 — 남자애들은 가출하면 주로 어떤 일을 하나요?

종호 — 주점에서 웨이터 하기도 하고, 주로 배달 일을 많이 하죠. 배달은 재워 주고, 먹여 주고, 한달에 150-180만 원까지도 받으니까.

면접자 — 주유소는요?

종호 — 주유소는 잘 안 가죠. 뭣도 모르는 애들이 처음에 가기도 하죠. 근데 주유소는 주인이 싸가지 없는 경우가 많고 돈도 적게 줘요. 근데 배달일 같은 것은 좀 힘들어도 한 달만 참으면 오토바이 살 수 있거든요. 그러면 그거 끌고 시내 나가면 여자애들이 줄 서 있어요. 그거 타고 싶어서.

면접자 — 그러면 여자애들은 가출하면 어떤 일을 할 수 있나요?

종호 — 뭐 주점이죠. 뭐.

면접자 — 남자애들처럼 서빙 보는 거요?

종호 — 아니요. 카페나 단란이나 다 접대하는 거죠.

면접자 — 왜 그런 것 같아요? 남자들은 그래도 고용하는 곳이 많은데 왜 여자들은 고용이 안 되죠?

종호 — 내가 아나요… 사회가 그런데… 사회가 알지 내가 알겠어요?

한국 사회에서 십대는 "공부만 하면" 되는 학생 이외의 그 어떤 정체성도 가질 수 없다고 간주된다. 따라서 학교를 떠난 혹은 학교와 분리된 십대는 기존의 질서나 규범에 대한 일탈자로 간주되고, 그들의 일상적 삶이나 학교 밖에서 만들 수 있는 미래는 문제적인 것으로 취급되거나 주변화된다.

따라서 학생이 아닌 그리고 가족에 속한 자녀가 아닌 십대들이 자신의 일상을 해결할 수 있는 수입원을 보장할 수 있는 노동 시장은 공식적으로 존재하지 않는다. 그러나 소비 문화와 대중 매체가 가시화하는 상품을 통해 자기 정체성을 작동시키는 최근의 십대 여성들은 당장 돈을 벌고 싶고, 공부가 보장하는 미래의 성공보다는 현재 자신이 선택하는 개성, 선호도에 따른 삶을 살고 싶어한다. 그리고 자신이 원하는 삶을 사는 데는 돈이 가장 필요하다. 그래서 십대들은 방법에 관계없이 무슨 일을 해서라도 돈을 벌고 싶고, 그것이 정당하다는 생각을 갖기도 한다. 왜냐하면 단순히 성적 서비스를 파는 것이지 "나"를 파는 것은 아니기 때문이다. 그래서 소개업자 종호의 말처럼 성별화된 노동 시장 속에서 십대 여성들은 "접대"라는 특정한 서비스 산업에서 선호되기 때문에 돈을 벌기 위해 "접대"를 필요로 하는 성 산업 공간으로 이동하는 것이다.

2) 고소득에 대한 환상과 "빚"

성 산업에 유입되는 십대 여성들의 기대는 돈을 벌 수 있다는 것이다. 성 산업에 지속적으로 종사하거나 중단을 한 십대 여성들은 거의 모두 돈을 벌 수 있다는 사회적 통념과 확신, 그리고 미련을 가지고 있다. 이러한 기대와 미련은 실제 일을 하면서 돈을 벌 수 없다는 것을 경험했음에도 불구하고 지속된다. 그것은 자신의 실패를 성 산업의 구조적인 문제가 아닌 개인적인 것으로 받아들이기 때문이다.

그러나 매춘 여성에 관한 연구들은 성 산업의 구조 자체가 여성들로 하여금 빚을 지게 만들며, 성 산업에 종사하는 여성들을 통제해온 빚 관계 구조는 여성들이 쉽게 빠져 나가는 것을 허용하지 않는다고 지적해 왔다(원미혜, 1997 ; 이효희, 1998). 성적 서비스를 매매하는 데 종사하는 십대 여성들의 경우도 마찬가지의 구조 속에 놓이게 된다.

진경 — 다방에서 일하면서 힘든 것 없었구, 다방에서 일하고 싶어서 했어요. 억지로 한 게 아니라. 처음에는 다 재미있어요. 빚이 있기 전까지는. 빚이란 게 있었는데 그걸 청산하는 게 힘들었어요. 할 짓이 아니지요. 빚이 2,000(만원) 있었어요. 다방에서 일하다가 정신 못 차리면 섬으로 팔려 가요. 섬으로 팔려 가는 언니들도 봤고, 도망갔다가 잡혀와서 목만 내놓고 땅속에 묻히는 것도 봤어요.

성 산업에서의 채무 관계를 해결하기 위해서는 법적으로 고소를 해야 하기 때문에 십대 여성으로서는 쉽게 할 수 있는 결정이 아니다. 그러나 「윤락행위 방지법」에 의해 십대 여성과 성 산업의 채무 관계는 무효라고 명문화되어 있음에도 불구하고, 현실에서는 많은 성 산업 종사자들이 탈출 후 성 산업 조직에 의해 추적당하는 등 법적 현실이 여성들에게 유효하지 않은 것이 보통이다. 그래서 채무 관계에 놓여 있는 여성들은 탈출한다는 데 공포를 갖는다.

종호(소개업자) — 아가씨들 자기는 빚 없다고 하는 거 다 구라예요. 다 빚 있어요… 아가씨들 도망 못 쳐요. 도망쳐도 일주일이면 잡혀요 업소에서 돈 받고 일주일이면 찾는다니까요. 다 조직이 있어요. 잡으러 간 애들한테 맞아 죽는 거죠. 완전히 떡 되도록 맞아요. 근데 얼굴은 안 건드리죠. 걔네들도 장사꾼인데, 장사해야 하니까. 얼굴은 안 때리고 안 보이는 데만 골라서 때리는 거죠. 거의 일주일은 퉁퉁 부어서 아무것도 못해요. 경찰이 알아도 증거가 없으니까 뭐라고 하겠어요. 심증만 있지 물증은 없는데… 신고하면 자기들은 또 맞으니까 신고할 생각은 못하죠. 신고해서 그 사람이 잡혀 들어가면 뭐해요. 그 뒤에 또다른 조직이나 사람들이 있는데. 그런 애들한테 맞고, 잡혀갔다 나온 애한테 맞고 그러니까 신고할 생각을 못하는 거죠. 잡혀오거나 신고하면 어떻게 되는지 아니까. 아무것도 못하는 거죠. 그리고 그렇게 끌려오면 그게 또 다 걔네 빚이 되는 거예요. 업소에서 찾아달라고 사람한테 의뢰할 때 주는 돈을 도망간 여자애들이 다 갚아야 하는 거거든요.

빚으로 인해 성 산업에서 탈출한 십대 여성은 누군가 자신을 알아볼 것이라는 대인 공포와 심리적 불안으로 현실에서 뭔가를 안정적으로 시도하거나 모색하기 어렵다. 또한 성 산업과 관련된 조직에 대한 공포와 탈출 이후 잡혔을 때의 폭력은 십대 여성들의 탈출 시도를 어렵게 한다. 성 산업 업주들은 십대 여성들에게 탈출이나 경찰에 신고했을 때 가해질 폭력을 항상 주지시킨다. 다음 사례의 지영이는 마약으로 묶인 경우인데, 이것은 빚과 같이 십대 여성에게 일(성 산업)을 해야 한다는 강제가 되기도 한다.

지영 — 아이고 선생님 저 정말 죽겠어요. 지금 결정하지 않으면 다시 주점에 가서 일해야 해요. 내일 당장 일하러 가야 될지도 몰라요. 빚이요, 있지요. 좀 많아요. 2천만 원 넘지요. 모르겠어요. 마약을 해서 그런가봐요.
면접자 — 너 지난번에는 마약을 공짜로 한다고 그랬잖아.
지영 — 아이고 모르겠어요. 정말 저 죽겠어요. 어떻게 해야 될지를 모르겠다니깐요. 저 좀 어떻게 해주세요. 머리 아파 죽겠어요.

성 산업에서 "빚"은 많이 알려진 반면, 마약이나 약물 등의 중독, 그리고 이것을 빌미로 십대 여성들에게 일을 강요하는 현실은 많이 알려져 있지 않다. 이러한 정보들이 전혀 알려져 있지 않은 상황 속에서 십대 여성들은 누군가에게 도움을 청하고 도움을 받기를 원하지만 지지를 받거나 현실적인 도움을 줄 수 있는 집단의 부재로 인해 더 열악한 공간으로 팔려 가고 업소를 옮겨가는 등 성 산업의 굴레에서 벗어나는 것이 점차 힘들게 된다.

3) 지지 집단의 부재와 "주변인"화

부모들은 가출한 자녀가 집으로 전화하거나 돌아왔을 때 가출했을 때와 마찬가지로 당황하고, 적당한 대응 방식을 찾지 못하는 것이 일반적인 상황이다. 그래서 가정에 돌아온 십대들에게 핀잔과 야단을 친다. 학교 역시 가출한 십대들을 비행, 일탈 행위자로 보고 지지와 이해보다는 처벌 위주의 반응을 보이는 것이 대부분이다. 이러한 반응들은 십대 여성들에게 가능성과 대안을 찾게 하기보다 무시받고 억눌린 감정, 상처 등을 강화시키고, 새로운 생활에 대한 기대를 포기하게 만든다.

혼히 가족은 안식처이고 문제가 해결되는 장소로 인식되지만 사실 많은 경우 가족은 가출한 십대들에게 그들이 문제아이며 일탈자라는 인식을 가장 강하게 인식시키는 곳이다. 그리고 많은 경우 가족원들이 가출했던 이들의 행동을 용서하지 못하는 경우가 많다. 즉, 가정이라는 일차적 지지 집단이 최소한의 지지조차 제공하지 못하는 경우가 많고, 학교나 사회도 마찬가지다.

지원 ─ 뭐 밥먹듯이 가출했죠. 본격적으로 한 거요? 그거는 선배 언니랑 같이 나갔어요. 처음 가출한 거는 아빠가 엄마를 하도 때려서 그거 보기 싫어서 가출했구요, 돈도 벌고 담배도 자유롭게 피울 수 있고 숙식도 제공되고 그래서 주유소에 있었어요. 그러다가 들어갔는데 엄마가 걱정도 해주고 다시 못 나가게 너무 잘 해주고 비싼 것도 해주고 내가 하고 싶은 건 다 해주겠다고 그래서 맘잡고 기관 같은 데 들어가서 검정 고시 하나 패스했어요. 그런데 거기서 작년 6-9월까지 있었거든요. 그때 하도 담배 피고 외출 못 하게 하는데 외출해서 술 마시고 들어와서 꼬장부리고 그래서 수녀님이 포기했어요. 사실 그때 열나 빌었거든요. 잘못했다고 다시는 안 그러겠다고, 나가지 않게 해달라고. 그런데도 안 된다고. 이제는 어쩔 수 없다고. 그러면서 나가라고 그랬어요. 그때 엄마도 같이 가서 빌었는데 엄마는 그때, 나가 뒤지라고 나도 너한테 질렸다고 인제는 맘잡고 좀 사는가 보다 했더니 또 이런다고 그러면서 길거리에다가 절 세워 두고 그냥 집으로 가버렸어요. 그래서 집에 갔는데 아버지가 골방에 가둬 놓고 그랬거든요. 돈 10원도 안 주고. 그래서 그때 알던 언니한테 전화했는데 그 언니가 단란에서 일한다고 같이 일하자고 그랬어요.

한빈 ─ 학교에 나갔더니 자퇴를 강요했어요. 난 자퇴하기 싫었는데 상황이 어쩔 수 없었어요. 이미 자퇴서가 만들어져 있었어요. 그래서 집에 좀 있다가 복학을 하려고 준비하다가 어떻게 친구를 만나게 돼서 다시 가출했어요.

화영 ─ 가출하기도 하지만 집에서 다니는 애들도 있어요. 근데 걔네들은 거의 학교에 안 나와요.
면접자 ─ 그럼 학교에서 뭐라고 안 해?
화영 ─ 나중에 거의 자퇴시키죠. 근데 이런 말을 해야 할지… 우리 학교에서도요 어떤 아이가 이제 맘 잡고 잘 다니려고 노력하는데 선생님들이 자퇴시켰어요… 때리고… 잘 알지도 못하면서 믿지도 않구. 진짜 안 그랬다 그래도 믿어주지를 않아요.

자신에게 별다른 도움, 지지가 되지 못하는 가정과 학교와는 달리 십대 여성들이 성 산업에 유입되면서 만나게 되는 친구들과 업주들의 친절과 호의는 집과 학교에서 겪었던 무시와 폭력과 대조적으로 인식된다. 성 산업 업주들의 친절은 십대 여성을 계속 붙잡아 두려는 하나의 전략임에도 불구하고 아이들은 이것을 인간적 의리나 정으로 이해한다. 그나마 인정받고 존중받고 싶은 마음과 갈 곳 없는 상황에서 자신을 인정해 주는 곳을 찾을 때 십대들은 성 산업으로의 유입을 선택한다. 그러나 이들은 부모나 학교 등 자신이 가지고 있던 기존 사회 관계를 버리거나, 그로부터 거부되면서 성 산업과의 관계에서 자신을 위해 교섭해줄 수 있는 사회적 자원을 잃게 된다. 그러면서 성 산업의 구조로부터 자신을 보호하기가 어렵게 된다.

5. 성 산업 유입 계기로 이어지는 십대 여성의 일상적 삶

(1) 가출

성 산업에 유입되는 십대 여성의 문제로 가장 크게 부각되는 것이 가출이다. 본 연구에서도 가출은 성 산업에 십대 여성들이 유입되는 가장 중요한 요인이었다.9) 유입 경험자들의 진술을 통해 살펴봤을 때 가출 후의 삶의 방도를

---

9) 가출을 가출 동기에 따라 추구형, 탈출형, 추방형으로 구분하기도 하는데, 가출의 유형과 관계없이 십대 여성의 가출은 성 산업 유입과 밀접한 관련을 갖는다. 십대 여성의 가출 경험이 그들에게 어떠한 현실을 경험하게 하는지 그리고 거기서 어떻

찾는 직접적인 방식이 성 산업에 종사하는 것이었다. 가출을 하는 데 관련되는 가장 중요한 요인은 가출한 혹은 가출할 또래 집단과의 합류와 가정이 갖는 문제로부터의 탈출이다.

1) 또래 놀이 집단과의 동일시와 구별짓기로서의 저항/일탈

성 산업에 유입된 많은 십대 여성들은 가출한 이유나 성 산업에 들어간 이유에 대해 "놀기 위해," "친구들과 있기 위해," "자유롭고 싶어서"라고 대답한다. 이러한 대답은 십대 여성들이 매우 충동적이고 책임감 없어 보이지만, 이러한 진술에는 자신들은 학교나 가정에서의 선생님이나 부모 같은 어른들과 다르고, 또래 집단의 정체성을 갖는다는 것을 강하게 시사하고 있다. 즉 그들은 동일시와 거부를 통해 구별짓기를 분명히 하고 있는 것이다. 십대 여성들은 어른 중심적인 기존의 규범 세계가 소비 문화와 연예인 지향 문화 그리고 또래 집단의 상업화된 놀이 공간의 등장과 경합하고 충돌하는 공간에서 형식적인 협상을 벌이거나, 도피로써 수동적인 저항을 시도한다.

정아 ─ 우리 아버지는 굉장히 엄해서 놀고 그러는 것도 못하게 해요. 7시가 귀가 시간이에요. 집에서는 정말이지 할 게 없어요. 그냥 집에 있는 거예요. 엄마는 그래도 집에 있으라고 하는데 정말 미치겠어요. 놀지도 못하게 하고…
면접자 ─ 그래서 가출하고 싶은 충동을 느낀 적이 있어요?

게 자신의 성별 정체성과 섹슈얼리티를 자원으로 형성하고 또 사용하는지에 대해 민가영은 현지 조사를 통해 잘 드러내고 있다. 동시에 민가영은 가출 생활에서 만들어지는 여성들의 삶의 전략 혹은 삶의 이해 방식이 갖는 여성주의 함의에 대한 문제 제기를 하고 있다(민가영, 2000).

정아 ― 많죠. 한두 번이 아니에요. 정말 가출해서 친구랑 둘이 살고 싶어요.
면접자 ― 친구들이랑 살면 하고 싶은 것이 뭔데?
정아 ― 그냥 막 놀고 싶어요. 하지 못하던 거 하고…
면접자 ― 그게 뭔데?
정아 ― 저런 유흥업소에도 막 가고 그냥 늦게 다니고. 제발 좀 자유롭게 다녔으면 좋겠어요.

고은 ― 사실은 얼마 전에 1주일 동안 가출했다가 들어갔어요. 우리 아버지가 굉장히 엄격하시거든요. 늦게 다니는 것도 싫어하고 남자들 만나는 것도 싫어하고. 굉장히 잔소리를 심하게 하시고 때리기도 하고요. 어느 날 그게 싫어서 집 나온 거죠… 내 친구 중에도 지금 가출한 애 있어요. 뭐 특별히 문제가 있어서라기보다 부모님 잔소리 듣기 싫다고 나왔어요. 그런 애들은 그렇게 있다가 힘들면 다시 들어가요. 그럴 때 그렇게 놔둬야지 억지로 잡아들이고 그러면 오히려 반발심에 더 엇나가는 거죠. 사실 밖에 나가면 힘든 것은 자기들이지, 그런 것 스스로 깨닫게 되면 집에 들어가요.

화영 ― 엄마랑 사소한 일로 싸울 때, 늦게 들어왔다고 꼬치꼬치 따질 때 가출하고 싶죠.
면접자 ― 하고 싶다고 생각하면서도 가출 못하는 이유는 뭔데요?
화영 ― 갈 데가 없으니까요. 그래서 애들은 돈 모아서 자취하거나 지방에 내려가서 일하기도 해요.
면접자 ― 무슨 일?
화영 ― 다방 같은데요.

십대들이 고용될 수 있는 노동 시장의 조건이나 숙식 등 사회 복지 여건이 열악한 상태에서 십대 여성들의 가출은 그들이 원하던 자유로운 생활로 이어지지는 않는다. 그러나 친구들과 어울려 놀고, 학교에 가지 않는 것만으로도 즐거운 생활이라고 여기는 시점에서 가출은 이루어진다. 이들이 점차 숙식과 돈을 걱정하게 될 때 주위에 편재한 성 산업의 관계망은 이들의 삶과 쉽게 접합된다.

2) 폭력으로부터의 탈출

최근에 교육 현장에서의 교사의 체벌 문제가 제기되고 있기는 하지만, 아직까지 부모의 체벌이 가진 폭력성은 크게 문제가 안 된다. 그러나 학교의 체벌, 폭력 못지않게 부모의 체벌은 십대 여성에게 "죽고" 싶을 정도로 모멸감을 느끼게 하고 가출, 재가출에 결정적인 계기로 작용한다. 또한 이러한 상황은 가출 이후 또는 성 산업에 유입된 이후에 부모와의 관계 단절 등으로 이어져 아직 성인의 대접을 받지 못하는 십대 여성들이 동원할 수 있는 사회적 자원의 박탈을 가져온다.

성애 ─ 첫 가출은 중3 때였나? 친구네서 놀다가 잡혀갔는데, 맨 처음에 아빠가 때리고, 그 다음에 삼촌이 때리고 그리고 오빠가 때리고 그랬어요… 아빠가 무릎 꿇고 앉게 하고 다리미를 던지고 비디오로 찧고, 그때 입술에서 피 터지고, 그러는데도 막 때려요. 입술에 지금 부어 있는 것 같은 게 그때 그런 거예요. 치마가 찢어지고 맞다가 쓰러져서 잠들었어요. 눈떠 보니까 아침이더라구요. 그런데 깨어나니까 모두 일 나가고 먹을 것도 없고, 배고프고 기운도 없고, 그래서 빨간 돼지 저금통이랑 옷 몇 개 들고 집 나오자마자 택시 타고 친구 자취방으로 갔지요. 그때 저금통에 7천 원이 있었어요. 그때 정말 죽고 싶었어요.

희정 — 우리 아버지는 정상적인 사람이 아니에요. 5남매 중에 제가 첫째거든요. 근데 아버지가 다른 사람들한테는 잘하면서 자기 아이들한테는 정말 자기 자식이 아닌 것처럼 막 대했어요. 막 때리고, 뭐 동생이 맞고 들어오면 그렇다고 때리고 자기가 화나면 또 때리고. 다 큰 자식을, 저를 중학교 3학년 때에도 발가벗겨 놓고 심하게 때렸어요. 그래서 가출했죠.

정수 — 엄마는 아무 말도 안 하는데요, 아빠는 세 번은 참다가 네번째는 때려요. 막 머리채 잡고 발로 차고, 그러면 무서워서 잘못했다고 빌어요.
면접자 — 잘못했다는 생각이 들어서?
정수 — 아뇨. 잘못했다는 생각은 안 드는데요 무서우니까요. 그래도 우리 아빠는 다른 집 부모님들보다 기회를 많이 주시는 편이니까 뭐 나쁘다고는 생각하지 않아요.

위의 정수의 경우를 통해서 보듯이 가정에서의 신체적 폭력은 십대들로 하여금 가정을 떠나 자기 또래 집단이 있는 집 밖으로 나가게 한다.

교육 현장에서도 체벌은 빈번하게 발생하는데, 특히, "문제아"로 통칭되는 학생에게 가해지는 체벌은 다른 학생들과의 비교를 통해 모멸감을 유발한다. 동시에 저항심, 반발을 느끼게 함으로써 학교와 교사를 불신, 거부 그리고 타자화한다.

정아 — 인간적으로 대해 주는 선생님도 있지만 개 취급하는 사람도 있어요. 얘기 듣지도 않고 웃기지 말라고 그러고. 요즘 때리지 못하게 돼 있잖아요., 그래도 때리는 게 기본이에요. 막 때려요. 머리부터 그냥 막 때리는데 그러면 순식간에 (멍들어서) 까매져요.

은지 — 걔네 아빠가 자기 딸 괴롭혔다고 열 받아서 우리한테 비디오 집어던지고 그럴려구 했는데, 학생과장이 웃으면서 너희는 맞아서 싸다고… 우리는 문제아라 범생이랑 똑같은 일 해도 우리만 억울하게 당해요. 누구는 치마를 줄여도 가만히 있고, 우리들의 치마는 막 찢어요. 줄여서 박은 데를 다 뜯어버려요. 우리가 왜 우리한테만 그러냐고 하면 범생은 호기심에서 한두 번 하는 거고, 너희들은 도가 지나치다고… 이년 저년은 예사로 그래요. 이년은 화장이나 하고, 버릇없는 년이다, 엄마 앞에서 맞아봐야 정신차리겠다고 그러면서 엄마도 있었는데 교무실에서 막 때리고…

현아 — 선생님들, 특히 영어. 정신이 나갔다 들어왔다 그래요. 장난이 아니라 진짜로. 어떤 애 실장애가요 수업 시간에 떠들었어요. 그랬는데 나오라고 해서 개 패듯이 패서 입원하고. 선생님은 요양 갔다가 다시 나왔거든요. 특히 흐린 날, 비오는 날 심해요. 그 뭐라 그러나, 다 자기 욕하는 거같이 들리는 거… 피해망상증 그거예요.

미영 — 학교 선생님들 장난 아니에요. 너무 심하게 때려요. 책상 위에 무릎 꿇려 놓고 무릎을 때리기도 하고 군기 잡는다고 학기 초에는 발로 막 차구 그래요… 담배 피다가 걸려도 죽어라 맞아요. 어떤 선생님은 야구 엘지팬이거든요. 근데 엘지가 지는 날은 죽는 날이에요. 너희들 무슨 날인지 알지? 막 이러면서 패고, 애들도 야구 다음날에 엘지가 지면 야, 조용히 해! 이러면서 긴장하죠. 어떤 선생은 실내화 안 빨았다고 패고. 학교 졸업장이나 따라고 견디는 거죠.

이제까지 가정이나 학교에서의 폭력(체벌) 문제는 주로 신체적 폭력에 한정된 것이었다. 그러나 학생들은 신체적인 것만이 아니라 학교가 주는 획일적인 규율 또한 폭력적으로 느낀다. 학교나 가정뿐만이 아니라 한국 사회 자체가 차이나 다양성을 존중하거나 격려하기보다는 같음을 지지하고 동질감을 강조한다. 그러나 십대를 둘러싼 최근의 소비 문화는 십대들에게 끊임없이 새로운 경험을 통해 자기를 드러내기를 요구하고, 그들을 호명해 낸다. 그러나 소비 문화 속에서 개별적으로 행사되는 "자기 만들기"는 획일적인 학교의 규율 체계 내에서 "일탈", "문제아"의 행동으로 간주된다. 특히 여학생의 경우 획일적이고 통제된 기존의 여학생과 사회 문화적으로 새롭게 요구되는 여성성의 기준 사이에서 심한 갈등을 겪는다.

미영 — 새벽에 12시 넘어서 (경찰한테) 걸렸거든요. 근데 경찰서에 끌려가서 무릎 꿇리고, 핸드폰도 뺏기고, 집에다가 전화하고. 막 술 담배 안 했다고 하는데도 조서에 동그라미 치고 그러잖아요. 옆에 이 친구는 담배 안 피는데 친구들이 담배 피고 꽁초를 어떻게 하다가 얘 가방에 넣었나봐요. 완전히 그게 뭉개져 있었는데, 그거 보라고 핀다고 막 그러구. 학교에다가도 연락한다고 하고. 부모님이 왔으면 부모를 안정시켜 줘야 하는데 다 부모님께 말하고. 또 옷은 왜 그렇게 입었냐구 학생이 신발이 그게 뭐냐고 그러구. 말도 막해요. 씨발년들아 똑바로 안 앉아 있어! 이러면서 씨발 너희들이 남자애들이면 다 죽었어 막 이랬어요. 집에 가고 싶어서 그냥 막 빌었죠. 경찰들 정말 나빠요. 오히려 경찰들 때문에 더 나쁜 길로 빠지는 것 같애요. 우리 잘못 안 했는데 집에다 연락하고 또 학교에 연락할까봐 가출도 생각했다니까요. 어차피 학교에 연락 가면 퇴학이니까 학교 때려치자. 이렇게 서로 고민도 하고.

고은 — 우리 학교는 속옷도 검사해요. 런닝 입었나 보는 것인데, 뒤에서 보면 비쳐 보이잖아요. 남자 선생님이 보고 안 입었으면 등을 철썩 때려요. 그럴 땐 꼭 웃으면서…

장미 — 선생님들이 우리들끼리 지나가면 후라려요(야린다, 째려본다). 선생님들은 한번 때렸다 하면 온몸에 멍이 들 정도로 때려요. 선생님들하고 우리하고는 기준이 틀리잖아요. 그러니까 우리가 생각하기에 별거 아닌 것도 다 잘못했다고 생각하죠. 자기 생각에 맞게 키우는 것이 문제지요. 엄마들도 그렇고. 음악 선생하고 체육 선생이 심하게 때려요. 정말 음악 시간은 고통의 시간이죠. 말 안 들으면 때리는 걸로 해결하니까요. 때리는 사람은 맞는 사람 입장 좀 생각했으면 좋겠어요… 어른들은 애들보고 외국 거 한다고 욕하면서 어른들도 외국 거 들여오는 거 많잖아요. 교복 입히고, 조회하고, 스포츠 머리로 깎게 하고, 이런 거 다 일본식 아니에요? 오히려 자유롭게 하라고 하면 스포츠 머리 하고 다닐 애들도 많을 텐데, 지금은 다 똑같이 하라고 하고, 양말에 무늬 있는 거 신었다고 맞고…

많은 연구들이 성 산업에 유입된 여성들의 "개인적인 일탈성"을 강조한다. 그러나 그 계기에 대해서는 간과하는 경우가 많은데, 학교 규칙의 획일성과 어른들의 모순적 언행을 지적하는 위의 장미의 말에서 볼 수 있는 것처럼 십대 여성들은 일상적인 억압, 규제에 대한 반항으로 가출이나 일탈을 꿈꾼다.

(2) 또래 / 놀이 집단망 : 다양한 성 산업 중간 매개자

실제로 많은 십대 여성들이 가출 후 유흥업소에 들어가지만 앞에서 보았듯이 이들이 가출 후 곧바로 성 산업에 유입되는 것은 아니다. 가출 후 십대 여성이 성 산업에 유입된다는 사실 자체에만 관심이 집중될 경우에 놓치기 쉬운 것은 누가, 어떠한 경로로 성 산업 유입의 정보를 주거나 유입을 권유하는가, 그리고 십대들은 이 과정을 어떻게 수용하는가 하는 것이다.

본 연구는 십대 여성의 일상 생활 곳곳에 성 산업의 매개자가 존재한다는 것이었다. 성 산업의 매개자들은 친한 친구, 선후배, 안면 있는 유흥업소의

주인, 남자 친구와 그들의 친구, 생활 정보지 등 십대의 일상적 연계망들이다. 사회적 통념처럼 십대 여성들이 처음부터 성 매매의 목적을 가지고 특정 지역을 찾아가거나 단란 주점, 원조 교제 기타 성 거래를 시작하는 것은 아니다. 그들은 친구들이랑 놀러간 "술집 주인"에게서, "길거리를 지나다가", "채팅을 하다가" 성적 거래를 제안받는다. 이들이 성 산업에 대해 듣거나 알고 있는 사전 지식이라고는 사회적 통념에 기반한 것이 대부분이다. 따라서 십대 여성들은 "연애 한번 해주고 돈을 벌 수 있다", 혹은 "친구들이랑 노는 것처럼 하루 같이 놀아 주고 돈도 받을 수 있다"는 제안을 받을 때 반신반의하는 호기심으로 이러한 제안을 수용한다.

화영 — 놀러간 술집 주인한테 돈이 없다는 말을 하면 돈 많이 준다고 그러면서 일하라고 그래요. 제안받아 본 적 있죠. 하고 싶은 유혹이 들 때도 있구요.
면접자 — 언제 유혹이 드는데?
화영 — 화장 진하게 하고, 옷 야하게 입고 예쁘게 보일 때요.

은하 — 우리 집이 그전에 오락실을 했거든요. 오락실 있던 상가에 단란 주점도 있었어요. 그때 거기 언니들하고 알고 지내는 정도였는데, 가출해서 그 언니들한테 연락했다가 그냥 갔어요.

해원 — 업소는 같이 놀던 애 소개로 들어가게 된 거예요.

영희 — 친구가 일락(일일 록카페)하는 데 갔다오다가 너무 늦어서 종로에서 택시 잡으려고 하는데, 검은 차에서(선팅해서 왜 속이 하나도 보이지 않는 그런 차였는데) 아저씨 둘이 나와서 데려다 준다고 했는데 타지는 않았어요. 나중에 연락하라고 연락처만 받았는데, 얼마 전에 큰돈이 필요해서 그곳으로 연락해 보고 찾아갔어요.

정수 ─ 친구랑 가출해서 가리봉 근처를 왔다 갔다 하는데 오빠들이 일해 보지 않겠냐구 그래서 처음에는 싫다구 그랬는데 나중에 집(가출해서 살던)에 와서 생각해 보고 돈도 없고 하니까 한다고 그랬죠. 근데 개네들(삐끼)도 십대였어요.

지영 ─ 호프라고 그러면서 서빙하는 거라고 해서 갔지요. 30만 원에 저를 판 거예요. 한 살 많은 학교 선배였어요… 저는 정말 그 언니를 다시 좀 보고 싶어요. 처음에는 죽이고 싶었죠. 정말. 그런데 그 언니도 사정이 있었을 거라는 생각이 들어요. 정말, 나를 30만 원에 팔 정도로 어떤 사정이 있었겠지 그런 생각을 해요.

면접자 ─ 원조 교제는 어떻게 하게 된 거야?
은미 ─ 차에서 "야! 타!" 그래서 갔어요. 속초 가서 일주일 놀다오고. 옷 사주고. 술 한 번 먹으면 백만 원 넘게 마시고. 맛있는 거 사주고 그랬어요.

십대 여성들은 또래 사이에서 혹은 지나가는 거리에서 낯선 성인 남자들에게 함께 놀자는 제안을 받는 것에 의해 성적 서비스 거래에 참여하게 된다. 또는 친구들의 경험담을 들으면서 성적 거래에 호기심을 갖게 된다. 이 밖에도 자신의 신분이 노출될 염려가 없는 전화방, 채팅 등을 이용한 성적 거래는 십대 여성들에게 "재미있는 장난"으로 받아들여지고 있다.

정아 ─ 신촌에 080전화방이 생겼거든요. 전화 번호도 되게 외우기 쉬워요. 그래서 재미 삼아 한번 해봤거든요. 근데 막 폰섹하자고 그러더라구요… 한번 반응보고 싶어서 그래 하자고 그랬더니 옷을 벗으래요… 장난 아니에요. 정말 웃기더라구요… 저번에요, 사촌 동생이랑 집에서 하는데 그 남자가 어디냐고 그래서 신촌이라고 했더니 나오라고 그래서 호기심에 나가 봤거든요. 근데 되게 못생겼어요. 그냥 흘끔거리면서 지나갔죠.
면접자 ― 만약 잘생긴 남자였으면 만났을 거야?
정아 ― 모르겠어요.

아름 ― 전화방에 호기심에 한번 전화해 봤어요. 전화 딱 걸면요, 아르바이트해요? 하고 물어요. 그러면 한다고 그러거든요. 그러면 얼마냐고 다시 물어와요. 그럼 그쪽은 얼마 생각하는데요? 하고 다시 물어봤어요. 대충 20만 원 정도 금액 얘기하고 만날 장소 정해서 만나는 거죠.

면접자 ― 스카이헌팅이라고 인터넷 사이트 알아?
은하 ― 당연하지요. 다 거기서 애들 만나고 그런 적도 많은데요.
면접자 ― 거기서 애들 자주 만나?
은하 ― 아저씨들도 많아요. 거기가 보면 나이별로 방이 있어요. 채팅해본 뒤에야, 만나자 하면 나가요. 같이 술도 마시고. 주로 나이 같으니까 금방 연결되요. 근데 막 아저씨들은 그래요. **PCS** 사줄게 만나자, 사십대 아저씨가요. 또 어떤 아저씨는 나 솔직히 젊은 여자 만나서 놀아 보고 싶다 그러기도 하고.

위의 사례들에서 드러나듯이 십대들은 친구, 후배, 형제 등의 유혹이나 권유로 성 산업에 들어가고 있다. 이렇게 다양한 방식으로 성 산업의 중간 매개자가 십대들의 생활 주변에 존재하는 현실은 성적 거래나 성 산업으로의 유입이 일상 생활이나 놀이 문화와 깊이 맞물려 있고 관련되어 있다는 것을 의미한다. 이럴 때 십대 여성들은 기존의 특정 공간에 밀집되어 있는 "매매춘" 공간으로의 유입과 달리 별다른 부담감, 거부감 없이 성 산업에 유입되어 간다.

(3) 일시적 "아르바이트" 일거리
: 구조화된 조직으로서의 성 산업에 대한 무지

십대 여성들이 제시하는 성 산업 유입 이유는 "갈 데 없어서," "구직 과정에서 유인되어서," "또래 소개로," "호기심 때문에," "돈 벌기 위해"와 같은 것들이다. 그러나 실제로 십대 여성이 성 산업에 유입되는 요인을 단 한가지로 명백하게 제시하기가 쉽지 않다. 가령 "가출 이후 갈 데 없어서"라는 대답과 "가출 이후 일거리를 찾다가 제안받아서"라는 대답이 크게 다르다고 보기 어렵다. 또한 앞서 다양한 중간 매개자들을 통해 볼 수 있듯이 친구, 선배, 또래 집단처럼 십대 여성들이 늘 어울리는 집단의 제안은 성 산업을 친구와 함께 하는 일이나 간단히 놀아 주는 일로 인식하게 만들기도 한다.

십대 여성들이 성 산업에 쉽게 유입되는 이유는 많은 경우 그것이 단지 일시적인 아르바이트라고 생각하기 때문이다. 이들에게 아르바이트란 "한시적으로 종사하고, 별다른 능력이 요구되지 않는 일이며, 일 자체가 목적이 아니라 수입이 목적"인 일들로 규정된다. 따라서 아르바이트를 선택할 때에는 수입이 목적이기 때문에 그 일에 종사하면서 어떻게 일을 해야 하는가 라는 일의 내용과 수행에 따르는 사회적인 의미는 크게 고려되지 않는다.

영희 — 똑같이 돈 버는 거는 마찬가지인데 아르바이트는 돈을 버는 것, 목적이 그거죠. 일을 할 때는 직업이고, 돈을 위해 하는 것밖에 목적이 없으면 아르바이트죠.

현지 — 아르바이트는 잠시 돈이 필요할 때, 시간 조절할 수 있고 능력 같은 건 필요없구요. 직업은 그걸로 생을 유지할 수 있고, 능력이 필요해요. 학벌도 있어야 되구요.

장미 — 단란 주점 그런 것도 아르바이트라고 생각해요. 직업은 잘 선택해서 오래 하는 거고, 아르바이트는 놀기 위해서 하는 거죠.

십대 여성들이 친구들과 유흥업소와 관련된 정보를 주고받거나, "원조 교제" 하는 아저씨를 서로 소개하는 것은 그것이 "아르바이트"이기 때문이다.

면접자 — 친구들이 소개시켜 달라고 하면 소개시켜줄 거야?
혜수 — 아르바이트라고 생각하니까요. 근데 할 만한 일은 아닌 거 같애요. 이번에 만난 사람은 좋은 사람이지만 그렇지 않고 어떤 사람 만나게 될지도 모르고, 그래서 위험하기도 하고, 나중에 새우잡이 배 같은 데 팔려갈 수도 있잖아요.

"돈 많이 번다," "그런 곳에서 일하는 여자들은 모두 자기가 좋아서 하는 것이다"라는 통념은 우리 사회에서 성 산업에 종사하는 여성들을 묘사할 때 사용된다. 그러나 단순히 아르바이트로 돈을 벌기 위해 성 산업에 들어간 십대 여성들은 생각지도 못했던 성적 요구와 빚 등을 직면하면서 당혹감을 느낀다.

선화 — 집을 나온 후 숙식 해결하기 위해 학교 선배가 다방에서 일하는 것을 소개시켜 주었어요. 그때만 해도 그냥 배달만 하는 줄 알았어요. 처음엔 다방에서 배달만 했어요. 그러다가 5개월쯤 후에야 티켓이라는 게 있는 줄 알았어요. 배달만 하면 오십만 원 받는데, 티켓을 하면 백이십만 원, 백오십만 원 정도 받아요.

진경 — 월급은 이백만 원인데, 백팔십에서 이백오십까지도 줘요. 나는 백육십에서 올라갔는데, 옷 사고 화장품 사고 싶은 대로 사고, 돈 쓰는 것도 재밌고, 좋았죠. 처음에 시간비 몰랐고, 섬으로 팔려 가는 것도 몰랐어요. 카페 주인 언니가 소개해 줘서 다방에 가게 되었어요. 소개소는 나이가 어려서 못 가잖아요. 그냥 차 팔고, 배달 나가고 그런다고만 들었지요. 돈에 대해 모르고 갔죠. 기술은 아닌데 왜 돈을 그만큼 주는지 몰랐죠. 그걸 처음부터 알아야 돼. 그냥 월급이 이백인 줄 알았어요. 일을 해서 이백의 두 배 매상을 해줘야 하는 거예요. 차두 팔구, 시간두 나가구. 하루 십칠,팔만 원씩 올려야 해요. 하루 일 안 하면 이십만 원 까는데 근데 그게 다 빚이 되는 거예요. 1년 지나 빚이 팔백인가 천인가 됐어요.

본 연구에서 만난 십대 여성들 역시 성 산업에 대한 사회적 낙인을 인식하고 있었다. 그러나 동시에 이들은 일반인들의 부정적 시각을 거부하면서 자부심을 느낀다거나 성 산업을 하나의 "직업"으로 볼 수 있다고 주장한다. "나쁘다고 생각하지 않아요. 자부심 느껴요", "재밌어요. 어차피 친구들하고 만나도 노래하고 술 마시고 그러니까요. 비위 맞추는 게 힘들기는 하지만요. 다른 데서는 이만큼 돈벌 수가 없잖아요"(이효희, 1998 : 63), "저는 술집에서 일하는 것도 하나의 직업인데, 정말 다른 애들 때리고, 이지매하고, 돈 뺏고 그런 나쁜 짓을 했다고 생각하지 않아요"라고 말하는 십대 여성들의 진술에 대해 호이가드와 핀스타드는 "자기 보호를 위한 거리 두기"의 전략이라고 말한다. 호이가드와 핀스타드의 해석은 이들의 태도는 이미 자신이 사회에서 부끄러운 직업을 가진 자라고 알려져 있기 때문에 자신의 행동에 대해 방어적인 태도를 취한다는 것이다. 그러나 "재밌어요, 자부심 느껴요, 나쁜 일이 아니에요"라고 말을 하는 십대들은 친구나 후배들이 성 산업에 들어오는 것, 그리고 그들을 소개시켜 주는 일에 대해서는 꺼려한다. 또한 끊임없이 다른 일을 찾아서 성 산업을 떠나고 싶어하지만 여러 번의 경험을 통해 현실적으로 별다른 대안이 없다는 것을 간파한다. 그러면서 자신의 직업적 삶이 성 산업의 언저리에 머물 것이라는 인식을 갖게 된다.

6. 소비 문화 속에서 구축되는 십대 문화와 성 산업의 친화성

우리 사회에서 십대의 성 산업 유입을 다룰 때 특히 강조되는 것은 십대 여성이 성 산업에 자발적으로 들어간다는 것이다. 그래서 언론의 보도나 정부의 성 산업 대책에서는 "십대 여성이 향락 소비 문화에 물들어 있으며, 자신들의 욕구를 충족시키기 위해 혹은 유흥비나 소비를 위해 성 산업으로 유입된다"고 지적한다. 여기서 십대 여성은 주체성도 없고 판단 능력도 없이 소비 사회에 수동적으로 끌려다니는 존재로 보인다. 그러나 오늘의 십대들은 과거와는 비교될 수 없을 정도로 커진 소비 사회 속에서 살고 있고, 필요에 의해서라기보다 자신의 존재를 증명하기 위해 소비한다. 태어나면서부터 각종 매스컴이나 광고 등을 통해 "소비가 미덕"이라는 메시지를 보고 들으며 성장한 십대들에게 소비가 갖는 의미는 향락 이상의 것이다. 이제 십대들 사이에서 자신들을 평가하는 기준은 학업 성적에 의한 우열이 전부가 아니다. 어떤 옷을 입었는가, 어떤 공간에서 놀았는가, 누구와 무엇을 하였는가 등이 또래 사이에서 가치를 평가받는 중요한 기준으로 작용한다.

십대 여성들이 소비 문화 속에서 산다는 것과 성 산업에 들어간다는 것은 그 자체가 동일한 것은 아니지만 거기에는 밀접한 관계가 있다. 따라서 십대들은 소비 문화 속에서 어떠한 행동을 하고, 어떠한 가치관과 정체감을 형성하는지, 왜 십대들은 소비 공간에서 벗어날 수 없는지, 십대 소비 문화와 성 산업은 어떠한 지점에서 결합, 분리되고 있는지, 이 둘의 친화성에 대한 이해는 어떻게 십대 여성들이 성 산업으로 유입되어 가는가를 밝히는 데 중요하다.

(1) 십대들의 놀이 공간 : 상업적 유흥업소

1999년 11월에 있었던 25년 만의 최대 화재라는 "인천 유흥업소 화재 사건"은 우리 나라의 고질적인 안전 불감증과 함께 부실한 십대 놀이 공간이 빚어낸 참사이다. 언론에 보도된 한 교사의 인터뷰는 유흥업소는 문제아 집단만이 아니라 모든 십대들에게 자연스러운 놀이 공간으로 자리잡고 있음을 지적하고 있다.10) 십대들은 그들을 차별화된 소비 주체로 만드는 소비 산업의 전략과 더불어 상업화된 놀이 공간 속에서 또래들과 유흥 등을 통해 소비 주체로 자신들의 정체성을 만들어 가고 있다.

은하 — 할 게 없어요. 맨날 비디오방이나 가는 거지요. 교복 입고도 막 들어가요. 솔직히 우리 같은 애들이 놀 공간이 없잖아요. 평일날 나이트 갈 수도 없고. 영화 보기에는 비싸고.

---

10) "ㅇㅇ는 성적도 중상위권인데다 밝고 착한 아이여서 술집에 다니리라고는 전혀 생각도 못했다. 원래 동인천과 부평역 근처가 청소년들이 자주 드나드는 유흥 지역이라는 말은 들었지만 이렇게 심각한 줄은 정말 몰랐다… 청소년들이 마음 놓고 놀 수 있는 곳이 없다는 사실이 지적된 것이 어제 오늘의 일이 아니지 않느냐… 술집에 간 아이들을 모두 비행 청소년으로 매도해서는 안 된다"(고교 교사, 「한겨레신문」 1999.11.1, 15쪽).

은지 ― 만화방은 따로 있어요. 안에 들어가면 만화방, 매점, 휴게실, 캡슐 노래방, 오락실 별 게 다 있어요. 문제는 입장료는 싼데 들어가면 돈 많이 쓰게 되요. 학생들이 가는 덴데, 좀 싸졌으면 좋겠어요.

면접자 ― 유흥업소에는 왜 가고 싶은데?
정아 ― 그냥요. 금지된 거잖아요. 어떤 애들은 다니는데 우리는 못 가게 하잖아요. 가끔 애들이 그런데 갔다 왔다고 그러면 부럽고 끌려요. 그냥 못 가게 하니까 가고 싶어요. 재밌잖아요.

장미 ― 타락을 안 하면 놀 데가 없어요. 돈 안 들면서 재미있게 놀 데가 없어요.

혜경 ― 소주 여섯 잔까지 마셔 봤어요. 맥주는 두 병 정도. 술 마시는 것 자체보다는 술 마시는 분위기가 좋은 거죠. 처음엔 술을 못 먹었는데 마시다 보니까 늘었어요. 맨날 학교에 가기만 하면 지루해요. 그날이 그날이고 한번 놀아보고 싶은 생각이 들죠. 우리 학교는 상대 평가라 모두 경쟁이 되어서 점수가 달라지니까 너무 스트레스 받아요.

현지 ― 친구 오빠가 친구들 데리고 나오기두 하구요, 대학로 같은 데 있으면 와서 말 시켜요. 같이 놀자구요. 그럼 소주방 가구, 노래방 가구, 그러면 새벽 2시쯤 되거든요? 그럼 비디오방 가구요, 아침에 밥 먹구 딴애들 만나서 피시방에 가서 놀다가 지난 주에는 오후 2시에 들어갔어요.

정수 ― 근데 제 친구 중에 아빠가 부도 나서 어려운 친구가 있는데요, 콜라텍 가고 싶어도 돈이 없어서 못 가고 친구들한테 돈 빌리다 보면 친구들도 싫어하고 그래서 집 나오고 싶어해요. 그러면 친구들은 나오지 말라고 막 욕하고 집에 들어가라고 그러는데 그런 애들은 힘들어서 나오는 거거든요. 친구들의 말이 맞는 말이어도 그때는 별로 도움이 안 되죠.

십대들의 스트레스를 풀 수 있고, 자유롭게 놀 수 있는 놀이 공간이 극히 제한되어 있는 현실에서 십대들이 상업적인 유흥 공간을 이용하는 것은 "비행"과 "일탈"로 간주된다. 그렇지만 "타락"하지 않으면 재미있게 놀 수 없다는 말은 우리 사회에서 십대들에게 열려 있는 공간이 얼마나 협소한지를 지적함과 동시에 "재미"라는 것이 십대의 놀이 문화를 구성하는 중요한 축이라는 것을 시사한다. 그리고 "재미"는 재미를 만들어 내는 특정 놀이 공간과 장치 속에 위치되어 있다. 따라서 재미있게 놀기 위해서는 현금이 필요하다. 재미는 어디에서 무엇을 하며 놀고, 무엇을 마시며, 어떤 차림을 하는가 하는 소비 사회의 자기 재현과 밀접한 관련이 있다. 따라서 위의 정수의 대답이 보여 주듯이 가정 경제가 어려워졌을 때 십대들은 소비 규모의 축소에서 오는 빈곤감을 "놀이 공간의 박탈", "스트레스를 풀 수 있는 공간의 자유로운 출입의 제한"이라는 박탈감으로 경험한다.

(2) 십대들의 소비 : 가치와 위신의 서열화 기제

현재 우리 사회에서 십대는 대부분 생산자로서의 역할보다는 소비자의 지위에 있으며, 학생 신분인 경우가 많다. 교육 현장에서 십대 여성이 성별화되는 과정을 연구한 강보길(1997)은 여학생이 그들의 외모를 통해 다른 학생과 자신을 어떻게 구별하는가를 잘 보여 준다. 흔히 "학생다운 차림"과의 구별짓기라든가, 머리 염색하기, 눈썹 밀기, 화장하기, 그밖에 양말, 신발, 교복 안의 셔츠, 목에 스카프 매기, 귀 뚫기, 교복 치마 짧게 입기 등은 소위 "날라리"라고 불리우는 학생들의 경우에만 국한되지 않는다. "날라리"와 "범생이"를 구분할 수 없을 정도로 많은 십대 여성들이 시도하고 있는 외모 꾸미기 현상들이다. 남학생들 역시 교복을 몸에 딱 맞게 줄여 입음으로써 다른 학생들과 구별짓기를 시도하고 있다. "복고" 스타일, "힙합" 스타일 등 십대들의 외모 가꾸기, 성형 수술, 다이어트 등에 대한 높은 관심은 개성과 유행을 넘어서서 취업과 진로를 위한 투자로까지 인식되기에 이르렀다.11)

진아 — 옷 잘 입어야 폼 나죠. 저번에 롯데월드에 놀러 갔거든요. 티셔츠에 반바지 입고 갔어요. 근데 어떤 애들이랑 조금 부딪쳤는데 서로 쩨려보고 하다가 개네들은 파마에 화장하고 옷도 잘 입고 그래서 쫄려서 한마디도 못했어요. 동갑 같아 보이던데 막 꿀리니까 미안하다고 먼저 얘기하구요. 우리도 옷 잘 입었으면 당당하게 대할 텐데, 옷이 후지니까 한마디도 못했다구요…

면접자 — 옷 사는 게 중요해?
하늘 — 돌아다닐 때 꿀리잖아요. 옷이나 머리 스타일이 좋아야 잘 나간다, 잘 논다 그런 소리 듣고. 그러면 학교에서도 아무나 못 건드려요.

은하 — 요즘 남자들 어떤지 알아요? 우리보고요 화장 안 하고 다니면 예의가

---

11) 백화점의 대형 매장, 상품 광고들의 판매 전략과 거대한 시장 규모 역시 우리 사회에서 십대들을 중요한 소비 계층으로 설정하고 있다는 것을 알 수 있다. 우리 나라에서 십대를 대상으로 하는 경제 규모는 5조 - 15조 원에 달한다(『경향신문』 1999. 8. 3). 여성이 외모와 스타일을 가꾸는 것이 개성과 유행의 문제가 아니라 한국 사회의 성별 체계 내에서 여성 정체성의 문제이며 사회적 노동에 참여하기 위한 기본 투자로 인정되고 있음을 드러내는 연구로는 한설아의 「여성의 외모 관리에 대한 여성주의적 접근 - 다이어트 경험을 중심으로」(1997)와 홍성희의 「항공사 여승무원의 외모 중심 고용에 관한 연구」(1999)가 있다. 또 김지영은 「대학 내 취업 지원 체계의 여성 배제 구조」(2000)에서 외모 관리가 여대생들의 취업 준비 과정에서 필수적인 것이 되고 있음을 지적한다.

없는 거래요.

십대 여성에게 옷차림, 외모는 자신을 타인과 구분짓는 개성의 표출인 동시에 그것으로 우열을 느끼게 하는 하나의 표식이다. 그래서 상대와 견주어 우열을 평가하면서 심리적으로 위축되거나 당당하게 된다. 위의 사례들은 십대들의 외모 가꾸기는 "잘 논다", "잘 나간다"는 지위를 획득하는 수단이 되고 있는 현실을 잘 보여 준다. 게다가 화장하지 않은 여성, 꾸미고 가꾸지 않은 여자를 여성답지 않은 여성으로 평가하는 사회적인 가치관이 십대 사이에서도 그대로 수용되고 있다. 그래서 화장은 "예의"로 받아들여지고 있고, 자신의 성 역할의 한 부분이 된다. 이제 또래 사이에서 인정받고 싶고, 자신의 "개성적" 지위를 유지하고 싶은 십대 여성에게 소비는 품위를 유지하고, 인격을 만들어 가는 역할을 하고 있다.

십대 여성에게 "돈"은 가출을 했을 때 생활 유지를 위한 생계비의 차원이 아닌 경우, 대부분 친구들과 어울리기 위해서 필요한 의상 등 외모 꾸미기와 놀이 공간의 확보를 위해 필요하다. 고가품의 유명 브랜드 상품을 구입하거나, 친구들과의 음주 문화 속에서 십대들이 필요로 하는 한달 용돈은 엄청난 규모로 커지고 있다. 정보 통신화 사회에 걸맞게 최근에는 경쟁적으로 증가하는 개인 휴대 전화의 구매에 따르는 통신 비용도 소비 규모를 증가시키는 중요한 요인으로 등장하고 있다.[12] 소비를 통한 기쁨, 즐거움에 익숙한 십대 여성들은 유행에 맞게 소비 생활을 유지하고 싶은 마음을 충족시켜줄

---

[12] 휴대 전화의 경우 부모와 십대들의 갈등이 첨예화되는 경우가 많은데, "정수"는 면접원에게 부모님이 휴대폰을 사주지 않는다며 휴대폰을 구매할 수 있도록 보증을 서 달라고 요청하여 면접원을 곤혹스럽게 만들기도 하였다.

수 있는 현금에 대한 갈망이 크다. 돈에 대한 필요성의 증가는 십대 여성에게 심리적인 갈등과 스트레스를 만들고, 이것은 다시 소비를 통해 해소되는 순환 과정을 겪는다.

현아 — 아르바이트는 거의 돈 때문에 하죠. 돈에 쪼들리니까. 돈이 필요하죠. 옷도 사고, 신발, 핸드폰은 아빠가 해주셨어요. 요금은 내가 내고, 한달에 5-6만 원 정도 나와요.

진경 — 핸드폰 사고 싶어 죽겠어요. 월급 받으면 사야지. 지금도 사고 싶은데 참고 있어요. 신용 불량자라서 할 수도 없지만…

면접자 — 요새 가장 큰 고민은 뭐야?
혜수 — 돈이요. 사고 싶은 건 정말 많은데….
면접자 — 뭐가 그렇게 사고 싶은데?
혜수 — 노트북이요. 집에 들어가면 컴퓨터 하기가 좀 그래요. 엄마가 채팅하지 말라고 전화선도 끊어놨고… 또 비싼 옷도 사고 싶고, 구찌나 프라다 같은 거요. 저는 옷은 잘 안 사는 편인데요. 비싼 거 한 벌 사는 게 낫다고 생각하거든요. 비싼 옷은 달라요. 입었을 때 모양이나 질감이나…

면접자 — 돈을 벌어 어디에다가 쓰는데?
희정 — 그냥 다 쓰게 되요. 옷도 그냥 싸구려는 못 입어요. 친구들이 다 메이커 입는데 나도 그러니까 그런 옷 입고, 뭐 술 사먹고 그러려면 어떨 때는 80만 원도 하루에 다 쓸 때도 있어요…

한빈 — 저랑 친구들은 한 달에 십만 원, 이십만 원 정도 써요… 그냥 친구 만나

서 놀거나 술 마시는 데 쓰죠

십대 여성이 한 달, 또는 하루에 쓰는 금액은 개인에 따라서 다르고, 동일한 사람이라도 상황에 따라서 편차가 클 것이다. 그런데 중요한 것은 십대 여성의 삶에서 친구들과 어울리기 위해, 혹은 시대에 맞춰 살아가기 위해 필요한 돈의 규모가 점점 커지고, 돈을 필요로 하는 일들이 많아지고 있다. 그래서 돈이 없다는 것은 자존심 상하고, 자신의 활동과 욕구가 좌절되어 "재미가 없는 상태" 즉 행위성이 발동되지 않는 상태를 의미한다. 십대 여성들은 소비 사회에서 소비가 주는 보상, 소비를 통한 성취감을 통해 자아를 확인하기 때문에 이를 가능하게 하는 현금 동원 방법을 모색하게 된다.

7. 십대 여성의 몸

: 다양한 성적 실천과 의미가 발생되는 현장

한국 사회에서 십대가 성적 실천을 가시화하는 것은 금기이다. 십대의 성적인 행위는 "일탈"의 범주에 속한다. 따라서 이들의 성적인 관심과 욕구들은 비가시화되어 왔으며, 최근에 와서야 공중파로 진행된 성교육을 통해서 처음으로 "십대들의 성"에 대한 언설이 공론화되면서 공식적인 논의의 주제가 되기 시작했다. 그러나 십대의 성은 성교육의 필요성과 방법론의 고민 속에서 "아름다운 성"으로 미화되거나, "어머니가 될 예비 단계로서의 성"으로 제시되는 것이 일반적이다. 그러나 십대들은 엄마가 되었을 때의 성, 미래의 성이 아니라 이미 현실 속에서 다양한 성적 실천을 하고 있다. 십대의 성에 대한 사회적 지배 언설은 무지와 무분별한 충동에 초점을 둔다. 그러나 본 연구의 십대 여성들의 성적 경험에 관한 진술들은 그들이 특정한 방식으로 자신들의 성적 실천을 사회 관계의 매개 자원으로 그리고 교환 자원으로 만들어 가고 있음을 알 수 있었다. 물론 이들이 자원화하는 자신의 몸과 성적 실천은 소비 자본주의와 성별 정치학에 깊이 연루되어 있다. 십대 여성들은 노는 친구들을 만들기 위해, 숙소 확보와 보호를 받기 위해, 정서적 외로움을 나누기 위해, 그리고 실질적인 자원을 얻기 위해 남성들과 성적 관계를 맺는다. 따라서 십대 여성들은 맥락에 따라 그리고 상대가 누구냐에 따라 자신의 성적 실천에 다른 의미를 부여한다.13)

(1) 또래 집단 내에서의 놀이로서의 "성"

본 연구의 십대 여성들은 또래 집단 속에서 함께 즐기는 놀이의 한가지로 성적 행위를 하고 있으며, 놀이 의례의 한 부분으로 위치지움으로써 성적 행위에 부가된 사적이고 개별화된 기존의 의미를 바꿔 내고 있었다.

  화영 — 술집이나 호프집에서 키스 같은 거 다 하니까 기분 나쁘다고 생각 안 들어요. 그냥 게임이니까. 노는 거잖아요. 맘에 들면 (성관계) 할 수도 있죠.

---

13) 조혜정(1998)과 민가영(2000)의 연구는 학교에 있는 그리고 가출한 십대 여성들이 자신의 성을 어떠한 방식으로 이해하고 있는가를 기술하고 있다.

혜경 — 키스 정도는 애들이 거의 다 해봤을 거예요. 그리고 술 마시면 키스가 거의 인사예요. 안 하는 게 이상한 거죠. 얼마나 이상한 애였으면 키스도 안 했냐 친구들이 이렇게 말해요. 분위기 깰까봐서 키스하는 경우도 있지만 뭐 이상하게 생각하지도 않아요. 그냥 게임이니까 당연히 하는 거죠. 게임인데 뭐, 아무나랑 하면 어때 이런 생각 들어요.

하늘 — 남자 친구랑 성관계 해봤는데요, 그런 거 하면 더 친해지는 거 같아요. 성관계하면 서로 넌 내 거다는 생각이 드니까 창피한 것도 없고 더 친해지죠. 그리고 중3 때까지 "아다"로 있으면 쪽팔리는 거거든요. 선배들이 넌 아직도 안 해봤냐 막 이러구, 그러면 쪽팔리죠. 중2 때까지 "생아다"면 쪽팔리는 거구요… 어른들이 성관계 같은 거 못하게 하는 거, 이해하지 못하겠어요. 사랑하면 할 수 있잖아요. 불공평해요. 아이들도 스트레스 받으면 술도 먹고 담배도 필 수 있는데 자기들은 다 하면서 우리만 못하게 하니까 짜증나요. 그러니까 더 반발심에 하는 거 같애요.

영애 — 근데 선생님들은 이래요, 진짜로 남자가 여자를 사랑하면 여자 순결을 지켜준다고. 근데 저희는 그게 이해가 안 가요.

은미 — 학교 다닐 때는 은장도 같은 거 주면서 순결 서약 같은 거 시키고… 짜증나요. 시키니까 그냥 다해요. "저는 순결을 지킬 것을 맹세합니다" 그렇게 맹세하고 안 지켰지요.

위의 사례에서 보이는 십대 여성들의 성에 대한 태도와 실천은 십대를 무성적인 존재로 취급하는 우리 사회의 "성"에 대한 관념을 지나치고 있다. 연령에 의해 성적 행위를 제한하고 규제하는 것을 거부하고 금기시하는 경계를 넘는 자유로운 행위들은 이들에게 해방감과 도전이고 또 어른들과 자신들을 소통 불가능한 존재로 구별하게 하는, 그들만이 하는 경험들이다. 그러나 동시에 십대 여성은 남자와의 관계에서 "싼 여자", "함부로 대해도 좋은 여자"로 인식될 가능성에 대해 경계하면서 여성성에 대한 기존의 가치관, 고정 관념 등에 집착한다.

고은 — 남자 친구와 키스 정도는 괜찮지만 그 이상은 안 해요. 어차피 여자 손해 아닌가요? 남자들이야 자기들 손해볼 것 없으니까 막 할려고 그러죠.

화영 — 핸드폰비 내주는 오빠가 성관계 하자고 하죠. 근데 안 해요. 싸게 볼까봐요. 한번 하면 다 안다는 식으로 태도가 달라지니까요. 무시하고요. 만날 때마다 하자구 그래요. 싸구려로 보고. 그러니까 튕겨야 해요.

혜경 — 지금 남자 친구는 처음 만났을 때부터 (성관계) 하자고 그랬어요. 근데 내가 싫다고 다음에 하자고 막 그랬죠. 남자애들은 어쩔 수가 없어요. 남자애들은 원하면 거의 다 해요. 남자들은 못 참기 때문이죠.

은하 — 처음에는 다 남자가 하자고 해요. 근데 여자가 거절하면 분위기 썰렁할까봐, 그 남자애가 화날까봐 해요.

진아 — 정말 남자들은 능글맞아요. 막 만지고, "깔(애인)식" 같은 데서 친구들 앞에서 막 키스 같은 거 시키고… 남자애들이 뭐 지금 한다, 그러고 해요? 그냥 막 하는데, 나는 싫다고 말 잘 못해요. 일단 참았다가 나중에는 그애를 안 만나죠.

성이 십대들의 놀이 문화 속에서 게임이나 의례(깔식, 빽일식 등)들을 통해 표현되는 행위의 외연 자체는 기존의 성적 실천의 맥락과 완전히 다른 의미를 구성한다. 그런데 싫어도 거절하지 못하고, 자신의 느낌이나 감정보다 남자를 위해 참는다는 진술들은 여성의 성에 대한 수동성, 남성의 성적 욕구의 본능성과 통제 불가능성 등의 성 관념을 수용하고 있음을 보여 준다.

(2) 거래 자원으로서의 십대 여성의 여성성 / 몸 / 성

호이가드와 핀스타드(1992)는 어린 소녀들이 어릴 적부터 다양한 매체를 통해 여성에 대한 이미지들을 보고 들으면서 여성의 몸이 재산이 될 수 있음을 내면화한다는 것을 지적했다. 한국의 경우도 지속적으로 논란이 되고 있는 미인 선발 대회라든지,14) 인기 스타나 모델이 되는 수많은 이야기들을 들으면서 여성의 몸이 곧 부와 명성의 자원이라는 것을 내면화하고 있다. 그리고 "이쁘다"는 것은 개인적인 능력이고 자산이라고 인정한다. 본 연구의 십대 여성들은 몸이나 얼굴이 곧 사회적 자산이기 때문에 (남자와의) 거래에서 교환 자원이라는 것을 간파하고 있다. 그렇기 때문에 외모 자체가 자원인 십대 여성들은 남자와의 관계에서 유흥비, 데이트 비용 등을 전혀 지불하지 않는 것을 당연하게 여긴다. 자신은 외모라는 자원을 가지고 있고, 남자들은 그것과 교환되는 경제적 자원의 출처여야 한다는 생각이 전제되어 있다. 그래서

---

14) 보도에 따르면 미인 대회 존폐에 대한 남녀 네티즌의 생각은 상이하다. 여성은 폐지하자는 의견이 우세(67%)한 반면 남성은 존속에 대한 찬성의 입장(59%)이 더 많다(송대섭 기자, 『한국경제신문』, 1999. 10. 5). 한국 사회의 여성 운동가들은 공개 토론과 "안티 미스 코리아 페스티벌", 미인 대회장 앞에서의 시위 등 끊임없이 미인 대회에 대한 문제 제기를 해왔다. 여성의 몸의 전시를 통한 미의 경연 대회에 대한 사회적 저항은 여대생들을 중심으로 대학가에서 다양한 방식으로 전개되어 왔고, 또 전개되고 있다.

남자 친구에게 선물을 받고 그 친구가 원하는 무엇, 즉 "여자"가 돼주는 것에서부터 관계가 시작된다.

면접자 — 친구 만나면 주로 어디서 노는데?
화영 — 노래방 가고 나이트 가고
면접자 — 그럼 돈은 누가 쓰는데?
화영 — 거의 남자애들이 쓰죠. 거의 하루에 10만 원 이상 쓸 거예요.

진아 — 만날 때 돈은 당연히 남자가 내죠.
면접자 — 왜 당연한 건데?
진아 — 몰라요, 그런 게 당연한 거잖아요. 왜 여자가 내요?
면접자 — 그럼 남자 친구 사귀는 게 남자가 돈을 내고 뭐 사주고 그러기 때문인 면이 있는 거네?
진아 — 그런 면이 있는 게 아니라 그래서 사귀죠.

혜경 — 남자 친구가 잘해 줘요. 사실 요즘 여자애들은 얼굴 잘생긴 남자애들보다는 돈 많은 남자들을 더 좋아해요. 뜯어먹으려고 사귀는 거예요.
면접자 — 어떻게 돈 많은 줄 아는데?
혜경 — 채팅할 때 남자애가 "니가 여기로 와라" 그러면 "니가 쏠래?" 그러거든요., 그러면 남자애가 "당근이지" 그래요. 그리고 집 어디에 사는지, 어느 아파트 사는지, 외아들인지, 말하는 거 보면 다 알아요.

숙경 — 남자 친구 사귈 때는 잘생기고 외모를 보죠. 돈은 남자들이 다 내요.
면접자 — 그럼 남자 친구들이 자기가 돈 낸다고 요구하는 거 없어요?
숙경 — 빠꾸리(성관계)요. 그런 거 하자고 할 때가 있죠. 그러면 거의 해요. 하기 싫을 때도 있지만 막 (집에) 못 들어가게 한다고 그러면서 막고 안 보내 주죠. 결국에 그렇게 막 싸우면서도 하게 되요.

현지 — 남자들이 돈 내죠 우리는 한번두 안 내봤어요. 여자들은 안 내요. 반반씩 내자는 애들도 있거든요. 그런 애들이 제일 재수 없어요… 토요일이면 대학로 같은 데서 남자애들이랑 놀거든요. 한번이면 땡이에요. 서로 눈 맞으면 연락처 주고받는데요. 잘 안 만나요. 그냥 하루 같이 노는 거죠. 일회용 사람이 되는 거예요. 일회용이지 다시 만나고 그런 적은 별로 없어요.

혜수 — 지금처럼 만나는 게 돈에 관계된 게 많아요. 전요, 누가 나한테 뭐 사주는 것도 돈버는 거라고 생각해요… 얼마 전 채팅해서 만난 오빠하고 두 번인가 만났는데, 돈은 안 받았어요. 점심 사주고, 선물 사주고, 뭐 갖고 싶냐고 그래서 프라다 지갑 사달라고 그랬거든요? 근데 진짜 사주더라구요. 면세점에서 샀다고 그러면서.

십대 여성이 또래 사이에서 거래 자원으로 경험하는 성은 더 큰 자원을 제공할 수 있는 성인 남성과의 거래적 성관계를 쉽게 수용하는 배경이 된다.

아름 — 컴퓨터 사장하고 한달 동안 원조 교제 해봤어요. 오십대였나? 삼십대라고 속였지만… 차 타고 레스토랑 가서 맛있는 거 사주고, 오늘 아저씨 만나자 핸드백 사줄게… 돈 같은 건 잘 안 받았어요.

십대 여성들은 남자 친구를 만날 때 모든 데이트 비용을 남자가 부담하는 것을 당연하게 여긴다. 왜냐하면 자신들은 그들과 "놀아 주고" 있기 때문이다. 다시 말해서 그들은 "놀아 줌"으로써 감정적, 성적 서비스를 제공하고 있다는 것이다. 이런 맥락에서 "일회적인 만남"을 자연스럽게 여기는 것이다. 십대 여성이 데이트에서 비용을 지불하지 않는 것은 일종의 거래인데, 거기에는 자신의 젊은 여성성, 몸, 성적 관계를 통한 다양한 형태의 교환이 일어나고 있음을 간파하고 있다. 십대 여성들은 자신의 성을 거래적인 관계 맺기의 자원으로 이용하고 또 이용될 수 있다는 것을 이해한다. 즉, 성이 자신의 감정이나 인격과는 별개로 취급되는 자신과 소외된 상품이 될 수 있음을 이해한다는 것이다.

(3) "아저씨"의 욕망의 대상 : "깔"(남자 친구)과는 다른 욕망의 시선

십대 여성들은 남자와 관계를 맺는데, 또래 집단의 "남자 친구"와 "아저씨"를 구분한다. 이들에게 "아저씨"라는 용어는 남성을 특정 방식으로 파악하고 이해하는 하나의 범주이다. 십대들이 "아저씨"로 지칭하는 집단은 사회에서 말하는 중년 정도의 연령 집단이 아니다. 십대 여성에게 "아저씨"는 또래 남자들 혹은 남자 친구와 차별화되는, 로맨스의 대상이 아닌 경제적 자원의 출처를 의미한다. 아저씨는 "자신을 놀이감으로 보는", 감정적으로는 "기분 나쁜" 대상이다.

> 고은 — 나는 돈 많은 남자가 좋더라. 요즘은 잘생긴 아이보다도 돈 많은 남자애가 인기예요. 그렇지만 노땅하고 젊은 사람하고는 느낌이 다르죠. 내가 야한 옷을 입고 지나갈 때 아저씨들이 아래위로 훑어보면 기분 나쁘지만 또래 남자애들이 보면 기분이 좋거든요.

> 진아 — 똑같이 만지는 건데도 남자 친구가 만지는 거랑, 선생님이나 아저씨들이 만지는 거랑 다르죠. 남자 친구는 서로 좋은데, 정말 좋겠다 그런 느낌이 들죠.

근데 선생님은 싫잖아요.

하늘 ― 단란 같은 데 다니는 애들을 보구 "허벌", "걸레" 그렇게 부르거든요. 아무한테나 대준다고. 그래서 애들한테 욕먹고 그런 게 싫은 거죠.
면접자 ― 중3 때까지 "아다"로 있으면 쪽팔리는 거라면서?
하늘 ― 그거랑은 다른 거죠. 깔이랑 하지 않는 거는 쪽팔리는 거지만, 개네들은 아무랑 모르는 사람이나 아저씨랑도 하는 거잖아요. 사랑도 없이. 남자 친구랑은 사랑하니까 괜찮아요… 저는요 남자 어른들이 무조건 다 싫어요. 요즘 남자 어른들은 여자애들만 보면 성관계 하려고 하잖아요. 그런 거 보면 너무 싫어요.

화영 ― 피시방에서 데이트 신청하는 남자들 거의 50%는 나이 많은 사람들이에요. 그런 사람들 보면 짜증나죠. 말도 안 통하고 변태 같아요. 아저씨들은 대개 만나면 여관 가자고 그러잖아요.
면접자 ― 또래에서도 성관계 하자는 애들 있잖아?
화영 ― 그런 애들도 있죠. 근데 개네들은 싫다고 하면 삐진 척하면서 관둬, 이러는데 아저씨들은 돈 준다면서 계속 치근거려서 싫어요… 원조 교제는 아저씨들 하고 하는 거잖아요. 느끼해요. 재미도 없고 말도 안 통해요. 또래하고는 분위기가 틀리죠. 아저씨들은 얼마 줄게 하자, 이런 말만 하고. 우린 이걸 변태라고 하죠.

은하 ― 아저씨들 웃겨요. 이렇게 지나가잖아요, 그럼 운전하고 가다가 세우더니 우리보고 타라고 하는 사람들도 있어요. 논 순다고. 아서씨들은 엉세만 좋아해요.

십대 여성들이 보는 "아저씨"의 일반적인 인식은 "성에 미친 변태", "돈으로 보인다", "색을 밝힌다", "더럽다", "말이 안 통하고 느끼하고 재미없다", "돈을 주면서라도 성관계를 하려고 한다", "아내 외의 여성과 성관계하고 싶어한다", "싫다고 해도 하자고 한다", "어른, 노땅", "여관만 밝힌다" 등이다. 이와 달리 또래 남성은 "사랑하거나 좋아하는 등 감정이 교류되는 관계, 남자 친구, 비슷한 문화 환경을 가지고 있어서 대화가 가능하다"고 특징짓는다. 이러한 구분 속에서 십대 여성들은 아저씨들이 자신을 성적 상품으로 대상화시키고 있다는 것에 대해 기분 나빠하고 따라서 아저씨와의 관계는 거래 속에서만 가능하다고 여긴다. 그러나 이것은 곧 십대 여성들이 아저씨들의 "영계" 선호에 대해 불쾌감을 표현하는 동시에 "어린 여성"으로서의 자신의 몸이 이 사회에서 얼마나 경제적 가치를 가지고 있는가를 깨닫는 순간이기도 하다. 상품으로서 자신의 가치를 인식하고, 이를 적극적으로 이용하는 사례가 바로 "원조 교제"이다. "원조 교제"는 나이 어린 여성이 돈 많고 나이 많은 어른과 성적인 거래를 목적으로 교제를 하는 것을 말한다. 원조 교제는 바로 남녀, 나이 그리고 경제적 자원의 차이에 기반한 불평등한 권력 관계 때문에 이루어진다. 원조 교제에는 남자 친구와의 관계에서 발생하는 배타성, 낭만성 등 정서적 친밀함이 전혀 작동하지 않는다.[15]

    영희 — 제가 큰돈이 필요했거든요.[16] 다른 애들은 엄마한테 얘기해서 다 해결됐는데, 나는 말할 수 없어서, 친구가 원조 교제하는 아저씨가 있었는데, 친구를

---

[15] "아저씨"로 범주화되는 연령대에 있는 일본의 저널리스트 구로누마 가쓰시는 일본 사회에서 센세이셔널한 원조 교제에 대해 책을 쓰기 위해 일본에서 원조 교제하는 십대 여성을 면담하고 조사했다. 이 과정에서 돈을 목적으로 하여 만난 남성에게 정서적 감정이나 낭만성을 느낀 사례를 찾아보려고 무척 노력했지만, 십대 여성들 중에서 원조 교제의 대상에게 낭만적 감정을 가졌던 사례는 한 건도 발견할 수 없었다고 진술하고 있다(구로누마 가쓰시, 1999).
[16] 영희는 같은 학교 또래를 때렸는데, 합의하기 위해 돈이 필요했다.

통해 그 아저씨한테 다음에 해준다고 하고 우선 30만 원을 빌려 왔어요.

따라서 필요에 따라 남자를 빌리고, 빌려줄 수 있는 관계로 인식한다는 점에서 감정이 개입되는 애정 관계에서의 연애와 차별성을 보인다. 경제적인 목적을 위한 성적 거래들에서 "아저씨"들은 십대 여성을 성적인 대상, 상품으로 인식하고, 십대 여성들은 아저씨들을 "돈", 차용이 가능한 "물건"으로 타자화시킨다.

(4) 성폭력의 현장 : "변태"적 욕망으로 개인화되는 성폭력

원조 교제 등 십대 여성의 성 산업 유입, 성적 거래의 확대에 대한 대중 매체의 보도는 십대 여성의 "자발성", "향락 소비 문화 풍조" 측면에 많은 초점이 두어진다. 이러한 관점에서는 십대 여성이 성 거래에서 주도적이고 적극적인 실체로 묘사된다. 앞서 거래적 성관계에서 보았듯이 십대 여성들 역시 성을 교환, 거래할 수 있는 것으로 생각하고 놀이의 연장선에서 보기도 한다. 하지만 성적 거래 혹은 매매가 실제로 일어나는 남성과의 대면 현실은 십대 여성들이 전혀 상상하지 못한 내용으로 나타난다. 바로 성 거래에서 남성들의 성적 욕망, 행위의 실천이 폭력과 혼재되어 나타난다는 것이다.

원조 교제를 전제로 만났다가 성폭력을 당하거나, 또래 남자 친구와의 술자리에서 성폭력을 당하는 등 십대 여성들은 다양한 성폭력 상황을 겪고 있다. 그러나 십대 여성들은 이러한 성폭력을 폭력으로 인식하기보다는 남성성과 여성성의 차이에서 오는 성별적 관계 혹은 성관계로 인식한다. 이러한 인식 방식은 성적 관계 혹은 남녀 관계에서 여성의 자아는 일정 정도 폭력과의 타협 과정에서 형성될 수밖에 없다는 자기 정체성을 갖게 된다.

정아 — 근데요, 우리 옆 반의 어떤 애는요 080전화방에 전화했거든요. 걔는 얼굴이 정말 못생기고 뚱뚱하고 얼굴에 막 기미 이런 게 있어서 애들이 곰팡이라고 불러요. 걔는 정말 잘하는 게 하나도 없어요. 근데 전화했던 남자가 뭐 만나자고 그래서 걔가 나갔대요. 근데 이 남자가 얘 얼굴을 보고도 무슨 생각을 했는지 자기네 집에 가자고 그래서 강제로 했대요. 걔가 자기 친한 애들한테 얘기했는데 뭐 이게 소문이 나고 그래서 애들이 막 비웃었어요. 야, ○○도 콩깠대, 우습다… 그 주제에…

면접자 — 술집에서 손님들이 정말 싫다고 생각되는 요구를 한 적 있나요?
희정 — 뭐 누구나 있지 않나요. 나는 뭐 그런 거 별로 크게 신경 쓰지 않아요.
면접자 — 남자 손님과 성관계할 때 싫지 않아요?
희정 — 싫죠. 그렇지만 잠깐 눈 감고 있으면 20만 원을 벌 수 있다는 생각에 참아요. 그냥 아무 생각도 안 하고 아무런 느낌도 없다고 생각해요. 눈만 딱 감고 있는 거죠.

십대 여성들이 하는 성적 거래에는 "성"뿐만이 아니라 "싫은 것", "거래" 이 세 가지가 모두 혼재되어 있다. 십대 여성들은 돈을 받는 대신에 그 시간만큼 어떠한 요구도 들어주어야 한다는 암묵적인 계약 상태에 놓이게 되고, 이러한 관계에서의 성폭력은 폭력으로 인정되지 않는다. 이것은 마치 매춘 여성이 성폭력을 당했더라도 돈을 받았으면 성폭력이 아니다는 통념과도 같은 논리이다. 위의 정아의 진술은 친구가 전화방에서 만난 남자에게 성폭력을 당했지만 이것을 성폭력이 아니라 성관계의 관점에서 보고 있다는 것을 시사한다. 원조 교제, 티켓 다방에서도 성관계가 자신이 원하지 않는 상태에서 이뤄지지만 그것을 당연하게 여긴다. 이들은 돈을 받는 성 거래 혹은 여성이 성을 매개로 남성과 관계할 때는 남성이 갖는 "충동성," "폭력성," "강제성" 등을 어느 정도 수용하는 것을 포함한다고 이해한다. 즉, 성이 거래가 되는 동안은 몸과 성이 구매자에게 어느 정도 속해 있는 것이라는 인식이 있다.

십대 여성들은 아르바이트하는 일터에서나 학교에서, 같은 반 남학생에게 성적 대상으로 인지되고, 대상화되는 과정에서 많은 폭력을 경험한다. 십대 여성들이 성폭력이나 자신의 성이 상품화되고 있는 상황에 대해 별다른 문제를 느끼지 않고, 오히려 거래니까 당연하다는 반응을 보이게 되는 것은 그들을 둘러싼 성별적, 사회적, 경제적 폭력에 대한 무기력에서부터 비롯된다.

면접자 — 그 남자애가 강제로 한 거야?
은하 — 네, 막 반항했지만 남자애니까… 힘으로 하고, 후회도 되게 많이 했어요. 걔는 그 다음부터 허리 같은 데 막 쉽게 만지고, 앉을 때도 자기 무릎에 앉히고.
면접자 — 같은 반 남자 아이였어?
은하 — 네, 우리는 합반이었거든요. 얼마나 불쾌하다고요. 애들한테는 쉽게 얘기해요.

현지 — 학주(학생주임)가 5점 깎일래, 맞을래 그래요. 어떨 때는 손으로 엉덩이 때려요. 기분 나쁘게. 지난번에는 제가 방송반이거든요. 그런데 선생님이 이리 오라구 해서 갔는데, 귀 뒤로 머리를 넘겨주면서 얘기하는 거예요. 소름이 막 끼쳤어요.

은하 — (주유소에서) 아저씨들 있잖아요. 기름 넣으러 왔다가 우리보고 야, 가슴 보인다 이상한 말하고. 예쁘게 생겼다고 하고.

면접자 — 주유소 손님이 그래요?

은하 — 그럼요. 얼마나 많다고요. 어떤 아저씨는 젖 달라고 그래요. 뭐 애인하자고. 만나자고 하는 사람도 있어요. 또 어떤 사람은 자기 딸 사진을 보여 주면서 네가 더 이쁘다고 그래요. 그러면서 손 좀 잡아보자고…

면접자 — 그럴 때면 화나겠다.

은하 — 그래도요, 일하는 덴데요. 싸우면 우리만 혼나잖아요. 어쩔 수 없어요. 주유소에 있는 일하는 아저씨들도요 거기서 일하면서 여자들 거의 만나본 적이 없어서 우리보고 좀 이상하게 그래요. 엉덩이 만지기도 하고. 손님들도 그래요. 그래도 싸우면 안 되니까 웃으면서 "아으, 아저씨" 하고 말아요.

면접자 — 아까 연애하는 거랑 섹스하는 거랑은 별개라고 그랬잖아. 그럼 어떨 때 섹스하고 싶은데?

혜수 — 딱 보면 좋은 오빠로 있고 싶은 사람이 있고 한번 해보고 싶은 사람이 있거든요. 몸매 좋은 사람, 남자 친구랑 하는 것은 나쁘다고 생각 안 해요. 억지로 강간당한 것도 아니고. 서로 응해서 한 거니까. 그 당시엔 좀 황당하기도 했지만.

면접자 — 뭐가 황당했는데?

혜수 — 오럴 섹스 해달라고 그래서요. 안 해주면 따먹는다고(강제로 성관계한다고) 그랬거든요. 그래서 해줬어요. 여자 친구가 듣더니 잘했다고 그러더라구요. 저도 기분은 좀 나빴지만 끝까지 안 해주다가 당하는 것도 싫고 해서 그냥 괜찮은 것 같애요. 긍정적으로 생각해요.

선화 — 손님이 (성관계) 원하는데 내가 싫다고 했더니, 다른 사람이 자기 친구를 안 받아준다고 화장실로 끌고 가서 때렸어요. 동네 건달이었기 때문에 주인도 대책이 없었어요. 촌동네에는 경찰이 아무 소용이 없잖아요.

너무나 많은 공간에서 쉽게 만나는 성폭력적 상황은 십대 여성들에게 딱히 문제라고 인식되지 않는다. 그들은 성희롱, 성폭력적 상황을 애교로 넘기거나 차라리 당하는 것보다 해주는 것이 낫다는 식의 정당화로 자신을 보호한다. "변태"는 바로 십대 여성들이 일상에서 만나는 강제적이고 억압적인 성적 관계에서 자기를 정당화하는 자기 보호의 언설이다.

일반적으로 "변태"라는 용어는 정신 이상 등으로 인한 비정상적 성행위를 하는 사람들을 지칭하는 말이다. 변태의 의미는 본질적인 의미를 가진다기 보다는, 그 사회가 허용하는 성적 기준이 어떤 것인가에 따라 구성된다고 볼 수 있다. 십대 여성들이 사용하는 "변태"의 의미는 일반 사회에서 사용하는 의미와 다르다. 그들은 자신들의 관계 맺음의 내용에 따라, 특정 성행위가 발생하는 상황적 맥락에 따라, 각기 다른 내용과 형태의 성적 행위들을 "변태"라고 통칭한다.

> 미영 ─ 고시원 원장이 육칠십대 할아버진데요 변태예요. 제 친구 중에 몸매가 볼륨 있고 말 잘하는 친구가 있는데요, 고시원 값이 21만 원인데 1만 원 깎아달라고 막 아양떠니까 팔 잡으면서 어깨에다 두르고 괜히 만지고 친한 척하면서 깎아줬어요. 근데 나는 아양을 못 떨거든요. 그래서 깎아 달라고 하니까 깎아 주지도 않고, 그래서 고시원 바꿔 버렸어요.

일상화된 폭력으로 존재하는 성을 남성들의 "변태"적 행위로 표현하면서, 십대 여성들은 성폭력을 개인의 인격을 모욕하는 침해 행위로서가 아니라 일상 생활 속에서 쉽게 경험되는 성적인 접촉의 일부라고 개념화하고 있다. 성적 접촉, 성행위를 이성간의 관심의 척도로 인식하거나 매력적인 여성이라는 평가에 기반한 일종의 인정, 인증 과정으로 보고, 자신의 의사에 반하는 행위일지라도 폭력으로 인식하지 않는다. 따라서 못생긴 여성, 외모를 꾸미지 않은 "여성스럽지 않은 여성"이 당한 성폭력은 "여성성"의 공인이나 성적 존재로 인정받았다는 것으로 파악되기도 한다.

그러나 이러한 "변태"라는 언설 속에 내재되어 있는 개인화되는 성폭력은 중간 매개자가 개입되지 않은 성 매매에서 발생할 수 있는 여러 가지 가능성들을 은폐한다. 고용 관계가 아닌 전화방과 원조 교제 같은 개인 관계에서의 성 매매는 십대 여성을 성폭력의 위험에 노출시키며, 상대 남자 역시 예상하지 못한 위험에 직면할 수 있다. 일본의 경우 십대 여성들이 원조 교제하는 여관이나 호텔에서 남자에게 범죄 행위를 하기도 한다(구로누마 가쓰시, 1999). 그런데 여기서 구체적인 어떤 위험들보다 더 우리가 주목해야 할 것은 성폭력을 십대 여성들이 받아들이는 방식이다. 십대 여성이 성폭력을 "희화화" 시키는 것은 "성폭력"을 "성행위"로 이해하고 폭력적인 행위를 자연스러운 "성"의 내용으로 인지할 가능성이 얼마나 많은가를 보여 준다. 십대 여성이 성에 대해 가지는 인식과 태도들은 성적인 거래, 성 매매에서 자신이 어떤 입장에 놓이는가, 성적 서비스 제공자로서 어떤 성적 행위를 하게 되는가에 민감하지 않다. 성폭력이 개인 남성이 갖는 개별적인 특성으로 희화화되는 것은 성 매매 공간에서 당하는 여성들의 성폭력, 폭력 상황을 은폐하고, 성을 매개로 행사되는 "성 매매" 자체에 내포되어 있는 남성이 여성에게 가하는 "폭력"적 성격을 드러내지 못하게 한다.

8. 맺음말

이 글은 십대 여성의 성 산업 유입 경험을 추적하면서 어떻게 그들이 자신의 성을 또래 집단 내에서 동료 관계를 맺게 하는 놀이의 수단으로, 경제적 거래가 가능한 자원으로, 그리고 자신들을 어른과 구별하는 정체성 구성의 경계로 이해하고 또 실천하고 있는가를 살펴보았다. 이것은 십대 여성의 다양한 성적 실천들 그 자체를 드러내어 그것의 일탈성을 논하는 것이 아니라 그러한 행위들이 의미화되는 사회적 맥락을 드러내기 위한 것이다. 십대 여성의 성 경험을 통해 우리 사회가 십대 여성을 어떠한 주체로 구성해 내고 있는지, 거기서 십대 여성들은 어떻게 저항하고 자신들의 정체성을 새롭게 만들고자 하는지를 살펴보고, 한국 사회에서 십대 여성에게 열려 있는 공간이 무엇인가를 보고자 하였다. 십대들은 자신들을 제도적으로 장악하고 있는 학교와 가정을 벗어나면, 거기에는 놀이와 욕망의 공간이 있다고 상상한다. 그리고 그 공간에서 십대 여성들은 소비 문화와 성 산업을 만난다. 소비 문화와 성 산업은 각각 십대 여성을 소비 주체와 성 상품으로 호명해 내면서, 자신들의 공간에 포섭시키고 있다. 그리고 이 포섭은 십대 여성들을 남성 지배 성별 체계 내의 여성으로 호명하는 방식을 통해서 이루어진다.

십대 여성들은 또래 관계 속에서 소비를 포함하는 놀이의 연속으로 성 산업으로 유입된다. 십대 여성이 원하는 것은 "재미"있게 노는 것이고, 또 그 과정에서 돈이 필요하고 남자와는 낭만적 관계에 있고 싶다. 그런데 나중에 알게 되는 것은 그들의 남자 친구나 주위에 있는 여러 관계망이 중간매개자라는 것이고, 또 남자는 사랑, 신체적 폭력, 돈, 그리고 보호막 제공 등을 통해 그들을 통제한다는 것이다. 그러나 문제는 남녀간의 사랑, 연애 그리고 거래가 모두 유사한 남녀 관계의 구조 위에 구축되었다는 것을 알아 간다. 남성 지배의 구조에 대한 인식이 십대 여성들의 경험 진술 가운데 있다.

다시 말하면 여기 기술된 십대 여성들은 자신의 현실을 잘 알고 있다. 또 학교나 사회 그리고 가정에서 자신의 역할이 무엇인지, 특히 남성들이 자신들에게 무엇을 원하고 있고, 또 그들의 욕망을 이용해 자신들이 무엇을 얻고 있으며 거기에 따르는 비용이 무엇인지를 또한 잘 파악하고 있다. 그들은 소비 사회에서 자신들의 욕망을 충족시키는 경험을 통해 거래라는 것이 무엇인지를 이해한다. 현실과 욕망 그리고 좌절의 경험을 통해 욕망을 충족시키는 수단의 소유에 따라 다양한 권력 관계가 있다는 것을 알게 되고, 그것을 당연하고 자연스런 삶의 규칙이라고 생각한다.

십대 여성의 성 산업 유입 경험을 다루는 것이 왜 여성주의적으로 중요한가?17) 20세기 말부터 21세기가 시작되는 오늘날 대중 매체는 십대들의 성에 대한 경험이나 태도, 그들의 취향, 자기 연출법 그리고 은어 등을 제시하면서 십대를 어른들과는 완전히 다른 인류인 것처럼 재현해 낸다. 그리고 그들의 이미지는 어른들로 하여금 한쪽에서는 문제적인 것으로 또 한쪽에서는 매력적이고 관음증적인 대상으로 접근하게 한다.

문제는 대중 매체들을 통해 재현된 십대의 자기 정체성은 소비주의와 대중 매체가 만들어낸 상품화된 사회 관계 속에서 작동한다는 것이다. 이미지

---

17) 이영자(1997)는 이러한 실천들이 비판되어야 하는 이유는 여성성을 교환 가치로 환원하고 결국 여성으로 하여금 외모나 여성성을 생존 경쟁의 밑천으로 삼게 하면서 여성의 생산적 에너지를 소모시키고 잠재 능력을 무화시켜 결국 남성에 비해 여성 삶의 경쟁력을 억압하는 요인으로 작용하기 때문이라고 지적하고 있다.

를 통해 재현되는 성별화되고 성적화된 십대 여성들의 몸은 그들의 특권화된 정체성이 정박하는 장소이다. 그들은 역사적 정치적 경제적 문화적인 진공 상태에서 어떠한 맥락에 귀속되지 않은 스타일이나 이미지로 부상한다. 이렇게 스타일화되고 쾌락화된 시각적 양식으로 십대 여성의 주체는 구성된다. 그리고 시각화된 섹슈얼리티와 또래의 놀이 문화 속에서 만들어지는 주체는 재미와 스타일을 가능하게 하는 돈에 의해 그 행위성이 확보된다.

이 글은 십대 여성들이 집과 학교 밖에서 그리고 소비 문화 속에서 자신의 정체성을 구축하기 위해 필요한 자원과 돈을 동원하는 방식, 그리고 그것을 위해 성 산업에서 자신의 성을 상품화시키는 방식은 여성의 성이 사회적/경제적 자원과 교환될 수 있다는 가부장적 성별 체계의 여성성을 구축해 가는 과정이라는 것을 드러내고자 했다. 그리고 그러한 과정이 십대 여성에게 관철되는 데 다양한 방식의 폭력이 수행되면서 여자들을 성적인 상품으로 전화/축소시켜 나간다는 것을 그들의 경험 분석을 통해 지적하고자 했다. 이것이 갖는 문제는 남성과의 관계에서 교환 가치를 창출해 내는 육체성을 제외한 어떠한 지적, 영적 그리고 심지어 신체적인 가능성이 그들로부터 박탈되어 나간다는 것이고, 이들은 아무런 사회적 정치적 성숙이 동반되지 않은 채 문화 소비자가 되어 간다는 것이다.

5 한국 여성의 출산 문화

1. 문제 제기

일반적으로 출산은 여성 생물학의 보편적 특징인 재생산 기능의 한 사건으로 간주된다. 그러나 여성에게서 일어나는 출산은 단순히 생식 능력의 실현인 생물학적 사건이 아니라 출산이 일어나는 사회 내에서 그 형식과 의미가 결정되는 사회 문화적 사건이다.

우리 나라에서 이루어진 출산에 관한 연구는 1980년대까지 거의 대부분이 생리학적이고 병리적인 측면에 초점을 둔 임상 연구가 대부분이었다. 이런 연구들은 출산을 여성의 생물학적 생리적 특성의 보편적 기능으로 간주하고 여성의 생식 능력을 문화와 사회와는 독립적인 "자연적," "객관적 사실"[1]로 접근한다. 그러나 생식 능력을 갖는 모든 여성이 출산을 할 수 있는

---

[1] 데보라 고든은 구성론자의 입장에서 서구 의학이 기반하는 견고한 가정들, 특히 "자연", "객관"에 대한 가정들을 비판했다. 고든이 비판하는 가정들은 다음과 같은

것은 아니다. 지난 20여 년 간 많은 여성주의 학자들은 여성 신체의 보편적인 기능으로 간주되는 재생산 능력이 출산으로 실현되는 과정은 많은 사회 경제 문화적 관계들이 개입하는 정치적인 장임을 설명해 왔다.[2] 많은 사회에서 여성들의 출산은 특정한 사회 관계에서만 허용되어 왔다. 여성들은 바로 그 허용되는 출산을 통해 합법적이고 규범적인 사회적 성원권을 획득하여 왔다.[3] 출산은 여성뿐만 아니라 배우자와 출산된 아이의 지위, 권리, 재산, 사회적 성원권, 가치 등이 교환, 전승, 재구성되는, 그래서 새로운 관계들이 생산되는 사회 문화적 사건이다.

이 글은 현대 한국 사회에서 여성의 삶과 출산이 다른 사회 관계들과 어떠

것들이다. 자연은 초자연과 구별된다. 자연은 인간의 의식으로부터 자율적이다. 부분은 전체와 독립되어 있고 또 전체에 우선한다. 자연은 문화나 도덕과는 별개의 것이다. 자연은 사회로부터 자율적이다. 자연/진실은 보편적인 것이고 시공간으로부터 자율적이다(Gordon, 1988 : 23-30). 서구 의학의 "자연" 개념에 대한 고든 식의 비판은 많은 여성주의자들이 여성의 몸을 이론화하는 데 참조되고 있다.

2) 1970년대 이래로 여성의 재생산은 여성주의 이론과 정치학에서 중요한 초점이 되어 왔다. 가부장제 문화에서 여성의 재생산에 대한 통제가 여성 종속의 수단이었다는 대표적인 논의로는, 파이어스톤(Firestone, 1970)을 비롯하여 가부장제 사회에서의 모성의 제도화를 다루는 리치(Rich, 1976), 남성 의료 전문직에 의해 지배되는 의료 체계에 의한 임신의 의료화 medicalization를 다루는 에른라이히와 잉글리시(Ehrenreich & English, 1973 ; 1978), 피임의 역사를 다룬 고든(Gordon, 1977), 새로운 재생산 기술의 발달을 페미니스트적으로 분석하는 코리아(Corea, 1985), 마틴(Martin, 1987), 페체스키(Petchesky, 1990), 스트래던(Strathern, 1992) 등을 들 수 있다.

3) 7장에서 낙태를 둘러싼 한국 사회의 담론들을 분석하면서 여성의 몸을 통해 실천되는 임신과 출산은 한 사회 내의 계급, 의료 보건 서비스의 접근성, 국가의 재생산 기술 reproductive technology 정책과 같은 물질적 조건과 여성의 결혼 유무, 성규범과 같은 사회 관계에 의해 그 의미와 실천 양식이 구성된다고 논하고 있다.

한 방식으로 더불어 존재하는지를 살펴보고, 우리 나라 여성들이 만들어 내는 출산 문화의 여성학적 의미를 살펴보고자 한다.4) 여기서 "여성학적"이란 여성 중심적인 시각을 의미하는 것으로, 이 글에서는 출산 경험에 대한 여성들의 해석 방식을 그들의 의식적이고 주체적인 행위성 agency에 기반하여 검토하는 것을 의미한다. 따라서 이 글에서는 출산을 남녀의 성과 재생산 관계를 포함하는 사회적, 생물학적 관계일 뿐만 아니라, 무엇보다도 여성들이 다양한 사회 관계 속에 자신을 위치시키는 의도적이고 의식적인 재생산 활동으로 정의한다. 출산을 사회 문화적인 행위로서, 그리고 여성들의 의식적인 실천으로 간주하여 접근하는 이 글의 의도는 여성들의 고유한 정체성의 핵심이라고 간주되는 모성 경험과 출산이 어떻게 관련되어 있는지, 출산과 관련된 사회 제도들은 여성들의 삶과 어떻게 상호 관련되는지, 출산을 통해 얻게 되는 모성의 정체성은 여성의 다른 사회 관계들과 어떻게 경합하는지, 그리고 변화하는 한국 사회에서 여성들은 어떻게 출산에 관련된 제 관계를 통제하면서 자신들의 세계를 구축하고 있는지를 드러내고자 하는

---

4) 한국 사회에서 출산에 관한 연구들은 주로 의학적, 그리고 보건학적 차원에서 많이 다루어져 왔다. 한국 사회에서 출산이나 여성의 몸을 국가나 의료 그리고 가부장제와 같은 문화적 권력과 연계시키는 연구는 최근에 시작되는 단계이다. 이러한 연구로는 여성의 시각에서 가족 계획 사업의 피임 정책을 연구한 이미경의 연구(1988)와 여성의 낙태 경험을 여성의 입장에서 기술한 임순영의 연구(1991), 인류학적 현지 조사를 통해 한국 근대화의 한 프로그램으로 진행된 국가의 가족 계획 사업과 서구 의료 체계가 구성해 내는 근대적 가족과 여성의 출산력 통제, 그리고 여성의 재생산 행위의 근대화라는 문제를 다룬 김은실의 연구(Kim, 1993), 그리고 불임 치료가 갖는 여성주의적 의미를 고찰한 조영미의 연구(1994), 초음파 기술이 여성들의 임신 경험에 미치는 영향을 연구한 서정애의 연구(1998), 기혼 여성의 출산 행위와 남아 선호의 문제를 다룬 이정희의 연구(1998) 등이 있다.

데 있다. 동시에 이러한 시도는 여성의 삶의 중심에 위치하고 있는 재생산 능력을 둘러싼 사회 문화적 맥락의 역동성을 보여줄 수 있다. 출산에 대한 여성주의적 경험 연구의 의의는 여성 자신의 몸에 대한 통제권, 혹은 자율권을 주요한 의제로 채택하고 있는 현대 여성주의 정치학을 실천적 운동으로 조직해 내고, 여성의 몸 체험에 관한 이론적 맥락을 제공하는 데 있다.

2. 여성의 삶과 출산에 관한 문제틀

(1) 생활 문화와 여성

이 글에서 출산은 여성과 생활 문화라는 문제틀 속에서 접근된다. 여기서의 생활 문화는 구체적으로 가족의 재생산 노동을 전통적으로 담당해온 여성들의 삶의 양식을 표현하는 용어이다. 또 가구 중심의 경제 체계가 붕괴되면서 등장한 산업 혁명/근대 이후 남성이 참여하는 공적 영역에 대비되어 여성이 머무는 사적 영역의 삶의 방식을 지시하는 다분히 기술적인 descriptive 개념이다. 따라서 생활 문화란 개인들이 일상 생활을 재생산하는 데 관련된 삶의 양식을 의미하는데, 여기서의 재생산은 개체 재생산과 사회 재생산이 동시에 포함된다.[5]

상식적으로, 그리고 학문적으로 생활 문화가 여성과 결합되는 방식은 전

---

[5] 헬러는 일상 생활을 사회뿐만이 아니라 개인 자신들을 동시에 재생산하게 만드는 "개인적 재생산 요소들의 집합체"로 규정했다(헬러, 1994).

통적인 성별 분업 구도 속에서 여성에게 주어지는 성역할과 관련된다. 또 이러한 여성 성역할은 단순한 역할이라기보다는 여성이 갖는 출산과 자녀 양육의 기능과 맞물려 여성의 성별 수행성으로 수용되어 왔다. 여성은 바로 이러한 성별 수행성, 역할을 통해 사회적 행위자로서 간주되어 왔고, 여성의 영역은 삶의 재생산이 영위되는 공간, 즉 가정이나 일상 생활의 문턱 안이었다. 여성의 주체적 행위성이 실천되는 영역이 바로 일상의 재생산이 이루어지는 생활 공간이었다는 것이 생활 문화와 여성을 묶어 내는 물질적 기반이다. 생활 문화의 주체 혹은 생활 문화의 수행자로서 여성을 위치시키는 이러한 방식은 남성을 당연히 공적, 정치적 영역, 즉 소위 공식적 영역에서 사회적 행위자로 인식하는 것과 짝을 이룬다.

생활 문화에 대한 여성학적 질문은 다음과 같이 시작되었다. 왜 생활 문화는 여성들의 영역으로 간주되는가, 왜 여성들의 영역인 생활 문화는 공적인 문화에 비해 비가시화되어 왔고 그 생산성이 평가 절하되어 왔는가? 이러한 질문이 내포하고 있는 것은, 일상 생활 공간은 단순히 여성들의 생물학적 성의 기능이 자연스럽게 실천되는 자연적, 객관적, 중립적 공간이 아니라는 것이다. 생활 문화를 구성하고 있는 것들은 일반적으로 반복적이며 일상적이고 그리고 사사로운 것으로, 이것은 공적이고 정치적인 영역에 종속되는 것으로 평가되어 왔다. 따라서 초기의 여성학자들은 사적 영역이 공적 영역과 맺는 유기적 그리고 정치적 관계가 여성들이 참여하고 있는 생활 문화의 활동을 비가시적으로 만들고, 공적인 담론이나 학문의 주제에서 배제된 이유라고 설명했다. 그 결과 여성들의 삶은 역사적으로 사회적으로 그 생산성과 의미가 비가시화되었고, 상대적으로 평가 절하되어 왔다(Rosaldo & Lamphere, 1974 ; Reiter, 1975). 특히 공적 영역만이 사회적 가치로 환원되는 근대 사회에서 여성들이 참여하는 활동들은 자연히 공적 영역에 종속될 수밖에 없었다. 그 연장선상에서 여성들이 참여하고 만들어 내는 문화에는 비생산성, 비공식성, 자연성이란 명칭이 붙여졌다. 이러한 명칭은 바로 남녀, 공사의 권력 관계가 만들어낸 사회적, 역사적, 정치적 산물이었다. 여성주의 시각에서 생활 문화에 접근하는 방식은 이러한 범주화의 자의성과 그 범주가 내포하는 의미를 해체하고 재구성하는 것이다.6)

최근 사회 과학에서 생활 문화는 그 자체가 사회 재생산의 토대이고 사회 성원들을 지속적이고 통합적인 인성을 지닌 개인들로 구성해 내는 거시적 혹은 구조적 권력 작용의 장으로 인식하는 논의가 대두되고 있다(마페졸리와 르페브르, 1988). 여성학적 연구도 초기에는 생활 문화가 갖는 긍정성, 그리고 생산성을 가시화시키고, 거기에 의미를 부여해 왔다. 그러나 최근의 논의는 일상의 생활 문화를 중심적인 문제틀로 가져오는 것뿐만이 아니라, 생활 문화가 성별 관계의 조직화를 통해 성별 체계를 생산하는 지배 장치라고 파악한다(Smith, 1988). 따라서 생활 문화의 범주적 개념을 여성학적 문제틀로 접근하는 이 글은 생활 문화가 성역할 혹은 성별 체계를 조직화하는 한 방식이고 거기에는 여성의 삶을 구조화시키는 권력들이 작용한다는 인식에 기반한다.

---

6) 여성들이 참여하는 일을 가치 절하하는 문제는 단지 생활 문화를 설명하는 데만 적용되는 것이 아니다. 산업 부문에서 특정 직업이 여성 직종화되기 시작하면 남성들이 배제되어 나가고, 그 직종이 미숙련, 저임금, 여성에게 적합한 "여성적 부문"으로 평가 절하되는 가부장제의 전반적인 문화 작용과 맞물려 있다는 논의가 있는데, 이러한 논의는 왜 같은 일이라도 여성이 하면 평가 절하되는가 하는 것을 설명해 준다(Hartsock, 1983 ; 장경선, 1996).

(2) 출산 / 문화 / 여성에 대한 인류학적 접근

인류학자들은 생의 주기에 따른 여성의 재생산의 "자연적 역사" — 초경, 월경, 임신, 출산, 폐경 — 에 대한 문화적 관습의 다양성을 기술하면서 재생산 관습에 대한 비교 문화적 업적을 축적하여 왔다. 그러나 여성주의의 영향을 받은 여성 인류학자들이 등장한 1970년대 이전의 인류학에서 여성의 경험으로 간주되는 출산은 관심의 대상이 아니었고, 특히 출산에 관한 여성의 경험은 거의 연구의 대상이 되지 못했다. 아마 출산이 인류학자들에게 관심을 불러일으키지 못한 데는 출산을 문화적인 현상이라기보다는 여성 생물학의 보편적 특성으로 간주한 남성 중심적인 서구의 문화 인류학자들의 시각과 연관이 있었으리라 생각된다.[7]

20세기 전반기의 인류학에서 출산 연구는 여성의 출산 경험이 아니라 남성의 출산 경험, 즉 남성이 출산과 맺는 관계와 권리에 대한 것이었다. 이러한 연구의 대표적인 사례가 쿠바드[8] 연구라고 할 수 있다. 출산을 여성 생물

---

[7] 오트너(Ortner, 1974)는 "자연과 문화의 관계가 여성과 남성의 관계와 상동성을 갖는가"란 논문에서 보편적으로 여성의 생물학에는 자연의 성격이, 남성의 일에는 문화의 성격이 부여되는 문화 논리가 어떻게 형성되는가를 논하고 있다. 스트래던(Strathern, 1980)은 남성과 여성의 영역을 문화와 자연의 영역으로 나누는 서구의 남성 중심적인 방식을 논박하고, 서구 문화에서조차 자연과 문화에 대한 가치 부여가 일관적이지 않다는 것을 분석하면서 자연과 문화 개념 자체가 문화의 산물임을 밝히고 있다.

[8] 쿠바드는 아내의 분만과 산후 조리 시기에 남편들이 지켜야 하는 금기와 규율, 의례를 말하는 것으로 여기에는 음식 금기, 일상 생활의 제한이나 격리 등이 포함된다. 예를 들면 아이누족의 남편은 아내가 애를 낳을 때는 같이 있지 않지만, 산후 조리를 위한 격리 기간에는 아내와 함께 있으면서 마치 자기가 아픈 것처럼 화덕 옆에 몸을 싼 채 일련의 금기를 지킨다. 남미의 북서 아마존의 위토토족도 비슷한

학의 사건으로, 여성들의 삶의 자연스런 부분으로 간주하는 서구인에게 출산에 관련된 남성 의례인 쿠바드는 아주 특수하고 재미있는 문화적 사례였다.9) 최근의 여성주의 인류학자들은 쿠바드에 대한 전통적인 인류학적 관심과 설명은 남성 인류학자들이 주로 남성 정보 제공자에 의존하여 수행한 남성 중심적인 연구였다고 비판한다(Buckley & Gottlieb, 1988 : 33). 전통적인 문화 인류학적 연구들은 출산에 관련된 다양한 문화적 상징들에 대해서는 많은 기술을 해냈지만, 출산을 하는 여성들이 겪는 구체적인 경험에 대해서는 거의 설명하고 있지 않다. 출산은 많은 사회에서 남자들이 접근할 수 없는 의례였고, 특히 외부 남자들에게는 더욱 금기였기 때문에 20세기 전반기에 현지 조사를 수행했던 대부분의 남성 인류학자들이 출산을 연구하는 데는 한계가 있을 수밖에 없었다. 하지만 출산에 관한 여성의 경험이 인류학에서 배제된 더 큰 이유는 여성의 경험을 문화 재현의 한 방식으로 인정하지 않는 서구 문화의 산물인 인류학이 갖는 성차별성에 기인한다(Moore, 1988). 이러한 남성 중심적인 문화 연구의 태도는 남성 인류학자만이 아니라 여성

의례를 준수하는데 여기서는 남편이 일주일 이상 그물 침대에 머물면서 음식 금기를 지키고, 친구들로부터 축하 인사를 받는다. 이때 산모는 거의 무시되고 아이의 배꼽이 아물 때까지 남편은 고기를 먹을 수 없고 자기 무기에 손을 댈 수 없다 (Paige & Paige, 1981 : 189).

9) 쿠바드에 대한 설명은 아주 다양하다. 부모됨의 사회적 시위를 통해 개별 가족을 넘어선 더 큰 사회 조직의 성원권을 얻고 사회적 부성을 드러내는 통과 의례라는 설명도 있지만 쿠바드에 대해 가장 포괄적이고 광범한 해석들은 정신 분석학적 설명으로부터 나온다. 대부분의 이론들이 재생산 의례를 둘러싸고 남성과 여성 간에 내재한 심리적 다이내믹스 ─ 예를 들면 거세의 갈등, 남근 선망, 자궁 선망, 이성에 대한 무의식적인 성적 적대감과 공격성 등 ─ 가 행동으로 표현된 것으로 설명한다(Paige & Paige, 1981 : 41).

인류학자들도 마찬가지였다. 20세기 전반기까지 여성 인류학자들도 출산에 거의 관심이 없었다(Ginsburg & Rapp, 1995).10)

여성주의 인류학자들은 생활 문화가 여성들의 영역이었기 때문에 학문적인, 그리고 정치적인 관심을 받지 못했던 것과 마찬가지로, 출산에 관한 연구가 인류학에서 주목받지 못했던 것도 출산이 여성들의 일이었기 때문에 성인식 initiation이나 전쟁, 친족 조직이나 경제보다 덜 중요한 것으로 인식된 결과라고 본다(Jordan, 1993 : 7).11) 출산 문화에 대한 논의가 여성의 경험에 입각하여 진행되어야 한다고 문제 제기를 한 사람은 마거릿 미드였다(Mead & Newton, 1967). 미드는 여성들이 출산을 하고 있다는 사실에 기반하여 출산에 관련된 연구는 출산을 하는 여성과 출산 과정, 그리고 출산의 결과물이 사회와 관련을 맺는 방식을 중심으로 이루어져야 한다고 주장했다. 미드는 출산의 보편적 생리학이 각각의 문화에서 특수하게 드러나는 현상인 출산 문화에 대한 인류학적 접근은, 개별적이거나 격리된 출산 관습이나 관행에 초점을 두어서는 안 되고, 출산이 그 사회의 맥락 속에 위치되는

---

10) 출산에 대한 인류학자들의 무관심은 특히 전통적인 미국의 문화 인류학에서 문화는 초유기체적인 것이라고 보고 상대적으로 생물학적인 것을 문화 연구의 대상에서 제외시키거나 경시하는 경향과 관련되어 있다고 지적되기도 한다(Davis-Floyd & Sargent, 1996 : 112). 이런 맥락에서 여성들의 출산 경험이 충분히 문화적으로 흥미 있는 연구 대상이 아니라고 인류학자들이 간주했을 수도 있다.
11) 남성 인류학자나 여성 인류학자 모두 많은 문화에서 행해지는 출산에 관련된 산모의 음식 금기나 출산 후의 성교 금기 등에는 별다른 관심을 보이지 않았다. 민족의학 ethnomedicine에 관한 연구 업적들이 쌓이면서 산모와 아이에게 부과되었던 많은 금기와 습관의 자료들이 축적되었다. 이러한 자료들은 1960년대 이후에 민속과학 folk science의 합리성으로 설명되었는데, 금기와 관습이 개인들의 신체적인 건강 혹은 사회적 통합에 기여한다는 것이다.

방식에 주목해야 한다고 했다.

그러나 여성주의 인류학자들이 출산을 중심적인 질문으로 제기하기 시작한 것은 1970년대 중반이 지나서였고(Davis-Floyd & Sargent, 1996), 이는 여성운동의 영향으로 여성의 생활 문화에 대한 여성학자들의 전반적인 문제 제기가 이루어지는 시점에서였다. 그때까지 출산을 여성들이 직면하는 진통 경험이나 분만에서의 의사 결정 과정, 여성에게 제공되는 물질적, 신체적, 정서적 지원과 관련시켜 연구한 인류학자는 거의 없었다(Jordan, 1993 : 8).

비교 문화적인 측면에서 출산 문화를 연구해온 인류학자들은, 모든 사회는 여성의 출산이나 진통, 분만과 산후 조리에 관한 자기 문화의 재생산 지식 체계를 갖고 있고, 사회가 변화함에 따른 새로운 지식 체계와의 경합뿐만이 아니라 사회 관계의 경합이 출산을 둘러싸고 벌어진다고 지적한다. 출산 문화는 한 문화 내에서만 구조화되는 것이 아니라 세계 자본주의 체계 내에서 인구에 관련된 국제 정치와 지식과 기술의 상품화와 시장화 등에 의해 영향을 받고 있고, 이러한 세계화의 경향은 현지의 출산 문화를 변화시키고 또다른 한편에서는 출산에 대한 지역 문화의 관념을 강화시킨다.

3. 한국 중산층 여성의 출산 문화

(1) 연구 대상과 연구 방법

출산 문화에 대한 본 연구의 자료는 1995년 9월에서 1996년 3월 사이에 수집되었다. 본 연구는 한국 여성들이 생활 문화를 재생산하는 데 가장 중요한 부분인 인간 재생산과 관련된 출산 경험들이 한국 사회가 근대화되면서 어떻게 변화되었는지, 그리고 여성의 정체성을 어떻게 구성하는지, 출산 행위에 영향을 끼치는 제도적, 사회적 힘들은 어떻게 작용하는지를 보고자 하였다. 문화는 항상 변화하고 생성되는 것이라는 입장을 취하는 본 연구는 한국 중산층 여성의 출산 문화를 보기 위해서 서울에 거주하면서 자신을 중산층으로 정의하는 여성들과 이 여성들의 출산 문화를 보기 위한 대조 집단으로 그들의 어머니 세대에 해당하는 여성들을 선정, 면담하였다. 대상자는 임의적으로 어머니 세대를 45-60세, 딸 세대를 25-35세로 분류했다. 이들을 세대별로 나눈 것은 단순히 세대가 다르기 때문이라기보다는 출산 문화 형성에 큰 영향을 끼친 사회적이고 경제적인 요인들 — 국가의 가족 계획 사업, 경제 발전과 전국민 의료 보험, 정보의 대량 생산 등 — 의 등장이 이들의 연령과 맞물려 두 집단의 출산 경험을 차별화시키리라 기대했기 때문이다.

본 연구의 자료는 어머니 세대 10명과 딸 세대 15명에 대한 심층 면접을 통해 수집되었는데, 면접 내용은 우선적으로 임신과 출산, 그리고 산후 관리에 관한 지식과 실제 여성들이 행하고 있는 출산 관련 행위와 그들의 경험에 대한 여성들의 해석 등에 초점을 두었다. 이들과의 면접 자료는 서울의 중산층 여성들의 삶과 사회 제도 속에 맥락화시켜 그 사회적 문화적 의미를 규명하고자 했다.

(2) 출산에 관한 국가의 정책과 지원 체계

사회적 환경은 여성의 출산 경험을 구성하는 데 중요한 틀을 형성한다. 우리 사회에서 여성들의 출산 유형에 영향을 끼친 가장 중요한 사회적 제도로는 정부의 가족 계획 사업을 들 수 있다. 1962년 제1차 경제 개발 5개년 계획의 프로그램으로 시작한 가족 계획 사업은 약 30여 년 간 우리 사회의 여성들의 출산 유형을 변화시켜온 가장 강력하고 중요한 틀이었다. 현대적 피임 방법의 광범위한 보급을 가져온 가족 계획 사업은 경제 개발을 위해 인구의 증가를 통제하려고 도입된 국가 정책이었다. 국가가 피임 방법들을 직접 제공하여 여성의 출산력 통제를 목표로 한 가족 계획 정책은 이데올로기 장치와 행정력, 그리고 의료 기술을 동원하여 1960년대 당시 6.0명 이상을 출산하던 여성들의 출산력을 1988년 1.6명으로 감소시켰다. 국가 정책과 여성들의 출산력 감소의 관계는 지난 30여 년 간 한국 정부가 보여준 가족 계획 정책의 시행 과정을 통해 잘 알 수 있는데, 정부는 소자녀 가족을 현대성, 부, 행복, 그리고 효율과 복지의 이미지로 우리 사회에 구축함으로써 소자녀 가족을 규범화시켰고, 이의 실천을 위한 사회적 환경과 구체적인 피임 방법을 제공하였다(김은실, 1991a ; 1993).

  산업화와 도시화를 통해 한국 사회가 변화해 가면서 여성들은 경제적 이유 때문에, 그리고 바람직한 현대 사회의 성원으로 자녀들을 양육해야 하는 사회 경제적 부담 때문에 계속되는 임신을 통제하고자 했다. 이러한 여성들의 욕구는 국가 발전과 사회의 근대화란 차원에서 여성의 출산력을 정치화시키면서 여성의 출산력을 하나의 제도로 편입시킨 가족 계획 사업과 커다란 이념적 갈등 없이 접합되었다. 가족 계획의 실천은 여성들에게 소자녀 출산이 함의하는 "근대화"라는 새로운 정치적 경험을 부여했고, 적은 수의 자녀를 출산하여 잘 양육해야 하는 근대적 모성 주체를 구성해 내기 시작했다. 이러한 과정을 거쳐 새롭게 창출된 여성들의 저출산력 경험은 1980년 중반 이후 사회적 요구가 아니라, 내재화된 개인의 자기 욕구로 자연스레 이전되었다. 그러면서 가족 계획 사업은 점차 대중적인 담론에서뿐만이 아니라 정부의 언설에서조차 사라지기 시작했다. 1988년 합계 출산율이 1.6이 되면서부터는 출산 조절 정책의 방향 전환의 필요성이 제기되기 시작했고, 저출산율을 우려하는 목소리마저 제기되면서 국가는 더 이상 출산율을 저하시키기 위한 사회 정책을 지원하지 않게 되었다.

45-60세의 연령에 있는 본 연구의 어머니 세대는 바로 가족 계획 사업이 시작되던 1962년부터 가족 계획 사업이 사실상 어느 정도 시효를 거둔 1980년 사이에 자녀를 낳았던 여성들로 이들은 1960년대와 1970년대, 그리고 1980년대 초에 중요한 정부 담론이었던 가족 계획 사업에 노출된 집단이다. 반면에 1988년에 십대와 이십대이던, 본 연구에서 다루는 출산 문화의 주체인 딸 세대의 여성들은 이미 국가 권력에 의해 유도되고 구조화된 근대적 모성이 우리 사회에 정착한 후에 출산을 시작했다. 즉 어머니 세대의 출산 시기가 정치적 담론과 행정적 개입, 그리고 피임 기술을 제공하는 물질적 조건에 의해 새로운 모성으로 구체화되는 과정에 있었다면, 딸 세대 여성들은 재생산에 대한 새로운 관행이 이미 제도화된 이후에 출산 행위를 시작한 세대라고 볼 수 있다.12)

---

12) 가족 계획 사업이 정착되면서 좀더 질적인 서비스를 제공하기 위한 정책으로 정부에서는 가족 계획 사업과 모자 보건 서비스 사업을 논의하여 왔었다. 그러나 우리 나라의 출산 관련 서비스 프로그램은 결국 병의원에서 출산을 관리하게 되는 것을 의미하게 된다. 1991년에 실시된 전국민 의료 보험을 통해 분만 급여가 실시되면서 우리 사회의 거의 모든 분만은 병의원에서 이루어지게 되었는데, 이러한 사실을 대부분의 보건 행정가, 보조 의료인들은 우리 사회의 모성 건강 프로그램의 성공이라고 간주한다. 병의원 분만은 1975년에 38.5%, 1985년에 82.4%, 1994년에는

(3) 중산층 여성들의 출산의 사회 문화적 경험

여기서는 두 여성 집단인 어머니 세대와 딸 세대의 출산 경험과 그들의 경험 해석 방식을 간단하게 정리하겠다. 이들은 모두 자신들을 중산층이라고 범주화하는 사람들이다. 막내 아들을 위해 3명의 자식을 둔 30대 초반의 한 여성을 제외하고 딸 세대의 면담자들은 모두 2명에서 1명의 자녀를 갖고 있고, 특히 자녀가 한 명일 경우는 거의 대부분이 아들이다. 어머니 세대의 대부분은 전업 주부이고 그들의 자녀수는 둘이 보통이고, 셋이 있는 여성이 2명이다. 딸만 둘이 있는 여성은 1명이었다. 딸 세대의 여성 중에서 전업 주부는 6명이다.

1) 출산에 관한 인식과 여성 주체성

출산을 하는 행위는 구체적인 개인의 몸의 기능과 몸의 감각을 통한 고도의 개인적인 경험에 의해 그 성격이 정해진다. 그러나 거기에 부여되는 의미와 그 경험을 기술해 내는 언어는 이미 문화적으로 담론화되어 있다. 그리고 그 몸의 체험을 문화적 방식으로 경험하게 만든다. 한국 사회에서 임신과 출산은 여성들에게 여성임을 입증하는 것인 동시에 공식적으로 여자임을 인정받는 여성 정체성의 핵심으로 담론화되어 있다. 그러한 담론은 여성 주체성을 구성한다.

98.8%로 증가했다(방숙, 1996 : 31). 현재 우리 나라의 모자 보건은 주로 여성, 특히 임산부의 생식 기능인 임신과 분만의 병원화와 의료화가 이루어지는 것으로 특징지을 수 있다(박인화·황나미, 1996).

어머니 세대의 면담자 대부분은 결혼한 여성은 애를 낳아야 된다고 말한다. 그들은 "결혼하면 애가 생기는 것"이고 또 "임신하면 애는 낳는 것"이라고 결혼과 출산을 자연스럽고 당연하게 생각했다. 이들은 애를 낳는 경험은 여자들에게 아주 중요한데, 애를 낳아 보지 않은 여자는 아직 인생을 알았다고 할 수 없다고 보았다. 그러나 더 중요한 것은 "여자가 애를 낳아 줘야 떳떳하다"는 것이다. 시집을 간 여자가 애를 낳지 않는 것은 자신의 의무를 다했다고 할 수 없기 때문에, 시집에서 당당하고 떳떳할 수가 없다고 본다. 이러한 논리에는 결혼 관계에서 애는 필수적이라는 의미를 담고 있었다. 애를 낳고 어머니가 되는 것, 그게 바로 "여성의 삶"이라고 정의된다. 어머니 세대의 한 여성은, 애를 낳는 것이 고통스러운 것이기는 하지만 그것이 바로 남성과 차이가 나는 여성임을 증명하는 것으로, 애를 낳지 않은 여성은 완전한 여성이라고 할 수 없다고 했다.

딸 세대의 대부분의 젊은 면담자들은 "여자도 자기 일이 분명히 있고, 애를 낳지 않는 것을 부부가 선택했다면 애를 낳지 않을 수도 있다"고 말한다. 그러나 면담자 중에서 애를 낳지 않겠다고 선택한 여성은 한 명도 없었다. 이들은 "애를 낳는다"는 것은 확실히 "어떤 다른 경험"을 하게 되는 것이고, 그것은 여자만이 할 수 있는 좋은 경험이라고 진술한다. 전문직을 갖고 있는 한 사례는 "애를 임신해서 기뻤지만, 아이가 내 인생의 방해물이라는 생각이 들어 낙태를 생각하거나 임신한 배를 때린" 경험이 있었다고 했다. 특히 남편과 비슷한 직종에 종사하면서 결혼한 한 여성은 임신이 되자마자 자신이 남편과 다른 처지가 되는 것이 스트레스였다고 했다. 여성은 임신과 출산을 하게 되면서 남성과는 "정말 다른 인간"이 되는 것 같다고 말하는 이 여성들은, 그러나 임신은 스트레스인 동시에 자신들을 "여성"으로 변화시켰다고 했다.

분만의 고통 역시 여성들에게 특별한 경험을 형성시키는 것으로 간주되고 있었는데, 이는 애를 임신하는 것, 분만하는 것, 키우는 것이 모두 여성됨의 과정이라는 인식에 기인한다. 그래서 무통 분만보다는 애 낳는 아픔이 여성이 갖는 특수성을 더욱 고유하게 해주는 경험으로 이해되기도 한다. 물론 대부분의 여성들은 부작용에 대한 두려움 때문에 무통 분만에 대해 거부감을 갖고 있지만, 더 많은 수의 여성들이 분만의 고통을 여성됨의 어떤 "자연성"과 관련시키고 있었다.

임신과 출산에 대한 인식과 실천의 차이에도 불구하고 어머니와 딸 세대의 여성들은 모두 여성으로 하여금 "진정한" 여성적 주체성을 갖게 하는 고유한 경험으로 임신과 출산을 인식하고 있었고, 여성이라는 자각을 하게 하는 가장 중요한 사건으로 간주하고 있었다. 그들은 모두 "남편들은 절대 임신한 상황을 이해하지 못한다. 이것은 정말 여성만이 하는 경험이다"라고 진술한다. 하지만 사회적 진출과 높은 교육 수준, 자신에 대한 기대 등을 갖고 있는 딸 세대의 여성들에게 출산으로 인해 규정되는 여성성은 간혹 그들이 추구하는 공적 세계의 가치와 경합하는 "갈등"과 "저항"의 출처이기도 했다.

2) 출산과 몸에 관한 통제력과 지식

출산과 분만에 관한 여성들의 주체적 행위성을 살펴보기 위해서는 그들이 자신의 환경, 여기서는 임신한 몸을 통제할 수 있는 지식을 얼마나 갖고 있는가를 살펴보는 것이 중요하다.

어머니 세대에서는 임신과 분만에 대한 지식이 있었다고 말하는 경우는 드물다. 이들은 단지 "생리가 없거나 입덧이 생겨서" 혹은 "임신인 것 같아서 병원 가서 임신을 확인했다"고 말한다. 그리고 태교에 대해서는 시집오기 전에 친정 어머니한테 들었거나 주위의 시어머니 혹은 이웃 할머니들로부터 들어서 알고 있는 정도였다. 이들은 산전 관리를 위해 가끔씩 병원에 갔지만 정기적으로 다니지는 않았고, 산전 관리의 내용도 의사가 내진을 하거나 체중이나 혈압을 재는 정도였다. 의사에게 가기 전에 의학 서적을 읽어 보았다고 말하는 60세의 한 여성을 제외하고는 대부분의 어머니 세대 여성들은 임신과 분만에 관한 지식이 별로 없었다. 지식은 자신들에게 속해 있는 것이 아니라 의사에게 속한 것이거나 아니면 아이를 낳아본 집안 어른들에게 속해 있는 것이었다. 그래서 아이를 낳아본 어른들이 하는 말을 듣는 정도가 그들이 얻을 수 있는 임신과 출산에 대한 지식의 전부였다.

대부분의 딸 세대 여성들은 주로 책을 통해 임신과 출산에 관한 지식을 습득하고, 친구나 선배를 통해 주위에 퍼져 있는 대중적이고 경험적인 지식들을 얻는다. 그래서 자신에게 벌어질 일에 대한 사전 지식과 기대를 이미 갖고 있었다. 임신의 전 과정 동안 끊임없이 여러 책을 보고 자기 몸의 "정상성"을 체크했다고 말하는 여성들이 15명 중 4명이었고, 한두 권의 책을 집중적으로 본 여성이 6명이었다. 주위에서 이야기를 해주어도 임신해 대해 몰랐기 때문에 불안해서 의사에게 의존했다고 말하는 경우도 2명 있었다. 임산부를 둘러싸고 많은 지식들이 경합을 하지만 가장 믿을 만한 지식은 과학이나 의사의 이름으로 문자화된 지식, 책에 의존하는 것이었다. 임신 계획과 동시에 책을 보기 시작했다는 젊은 세대의 한 여성은 임신이 되자마자 자신의 몸의 상태를 책에 씌어 있는 것과 비교하기 시작했고, 책에 없는 것은 선배 언니나 출산한 친구들에게 물어 봤다고 말했다. 딸 세대 여성들은 태교에 대해서도 책을 통해 배운다. 그러나 태교에 대해서는 책들이 너무 이상적이고 현실과 맞지 않게 쒸어 있다고 생각한다. 직장에 다니는 여성들은 "태교에 신경을 쓰기는 하지만 현실적으로 이행할 수 없었기 때문에 별 신경을 쓰지 않았다"고 했다. 이들 대부분은 임신을 확인할 때도 소변 검사를 통해 자가 진단을 한 후에 병원에 간다. 그리고 나서는 정기적으로 고의료 기술과 기기를 이용한 산전 관리를 받는 것이 보통이다. 성관계의 여부, 태교 그리고 임신중 금기 등에 대해서도 책을 통해 배운다. 규칙적으로 산전 관리를 받고 의료 기술에 의존하고, 의사와 상담하고 주위 사람들로부터 많은 조언을 듣지만 구체적이고 실질적인 정보들은 책을 통해 얻는다. 매일 책을 봤다는 여성에서부터 분유 회사에서 보내 주는 유아 책자 하나를 지침서로 삼아서 임신 기간을 보냈다는 여성에 이르기까지 젊은 세대에게 출산 전문지는 가장 중요한 정보 출처이고, 그 다음이 친구들이었다. 딸 세대의 여성들은 임신과 출산에 대해서는 어른들의 이야기를 듣기보다는 친구에게 듣는 것이 더 구체적이고 실용적이라고 말한다.

딸 세대 여성들이 알고 있는 정보량은 이전 세대와는 비교가 되지 않을 만큼 많고, 자신의 이해를 관철시키기 위해 적극적으로 지식을 사용하는 방식에서도 차이가 있었다. 예로서 어머니 세대와 딸 세대가 출산과 관련하여 가장 중요하게 생각하는 아들 낳는 방법을 살펴보면, 지식과 기술의 보급이 여성들의 행위성의 선택 범위를 확장시켜 주고 있다는 것을 알 수 있다. 어머니 세대 여성들은 아들 낳는 방법에 대해 관심이 많았지만 어떻게 그러한 정보에 접근해야 하는지, 그리고 어떻게 그 방법들을 구사해야 하는지를 잘 몰랐다. 그래서 예를 들면 혼자서 한약방에 가서 한약을 사서 복용하는 것 등 혼자서 할 수 있는 방법 등은 사용했지만, 아들을 낳기 위해 특별한 관계를 부부가 시도하거나 특별한 비법들을 사용하지는 않았다고 했다. 그러나 딸 세대 여성들은 아들 낳는 지식은 일종의 상식이라고 말한다. 많은 지식들과 소문들이 범람하고 또 출산 전문지나 여성지 혹은 출산 전문가들에 의해서도 그러한 지식들이 유포되기 때문에 젊은 세대의 여성들은 많은 정보를 알고 있었다. 이러한 정보 유통 역시 아주 활발하여 아들 낳는 법에 대해서는 친지, 남편이나 남편들의 친구 부인, 친구 그리고 대중 매체나 출산 전문 잡지 등에서 정보를 얻는다. 적극적으로 알고자 하지 않더라도 남자들끼리도 아들 낳는 것에 대해서 농담 반 진담 반으로 많이들 이야기하기 때문에 남편들을 통해 적어도 한두 가지 방식은 알고 있다. 이들은 이러한 지식을 많이 알면 알수록 좋은 것이라고 간주하고, 또 어차피 아들이 있어야 하는 것이라면 이런저런 방법을 사용해서 아들을 낳는 것도 나쁘지 않다고 생각한다. 태아의 성을 볼 수 있는 의학 기술이 존재하고 아들을 임신할 수 있는 수많은 방법들이 있음에도 불구하고 아직도 아들을 낳지 못하는 여성은 종교적인 이유 때문이거나 "능력"이 없기 때문이라고 말해지기도 한다. 따라서 면담한 여성들 중 많은 이들이 아들을 낳는 것은 하나의 기술 skill이지, 자연적이고 숙명적인 것이 아니라고 말한다.

딸 세대에게 지식이란 "과학적" 그리고 "의료적"인 지식을 말한다. 반면에 여성들 사이에서 공유되었던 지식은 의학적 혹은 유사 전문 지식과의 경합 과정을 거치면서 보조적이고 비공식적인 지위를 갖게 된다. 책이나 전문가에 의존하여 개별적으로 습득하는 지식은 그들이 처한 사회적 관계나 그들을 둘러싼 자원들을 평가하는 그러한 통제 권력으로 존재하지는 않는다. 대신에 그들에게 지식이란 현재의 상황을 용이하게 이해할 수 있는 것으로 만들어 줄 뿐 아니라 기존의 역할이나 기능의 원활한 수행을 도와주는 기능적, 도구적인 것이다. 이러한 지식은 그들에게 어느 정도 몸에 대한 이해력과 관리 기능을 부여한다. 그러나 그러한 지식은 그들을 둘러싼 자원들을 조정, 통제하는 능력보다는 의료 체계로의 의존과 통합을 더욱더 용이하게 하는 방식으로 기능한다.

3) 출산 공간의 경험과 출산 과정에 대한 통제력

출산 공간은 여성들이 갖고 있는 지식의 성격이 어떤 것인지를 확연하게 보여 주는 장이다. 여성들이 어떠한 공간에서 출산을 하느냐 하는 것은 그들이 출산 과정을 얼마만큼 통제할 수 있는가, 그리고 출산이 그들의 일상과 어떤 관련을 맺는가를 알 수 있게 해준다. 동시에 출산 공간이 여성에게 어떠한 의미를 주는가는 그 사회에서 여성이 어떠한 지위를 점하고 있는가와 관련된다. 어머니 세대의 여성들에게 출산 장소인 병원은 간혹 일상의 가사 노동의 장으로부터 며칠이나마 해방되고, 의사의 권위가 며느리나 젊은 여성들의 몸에 대해 갖는 시어머니나 집안 연장자 어른들의 지배력을 어느 정도 통제해 주는 휴식과 저항의 공간이기도 했다. 반면에 젊은 세대에게는 병/의원 분만이 자신들이 잘 알고 있던 출산과 분만에 대한 유사 전문 지식이 전문 의료인의 "전문적" 지식에 의해 침묵돼야 하고, 병원 내에서 표준화된 하나의 의료 사례/대상이 되어 버리는 장소가 되기도 한다.

대부분의 어머니 세대 여성들은 조산원이 집에 와서 분만을 했거나 개인 병원에서 분만한 경험을 갖고 있다. 시집 식구들이나 다른 사람들이 "애는 때가 되면 나온다"고 하기 때문에 애 낳는 날까지 집안일을 하는 것이 보통이었고, 진통이 심해지면 병원으로 갔었다. 그들은 애를 낳는다는 것은 "아플 게 다 아파야 낳는 것"이기 때문에 웬만하면 다 참았다. 병원은 전문적으로 애를 낳게 해주는 곳이지 환자들에게 서비스를 제공하는 곳이라는 관념이 없었기 때문에 병원에 대해서는 별다른 기대를 하지 않았었다. 어머니 세대의 한 여성은 "의사는 전문적인 지식을 가지고 상황을 통제하는 사람이다. 애도 안 낳아본 간호사나 남자인 의사가 어떻게 애 낳는 심정을 이해하겠는가? 지식으로 혹은 경륜으로 이해하는 것이지. 어쨌든 남인데"라고 말하면서 의사에게 기대하는 것은 기술적 도움뿐이었다는 것을 분명히 했다.

딸 세대에서는 모두 병/의원 분만을 하였다. 이들 대부분이 이미 출산 과정이나 분만 과정에 대해 사전 지식이 있었고 진통을 하고 있는 자신의 몸을 의식하고 있었다. 그러나 이들이 갖고 있었던 지식이나 자신의 몸에 대한 통제력은 분만을 위해 병원에 입원하는 동시에 완전히 무력해지기 시작한다. 병원에 들어서는 순간부터 모든 지식과 판단은 의료인들의 손으로 넘어가고, 그들이 할 수 있는 일은 자신의 분만 순서를 기다리는 일이다. 능동적으로 관리되던 몸이 병원 공간 속에서 수동적이고 무력한 대상이 되어 간다. 많은 여성들이 병원 분만시 자신이 경험한 것들에 대해 분노하고, 자신이 처했던 상황에 대해 절망했던 느낌을 호소했다. 무력한 환자의 모습으로 대상화되면서, 의사를 기다리는 수동적 존재가 되고, 자기 몸을 무례하게 침해하는 의사나 간호사에 대해 아무런 저항도 못한다. 분만 자체가 생산되는 듯한 분만 대기실과 분만실의 공간 배치, 낙태 수술과 분만을 같은 장소에서 실시하는 산부인과의 경영 모습 등에 대해 강한 심리적 정서적 좌절을 경험하지만 거의 대부분의 여성들은 저항적인 행동을 병원 공간에서 취해본 적이 없다. 여성들은 자신의 불만에 가해지는 대가(무관심이나 낮은 대우)를 잘 알고 있고, 자신들이 저항할 수 있는 유일한 방식은 "싫으면 병원을 옮겨야 한다"는 것이다.

병원에서는 의사가 주체이고, 의사들의 지식은 공식적이고 합법적인 것이다. 반면에 환자이며 의료 사례/대상인 여성들의 지식은 비전문적인 정보에 불과하다. 무엇이 여성의 몸에서 일어나고 있는가를 판단하고 말할 수 있는 권력은 의사에게만 있다는 것을 병원에 들어서는 순간부터 거의 모든 여성들은 간파하고 있다. 병원에 오기 전부터 대중적인 의료 담론 속에서 이미 의학적 시선에 의해 길들여지고 훈련된 여성의 몸은 병원 공간 내에서 의사의 지식 권력에 쉽게 포섭된다. 젊은 여성들이 자신의 몸에 각인시킨 과학적 의학적 담론은 이런 상황에서 지식의 위계성을 수용하면서 여성들의 몸을 의료화시키고, 자신의 몸적 체험으로부터 출산을 소외시킨다. 동시에 여성들은 병원 공간에서 대상화되는 자기 몸을 보면서 여성이라는 것에 대한 새로운 체험을 하게 된다. 여성이 어떻게 취급되고 어떠한 경험들을 몸에 각인하고 있는 집단인지, 애를 낳은 "아줌마"라는 용어가 무엇을 의미하는지를 병원의 경험을 통해 충분히 이해하게 된다. 그래서 출산을 경험한 여성들은 "애를 낳아 보지 않은 여자는 여성이 뭔지 모르는 철부지들"이라고 말하곤 한다. 이 언설에는 여성들이 느끼는 분만의 고통과 출산의 수치심이 동시에 포함되어 있다. 출산 공간과 여성의 관계는 여성이 출산에 대한 통제력을 얼마만큼 확보하고 있느냐, 그리고 여성의 출산 능력에 부과된 의미가 어떤 것인가에 따라 그 의미가 달라진다.

4) 출산 조력자와 지원 체계

출산과 분만을 생의 위기적 사건으로 간주했던 대부분의 전통 사회에서는 출산시에 누가 있을 수 있는가, 혹은 있어야 하는가에 대한 규범이 존재했다. 이러한 규범은 출산이 어떠한 사회 관계 속에 위치하는지를 볼 수 있게 해주는데, 대부분의 전통 사회에서 어린이와 남성이 출산 조력자의 범주에서 배제되고, 간혹 아이가 없는 여성도 배제되었다. 배제와 포함의 규칙에서 가장 중요한 것은 성별 gender과 관계성이다.13) 우리 사회에서 출산시의 조력자로 거론되는 사람들은 대부분 시어머니, 친정 어머니, 그리고 남편이다. 그러나 출산시 누가 왜 산모 곁에 있어야 하는가에 대해서는 어머니 세대와 딸 세대의 여성들이 다르게 느끼고 있었다.

어머니 세대에는 친정 어머니나 시어머니가 출산시 같이 있어 주었고, 남편들은 대부분 나중에 왔었다. "남편이 같이 있었으면 좋았을 것 같다"고 말하는 여성들도 있었지만 "꼭 좋지만은 않았을 것 같다"는 반응도 많았다. 그 이유로는 "어차피 애는 혼자 낳는 것이고 출산시 도움을 주러 온다면 여자인 시어머니나 친정 어머니가 더 낫다"는 것이다. 또다른 이유는 "출산시 가장 미더운 사람이 의사이지 가족 친지는 그러한 상황에서 어떻게 할 수가 없다," 혹은 "출산 광경 때문에 남편이 정 떨어지지 않을까?" 혹은 "여자가 애를 낳는 것을 보면 남자가 무섭지 않을까?"라는 반응을 보였다. 어머니 세대의 많은 여성들은 애 낳는 상황 자체가 "힘든 일", "아픈 일" 그러면서 동시에 "일상적인 일"이고 "여자의 일"이라는 생각이 강하다. 그래서 출산은 여성의 일이기 때문에 가장 중요한 조력자로는 실제적 도움을 줄 수 있는 여자여야 한다고 생각한다.

출산을 여성의 일로 간주하는 어머니 세대에서 보여 주는 출산과 조력의

---

13) 여기서 관계성은 꼭 출산하는 여성과의 관계만이 아니라 많은 경우는 출산의 생산물인 아이와의 관계성 또한 매우 중요하게 고려된다. 본 절에서는 여성들이 출산을 이해하는 방식을 보고자 하기 때문에 출산 여성을 중심으로 한 관계에만 초점을 둔다.

개념이 딸 세대에서는 새롭게 구성된다. 딸 세대의 여성들에게 출산은 남편과 함께 해야 하는 핵가족 내의 일이라는 이데올로기가 강하게 보이기 시작한다. 딸 세대에도 시어머니, 친정 어머니, 그리고 남편이 도움을 준다. 병원이 허용하면 남편이 분만실까지 오는 경우도 3명이나 있었지만, 대부분의 남편들은 대기실에서 기다린다. 부인들은 자신들이 느끼는 진통의 고통과 분만실의 외로움과 방기됨, 그리고 임신한 자신의 몸이 비인격적인 그리고 느낌이 인정되지 않는 사물이 되는 물상화의 감정을 공유할 수 있는 유일한 사람이 남편이라고 말한다. 아이를 임신하는 것과 낳는 일은 남편과 관련된 일이라고 생각하기 때문이다. 대학원생인 한 여성은 "애를 낳는 일은 남편과 내가 함께 하는 것이고, 시어머니가 마음을 써주시는 것은 고맙지만 책임은 없다고 생각한다"는 부부 중심의 강한 핵가족 이데올로기를 보여 주었다. 이런 경우에는 정서적으로, 그리고 역할 결합의 측면에서 출산 직후 부부 유대가 아주 강해졌다고 진술했다.

하지만 같은 연령의 한 직장 여성은 세태가 되고 있는 부부 중심의 임신 출산 분위기가 남편의 이해가 없는 경우에 더욱 힘든 여성 개인의 경험으로 전환된다고 지적한다.

애 낳는 것은 남편과 공동 작업이긴 하지만 낳는 것은 내가 낳는 거다. 남편이 이해한다 하더라도 내 몸에서 일어나는 고통과 몸의 체험이 어떠하며 그것을 어떻게 알겠는가? 애를 낳으러 가는 과정에서 남편이 꼭 있어야 되는 것도 아니다. 그런데 요즘은 부부 중심의 분위기가 조성되기 때문에 산전 관리를 가거나 출산을 하러 혼자 가는 것이 좀 위축된다. 평일인데도 C병원의 라마즈 교실에는 남편들이 많이 와 있었다. 남편이 아니면 시어머니 혹은 친정 어머니들하고도 같이 온다. 나는 혼자 다녔는데, 임신 기간 동안에 남편이 너무 얄미웠다. 내가 입덧할 때는 너무 잘 먹어서 얄미웠고, 몸이 힘들어 잠이 안 올 때는 멀쩡하게 잘 자는 것이 얄미웠고, 출산하여 회사 가는 것이 힘들 때는 회사 잘 다니는 남편이 얄미웠다.

직장을 갖고 있는 이 여성은 남편이 출산을 경험하지 않기 때문에 임신과 출산이 주는 힘듦을 이해하지 못하는 것을 참을 수 없었지만, 동시에 애 낳는 경험이 여성에게 주는 특수성을 생각하면 남편에게 무엇을 요구할 수도 없다고 이해한다. 출산은 여성의 몸에 그리고 여성의 몸을 통해 일어나고 있는데, 여성들이 출산과 관련된 자원들을 거의 통제할 수 없다는 현실이 여성들로 하여금 남편이나 주위 사람들에게 끊임없이 기대하게 만들지만 결과적으로는 혼자서 할 수밖에 없다는 현실 때문에 주위 사람들, 특히 남편을 섭섭해 하고 원망하게 된다. 그러면서 여자라는 것이 남자와 다를 수밖에 없다고 생각하게 된다.

젊은 세대에서 남편이 가장 중요한 조력자로 등장하는 것은 도와줄 다른 사람이 없는 핵가족화에 따른 현실적 이유가 매우 중요하다. 그러나 동시에 임신이 부부 중심의 일로 변화되는 정서는 낭만적 사랑의 결실로서 재현되는 결혼이라는 근대적 사랑 각본이 임신, 출산, 분만을 부부의 일로 구성해 내는 결과라고도 볼 수 있다. 젊은 세대의 여성들이 보는 출산 전문지가 재현해 내는 출산 문화는 이러한 부부 중심의 가족, 임신, 출산 담론에 기반하고 있다.

5) 출산 후 여성의 사회적 신체적 변화에 관한 인식

새로운 성원의 출산은 그 집단의 지속성에 중요할 뿐 아니라, 그 집단 성원들의 지위를 다양하게 변화시킨다. 가장 두드러진 것은 출산 여성과 배우자의 사회적 지위를 부모로 변화시키고, 더 넓은 범위의 가족 성원들의 지위를 변화시킨다는 것이다. 따라서 출산은 여성과 남성, 그리고 그들을 둘러싼 개인들의 사회적 정치적 관계를 재배열시킨다.

 어머니 세대 여성들에게 자식을 낳는다는 것은 여성이 시집에서 지위를 확보하고 성원권을 얻는 중요한 사건이었다. 특히 그 중에서도 아들의 출산은 여성들이 새로운 가족인 시집에서 "떳떳"해질 수 있는 가장 중요한 몸의 수행이었다. 딸 세대의 여성들에게 출산이 시집에서의 지위 확보를 위한 메커니즘으로 여성 자신에 의해 직접 거론되지는 않지만, 시집과의 관계가 출산 후 달라졌다는 점은 많이 언급된다. 많은 여성들이 출산을 부부 관계 속에 위치시키고자 하지만, 가부장적 가족 관계 속으로 시집을 가야 하는 여성들에게 출산은 단순히 부부의 문제일 수만은 없다. 우리 사회에서 자식은 부부 유대를 공고하게 만들고, 며느리와 시집 간을 연결시키는 고리로 인식된다. 어머니 세대와 딸 세대의 여성 모두가 아이가 없으면 부부가 서로 연결되어 있다고 느끼는 공동의 관심사를 갖기가 힘들고, 관계를 계속적으로 유지하기가 힘들 것 같다고 말한다. 여성들은 아이가 자신의 아이지만 남편의 성씨를 갖고 있기 때문에 애가 있으면 자연스럽게 시집과 연결된다고 했고, 시집 온 여성에게 아이가 없다면 시집과 연결될 수 있는 끈은 사실 없다고까지 말한다.

 출산은 여성들이 사회에서 점하는 위상을 변화시킨다. 그래서 세상을 다르게 보는 시각을 갖게 하는데, 가장 대표적인 언설이 바로 "아줌마"이다.14)

---

14) 출산 후의 변화를 한 여성은 다음과 같이 기술했다. "결혼하면 당연히 임신하고

출산 후의 한 여성은 "이제 더 이상 순진하거나 나약해질 필요가 없고, 아니 그래서도 안 되고, 한순간에 세상에 대해 모든 것을 다 알아 버린 '못할 게 없는' '아줌마'가 됐다는 느낌을 가졌다"고 회고했다. 그러나 최근에 이러한 "아줌마"의 이미지는 특히 젊은 여성들에게 수용하기 힘든 정체성의 갈등을 동시에 일으킨다.

여성들은 출산 후의 자신의 변화된 지위나 역할을 아무런 갈등 없이 수용하는 것이 아니라 변화된 자신의 정체성에 대해 갈등하고 긴장한다. 특히 딸 세대 여성들이 보여 주는 갈등은 모성에 대한 강한 이데올로기에도 불구하고 그들이 추구했던, 예를 들면 독립적이고 자율적인 공적 영역의 전문직 여성, 모성 이미지보다는 여전히 젊은 남편의 애인이나 아내라는 다른 정체성과의 강한 경합 상태를 보여 준다. 더욱이 아름다움과 젊음, 그리고 능력으로 재현되는 대중 매체의 이미지가 지배하는 1990년대에, 결혼에 상관없이 "여전히 여성다워야 하고 날씬해야 하고, 능력 있어야 한다"는 여성성에 대한 담론은 출산 후에 동반되는 신체적·사회적 변화를 여성들로 하여금 수용하기 어렵게 만든다. 따라서 여성들은 출산 후에 임신중에 증가한 체중을 조절하기 위해 많은 노력을 하고, 심할 때는 출산 후의 날씬한 몸을 위해 임신중에도 다이어트를 한다. 또 출산 후의 다이어트를 위한 음식 조절 때문에 처음부터 모유 수유를 안 하고 분유를 먹이기도 한다. 딸 세대의 젊은

애를 낳는 것이라고 알고 있었는데 이것은 단순한 일이 아니었다. 임신과 출산을 경험하고 나면 세상을 보는 눈이 달라진다. 애를 낳고 나서는 겁이 없어지고 인간 관계도 다시 보인다. 남자 의사 앞에서 다리 벌리고 앉았던 경험, 옷을 벗고 애를 낳았던 경험, 그리고 모든 것이 노출되었던 경험은 필요시에는 무엇이든지 할 수도 있겠다는 심정이 들게 했다."

여성들 중에는 산후 우울증에 걸렸었다고 말하는 경우도 있었는데, 산후 우울증도 이러한 지위 변화로부터 야기되는 갈등의 한 예이다.

6) 출산과 의료 기술

임신과 출산, 분만에 대한 의학적 담론과 의료 기술을 통해 임신과 태아를 새롭게 체험케 하는 의학적 현실이 보편화되면서 우리 사회의 출산 문화의 의료 기술에 대한 의존도는 급속히 커지고 있다. 대부분의 임신과 출산에 관한 책, 잡지, 정보지 등은 어떤 경우에 어떤 전문가에게 가야 하는지, 그리고 어떤 상황이 전문가의 도움을 필요로 하는 것인지에 대한 문제들을 항목화해 놓고 있다. 그리고 그 문제 해결의 최종 결정권을 의료 전문가에게 귀의시킨다. 병/의원에서 임신이 확인된 순간부터 분만까지 거의 모든 과정이 병/의원에서 관리되는데, 이 과정에서 임신과 출산은 의료 체계 속으로 편입되어 들어간다. 어머니 세대에서 내진과 간단한 검사 그리고 체중과 혈압 체크를 하던 산전 관리는 요즘 임신 강화제인 호르몬 주사에서부터 시작하여 유전자 검사, 초음파 검사, 태아 모니터링 등에 이르는 고의료 기술에 의존한 각종 검사와 체계적 관리하에 놓이고 있다.

그러나 모든 여성들이 의료 기술을 이용할 수 있는 것은 아니다. 대부분의 산전 관리 서비스나 기술 의존 분만은 의료 보험의 적용 대상에서 제외되기 때문에 이러한 서비스는 사회 경제적인 계급 문제와 맞물리고, 기술의 이용 방식은 기존의 성과 계급의 위계적이고 규범적인 틀 내에서 작동된다.15)

---

15) 셸리 콜렌(Shellee Colen)은 사회적, 경제적, 정치적 힘에 의해 구조화된 계급, 성, 민족 등의 위계에 기초한 불평등이 신체적, 사회적 재생산의 추구를 차별적으로 성취하게 하는데 이를 계층화된 재생산 Stratified reproduction이라고 정의한다.

대표적인 예가 우리 나라에서 시행되는 태아 성 감별 혹은 사주에 맞춘 제왕 절개 등을 들 수 있다. 성 감별은 최근 사회 문제가 되면서 사회적인 규제 사항이 되고 있지만, 많은 의사들은 여러 가지 완곡한 암시를 통해 태아의 성별을 알려 준다. 예를 들어 "살림 밑천이다", "엄마 닮아서 이쁘다"거나 혹은 "보이는 것이 없네요"라는 말을 통해 태아가 딸임을 암시한다.

어머니 세대는 딸 세대의 출산 관행이 자신들과는 많이 다르다고 말하는데, 그 차이의 핵심은 출산의 병원화, 의료화, 그리고 소비 문화에 영향 받은 다양한 출산 소비품과 관련되어 있다. 즉 딸 세대 여성들의 임신과 출산은 병원을 중심으로 한, 그리고 태아를 중심으로 한 의료 사건이 되고 있고, 끊임없이 생산되는 상품화된 일련의 출산용품들이 임신과 출산을 하나의 과시적인 사건이 되게 하고 있다. 단적으로 요즘 여성들은 "너무 요란하게" 애를 낳는다는 것이다. 그러나 이 요란함은 태아만이 아니라 여성 자신에 대해서도 마찬가지인데, 병원에서 출산하고, 몸이 망가질까봐 제왕 절개를 하고, 전업 주부이면서도 모유 대신 우유를 먹이고, 일회용 기저귀를 사용한다는 것이다. 어머니 세대에서는 돈이 없어서 일회용품들을 쓰기가 어려웠지만, 그것이 아이의 피부에 나쁘다는 점을 더 많이 생각했다고 어머니 세대 여성들은 말한다.

딸 세대에서 지적하는 어머니 세대와의 가장 큰 차이 역시 병원 분만과 의료 기술에 대한 이용도이다. 이들은 기술 의존적인 출산이 더 근대적이고 과학적인 출산이고 거기서 더 나아가 태아에 대한 더 "인간적"인 관리라는 생각까지 한다. 초음파에 의한 산전 관리가 보편화되면서 이들은 이전 세대보다 태아를 더 인간적으로 인식하게 되었고, 초음파 촬영기에 의한 태아의 영상 이미지를 통해 태아를 이미 뱃속에 있을 때부터 가족의 일원으로 간주하는 새로운 경험들을 한다는 것이다.16) 이들은 임신과 태아에 대한 새로운 인지적, 신체적 경험을 생산케 하는 의료 기술의 발달은 여성과 아이에게 좋은 것이라고 생각한다.

(4) 한국 중산층 여성들의 행위성과 출산 문화

결혼을 통해 사회적 어른이 되는 한국의 여성들에게 모성은 여성 정체성의 핵심으로 간주되어 왔다. 이것은 아이를 낳은 여자의 이미지인 "아줌마"에 대한 저항에도 불구하고 젊은 세대의 주부들에게서도 여전히 강한 여성 정체성의 준거가 되고 있음을 알 수 있었다. 젊은 세대의 여성들은 임신과 출산에 관한 지식을 통해 몸에 대한 의식화와 몸을 통제하려는 노력을 보여 주었고, 출산에 관한 부부 중심적 사고 방식을 갖고 있었다. 출산에 관한 이러한 면모들은 한국 여성들의 재생산의 사회 관계가 새롭게 구성되면서 출산 문화가 변화하고 있음을 보여 주는 부분이다. 그러나 출산의 이러한 관행들은 정태적인 형태로 존재하는 것이 아니고, 그것의 의미 또한 고정적이지 않다.

공적 영역에서의 삶을 추구하는 젊은 세대의 여성들은 모성 역할에 대한

---

16) 최근 우리 사회에서는 영상적 이미지로 재현되는 태아에 관심이 모아지고 있는데 최근에는 초음파 태아 검사 촬영 사진을 여성들이 "사진첩을 만들어 나중에 아이가 크면 보여줄 계획"으로 모으고 있다는 것이 기사화된 적도 있다. 또 어떤 산부인과에서는 "서비스"의 차원에서 태아의 모습을 촬영한 비디오 테이프를 나눠 주기도 한다는 것인데(『중앙일보』 1996.1.15), 태아에 대한 직접적인 감각을 창출하는 새로운 기술은 여성들의 몸에 대한 의료 기술의 헤게모니를 수용하게 하면서 의료화된 현대적 임신 주체로 여성들을 변형시키고 있다.

거부는 아니지만, 모성으로서의 여성 정체성에 대한 갈등을 보이기도 한다. 아직 이러한 갈등을 해결할 수 있는 개인적, 그리고 사회적 장치는 발전되어 있지 않다. 하지만 여성 중심이라기보다는 가족이나 아이 중심의 모성에 대한 사회적 담론과 생물학적 모성 기능을 논하는 과학과 의료의 담론은 여성의 사회적 참여를 강조하는 담론과 함께 여성들을 더욱 모순적이고 갈등적인 상황으로 몰고 간다.

중산층의 젊은 여성들의 출산 문화에서 두드러지는 특징은 임신과 출산에 관한 대중적이고 경험적인 지식과, 과학적이고 전문적인 지식들의 수용, 그리고 병원 중심의 고급 의료 기술에 대한 의존이다. 그러나 지식 자체가 여성들을 자율적이고 자기 몸에 대한 통제력을 지닌 존재로 만들어 주는 것은 아니다. 이들이 지식과 맺는 관계가 어떠한가에 따라 지식과 여성들의 관계가 설명될 수 있는데, 이들의 지식과의 관계는 많은 경우 일방적이다. 여성들은 비공식적인 관계망을 통한 정보 교환시 경합하는 지식을 조정하기도 하지만 핵가족화되고, 바쁜 일상 속에서 가장 제도적이고 지배적인 해결 방식으로 지식과 관계를 맺게 된다. 그것은 우리 사회에서 인정하는 "합리성"에 기반하여 지위가 설정된 지식의 위계 체계에 여성들이 자신을 준거시키는 것으로, 결국은 제도화되어 있는 "과학적" 서구 의료 체계에 의존하는 것을 의미하게 된다.

본 연구에서 딸 세대의 여성들이 일종의 자기 성취로서 인식하는 출산의 행위성은 바로 이와 같은 지식에 기반하고 있다. 이 지식이란 결국 전문 의학 지식과 기술에의 포섭을 의미하고, 이들의 주체적 행위성은 기존의 성역할 규범틀 내에서 여성들에게 부여하는 역할을 좀더 용이하게 수행하는 데 활용된다.17) 이들의 몸에 대한 의식화 그리고 행위성은 이들의 계급적 특성과 연결되어 건강한 아이를 출산하기 위해 병/의원 이용 위주의 산전 관리와 출산의 의료화/기술화로 나타나고, 그것은 서비스의 차등화를 가능하게 하는 사회 경제적 지위와 맞물리면서 계급 문화의 한 특성으로 드러날 가능성 또한 내포한다. 더욱이 산전 관리와 출산이 의료 기기와 기술에 의존하는 현상은 여성들이 몸에 대한 경험 자체를 새롭게 구축하면서 여성의 재생산 경험에 의료적 헤게모니가 개입하는 새로운 장을 제공한다. 특히 초음파를 통한 태아에 대한 영상 이미지는 여성들에게 임신의 현실과 자신의 몸을 인식하는 새로운 방식을 제공하면서 과학/의료의 권위에 복속케 하고 동시에 자신의 몸을 객관화하는 경험을 통해 임신에 대한 정서를 재구성시킨다. 의료 기술에 의존하는 여성들의 임신과 출산 경험은 병원 중심의 출산 문화 내에서 새로운 임신 주체들이 형성되고 있음을 보여 주는 것이고, 출산이 의료적 지식의 권위를 생산/재생산하는 잠재 영역임을 보여 준다.

또한 핵가족화, 부부 중심의 가족 이데올로기, 병원 중심의 출산 행위, 그리고 낭만적 사랑에 기반한 부부 담론의 등장은 가족이나 친족에 위치하던 출산을 부부의 일로 바꾸어 놓고 있다. 여성들은 자신의 몸을 통해 수행되는

---

17) 면담시에 젊은 여성들은 자신들은 남녀를 차별하지 않는다고 말하지만, 구체적으로 딸과 아들을 낳았을 때 어떤 상황이 벌어졌는지를 설명하는 대목에서는 여성들이 어떤 성별의 아이를 낳아야 하는지, 그리고 출산아의 성별이 우리 사회에서 어떤 의미를 지니고 있는지에 대해 이미 무의식적 간파가 되어 있음을 보여 준다. 집안 식구만이 아니라 의사와 간호사들도 아들을 낳았을 때 모두 좋아해서 좋은 일을 해냈다는 느낌이 들었다는 한 면담자의 말에서 알 수 있듯이 병원 공간은 결혼한 여성들이 딸과 아들을 낳는다는 것이 우리 사회에서 어떤 차별적 의미를 갖는가를 구체적으로 체험하게 하는 최초의 공간인 셈이다. 출산 공간인 병/의원은 객관적인 "과학"과 "기술"의 공간이 아니라 "과학적" 지식과 기술이 문화화된 형태로 실천되는 규범 공간이다.

출산이 부부의 일이기 때문에 남편이 출산에 관여해야 한다는 강한 이데올로기를 보이고 있었고, 또한 동시에 출산의 경험을 드러내는 자신의 몸을 부인하는, 출산과는 독립적인 날씬한 "여성"으로 남아 있어야 한다는 강한 여성 정체성의 경합을 드러냈다. 날씬한 육체에 대한 여성성의 욕망은 출산한 지 6개월 내에 원래의 체중으로 돌아가야 한다는 강박증을 만들어 내면서 여성들에게 다이어트를 하게 한다.

여성들은 많은 지식과 자원을 활용하여 출산 과정에서 자신의 개인 역할을 수행할 수 있는 공간들을 넓혀 가고 있지만, 출산은 의료화, 전문화되고, 사적인 개별 가족의 사건이 되어 가고 있다. 따라서 여성들의 행위성이 기반하는 지식, 사용할 수 있는 사회적 자원들은 여성들에게 주어진 역할을 더욱 잘 수행케 하는 사회적 지원 체계로서 전개되고 있지만, 여성의 경험이 더욱 개별화되는 사회적 상황 속에서 여성의 행위성이 출산의 사회적 관계를 통제하는 권력으로 작용되고 있지는 않다.

4. 맺음말

이 글에서 생활 문화의 한 부분인 출산이 어떻게 여성의 일이고, 또 어떻게 그 사회적 의미가 구조화되는지를 출산을 통한 여성들의 자기 정체성 정의 방식, 출산에 관한 지식이나 의료 체계와 맺는 관계, 남편과 시집과의 관계, 출산을 통해 획득하는 모성과 "아줌마성"의 경합 등을 통해 밝히고자 했다. 출산 문화의 주체로 여성을 부각시킨 이유는 우리 사회에서 새롭게 부상하는 출산 문화 내에서 여성의 몸의 사회 관계인 성/결혼/출산은 서로 어떠한 관계를 맺으면서 여성의 삶을 규정하고 있는지를 드러내줄 수 있다고 기대했기 때문이다. 또한 의학적 지식의 대중화와 여성 교육의 향상으로 출산과 자기 몸에 대한 지식을 많이 알고 있는 여성들이 병원에서 자신들의 요구와 몸에 대한 앎이 무력해지는 경험들을 하게 되는데, 이러한 경험들이 재생산에 관한 여성주의 이론과 운동 전략에 어떠한 함의를 갖는가를 살펴보고자 했다. 동시에 출산 문화에서 보이는 여성들의 의료적 경험에 대한 개별화된 분노, 그리고 여성성이나 공적 존재로서의 자신의 정체성에 대한 갈등에 개입되어 있는 성별의 정치학 gender politics은 어떻게 문제 제기되어야 하는가를 보고자 했다.

한국 중산층 여성들에게 출산은 여성의 몸에서 일어나는 여성들의 주체적 활동이라기보다는 가족이나 부부 관계를 매개하는 사회 관계로서 존재한다. 즉, 출산은 여성의 개인적인 재생산과 성적 권리의 한 부분이라기보다는 가족의 성원으로서, 그리고 아내로서의 역할에 종속된 가족 재생산 활동이다. 개인적이고 사적인 경험들인 여성들의 출산 경험이 사회적으로 제기되기 위해서는 우리 사회에서 재생산과 성의 주체로서의 여성에 관한 논의와 문제 제기가 있어야 한다. 이러한 논의 맥락에서 여성의 재생산 권리와 선택에 대한 여성주의적 의제가 조직화될 수 있다. 여성의 재생산을 가족 내에 위치시켜 배우자와 아이와의 관계 속에서 여성의 행위성을 논하는 것은 여성을 항상 가족 내의 사회적 행위자로 간주하는 틀을 벗어나지 못하게 한다. 이 글의 논의 역시 이러한 구도 속에서 전개된 한계를 갖는다. 가족 내에서의 사회적 행위자로 여성을 위치시키는 시각은 재생산과 관련된 논의들을 항상 양극화시켜 왔다. 하나의 극단은 임신과 출산을 남성과 구별되는 여성 고유의 본질적 차이로 간주하여 재생산 능력을 절대화하는 것이다. 그리고 또다른 극단은 여성의 생물학적 재생산이 지배적인 여성 정체성이나 남녀의 평등을 추구하는 데 어떤 정치적 의제로 등장할 필요가 없는, 자연의 한 부분이라고 간주하는 것이다. 여성의 출산 행위성을 사회적 논의로 끌어들이기 위해서는 여성의 재생산 능력과 실천을 생물학적이고 문화적인 것의 합명제로 살펴보아야 하고, 여성이 겪는 재생산 경험이 어떻게 여성들의 힘과 현실 인식의 출처가 되고 있는지를 살펴보아야 한다. 그래서 출산이 배우자와 아이와의 관계에서만이 아니라 어떻게 여성과 남성의 다양한 역할에 영향을 끼치는지, 그리고 인간 재생산에 관련된 남녀 관계가 어떻게 사회의 다양한 권력 관계와 관련되어 있는지를 살펴보아야 한다. 여성의 행위성을 보고자 하는 이 글에서도 이러한 측면은 다루지 못했다. 여성 권력의 출처로서 그리고 권력 관계의 변수로서 어떻게 여성 재생산을 논할 것인가 하는 것은 다음의 과제로 남기고자 한다.

6 "아들 낳기"와 여성 주체성

1. 들어가기

내 친구의 어머니 중 한 분은 아들이나 딸의 가족이 당신을 방문하면 항상 많은 음식을 정성스럽게 대접했다. 그분은 항상 모든 음식을 혼자서 준비하셨다. 그러나 방문했던 사람들이 가고 나면 관절염 때문에 며칠을 누워 있어야만 했다. 내 친구인 딸은 어머니의 노동에 죄의식을 느꼈고 이럴 때마다 신경이 날카로워졌다. 친구는 어머니에게 화를 내면서 음식을 준비하는 데 시간을 쓰지 말고 당신 자신에게나 시간을 쓰라고 했다. 그 친구의 어머니는 준비한 음식을 자식들과 손자들이 맛있게 먹는 것을 보면 행복하다면서 "내가 무서운 것은 관절염이 아니라 나를 항상 분석하려 드는 '페미니스트'인 너다"라고 말했다.
— 한 페미니스트의 이야기

위 에피소드는 한국 여성주의가 20세기 후반에 봉착한 어려움의 한 예를 소개하고 있다. 어머니와 딸이 전통적인 성역할이나 모성에 대해 다른 입장을 갖고 있고, 어머니는 여성을 해방시키겠다는 딸 페미니스트에게 심리적 문화적 저항을 느낀다는 것이다. 물론 1980년대 여성들 내의 계급 차이에 대한 강한 문제 제기가 있었지만 대부분의 한국 여성주의 문학과 사회 과학적 연구들, 그리고 여성 운동의 의제는 한국 여성들이 가부장적 문화 안에서 단일한 주체성을 구성하고 있다는 가정 아래 그들을 단일한 주체로 재현하는 경향이 있다. 그러나 위의 일화는 한국의 여성주의자들이 계급의 차이를 차치하고서라도 세대에 따른 여성들간의 차이에 직면해 있음을 보여 준다. 어머니로서의 여성은 자신이 지금껏 해온 일을 비난받고 싶어하지 않는다. 자신에 비한다면 젊은 세대의 기혼 여성이 자유롭고 확실히 독립적이지만 "어머니"로서 정의되고 살아온 자신의 삶의 방식을 바꾼다고 해서 힘을 얻을 수도 없고, 그런 힘을 얻고 싶지도 않다는 것이다. 어머니가 "페미니스트"라고 부르는 딸 세대의 많은 여성들 역시 정작 여성주의 담론에는 관심도 없다. 딸은 자신이 살아가는 방식을 알고 있으며, 적어도 다른 사람을 위해 자기 삶을 희생한 어머니와 자신은 다르다고 생각한다.

어떤 의미에서 보면 오늘날의 어머니와 딸 모두, 이른바 여성주의자들이 그들을 여성으로 정의하는 방식에 저항하고 있는지도 모른다. 이러한 저항과 거부는 1990년대 한국 여성주의자들에게 여성을 문제화하는 질문들이 새롭게 접근되어야 한다는 것을 제기한다. 특히 젊은 중산층 여성들은 여성주의자들이 자신들을 가부장적 문화의 희생자로 재현하는 것을 거부하는 듯 보이며, 자신들을 독립적으로 살아가는 주체적 행위자로 표현하고 싶어 한다. 이 글은 이러한 젊은 중산층 여성들의 모성 실천의 행위 주체성에 관해 집중적으로 논의하면서 그들의 아들 선호 주체성을 상대화하고, 여성주의적으로 정치화하는 질문 방식이 무엇인가를 모색하고자 한다.

20세기 후반의 한국 사회에서 여성들의 이미지는 세대와 계급 그리고 결혼 유무 등에 따라 다양하게 재현되고 있고 또 그들의 이해는 상황에 따라 서로 경합한다. 동시에 한국 여성들은 하나의 집단으로 강한 주체성을 지니고 있는 것으로 재현되고, 이러한 행위성은 사회적으로 의도되고 심지어 장려된다. 이때 모든 한국 여성들은 동일한 이해를 갖고 있는 것으로 상정되고, 이해가 추구되는 맥락에 대한 질문은 제기되지 않는다. 행위성에 대한 개념은 개인의 행위를 사회적 맥락에 위치시키고 그것의 의미를 탐구할 때 많은 문제를 내포한다. 이러한 문제점은 부분적으로 스콧이 말하는 행위성의 의미에서 나오는데, 그것은 헤게모니를 둘러싼 권력 관계 외부에 있는 일상적 투쟁과 관련된 개념으로 설명하면서 행위자의 자유 의지를 강조한다(Scott, 1985). 그러면서 개인들의 관계성을 고려하지 않는 경향이 있다. 그러나 이 글에서 사용되는 행위성 개념은 행위하는 개인들의 독립적이고 자유로운 의지 이상을 의미한다. 이 글에서 개인들은 푸코적 혹은 알튀세르적 의미에서 교차하는 권력 관계의 그물망에 의해 물질적으로 구성된 주체들로 간주된다. 그러므로 이 글에서 한국 기혼 여성들의 행위성은 여성 개인들의 개별적인 자유 의지가 아니라 그들의 이해를 창출하는 다양한 사회적 관계망들이 교차하면서 드러내는 권력의 효과와 관련되어 논의될 것이다(Ong, 1990).

이 글은 중산층 여성들이 자신들의 행위성을 구성하는 방식, 특히 문화적 사회적 훈육의 기술/권력에 의해 행위성이 구성되는 방식에 초점을 맞춘다. 좀더 상세히 말하자면 중산층 여성들이 아들을 낳으려는 노력을 통해 만들어지는 행위성을 통해 자신의 주체성을 구성하는 방식을 기술하면서 그것이 한국 사회에서 아들과 딸을 차별하는 담론을 구성하는 과정임을 드러내고자 한다. 아들 선호 이데올로기와 그것의 실천은 딸의 출산과 딸을 출산하는 여성들에 대한 흥미로운 권력 행사의 장을 만들어 낸다. 아들을 낳은 여성과 아들을 낳지 못한 여성은 아들 선호의 지점에서 만나지만, 그들의 출산은 각자의 주체성을 다르게 구성한다. 아들 선호의 가시적인 부분은 한국 가부장적 문화의 전통적 유산에서 왔으나, 1990년대 여성들의 아들 선호 실천은 새로운 문화적, 기술적 담론들을 통해 재구성되면서 아들 선호에 대한 여성주의의 문제 제기를 복잡하게 만들고 있다.

이 글에서 중산층 여성들의 아들 선호에 관한 진술은 1990년 8월부터 1991년 7월까지 수도권의 한 도시에서 행해진 나의 박사 학위 논문을 위한 현지 조사에서 수집된 것들이다. 여기에 언급되는 여성들의 사생활 보호를 위해 도시명을 "남양"이라는 가명으로 처리했다. 현지 조사 당시의 남양은 아파트와 전통 가옥, 그리고 공장들이 혼합된 도시였다. 그러나 이 글의 모든 연구 대상자들은 아파트 단지에 거주하는 중산층 여성들이다. 나는 이들을 남양 YMCA가 소비자 운동을 위해 조직한 자치적인 주부 모임에서 만났다. 모임의 회합에서 처음 만나게 된 대략 70명의 기혼 여성들 가운데에서 24명의 전업 주부를 대상으로 심층 면접과 그들의 일상적 삶에 관한 참여 관찰을 했다. 이들 24명의 여성들은 사회 경제적 수준과 교육 수준이 동일하지 않았지만 주관적인 계층 의식, 아파트 소유 여부와 평수, 남편들의 직업에 따라 중산층으로 범주화하였다. 연구 대상자들의 계급적 위치와 함께 모두가 전업 주부라는 사실은 이 글의 내용을 특정 방식으로 구성할 것이며, 다른 조건에 놓인 여성들의 경험을 제외하는 한계를 지닌다.

2. 출산의 사회적, 정치적 조건

여성의 재생산 실천 방식과 그 의미는 언제나 사회적, 문화적으로 조건지워진다. 따라서 여성들의 몸은 여성들 스스로에 의해 관리되기보다는 특정한 역사적, 정치적 맥락 안에서 규제되어 왔다(Gordon, 1977 ; MacKinnon, 1983 ; Petchesky, 1990).

1990년에 현지 조사를 하면서 나는 여성들 스스로는 인식하지 못했지만 그 이전의 국가적인 가족 계획 정책이 한국 여성들의 출산에 강한 영향을 미치고 있음을 발견하였다. 서구 사회에서의 출산에 대한 사회적 실천은 여성의 재생산에 관한 사회적 규제와 여성의 몸에 관한 자유를 획득하고자 하는 운동의 결과로 이루어졌다. 이에 반해 우리 사회에서는 여성의 재생산 실천과 관련한 어떠한 정치적, 사회적 담론도 존재하지 않다가 1962년에 정부가 인구 증가 억제를 위해 가족 계획 정책을 시행하면서 여성의 재생산적 몸은 국가적 정치적 담론 대상이 되기 시작했다. 한국 여성들은 인구 통제의 주체로 정의되었고, 출산력 통제와 관련해 여성의 몸은 가족 복지뿐 아니라 국가 복지가 경합하는 장이 되었다. 이 정책은 효과적으로 수행되었으며 1960년대와 1989년 사이에 매해 3.0%의 인구 증가율을 1.0%로 급감시키는 결과를 가져왔다. 1960년에서 1987년까지 전체 출산율은 여성 1인당 6.0%에서 1.6%로 낮아졌다(한국 인구 보건 연구원, 1989). 공업화된 도시 사회의 사회 경제적, 이데올로기적 우위라는 상황에서 두 자녀 한 가족은 "현대 사회"의 표준이 되었고 부부들에게 실제적이고 통계적인 표준이 되었다. 1988년 전체 출산의 90% 이상이 첫번째 혹은 두번째 출산이었다(KIHSA, 1990 : 16).

서구 여성주의자들이 출산 통제를 여성의 재생산 권리와 관련하여 이해하는 것과는 다르게 아이를 덜 낳으려는 한국 여성들의 선택은 여성의 출산력을 국가의 생산력 정책에 결부시키려는 생체 권력 정치인 인구 조절 정책의 결과다. 국가는 피임 정보와 피임 기술, 서비스를 제공하면서 여성의 재생산 능력을 근대화와 경제 발전 프로젝트를 목적으로 하는 국가 생체 권력망으로 편입시켰다. 동시에 생체 권력의 실천 효과는 재생산 통제에 관한 의료 정치적 담론을 매일 일상 속으로 들어오게 하고, 또 기존의 남녀 관계를 변화시키거나 혹은 강화하는 것에 의해 "현대적"인 성별 gender 관계 방식을 구성해 왔다.

이러한 일상적 실천들 중에서, 아들 출산은 지난 20-30년 동안 한국의 기혼 여성들의 가장 중요한 관심이었으며 기혼 여성의 젠더 주체성은 이를 통해 획득되었다. 기혼 여성의 "아들 출산"은 사회적으로 장려되었으며 한국에서 결혼을 희망하는 모든 여자들에게 문화적으로 강제되었다. 대부분의 여자들은 아이를 적게 낳을 때 적어도 하나는 아들이어야 한다고 여긴다. 그러므로 여성들은 초산일 때 아기의 성별을 고민한다. 어떤 여성들은 임신 전과 임신중에 아들을 낳기 위해 엄청난 노력을 하는 여자들도 있고, 심지어 여아임을 알고서는 낙태를 하는 여자들도 있다. 1993년 초등학교에 입학하는 아이들의 성비가 100 : 91.8(남아 : 여아)라는 통계는 한국 사회에서의 아들 선호의 실상을 보여 준다(조남훈·서남희, 1994).

3. 중산층 여성의 "아들 출산" 경험

계급에 따라 아들 선호 현상은 다르게 실천된다(Kim, 1993 : 246-247, 311-315).

자녀의 수가 경제적인 비용으로 환산되고, 자녀 출산과 가정의 경제적 부담이 맞물리는 가족 계획 캠페인과 도시화, 산업화로 특징지어지는 한국의 경제 개발 과정에서 가난한 사람들에게 아들에 대한 선호와 아들을 낳으려고 하는 시도는 중산층에 비해 크게 가시화되지 않는다. 물론 가난한 지역의 어머니들도 아들에 대한 정서적 문화적 선호 지향을 드러내지만 경제적 부담으로 인해 없는 아들을 낳기 위한 시도는 하지 않는다고 했다. 이 글에서는 특히 중산층 여성의 아들 출산 경험에 초점을 맞추고자 한다.

인숙은 고통스러운 진통 과정을 참은 끝에 아들을 낳았는데, "아들임을 알고서는 마음이 편해졌다. 그 후에 열 손가락과 발가락을 정상적으로 가졌는지 살펴보았다"고 했다. 여자들은 아기가 태어나자마자 자신이 알고 싶었던 것은 아기가 정상인지(신체적인 장애가 없음을 뜻하는) 아닌지를 아는 것이었다고 말했다. 그러나 더 많은 여자들이 첫번째 관심사로 아기의 성별을 언급했다. 대부분의 여자들은 초산에 남아를 낳기를 바랐다. 첫아이가 남아라면, 둘째 아이의 성별을 걱정하지 않아도 되고, 아기를 더 낳지 않아도 되기 때문이었다.

미경은 현지 조사 당시 임신중이었는데, 아이를 하나만 원하는 여성들은 (자신을 포함해서) 첫아기로 아들을 낳기를 바란다고 말했다. 그렇지 않으면 아기를 또 낳아야 한다는 것이다. 그녀는 "딸보다 아들이 좋다는 건 부끄럽지만 더 이상 아이를 낳지 않고 친척들과 남편의 암묵적인 압력으로부터 자유로울 수 있기 위해서는 아들을 낳아야만 한다"고 했다. 따라서 두 자녀 이상을 원치 않는 기혼 여성 대부분에게 아들 출산은 절박한 문제이다. 남편이 장남일 경우 여성은 아들을 가져야 한다는 걱정에 더욱 시달리게 된다.

남아를 임신하기 위하여 연구 대상자들은 부부의 체질을 변화시키기 위한 민간 요법을 6개월 간 실천하거나 막내딸을 아들 취급하기, 부적 간직하기, 결국에는 여아를 낙태하는 등의 엄청난 노력을 기울이며 최선을 다한다. 기혼 여성 대부분은 남아를 임신하는 방법에 관해 알고 있으며 거의 모두가 적어도 한두 가지 방법을 알고 있었다. 많은 여성들이 입덧 정도, 배가 부른 모습, 과일과 고기 중 어떤 음식을 특히 먹고 싶은지, 태몽 등을 관찰함으로써 태아의 성별이 무엇인가를 추측하였다. 보통 이러한 방법들은 민간 요법과 관련이 있다.

첫딸을 낳고 실망했다. 남편이 아들을 원했기 때문이다. 나도 아들이었으면 하고 바랐다. 딸은 기를 때는 귀엽지만 남이 되는 반면에 아들은 활동적이고 믿을 만하다. 친정 어머니가 남편이 실망하는 것 같다고 내게 말했을 때 죄책감을 느꼈다. 그래서 둘째를 가졌을 때는 아들을 가지려고 최선을 다했다. 관계를 가지는 날짜에 나의 체온을 체크하였으며 아들을 갖게 한다는, 일본에서 수입한 약을 먹었다. 특히 체질을 변화시키기 위해 먹는 음식에도 세심한 주의를 기울였다. 남편에게는 우유를 많이 먹였고 나는 고기를 먹지 않았다. 그런데 또 여자애라는 걸 알고는 낙태했다. 세번째 임신했을 때는 태몽도 그렇고 배가 부른 모습도 딸인 것 같아 거의 낙태하려고 했다. 초음파를 통해 아들 같다는 얘기를 들었음에도 임신 내내 아기가 아들인지 딸인지 계속 걱정했다. 결국에 아들을 낳고 많은 사람들은 삼신 할머니가 내 노력에 감동해서 내게 아들을 줬다고 말했다. — 문환

문환처럼 몇몇 여성들은 양수 검사, 초음파 검사, 민간 요법에 의한 성별 판명 검사를 한 적이 있었고, 이때 딸임을 알게 되었을 때 낙태를 고려했거나 낙태를 했다고 말했다.

때때로 여성 자신뿐 아니라 임산부의 부모까지 아들을 출산하기 위한 노력을 함께 한다. 두 딸을 출산한 이후 은형이 세번째로 임신했을 때 시어머

니는 친정 부모를 통해 아들 낳는 방법 중의 하나인 수탉의 고환을 그녀에게 먹이도록 했다. 임신 초기에 수탉의 고환을 날 것으로 먹으면 태아의 성별을 남아로 바꿀 수 있다는 것이었다. 은형이 친정에 갔을 때 부모들은 재래시장에 가서 가장 비싸고 화려한 수탉을 사 왔다. 시장이라고는 한 번도 가본 적이 없는 친정 아버지가 어머니와 같이 처음으로 시장에 가서 수탉 고환을 사 가지고 왔다. 은형은 수탉의 날 고환 세 개를 소금을 쳐서 먹었다. 그 일이 너무나 힘들고 역겨웠지만, 아들을 가질 수만 있다면 더한 일도 해야 한다고 생각했었다고 말했다. 친정 어머니는 딸이 아들을 낳지 못한 것을 자신의 책임으로 생각했기 때문에 여러 모로 열심히 노력했다. 은형의 어머니는 딸의 몸이 행하는 자연적인 실천들은 친정 부모의 몸과 유전적으로 관련되어 있다고 믿고 있었다. 그래서 은형의 외할머니가 딸을 아홉 낳았는데 딸의 시집에서 이것을 문제 삼아 아들이 없는 것을 딸 낳는 집안 피의 문제로 돌릴까봐 걱정을 많이 했다.

임신하고 4개월쯤 지나서 초음파 검사를 했을 때 남아임을 확인했다. 그러나 그녀는 아들을 출산할 때까지 임신 기간 내내 아들이 아니면 어떡하나 하는 스트레스를 받았다. 만약에 아이가 딸이라면 남편이 어찌할 것인가를 두고 고민하였다. 그래서 만약에 셋째 아이가 딸이라도 더 이상 아이를 가질 수는 없다는 점을 남편에게 수차례 확인했다. 남편도 장손을 봐야 한다는 집안의 압력에 심한 스트레스를 겪었다. 남편은 시아버지가 딸만 둘 낳은 첫번째 부인을 버리고 얻은 두번째 부인에서 얻은 장손이었다.

시집과 남편의 압력말고도 이웃과 친구들의 염려 또한 여성의 아들 낳기에 영향을 끼친다. 이웃과 친구들은 아들을 낳으려는 여성의 노력에 동정적이다. 순자의 경우 태아가 아들일 것이라고 확신시켜 준 이는 이웃이었다.

그녀의 이웃은 돼지 한 마리가 순자네 집으로 들어가는 꿈을 꾸었으며 돼지는 아들을 뜻한다고 말해 주었다. 당시에 그녀는 태아가 여아인 것 같아 낙태를 고민하던 중이었다. 그녀는 100원을 주고 이 꿈을 샀고, 마침내 아들을 출산했다.

4. 아들 선호의 사회 문화적 훈육 장치

여기에서는 많은 여자들이 의식적으로 사회 문화적 권력의 효과를 자신에게 기입시키는 방식을 논의하고자 한다. 아들, 즉 부계 혈통의 상속자를 낳지 못한 여자들은 이전의 한국 사회의 여성들과 마찬가지로 가족의 대를 잇는 데 역할을 다하지 못했다고 느꼈다. 가족 내 여성들이 해야만 하는 많은 의무들 중에서 아들 낳기는 여자의 가장 전통적이고도 진정한 의무로 간주했다.

첫아들을 낳지 않았다면 시아버지가 날 어떻게 대하셨을지 상상할 수가 없다. 내가 아들을 낳았다는 소식을 듣자 시아버지는 너무 좋아하시면서 시어머니와 남편에게 친정으로 보내지 말고 빨리 집으로 데려오라는 명을 내렸다. 출산 후 하루가 지나 집으로 돌아오자 시아버지는 환영 잔치를 벌였다. 아기 낳고 일주일이 지나자 내가 이제 진짜 이 가족의 한 구성원으로 인정받고 있다는 느낌이 들었다. 시집 식구들 모두가 나를 잘 돌봐주었다. 그때는 여자로 태어난 게 진짜 기뻤다. 그런 뒤에 친정에 가서 잘 쉬라고 보내 주셨다. ― 인숙

아들 출산은 시집에서의 여성의 사회적, 심리적 지위를 변화시킨다. 은형

은 아들을 낳고 나서 자신에 대한 시집 식구들의 태도와 그들에 대한 자신의 태도가 질적으로 변했다고 말했다. 시어머니가 그녀에게 가족의 실질적이고 중요한 구성원이 되었다고 말했을 때 아들이야말로 그녀와 남편, 가족을 이어준다고 느꼈다. 그녀는 시집 식구들이 장손이라고 인정하는 아들을 통해 마침내 진정한 시집 식구가 된 것이다. 기숙이라는 또다른 여자는 아들을 낳고 시아버지가 진짜 식구로 환영해 주었을 때 아들 출산이 며느리인 자신의 의무였음을 생각하게 되었다. 그러므로 많은 여자들은 "아들은 남편 가족의 대를 잇기 위해서도 필요하지만 여자가 여자로서 책임을 다했다는 것을 시집에 보여 줌으로써 지위를 보전하는 데 더 중요하다"고 말했다.

남편 가족의 대를 잇는 것 대신에 몇몇 여성들은 그들이 왜 딸보다 아들을 선호하는지 좀더 실제적인 이유를 언급했다. 아들이 없으면 자식들이 결혼한 이후에 부부가 외롭다는 것이다. 딸들이 원한다고 해도 노후의 친정 부모를 딸이 모실 수 없다면서 아들이 자신들을 돌봐 주리라고 기대한다. 노후에 아들이 자신들을 돌보아 주지 않으리라고 생각하는 사람들도 한국의 생활 방식 때문에 아들 낳기를 고려한다. 추석, 제사, 환갑, 장례식, 결혼식 등의 많은 전통적인 가족 모임의 날들은 부계 중심으로 이루어진다. 그런 날들에는, 여자들 특히 며느리들은 가족들과 손님들을 위해 음식을 준비하고 대접해야 한다. 시집살이를 하지 않는다고 말한 한 여자도 아들 출산은 부부에게 필요한 문제이며 며느리로서의 의무이기도 하다고 말했다. 그녀는 친정 할아버지 제삿날이 시할머니 제삿날과 겹치는데, 자신은 항상 시할머니의 제사에 가야 한다는 것이다. 설과 추석에도 시집에 먼저 갔다가 밤이 되어서야 친정에 갈 수 있다. 친정을 방문할 때 사위와 마찬가지로 딸은 경제적, 육체적 부담을 지지 않지만 대신에 감정적, 도덕적 몫을 할 것이 기대된다.

여자들은 자신들이 아들이 필요하다고 생각하는 이유는 아들과 며느리가 도덕적, 사회적, 경제적으로 부모에 대한 책임을 져야 하는 우리 사회의 문화적 환경 때문이라고 본다. 딸들은 양가 부모 모두 도움을 필요로 할 때 우선 시집의 부모를 보살펴야 한다고 간주된다. 그래서 나이가 많음에도 아들을 낳기로 결심하는 여자들도 있다.

딸 셋과 아들 하나가 있다. 딸만 셋을 계속 낳았는데 더 이상 애를 못 낳을 것 같았다. 그러나 마음을 바꿔 아들을 가지려고 온갖 노력을 다했다. 친정 어머니네는 딸 하나뿐인데 외조부모님들은 딸네 집에서 편해 하지 않았고 항상 사위를 의식해야 했다. 게다가 고모들은 시집에서 하는 육체적 경제적 의무들을 친정에 와서는 하지 않았다. 세상이 변하고 있기는 하지만 난 늙었을 때 꼭 경제적인 문제뿐만이 아니라 심리적으로 사회적으로 아들이 꼭 필요하다고 생각했다. 서른 넷에 아들을 낳았다. 그 뒤에는 피곤하거나 무섭거나 그런 거 하나도 없었다. 아들 낳았다는 게 모든 것을 보상해 주었다. 아들 하나가 딸 열보다 낫다. — 선욱, 43세, 상류층 소속감을 가짐.

아들을 가졌으면 하는 남편의 바람은 여자들이 아들을 출산하려는 데 또 다른 중요한 변수로 작용한다. 은형이 아들을 낳기 전에 그녀는 아들 출산이 시부모 때문이지 자신이나 남편 때문은 아니라고 생각했다. 그러나 아들을 출산한 후에 남편이 기뻐하는 모습에서 충격을 받았다. 아들을 낳은 후 몇몇 남편들의 아내를 대하는 태도는 딸을 낳은 후와 너무나 달라서 여자들은 남편이 얼마나 아들을 원했는지를 그때 알게 되었다고도 했다. 순자의 남편은 첫딸을 낳았을 때는 아무런 관심도 보이지 않았지만 아들을 낳았을 때는 의사와 간호사들에게 선물을 하고, 1인용 병실로 옮겨 주었으며, 아들을 낳아 주어 고맙다고 했다. 아들을 출산한 많은 여자들이 남편, 시어머니 등 가족들이 의료진들에게 선물과 감사를 표했다고 언급했다.

> 내가 둘째로 아들을 낳자 남편은 너무 기뻐서 분만실로 들어와 키스하고 간호사들에게 주스며 스타킹 따위의 선물을 주었다. 남편의 키스는 병원에서 유명해졌고 간호사들은 나를 놀려댔다. 아들 낳고 나서 기뻐서 얼마나 울었는지 모른다. 난 아들 낳기를 소망했고 아들 가진 여자들을 부러워했다. — 문환

그러나 딸을 출산한 여자들은 의사와 간호사에게 선물을 주었다고 언급하지 않았다.

아들을 못 낳으면 남편이 아들을 얻기 위해 다른 여자를 만날 것 같다고 말한 여자들도 있었다. 현숙이 둘째 딸을 낳고 더 이상 아이를 갖고 싶어하지 않자, 시아버지는 남편에게 바깥에서 아들 하나 낳아 오라면서 그녀에게 화를 냈다. 그래서 그녀는 아들을 낳기로 결심했고 임신 기간 내내 태아의 성별을 걱정했다. 결국 그녀는 아들을 낳았고 당시 그녀의 남편은 너무나 기뻐하며 신생아실로 들어와 아기에게 고추가 달렸는지를 확인했다. 예전에 딸들만 있어도 상관없다고 그녀에게 말한 바로 그 남편이 이런 행위를 아내에게 보인 것이다.

5. 아들 출산에 개입하는 "정상화" 권력으로서의 의료

사회 문화적 제도 또한 아들 선호 이데올로기를 구성하는 데 공헌해 왔다.

의학이 특정 문화적 틀 내에서 실천될 때, 의료 서비스의 조직과 실행은 헤게모니를 쥔 문화적 실천에 의해 조정된다. 동시에 이러한 헤게모니는 현존하는 문화적 관습을 강화하고 재구성한다. 한국 사회에서 산부인과 의사들은 아들 선호의 필요성을 생산하고 재생산하는 데 중요한 역할을 해왔다. 남아를 임신하도록 하는 수태 방법뿐 아니라 양수 검사, 초음파 사진, 때로는 융모막 검사를 통하여 남아를 가려 낸다. 한국 사회는 다른 어떤 사회보다도 태아의 성 감별을 위해 초음파 기록을 읽는 기술이 잘 발달되었는데, 소위 이것이 사회적 필요에 따른 발전이다. 임신 후 16주 후에나 초음파를 통해 태아의 성별을 아는 것이 가능하다고 알려져 있는데도, 몇몇 의사들은 임신 초기인 12주와 14주에 태아의 성별을 읽어낼 수 있다고 했다.

임산부에게 태아의 성별을 알려 주지 못하도록 법으로 금지되어 있지만, 많은 여자들이 출산 전에 의사들의 미묘한 말을 통해 태아가 여아인지 남아인지를 안다. 보통 의사들은 태아가 남아라면 그렇다고 말을 해준다. 여아라면 여아인지 남아인지 확실하지 않다거나, 아니면 아무 말도 하지 않는다. 그러면 임산부는 여아임을 알게 되고, 두세번째 임신이라면 낙태를 결심하게 된다.

또한 의료진들이 임산부를 다루는 방식은 출산에서 무엇이 "정상"이며 바람직한가에 대한 사회적 통념을 구성한다. 남아일 때 그들은 크게 웃고, 고추가 있음을 큰 소리로 축하한다. 그러나 여아일 경우에 그들은 딸이라고 그냥 알려 주거나, 웃거나 소리치는 일 없이 출산한 여자를 축하한다. 산부인과 의사들은 딸을 출산한 여자에게 미안함을 느낀다고 말했는데, 왜냐하면 여자들이 울거나 실망한 것처럼 보이기 때문이다. 산후 조리실의 분위기는 아들을 출산한 여자에게 여성의 역할을 다한 것처럼 축하하는 것으로 여기서 아들의 사회적 가치가 재확인된다. 산후 조리실에서 아들을 낳은 여성은 환영을 받고 축하를 받지만 딸을 낳은 여자는 울거나 실망한다.

 순자는 문환과 같이 아들 낳았음을 자랑하는 여자에게 화를 냈다. 순자는 첫딸을 낳았을 때 딸을 낳았다는 것 때문이 아니라 산후 조리실의 분위기, 즉 아들을 낳은 여자는 경주에서 이긴 사람처럼 대접받고 딸을 낳은 여자는 그들의 수고가 소용이 없는 것처럼 전혀 가시화되지 않는 것 때문에 슬펐다고 진술했다. 그녀에 따르면 산후 조리실에서 아들 낳은 여자와 딸을 낳은 여자는 얼굴 표정과 주위 사람들의 축하 분위기로 확연히 구분된다는 것이다. 옥경의 친정 어머니는 딸을 낳은 그녀를 위로했는데, 친정 어머니는 같은 병실에서 아들 낳은 여자가 딸 낳은 여자들을 의식하지 않음을 한탄했다. 몇몇 여자들은 병실의 이런 분위기 때문에 딸을 낳고 울었다고 말했다. 둘째 딸을 낳은 한 연구 대상자는 병실에서 신경이 매우 곤두섰었는데, 다른 모든 여자들이 해내는 아들 낳는 일을 자신이 못한 것이 마치 불구나 병신처럼 느껴졌기 때문이었다고 했다. 접근할 수 없는 지식 권력과 비인간적인 병원 조직에 압도된 여자들은 남아를 아이의 "정상"적 성별인 것처럼 취급하는 어이없지만 어찌할 수 없는 대세를 병실에서 경험한다. 그러면서 여자로 태어난다는 것의 의미를 깨닫게 된다.

6. 딸 낳으면 울고 아들 낳으면 당당한

많은 여자들이 딸을 출산한 후 울었다고 말한다. 왜 울었느냐는 질문에 그들은 딸이 여성으로서의 모든 어려움, 특히 아이를 출산하는 고통을 자신처럼 겪어야 한다는 것이 안 돼서 울었다고 했다. 그들은 자신의 딸들이 겪어야 하는 여성으로서의 운명이 슬퍼서 울었다고 주장했다. 임신과 출산의 고통은 고통스런 여자의 운명의 가장 본질적인 부분으로 제시되었다. 그들에게 딸들이 임신을 하지 않기로 선택할 수도 있지 않느냐고 질문하자, 그것은 "정상"이 아니라고 대답했다. 대부분의 여자들이 임신을 여자로 태어난 숙명의 한 부분으로 간주하였다.

동시에 진통의 고통은 여성성의 본질적인 부분으로서 여성이 수행해야 하는 일종의 형벌로 여겨졌다. 여자들 스스로가 말하는 여성에 관한 가장 일반적인 담론 중 하나는 "여자는 죄가 많다. 그래서 고통이 많은 것이고 진통의 고통도 그런 것이다"라고 한다. 그들에게 여자가 무슨 죄를 지었냐고 질문하자 그들은 거기에 대한 분명한 대답을 하지 않았다. 그러나 "여자는 죄가 많다"는 생각은 일반적으로 들을 수 있는 말이다. 특히 여성의 죄에 관한 진술은 여자들이 아이를 출산하는 고통을 죄값으로 표현할 때 구체화된다.

딸을 낳은 모든 여자가 우는 것은 아니지만, 딸을 낳았다는 것은 분명히 여성으로 하여금 아이를 하나 더 낳을지 딸 하나로도 괜찮은지를 고려하게 한다. 여자들과 남편들이 딸들로 만족한다 해도, 그들은 아들이 없음을 걱정하는 주위의 다른 사람들과 많은 상황들에서 부딪치게 된다.

많은 여자들이 아들 출산을 그들의 성역할 책임의 완수나 성공적 수행의 증거로 언급한다. 어떤 여자들은 딸만 낳은 여자들이 아들 낳은 다른 여자들에게 일종의 경쟁 의식을 보인다고 말한다. 집단 인터뷰에서 그 모임의 대표인 순자는 "딸만 낳은 여자들에게 아들 이야기를 한다는 건 힘들다. 왜냐하면 보통 그런 여자들은 열등 의식을 갖거나 자신이 희생자라고 생각하기 때문이다. 다행히 이 모임의 여자들은 적어도 아들 하나는 가지고 있고, 그래서 우리 모임에서는 아들에 관해 자유롭게 이야기할 수 있다"고 했다.

딸만 둘 가진 한 여자는 아들을 가진 여자들이 시집 식구들과 남편에게 당당하고 자기 주장을 펼 수 있는 것 같다고 말했다. 그녀는 남편에게 아들이 없는 죄책감 때문에 남편에게 쩔쩔매는 순종적인 여자와 사는 게 얼마나 좋으냐고 농담한다고 했다. 그녀는 아들이 없기 때문에 시집 식구들에게 큰소리 낼 것이 없고, 조용히 살 수밖에 없다는 것이다. 일반적으로 아들의 출산은 시집 식구들과 기혼 여성 양자에게 모두 일종의 성공으로 여겨진다. 다른 모임에서 두 딸을 가진 경희는 아들을 꼭 낳아야 한다는 필요를 한 번도 느낀 적이 없다고 말했다. 그러자 문환은 그녀에게 "아들 가지면 인생이 얼마나 달라지는지 모르면서, 그렇게 말할 수는 없지" 하고 놀렸다. 또 다른 여자는 딸만 가진 여자들은 아들이 없어도 괜찮다고 말하며, 그들의 위치에 대해 방어적인 자세를 취한다고 말했다. 경희는 그녀가 이 모임에 참가하고 아이들에 관해서 말할 때마다 미묘하지만 분명한 메시지를 느낀다고 했다. 그것은 다른 여자들이 그녀가 여성으로서 뭔가 부족하고 안 되었다고 느끼는 것을 분명하게 전달하고 있다는 것이다. 아들 가진 여자들은 그녀에 비해 자신들이 우월하다고 생각하는 것이 분명하다는 것이다.

나는 집안에 대를 이을 아들 하나 낳지 못한 것이 죄스럽고 시아버지께 죄송해서 아들을 가졌으면 하고 바랐다. 게다가 다른 여자들은 아들 하나씩 잘도 낳는데 난 왜 못 낳나 싶어 경쟁심도 느꼈다. 그래서 태아의 성별을 알기 위해 임신중에 양수 검사를 하려 했다. 결국에는 검사하지 않고 낙태했다. 딸만 낳을 거라는 게 신의 의지 같았기 때문이다. 남편 가족과 나는 기독교를 믿는다. 시아버지와 남편은 딸들만 있어도 괜찮다고 내게 말했다. ― 수미(딸만 셋)

순옥은 수미에게 아들 없는 여자들은 딸만 있어도 만족한다는 식으로, 즉 일종의 자기 위안을 한다고 말했다. 순옥은 "아들 하나는 우리 사회에서는 꼭 필요하다"고 결론지었다. 그녀는 아들을 가지려는 여자들의 여러 일화를 들려주었다. 남양의 한 부유한 치과 의사는 부인이 43세일 때 아들을 얻었다. 그 치과 의사 남편은 다른 부인을 얻을 수도 있다고 자기 부인을 협박했다. 남편이 아들을 낳지 못한 부인을 떠날 것이라는 이러한 종류의 진술은 여자들을 가장 심각하게 괴롭힌다. 순옥과 같이 딸을 낳은 뒤 아들을 출산한 현숙과 문환은 아들에게는 딸들에게 대했던 것과는 현저히 다른 태도를 보인다. 이들은 아들에게 부여된 한국 사회의 문화적 가치를 충분히 만끽하고 있었다.

난 아들의 모든 행동이 너무 즐겁다. 아들의 사랑스러운 모습을 하루에 몇 시간씩 지켜본다. 아들이 없었더라면 인생에 자신감도 없고, 남편이 바람 피우는지 의심하면서 살아야 했을 것이다. 나는 아들을 낳아서 너무 기쁘다. 이제 다섯 살인 아이는 남편이 나와 딸들을 무시하는 권위적인 모습을 흉내 낸다. 남편이 그러는 건 싫지만, 아들의 귀여운 흉내는 너무 즐겁고 사랑스럽다. 정말 내 아들이구나 하는 느낌이 든다. ― 문환

두 아들을 가진 페미니스트라고 말하는 한 연구 대상자도 자기 여동생이 딸만 둘을 낳자 동생에 대해 우월감을 느꼈다고 고백했다. 자신의 아들이 자신이 직접 가질 수 없는 남성적 권력의 대체물로 생각된다고 했다. 또한 자신이 남편은 통제할 수 없지만 자신이 낳은 아들은 통제할 수 있다고 느낀다는 것이다. 많은 여자들이 사회적으로 재현되는 남성 권력을 그들의 작은 가부장(즉 아들)을 통해 본다. 그러면서 아들을 가진 여성들은 남성성의 사회

적 경험이 생물학적인 본질에서 연유하는 것 같다는 경험적 설명을 한다. 은형은 여아가 남아보다 출산하기 수월한데, 그 이유는 남아는 자궁에서 이미 뼈가 다 만들어져서 나오기 때문이라고 말했다. 다른 여자들이 말하는 것이 무엇인지를 그녀는 아이를 낳을 때 자기 몸을 통해 알게 되었는데, 몸으로 그녀는 남녀의 본질적인 차이를 경험할 수 있었다. 더욱이 아들과 딸을 키우면서 남녀의 근본적인 차이를 본다고 말했다. 같은 방식으로 딸을 출산한 여자들 역시 딸들의 여성으로서의 운명이 태어날 때부터 결정되어 있다고 느낀다고 했다. 여기서 여성의 해부학과 여성 젠더의 사회적 구성이 여성의 경험 속에서 섞이면서 여성이라는 범주를 구축해 낸다.

어머니들뿐 아니라 주위의 모든 사람들이 아들을 공공연하게 더 선호한다. 은형의 두번째 딸은 세 살 반이었는데, 친척들이 자신의 남동생을 가리켜 "귀한 아들"이라고 부르는 것이 무슨 뜻인지 자꾸만 물었다. 이러한 아들 선호의 태도는 결혼 내에서 여성의 정체성을 보존하는 방식이 무엇인가를 제시할 뿐만 아니라, 출생의 순간부터 기존의 젠더 관계를 재생산하는 경향을 지닌다. 한 어머니는 자신은 독립심과 남녀 평등을 강조하며 딸을 "독립적"으로 키우고 있으나, 아들을 키우는 엄마들을 보면 딸의 인생이 자신의 삶과 크게 다르지 않을 것 같아 두렵다고 했다. 아들을 키우는 여자들이 남성 중심적인 가치를 중시하는 남성으로 아들을 사회화시킬 것이고, 한국 사회에서 딸보다 아들을 더 중요하게 생각하는 문화가 빠른 시간 내에 변화될 것 같지 않다는 것이다. 따라서 이제까지와는 다른 여성으로 딸을 키우는 것도 어렵지만, 그러한 여자로 딸을 키워 내면 자신의 딸은 한국 사회에 어디서 살겠느냐고 걱정하고 있었다.

7. 맺음말

이 장은 아들을 임신하기 위한 한국 중산층 여성들의 다양한 노력과 여성들로 하여금 아들 선호에 관한 이데올로기를 구성하고 또 재생산하게 만드는 담론적 권력의 작동 방식을 기술하고, 그것의 의미를 드러내고자 하였다. 여성들은 한국 근대화 정책을 몸으로 수행하면서 아이들을 덜 낳고 생활 양식을 변화시키는 것으로 그들의 재생산 형태를 "현대화"했다. 그러나 아들 선호에 관한 실천은 가족 현대화에도 불구하고 지속되고 있었다. 아들 선호는 전업 주부뿐 아니라 직업을 가졌거나 교육 수준이 높은 전문직 여성들에게서도 찾아볼 수 있다. 이 글에서는 중산층 전업 주부 외 다른 여성들의 경험에 대해서는 다루지 못했다. 물론 이들은 아들 선호가 이론적으로는 말이 안 된다는 것을 알고 있으나, 한국 사회에서 기혼 여성으로 살아가는 한 아들을 원할 수밖에 없다고 주장한다. 많은 여자들은 이러한 아들 중심의 문화에 저항하기보다 아들을 임신하려고 노력하는 편이 차라리 현명하다고 생각한다.

아들 출산에서 여성의 행위성은 기혼 여성을 둘러싼 사회적 관계의 효과로 구성되며 담론 권력의 담지자로서 정체화하는 것에 의해 수행된다. 아들 선호 이데올로기는 다양한 메커니즘을 통하여 여성들을 "적절한" 자리에 위치시키고, 여성들끼리의 모임뿐만 아니라 시집 식구 내에서 안정적인 위치를 점하는 "기혼 여성"이라는 정체성을 여성들에게 부여한다. 여성들은 일상적 언어와 문화적 실천을 통해 기혼 여성을 호명하는 코드와 담론 내에 위치하면서 그들의 주체를 구성하는 이데올로기의 바깥으로 벗어날 수 없다.

이 글에서 논의한 내용은 한국의 여성 주체들은 그들에게 주어진 사회 문화적 환경 속에서 그들의 삶을 자신의 이해에 맞게 변화시키려는 의도와 실천을 수행하지만, 그들의 행위성은 문화의 담론적 권력에 의해 조건지워지는 행위성임을 드러내고자 했다. 즉 행위성은 독립적이고 자율적인 개인에게 속하는 것이 아니라 주체 포지션에 의해 결정된다는 것이다. 이 글에서 이러한 여성 경험을 자세하게 가시화시키는 것은 아들 선호의 이데올로기 속에서 아들을 출산하는 여성들의 주체성은, 아들 선호의 실천 밖에 있는 여성들의 경험 그리고 주체성과는 다르다는 것을 지적하고자 하는 것이다. 1990년대 중산층 여성들의 아들 선호 현상은 그들의 재생산 능력을 의식적으로 통제하고, 시집에서 요구하는 전통적인 여성의 역할을 다르게 만들어 가며, 민간 요법과 새로운 의학 기술을 활용하면서 아들 출산을 실천하는 방식으로 나타나고 있다. 그러나 이러한 아들 출산의 사회적 실천 효과는 계급이나 가족의 형태에 따라 다르게 나타난다. 예를 들면, 가난한 지역 여성들의 아들 선호의 실천은 중산층 여성들의 것과는 다르게 구성되고, 또 아들 선호가 그들의 삶에서 야기하는 이슈 또한 동일하지 않다. 중산층 여성들이 말하는 아들 선호의 문제는 다른 조건을 갖고 있는 여성들 혹은 여성주의자들과 충돌하는 지점들을 드러낸다. 소위 기존의 가부장적 "정상성"에서 볼 때, "비정상"적인 여성들인 독신 여성, 딸만 낳은 여성, 가난한 여성 등의 입장에서 보는 아들 선호에 대한 실천과 비판은 아들을 선호하는 중산층 여성들에게 적용되는 것과는 다를 수 있다는 것이다.

아들 선호를 둘러싼 여성 경험의 차이가 존재하고 그 경험을 구성하는 사회 문화적 제도 권력이 여성들에게 차별적으로 작동할 때 아들 선호는 가부장적이고 그것의 반대가 여성주의적이라는 논리는 아들 선호와 관련하여 다른 포지션을 갖는 여성들의 다양성을 획일화한다. 이러한 이분법을 넘어선 문제 의식이 아들 선호와 관련된 여성주의 담론 속으로 들어와야 한다. 아들 선호를 가부장적인 실천으로 간주하고 그것을 제한하는 여러 방식이 곧 여성주의적이라고 볼 수는 없다는 것이다. 여성주의적 입장에서 봤을 때 아들 선호의 반대 혹은 저항이 아들 선호에 대한 대안이 아니라 아들 선호를 반대, 제한하는 많은 한국 사회의 여러 방안들이 또다른 측면에서 여성들의 기회와 가능성을 제한하고 충돌하는 권력으로 작용할 수 있다. 예로서 태아의 성별을 알려줄 수 있는 의료 기술의 사용과 관련해서 봤을 때 이를 제한하는 국가 권력과 자기 몸에 대해 알 권리를 주장하는 여성주의자들의 몸의 자유/자율권의 충돌, 낙태는 찬성하지만 성별 낙태를 반대하는 것과 낙태 그 자체를 반대하는 문제들의 층위, 장자 계승의 가족 문화는 반대하지만 기존의 혈연 중심의 가족 형태는 고수하는 문제 등을 들 수 있다.

이 글은 아들 선호 실천이 한국 사회에서 장차 어떻게 변화할 것인지를 예견하는 것을 목적으로 하지 않았다. 그보다 여기에서는 담론적 권력이 여성들의 행위성을 구성하는 데 어떻게 영향을 미치는지를 보여 주려 했고, 한국 사회에서 다르게 형성된 사회적 주체들에 대해 여성주의가 다른 방식의 질문을 만들어 가야 한다는 것을 제안하고 싶었다.

20세기 후반 한국의 여성주의가 직면한 어려움은 한국 사회에서 차별적으로 존재하는 여성들의 행위성의 성운을 충분히 드러내지 못한다는 데 있다. 아들 선호 현상 그 자체에 관한 단일한 여성주의 의제는 기혼 여성들이 갖는 다층적 주체성을 밝혀낼 수 없다. 이러한 여성들의 주체성을 해체하고 다른 여성들의 삶과 연결시켜 이해할 수 있으려면 새로운 방식의 여성주의적 물음과 접근이 필요하다. 예를 들면 다음과 같은 질문들을 이론화하는 것이 아들 선호에 대한 여성주의적 해결 방안을 모색하는 것이 아닌가 생각한다. 아들을 낳는 것에 의해 여성들이 성취했던 가족 내 지위를 설명하는 대신 정서적, 심리적 위안과 안녕에 대한 여성의 권리를 어떻게 설명하고 또 가능하게 할 수 있을까, 아들이 없는 여성에게 가해지는 사회 문화적 권력과 이것에 대한 대항 담론이 생성될 수 있는 사회, 정치적 비판 공간을 어떻게 가능하게 할 수 있을까, 또한 일반적인 수준에서 이러한 현상을 여성주의 이론과 운동에 어떻게 구체화할 수 있을까를 고민해야 할 것이다.

"자녀가 몇 명입니까" 하고 물으면 자녀수가 둘보다 많은 경우 종종 여성들은 "나는 원시인이야" 혹은 "나는 여전히 근대적이지 못하고 봉건적이야" 심지어는 "국가 시책에 벗어나 국가에 죄스럽다"고 말하는 것을 들을 수 있다.

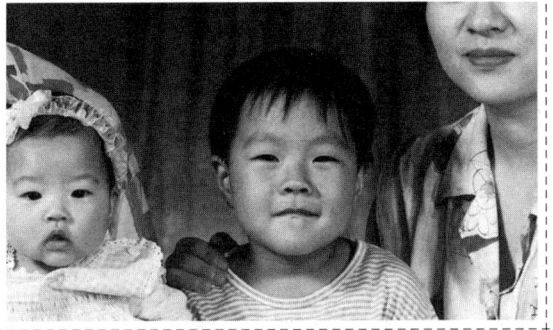

III
여성의 재생산과 국가

강력한 국가 권력 및 가부장제 문화 속에서 재생산 담당자로 규정된 여성은 몸의 경험을 통해 그 존재의 사회적 문화적 욕구를 실현할 수밖에 없기 때문에 여성들에게 몸, 특히 출산력은 여성의 모든 욕망과 존재 이유를 보여 주는 조건인 동시에 하나의 여성으로 인정되는 매개물이다. 하지만 이렇게 여성의 재생산을 여성성의 가장 중요한 핵으로 규정하는 제도적 사회적 담론은 여성의 운명성을 더욱 생물학적 규정성에 붙들어매는 정치적 효과를 또한 창출한다.

낙태시위. 우리 사회에서 낙태는 사회적 개입을 통한 재생산의 사회화와 여성들의 피임 선택 및 성 지식 획득을 규제했던 물질적 규범적 조건들을 바꾸는 것으로부터 시작되어야 한다.

7 낙태에 관한 한국 사회의 담론과 여성의 삶

1. 서론

낙태에 관한 지배적인 사회적 담론은 기본적으로 그 사회의 정치적 문화적 영향으로부터 벗어날 수 없다. 낙태를 비롯한 여성의 재생산 행위는 단지 자연의 순리에 따라 여자가 아이를 잉태하여 낳거나 혹은 없애는 임의적인 행위가 아니다. 여성의 입장에서 보았을 때 낙태는 여성들이 자신을 둘러싼 제반 사회 관계 속에서 자신의 재생산 능력을 주체적이고 의식적인 차원에서 적응시키거나 갈등한 산물로 보아야 한다.

이 글은 생물학적 재생산을 실천하는 몸의 보유자인 여성들의 입장에서 낙태를 바라보는 여성주의 시각을 구축하기 위한 하나의 시도이다. 다시 말해서 낙태 현상이 어떠한 사회 관계와 맞물려 사회적, 정치적 그리고 문화적 규범(통제) 체제 속에 여성들의 출산 조절 방법으로 통합되어 있는가를 살펴보려 한다.

이를 위해 이 장에서는 낙태를 둘러싼 한국 사회의 지배 담론이 무엇이며, 지배 담론이 기반하고 있는 사회 관계는 어떤 것인가를 밝히고, 인류학적 현지 조사에서 만난 여자들의 사례들을 통해 이러한 지배 담론이 어떤 구체적인 방식으로 여자들의 낙태 시술에 영향을 미치고 있는가를 살펴볼 것이다. 그래서 성 규범과 낙태의 물적, 사회적 기반이 어떻게 서로 관련되어 있으며, 또 이반되어 있는지를 밝힐 것이다. 또한 이러한 규범과 현실의 이반이 낙태가 시행되는 몸의 주체인 여성들에게 어떤 식으로 영향을 주는지, 또 여성의 사회 경제 참여가 늘어나는 사회 구조 속에서 낙태는 어떻게 인식되어야 하는지를 여성주의 인류학 feminist anthropology의 시각에서 모색하고자 한다.

2. 낙태와 여성의 출산 조절

낙태는 여자들이 사용한 가장 오래된 출산 조절 방법이다. 인류학자 드브뢰는 350개의 단순 사회, 고대 사회 그리고 전산업 사회를 조사한 후 낙태는 모든 사회에 존재하는 보편적인 현상이라고 보고했다(Devereux, 1967). 즉 자신의 생물학적인 재생산 기능을 조절하려는 여자들의 노력은 어느 시대 어느 사회에나 존재한다는 것이다.

우리 시대에 광범하게 퍼져 있는 신화 중 하나는 출산 조절 기술이 현대 의학의 공로라는 것이다. 그러나 의학은 1950년 이전까지 여성의 피임법을 발전시키는 데 별로 기여하지 않았다는 것이 일반적인 견해이다(Gordon, 1976 : 25). 출산 조절에 관한 방법들은 과학자나 의사에 의해서가 아니라,

임신과 양육의 담당자인 여성들이 자신의 몸을 통제하려는 필요에서 발명되고, 사용되어 왔다. 여성들은 언제 아이를 임신할 것인가를 결정하는 권한은 없었지만, 출산 조절 방법을 통해 자신들에게 행사되는 남편이나 가족, 친족 어른들의 권한을 피하곤 했다.

여러 사회에 존재하는 오래된 피임 방법들은 얼마나 많은 여성들이 자신의 재생산을 통제하려 애썼나를 보여 준다. 전통 사회에서 공식적으로 거론되던 피임 방법은 남자들이 사용하는 성교 중절법이나 콘돔이었는데, 이는 남성이 자신의 생식력을 규제하거나 성병으로부터 자신을 보호하는 방법에서 기원하였다. 여성의 피임법은 약초를 먹는 것으로, 기본적으로 그 원리는 낙태이다. 즉 월경 촉진제(통경제)로 임신된 태아의 유산을 촉진시키는 것이었다.

고든은 고대 서구 사회에서 행해진 낙태 기술이 최근까지도 미국 사회에서 시술되었고, 그것은 특히 가난한 사람들이 사용하는 비공식적이고 전통적인 낙태 방법으로 존재해 왔음을 기술하고 있다(Gordon, 1976 : 36). 그것들은 낙태를 촉진할 수 있는 다양한 약초들(예를 들어 박하, 파슬리, 고사리, 쑥 등)을 달여 마시거나, 으깬 개미, 낙타 입거품, 검은 사슴의 꼬리털, 곰의 지방을 녹인 것, 송진, 해리 기름, 못의 녹물 등을 먹는 것 등인데, 이런 방법들은 직접적으로 태아를 낙태시키지는 못해도, 몸에 독이 들거나 혹은 소화기에 장애가 생겨 결과적으로 낙태를 가능하게 했다. 또 자궁 속에 기구나 화학물을 집어넣는 방법도 쓰였는데, 효과적이긴 했지만 여성의 몸에 가해지는 위험 부담이 아주 높았다.

그 밖에도 외부적인 충격을 주어 태아를 없애는 방법을 쓰기도 했다. 심한 운동을 하거나, 무겁고 힘든 일을 하고, 나무에 기어오르기, 뜨거운 물에 몸을 담그거나 높은 데서 뛰어내리기, 태아를 자궁벽에서 떼어내기 위해 몸을 학대하는 행위 등이 많은 사회에서 시도되어 왔음이 보고되었다(Devereux, 1967 : 123-137). 오늘날에도 이런 행위들은 단순 사회와 선진 사회, 그리고 우리 사회에서 부분적으로 행해지고 있다.

낙태를 포함한 출산 조절(산아 제한)이 항상 사회적으로 규제되어온 이유는 인구 규모에 대한 사회적 관심과 여성의 성적 그리고 모성적 역할 때문이었다. 남녀의 사회적 지위가 동등하지 않은 사회에서 여자들은 자유로이 출산을 조절할 수 없었고, 출산 조절 금지는 여성의 성을 통제함으로써 여성 종속을 강제하는 수단이 되어 왔다. 가부장제 사회에서 출산 조절 금지는 남성 우위를 강조하는 수단이었지만, 동시에 부분적으로는 남성의 성적 행위에 대해 책임을 물을 수 있는 근거가 되어 남녀가 불평등한 사회에서 여자를 보호하는 수단으로 작용하기도 했다.

낙태에 관한 사회적 논쟁의 역사가 긴 서구에서 낙태에 관한 사회 문화적 규제는 자기 아이를 살해하는 여성의 이기성과 죄에 그 초점이 맞추어져 있었다. 이는 여성의 가장 바람직하고 자연스런 완성태는 모성이라는 가부장제 규범에서 비롯된다. 대부분의 사회에서 모성은 생물학적이고 사회적 이념적 측면에서 그 당위성과 책임성 그리고 신성성이 규범화되어 왔다(Rich, 1986). 즉 임신과 출산, 수유하는 여성의 생물학적 기능은 아이를 양육하는 적합한 성 gender의 자연적 토대로 인식되고, 체계적인 사회 내 성별 분업의 기본 조건으로 변형되어 모성 이데올로기를 일상화시켜 왔다는 것이다. 따라서 사회 성원을 재생산하는 생물학적, 사회적 의무를 지닌 여성의 모성성은 더 나아가 사회의 지배 규범과 도덕을 수호하고, 또한 그로부터 규제를 받아야 하는 여성의 성 gender의 핵심으로 정의된다.

출산에 대한 서구의 경험은 출산 간격을 조절하고 적당한 수의 자녀를 갖고 싶은 욕구에서 발생하는 낙태와 안전한 피임에 대한 여성들의 요구가 모든 계급의 여성들에게 공통적이었다는 것을 보여 준다(Gordon, 1976 : 70). 따라서 출산 조절에 관한 여성주의적 이론과 실행은 계급보다는 더 기본적인 여성의 생물학적 조건의 규정성과 관련된 사회 관계로부터 나왔다. 여기서 여성의 생물학적 규정성은 임신과 출산이 여성의 몸을 매개로 하여 여성의 몸에서 일어난다는 단순한 생물학적 특성의 반영이라기보다는, 사회 문화적 제도에 의해 매개되는 생물학적 규정성을 의미한다. 이렇게 매개된 생물학적 규정성 즉 그 핵심은 모성이다. 모성은 모든 사회에서 여성들의 억압과 사회적 제한성의 원천이자, 사회 내에서 모성에 부여하는 한정된 여성 권력의 원천이었다(Ortner, 1978 ; Rich, 1986 ; Luker, 1984).

3. 낙태[1]에 관한 한국 사회의 지배 담론

낙태는 우리 사회에서 법적으로 금지되어 있음에도 불구하고 광범위하게 시행되고 있다. 우리 나라에서 낙태는 모자 보건법에 근거한 몇 가지 사유에 한정, 허용되고 있지만 거의 모든 의료 기관에서 시술하고 있으며, 산부인과 개업의의 주요 수입원이라는 것이 일반적인 상식에 속할 정도이다. 어쨌든, 낙태는 원하지 않는 임신을 조절하는 일종의 효과적인 출산 방지 방법으로

---

1) 이 글에서 사용하는 낙태는 인공 유산을 의미하는 것으로 여기서는 인공 유산과 낙태를 같은 의미로 쓴다.

현재 광범하게 인정되고 있다. 또한 낙태를 시술하는 많은 여성들은 시술시 사회적 심리적 갈등을 경험하긴 하지만 낙태가 법적으로 금지되어 있다는 사실조차 모르는 경우가 대부분이다.

우리 사회에서 낙태를 규제하고, 낙태 시술에 영향을 미치는 중요한 지배 제도는 법과 출산 조절 방법의 분배와 의료 서비스 체계 그리고 정부의 출산 정책이다. 아래에서는 이들 각 제도들이 어떠한 기반 위에서 각각의 제도적 규제력을 구축하고 행사하고 있는지를 살펴보겠다.

(1) 성풍속 유지 기제로서의 낙태법

현행 낙태법이 초기에 입법화되는 과정에서 가장 중요한 논거가 된 측면은 성풍속의 유지였다.2) 낙태법 초안의 배경에는 낙태를 살인과 비견될 수 있는 범죄로 인정하는 인도주의적인 측면과, 인구학적 차원에서 어느 정도 힘이 있는 국가가 되기 위해서는 적정 수의 인구가 필요하다는 인구 정책 차원의 문제 의식이 있었다. 하지만 실제 낙태법이 입법화된 1952년의 상황에서 가장 결정적인 근거로 제시된 것은 성풍속 유지의 측면이었다. 이에 대해 신동운 교수는 첫째 전통적인 도덕률을 유지해야 하고, 둘째 전시 상황을 겪은 신생 독립 국가에 성풍속 확립 의지가 필요하고, 셋째로는 간통죄를 처벌하기로 결의했기 때문에 성풍속 유지라는 틀 속에서 낙태의 처벌이 논리적이라는 이유가 낙태법이 입법화된 주 근거라 기술하고 있다.

---

2) 법적 근거 및 입법화 과정에 있었던 토론과 논거 제시에 관한 자료는 모두 신동운 교수의 「낙태죄에 관한 연구」(1991년 3월 25일, 한국 형사 정책 연구원) 발표문에서 인용하고 참고하고 있음을 밝힌다.

낙태를 성풍속 문란과 연관시키는 이러한 사고는 우리 사회에서 낙태를 논하는 기본 틀을 형성한다. 즉 낙태를 법적으로 규제함으로써 혼인 밖에서 임신한 여성들이 낙태로 그 해결을 찾는 부도덕한 성을 통제할 수 있어서 전통적인 성풍속을 유지할 수 있다는 것이다. 여기서 혼인 밖의 성은 미혼 여성의 성을 의미하는 것으로 여성의 성은 사회 도덕의 기준이라는 규범 의식이 전제되어 있다. 따라서 낙태법에서는 성규범 이탈로 발생한 미혼 여성의 도덕적인 방종과 무책임이 크게 부각되고 있다. 하지만 낙태에 관한 이런 사고는 실제로 우리 사회에서 낙태가 누구에 의해 왜 광범하게 시술되고 있는가 하는 현실을 거의 무시한다. 낙태법은 마치 낙태가 주로 미혼 여성들에 의해 시술되고, 기혼 여성들은 낙태를 통해 원하지 않은 임신 조절을 거의 하지 않는다는 현실을 전제한다. 하지만 낙태는 우리 사회에서는 아직도 미혼 여성보다는 기혼 여성들에 의해 더 많이 시행되고 있고 역사적으로도 그리고 비교 문화적으로도 그렇다.

그러나 오늘날 미혼 여성들의 낙태 역시 광범하게 시술되고 있고 또한 증가하고 있다. 이런 현실 속에서도 낙태 금지법에 함의되어 있는 낙태와 미혼 여성의 일탈적인 성을 연관시키는 규범적 사고 역시 우리 사회에서 여전히 영향력을 갖는다. 이는 재생산과 성의 분리가 일어나고 있지만, 동시에 재생산과 관련되지 않은 여성의 성은 사회 문화적 그리고 심리적 규제의 대상이 되는 "부자연스러운 성"이라는 규범적 제재력이 여전히 존재함을 보여 준다. 여성들은 "혼전에 낙태할 때는 건강을 해친다는 생각이나 죄의식보다는 사회적으로 창피하고 남들이 알면 어떻게 할까 하는 두려움 때문에 병원에서 간호사나 의사에게 더 위축되고 심적 부담이 컸었다. 그런데 결혼 후 낙태시에는 "내가 조심성이 없었다는 생각이 있긴 했지만 당당해졌다"고 말한다. 이러한 담론에서도 낙태는 그 자체가 문제가 아니라 혼인하지 않은 여성이 성행위를 했다는 사실 때문에 문제가 되고 있음을 알 수 있다. 그러나 미혼 여성의 성에 관한 사회 심리적인 통제를 통한 낙태 규제는 여성의 성이 합법화되는 결혼이라는 제도 내에서 일어나는 광범한 낙태에 대해서는 전혀 기능하지 않는다. 이는 낙태법이 낙태 현상 그 자체를 문제 삼기보다는 혼인 밖의 여성의 성을 규제하겠다는 성 통제 규범임을 보여 준다 하겠다.

(2) 태아 생명과 태아의 환자화

여성의 성 통제 측면을 강조하던 낙태법은 여성의 성, 특히 기혼 여성의 성을 재생산과 분리하는 가족 계획 정책이 1960년대부터 시행되고, 1970년대 모자 보건법이 제정되어 부분적인 차원에서 합법적인 낙태가 허용되면서 실제 현상과의 괴리가 더욱 커졌다. 즉 결혼 내에서 광범하게 나타나는 낙태에 대해서는 그 규제력을 완전히 상실하게 된 것이다. 따라서 법적 규제와 상관없이 낙태가 원하지 않는 임신을 조절하는 방법으로 정착하였고, 기존의 낙태법은 사문화되어 폐기되든가 아니면 새로운 담론으로의 변형이 불가피하게 되었다. 낙태에 관한 규범적 담론은 여전히 정서적으로는 미혼 여성들의 성을 통제하는 역할을 수행하지만, 산업화를 통해 여성들의 사회 참여가 증가하고 서구화의 영향으로 성 규범이 바뀌면서 낙태를 금지하는 현실적 규제력을 행사할 수가 없었다. 대신 새로운 과학적 논의 양식이 첨가되었는데, 최근에 논의되는 태아 생명에 관한 담론이 그것이다.

1985년 대법원은 낙태된 태아가 살아 있었음에도 불구하고 방치하여 죽게 한 의사를 형사 처벌하면서, 법적으로 보호하는 인간의 생명 범주에 태아를 포함했다.

> 인간의 생명은 잉태된 때로부터 시작되는 것이고 회임된 태아는 새로운 존재와 인격의 근원으로서 존엄과 가치를 지니므로 그 자신이 이를 인식하고 있는지 또 스스로를 방어할 수 있는지에 관계없이 침해되지 않도록 보호되어야 함이 헌법 아래에서 국민 일반이 지니는 건전한 도의적 감정과 합치되는 바이다(1985. 6. 11. 84도1958대법원판례집 33권 형497(500), 신동운 29쪽에서 재인용).

즉 낙태법의 존치는 그 논거가 여성의 성 통제를 통한 사회의 규범 준수라는 담론에서 이제 태아의 생명을 보호하여 생명과 인간을 중히 여기는 인권 준수에 관한 규범으로 변화되고 있다. 태아에 관한 새로운 생명 담론은 매우 추상적이고 모호한 수준이다. 그러나 매우 모호하고 모순적인 생명 담론은 그 담론을 수행하는 자들의 사회적 지위를 업고 여성들에게 영향력을 행사하고 있다. 여성들은 "기형아를 낳느니, …상황에서는 나는 낙태를 할 것이다", 혹은 "이제 애를 안 낳을 건데, 다시 임신되어 낙태하게 될까봐 두렵다"는 말을 하면서, 동시에 "설사 여러 가지 이유 때문에 낙태를 했지만, 생명을 없애는 낙태는 죄이다. 그래서 죄의식을 느낀다", 혹은 "태아는 생명체이기 때문에 낙태하면 안 된다"는 이야기를 한다. 이러한 행위와 진술 사이의 모순에 대해 여성들은 "이상적으로는 생명을 보호해야 하지만 각각의 처지는 낙태를 할 수밖에 없다"고 설명한다. 이는 생명 담론이 우리 사회에 도입되고는 있지만 아직까지는 우리 사회에서 낙태를 실제적으로 규제하는 이론적 현실적 틀이 되고 있지는 않다는 진술이기도 하다.

이 글은3) 태아 생명과 죄의식에 대한 최근 우리 사회의 담론은 개별적 영혼의 개념을 지닌 서구의 인간관의 영향, 특히 미국 낙태 논쟁의 영향이라 본다. 현재로서는 한국 사회의 태아 생명 논의가 어떤 기원과 경로로 활발해 지고 있는지 알 수 없지만, 우리 사회에서 태아에 관한 의학적 지식과 태아를 경험적으로 인식할 수 있는 의학적 기술이 보급되고 산전 관리에 대한 중요성이 사회화되면서 태아의 생명에 관한 논의가 구체성을 띠고 있다. 그리고 이러한 상황은 태아를 통해 여성의 몸이 규제되는 새로운 권력의 장이 되고 있다. 즉, 신생아학이나 초음파에 의한 태아 영상화의 발전, 산전 진단, 인공 수정, 태아 모니터 기술, 그리고 태아 진단학 등의 눈부신 발전이 태아를 의료의 대상으로 끌어들이면서 태아에게 의학적 의미의 인격 person-hood을 부여하고, 사람이란 개념을 확장시키고 있다. 게다가 현재 의료 기관에서 시술되는 낙태 장면에서 보이는 태아의 움직임이 초음파를 통해 이미지로 가시화되면서 낙태가 인격적인 개인인 태아 생명을 파괴하는 행위라

---

3) 최근 여러 논자들은 여성들의 이러한 생명론 혹은 죄의식은 태아의 생명을 하나의 인격체로 보는 한국의 전통적인 생명 사상에 기인하고 있고, 이를 우리 전통의 도덕성이라 논하기도 한다. 그러나 최근에 대두하고 있는 태아 생명론에 대해, 이 글은 다른 견해를 취한다. 태아를 중히 여기는 우리의 전통 사상은 최근에 대두하고 있는 개별적인 인격체로서 태아 생명을 존중하는 시각과는 근본적으로 그 뿌리가 다르다고 본다. 우리의 전통적인 윤리 규범은 집단이나 가족 중심이였지, 개인 중심이 아니었다. 따라서 개인의 권리는 가족이나 사회의 권리에 종속되었고, 문헌들은 부모가 자녀의 생사 권리에 행사하는 사례 등을 보여 주기도 한다. 출산이나 태아는 가족의 책임과 권리하에 있는 사회적인 문제였지, 종교적이며 철학적인 것이 아니었다. 따라서 낙태된 태아에 대한 우리 문화의 정서는 가족 혹은 집단 성원이 될 수 있었던 가능성에 대한 상실에서 오는 회한 혹은 한으로 표현되는 살아 있는 사람들(여성 혹은 가족) 중심의 느낌이였지, 개별적이고 독립적인 영혼으로 간주되는 기독교적 개인주의에 기반하는 서구의 생명 담론에서 말하는 죄의식이나 죄책감과는 다르다.

는 메시지가 일반인들에게 전달되기도 한다.

  그러나 아직 우리 사회에서는 이러한 의학적 담론이 제시하는 태아의 형상화된 사회 관계 constructed social relations를 비판적으로 읽어 내려는 대응은 거의 없다. 즉 태아는 사회 공간 속에 자율적으로 존재하는 유기체가 아니라 영양을 공급하는 탯줄, 여자의 자궁과 몸이 없이 그 자체로서는 아무 것도 생명을 경험할 수 없다. 초음파를 통해 제시되는 태아 이미지나 모니터로 영상화되는 태아의 이미지는 우주 공간에 혹은 마치 사회 속에 자율적으로 존재하는 개체처럼 태아를 재현한다. 여기에서는 누가 어디에서 태아를 어떻게 왜 이미지화를 했는가 하는 문제와 어떤 방식으로 태아의 움직임과 모습이 해석되고 있는가 하는 점이 전혀 고려되지 않는다. 이제 임신에 대한 관리가 여성이나 가족의 영역에서 산부인과 전문의의 영역으로 넘어가고 있고, 임산부가 아니라 임신 자체가 의료의 주 대상이 되면서 임신은 여성의 몸이 아니라 의료 기술 장치에 종속된다. 이미지를 통해 태아의 움직임 혹은 태아의 살아 있음, 곧 생명을 본다는 새로운 경험은 태아와 임신한 여성과의 관계를 새롭게 구성해 내는 효과를 낳는다. 다시 말하면 태아를 임신한 여성의 몸으로부터 분리시켜 새로운 주체로 느끼게 만든다. 태아가 가시화되고 의료 체계 내에서 독립적인 의료적 인격을 부여받게 되면서 임신 관리는 태아 관리로 변화되고, 임신한 여성의 몸은 지워지면서 태아의 컨테이너가 되어 버린다. 태아를 새로운 생명/인격으로 포섭해 내는 의료 담론은 대신에 여성의 몸, 자궁을 고착된 컨테이너로 설명해 내면서 모성을 생물학적 규정성 속에서 재정의해 낸다. 그리고 출산과 모성을 가부장제 사회 규범 속에서 새로운 형태로 재구축하고 관철시키는 또다른 계기를 의료 속에서 창출한다.

(3) 출산 조절에 관한 국가 정책 및 서비스 분배 체계

사회적 환경은 여성의 출산 조절 방법에 물질적 기반을 제공한다. 여기에 관여되는 중요한 것으로는 국가 정책 그리고 의료의 접근성을 들 수 있다. 서구에서 출산 조절의 사회적 수용은 성과 재생산에 관한 여성들의 자기 결정권 운동을 통해 사회 내에서 쟁취, 수용, 발전되어 왔다. 그러나 우리 사회에는 여성의 재생산을 둘러싼 제반 정치적 억압을 타파하려는 여성들의 조직적 운동이나 투쟁은 없었다. 우리 사회에서 기혼 여성들이 선택하고 있는 출산 조절 방법들은 조직화된 여성들의 요구에 의해서라기보다, 국가가 근대화를 추구하는 과정에서 근대화를 수월하게 수행케 하는 수단으로 인구 조절 정책을 채택하면서 주어진 것들이다. 1960년대부터 국가적인 차원에서 가족 내 자녀수를 조절한다는 가족 계획 정책은 여성의 입장에서 봤을 때 혼인 내에서 성과 재생산의 분리를 사회적으로 인정한 최초의 공식적인 담론인 동시에 거기에 상응하는 물적 기반을 국가가 제공한 실질적인 출산 조절 서비스 체계였다.

한국 사회에 낙태가 만연한 사회적 이유로 많은 사람들은 가족 계획 정책의 시행을 든다. 즉 "애를 적게 낳자" 혹은 "애를 그만 낳으라"는 국가적 차원의 홍보와 여러 정책적 지원이 원하지 않는 임신이나 합법적이지 않은 임신을 낙태하는 법적 근거를 제공했고, 태아 및 인간 생명에 대한 경시 사상을 국민에게 주입시켰다는 것이다. 즉 미혼이거나 기혼인 여성들이 아무런 죄의식이나 책임감 없이 정부의 가족 계획 정책하에서 산아 제한의 한 방법으로 낙태를 사용하게 되었다는 것이다.

그러나 이러한 논의는 기본적으로 여성의 출산 조절이라는 문제를 여성들이 주체적으로 자신의 삶이나 사회 관계를 조직화하는 방법으로 조명하기보다는, 여성들을 단순하게 사회 제도의 종속자 혹은 "사회적 유아"로 보는 남성 중심적 그리고 제도 우위적 시각을 노정하는 것이다. 이 글에서는 이제까지 한국 사회에서 동의어로 사용되어온 가족 계획의 "인구 조절 population control"과 재생산 담당자인 여성이 주체가 되어 자신의 출산 능력을 통제하는 "출산 조절(산아 제한) birth control"을 두 개의 다른 정치적 실천으로 간주한다.

인구 조절은 경제나 교육 등 사회의 제반 자원이 많은 인구를 부양할 수 없다는 논리에서 근대화의 한 프로그램으로 실시되었다. 인구 조절책은 여러 가지의 산아 제한 혹은 피임법을 보급하고 제공하여 왔지만, 여자들의 재생산 사회 관계에 대한 전반적인 고찰이나 여성의 출산 조절 욕구를 수용한다는 문제 의식에서 출발하지 않았다. 기존의 남녀 성별 체계의 구조를 그대로 둔 채 여자들에게 근대적인 출산 행위를 실천케 하는 것이었을 뿐이다. 따라서 가족 계획은 재생산 담당자로서의 여성을 "적은 수의 자녀를 잘 기르는" 근대적 모성으로 새롭게 규정했지만, 여성들의 출산 조절의 자율성을 신장하는 방법으로 진행되지는 않았다.

가족 계획 정책에서 보는 여성의 재생산 능력은 사회가 갖는 출산력인 인구 재생산을 의미하는 것이었고, 여자들의 출산력은 하나의 집단으로서의 여성이 지닌 모성 능력을 의미했다. 따라서 인구 조절로서의 가족 계획 사업은 사회적인 차원에서 여성의 출산력을 통제하는 방식으로 전개되었을 뿐, 출산 주체자가 자신의 재생산 능력에 대한 개인적인 통제를 증진시키는 방향으로 전개, 발전되지는 않았다. 개인의 권리 신장이 근대성의 핵심을 이루는 서구와 달리 집합적 혹은 제도적 생산성의 증진이 근대화 과정의 중추를 이룬 우리 사회에서는 여성의 출산력 통제 역시 같은 맥락에서 인구 조절의 효율성을 극대화하는, 근대화의 한 프로그램이었다. 따라서 국가에서 추천한 출산 조절 방법은 의료 기관에 종속되어 수동적인 수혜자가 될 수밖에 없는 영구 피임 방법인 난관 수술이나 자궁 내 장치(IUD), 혹은 남성에게 의존해야 하는 콘돔이 주였다. 그러나 여성 중심의 출산 조절 자유를 쟁취하려는 사회적 시도가 전혀 없던 우리 사회에서는 과잉 인구를 조절하고 질적으로 관리된 인구를 재생산한다는 경제학적 그리고 우생학적 차원의 인구 정책은 출산 조절과 아무런 구분 없이 일반인들에 의해 사용되고 수용되었다.[4)]

가족 계획은 출산과 성의 분리를 함의하고 있었지만, 이는 결혼이 매개된 여성의 성과 재생산에 국한되어 있었다. 가족 계획 정책은 미혼 여성은 무성적이어야 하고, 그들의 성은 부자연스러운 것이라는 한국 사회의 성 규범 위에 구축되어 있었다. 이런 의미에서 소자녀 출산을 사회적으로 강제했던 가족 계획 정책은 기혼 여성들에게 낙태를 자녀수 조절을 위한 한 방법으로 선택케 하는 사회적 근거를 제공했다. 하지만 전통적인 가부장제 규범 위에

---

4) 가구 경제가 중심이 되는 전산업 사회에서는 높은 출산력이 사회적으로 권장 수용되었던 반면에 산업 사회에 들어오면서 낮은 출산력이 권장되는 새로운 경제적 사회적 토대가 형성되기 시작한다. 산업 사회에서의 도시화 그리고 임금 노동자화는 전통적 가구 경제를 해체시키고, 자녀들이 기여하는 경제적 기여도를 감소시켰다. 대신 도시화는 도시의 임금으로 생활을 해야 하고 또 아이들을 도시의 직업인으로 교육시키기 위한 재생산비가 가정 경제에 새로운 부담이 되는 상황을 맞게 되면서 모든 계층에 소자녀의 욕구를 초래했다. 이러한 필요성과 욕구를 가진 가구에 소자녀 가족과 가정 복지라는 이념을 내세운 한국 가족 계획 사업은 근대화의 한 프로그램으로 효과적인 성과를 거둘 수가 있었다.

서 시행된 가족 계획 정책은, 변화된 사회 상황 속에서 혼인이 매개되지 않은 채 원하지 않은 임신을 할 가능성이 있는, 결혼하지 않은, 많은 여성들에게 적절한 성교육이나 출산 조절 서비스를 위한 어떤 채널도 제공하지 않았다. 그로 말미암아 미혼 여성들의 원하지 않은 임신은 성적 방종의 결과라는 사회적인 비난을 받으면서 계속되는 낙태로 해결될 수밖에 없었고, 이는 많은 여성들의 육체적 정신적 건강을 해치는 결과를 초래했다.

4. 현지 조사에 나타난 여성의 삶과 낙태

낙태를 하는 사람들이 낙태를 보는 기본적인 시각은 원하지 않은 출산을 조절하는 행위이다. 그런데 낙태를 반대 혹은 비난하는 사람들은 이러한 여성들의 시각을 "책임지지 못할 행위를 한 여성들의 무책임과 성적 방종"으로 바라본다. 이러한 비난에는 여성의 재생산과 성은 여성 개인의 책임과 권한 내에서 행사되는 사적 영역이라는 의미가 함축되어 있다. 그러나 여성의 재생산이나 성은 사회가 규정한 사회 관계 내에서 사회적 적합성을 갖는 것이고, 낙태는 여자들이 이러한 사회 규범 속에서 자신을 그것에 적응시키는 하나의 방법이다. 여성은 단지 자연의 순리에 따라 임신을 하고 출산을 하는 것이 아니다. 여성은 그들을 둘러싼 물질적 조건(피임 기술, 그것의 접근 가능성, 의료 자원의 배분과 재정적 능력, 여성의 사회적 참여, 경제 상태 등)과 사회적 관계망(배우자나 성적 파트너, 기존 자녀의 수와 성별, 친족, 이웃, 가족 성원, 피임 기술 정보 제공자 및 의료 상담자, 고용자, 교회, 국가 등)이 부여하는 재생산 과정의 한계 내에서 임신을 하고 출산을 한다.

내가 1984-1987년 농촌 현지 조사시 만난 여자들은 적당한 피임 방법이 없던 1960년대 1970년대 초기에 자신들이 출산력을 조절하기 위해 어떤 노력들을 했는가를 기술하곤 했다. 여성들의 사회 경제적 지위나 근대적 의식이 출산 조절의 방법을 이용하는 데 영향을 주기는 하지만, 여성의 생물학적인 조건이 여성의 삶을 규정한다고 인식하는 데에 사회 경제적 차별성은 큰 영향을 주는 것 같지는 않았다. 그들은 끊임없이 되풀이되는 임신과 자녀 양육으로부터 자신의 운명을 관리하기 위해 공식 비공식의 의료 채널을 이용하여 서너 번의 낙태를 시도했던 경험들을 갖고 있었다. 게다가 외국에서 들어왔다는 피임약이나 통경제 등을 사용한 경험, 그리고 애를 뗄 수 있다고 구전으로 전해지는 민속 방법인 약초를 달여 먹거나, 간장 그리고 엿기름을 먹는 등 다양한 방법을 사용하면서 40대, 50대에 이르고 있었다. 자신의 출산력을 통제할 수 있는 다른 대안이 없었기 때문에 그 외에도 심한 노동을 하거나, 나무에서 떨어지거나, 언덕에서 구르는 등 주위에서 얻은 정보들에 의존하여 위험한 유산 시도들을 하곤 했다. 이런 상황에서 국가가 적은 수의 자녀관을 홍보하면서 여성들에게 제공한 가족 계획 서비스 사업은 생물학적 재생산의 운명을 극복하려는 이들의 노력을 한결 수월하게 만들었다.

 1980년대에 실시된 여러 실태 조사는 우리 나라 여성들의 높은 낙태(인공 유산)율을 보여 준다. 1989년에 실시한 농촌 지역 여성들의 건강에 관한 조사는 조사 여성 565명 중 32%가 낙태 경험이 있음을 보여 주고 있고(도시 지역은 53%)[5], 인구 보건 연구원의 자료(1989)는 52%, 형사 정책 연구원의

---

5) 새생명 사랑회 · 순창 농민 상담소, 1989, 「순창군 여성 농민의 임신, 출산과 건강에 대한 실태 조사 보고서」.

자료는 36%(심영희, 1991)가 낙태를 하고 있음을 보여 주고 있다.

이 글에서는 1990년 P시에서 행한 현지 조사 자료를 바탕으로 여성들의 삶에서 낙태가 어떤 맥락으로 자리잡고 있는가를 제시하려고 한다.6) 중산층 여성들의 경우 30명 중 20명이 낙태를 했다고 대답했고, 일하는 여성(혼전에는 모두 생산직 노동의 경험을 갖고 있다)들의 경우는 14명 중 10명이 낙태 경험이 있다고 대답했다. 이 두 집단에서 보이는 낙태 현상은 이들의 삶의 경험이 다른 것만큼이나 낙태를 경험하는 이유와 경로가 달랐다. 또한 이들의 경험은 낙태가 여성들이 처한 사회 경제적 상황과 밀접한 관련이 있다는 것을 보여 준다. 또 여성의 성 통제 규범에 기반한 피임 방법의 사회적 분배 체계가 우리 사회 여성들의 새로운 삶의 양식과 얼마나 유리되어 있는가를 보여 준다.

중산층 전업 주부 집단의 낙태는 대부분 결혼 후 일시적 피임의 실패로 "원하지 않는 임신이 됐을 때", "더 이상 자녀를 원하지 않아서", "자녀를 양육할 사회 경제적 형편이 못 되기 때문에", "여성의 건강이 안 좋아서", 혹은 "감기약 등을 먹어서 기형을 낳을까봐", 그리고 "태아 감별을 했더니 여자 아이여서" 등의 이유로 시술된다. 그리고 이들은 혼전의 낙태에 대해서는 사실 여부를 분명하게 밝히지는 않지만, 결혼 후 이들이 시술한 낙태는 성 규범이나 모성 역할에 전혀 모순되는 행위가 아니라고 인식하고 있다. 즉 이들은 그들 가구의 소득으로는 자녀 양육비의 충당이 어려워서, 또 적은 수의 자녀를 질적으로 잘 보살피기 위해, 그리고 가계를 이을 아들을 낳기 위해 낙태를 선택한다. 물론 여기에는 많은 수의 자녀를 낳는 행위, 그리고

---

6) 여기서는 낙태에 관해 심층 면접을 했던 44명의 사례에 국한하여 논의를 전개한다.

양육하는 부담이 여자의 몫인 상황에서 적은 수의 자녀를 낳겠다는 여성들의 욕구가 결합되기도 한다. 하지만 중산층 주부들의 낙태 선택은 여성이 자신의 삶을 위해 생물학적 운명을 조절하겠다는 차원보다는 남편이나 다른 가부장제 사회 관계에 종속된 조건 속에서 기존의 성별 분업 체계를 새로운 사회 경제적인 상황에 재적용시키는 적극적인 방안의 모색 결과이다.[7]

반면에 노동 계층의 기혼 여성들인 경우는 낙태 및 재생산에 관한 물적 기반 자체가 다르기 때문에 혼전 낙태니 혼후 낙태니 하는 문제가 여기서는 적용되지 않는다. 우선 대부분의 일하는 여성들은 동거로부터 결혼 생활을 시작한다. "같이 벌어 한번 잘해 보자"는 마음으로 시작하는 동거는 이들에게 두 개인의 경제적, 사회적, 정서적, 성적 결합과 책임을 의미하는 것이지만, 이들은 전통적인 규범에 준하는 결합 과정을 밟는 것은 아니다. 이들은 애들을 낳고 나서 결혼식을 했거나, 결혼식을 올리지 않은 상태에서 같이 사는 것이 보통이다. 처음부터 사회적, 법적 혹은 가족의 인정을 기반으로 동거가 시작되는 것은 아니다. 하지만 동거 생활 역시 기존의 성별 분업 체계 위에서 유지되기 때문에 기본적으로 결혼에서와 같은 남녀 관계 그리고 역할 분담 구조를 갖는다. 이제 생산직 노동 계층의 이런 동거혼은 어느 정도 동료나 친지들에게 이해되고 현실적으로 받아들여지고 있는 실정이다. 따라서 이들의 동거 생활이란 경제적인 이유 때문에 식을 올리지 않았고 살림살이가 허술할 뿐이지 결혼 생활에 다름 아니다.

이들의 동거는 남녀 모두가 직장 생활을 하면서 시작된다. 하지만 우리

---

7) 중산층의 취업 기혼 여성의 경우는 본 사례에서 보이는 것보다 여성의 삶을 위한 자기 결정과 가부장제 사회 관계와의 갈등이라는 측면이 낙태를 통해 더 강하게 부각되리라 본다.

사회에서 이들에게 성 지식이나 임신 조절에 관한 정보를 제공하는 제도적인 채널은 없다. 게다가 제도적인 혼인을 하지 않은 여성들이 적극적으로 피임에 대해 누구에게 물어본다거나 준비를 하는 것 자체가 문화적으로 금시기된다. 따라서 성은 "남자가 주도하는 것"이라는 지배 성 규범하에서 남자가 피임을 하지 않는 한, 동거가 시작되면 임신이 되고, 상황은 곧 낙태를 하든가 아니면 여자가 회사를 그만두고 애를 낳는 상황으로 전개된다. 실제로 이들이 성관계를 시작하면서 피임을 하거나 임신 가능성에 대해 신경을 쓴 경우는 한 사례도 없었다. 보통 피임법에 대해서 알고 있거나 피임에 신경을 쓴다는 사실 자체가 "순진하지 않은 여자" 혹은 "이미 성 경험이 있는 여자"로 오인될 소지가 있고, 또 실제로 자세하고 정확하게 알고 있지도 못하다. 사후에 걱정이 되어 임신을 막는 약(통경제)을 사 먹는 등의 소극적 조처를 취하기도 하지만, 출산 조절 방법에 관한 지식이나 정보뿐만 아니라 여성의 재생산, 몸에 관한 지식이 거의 없는 상태에서 동거 생활을 시작한다.

14명의 사례 중 낙태를 하지 않은 여자는 임신이 되자 두 자녀를 계속하여 낳고 20대 중반에 영구 불임 수술을 한 경우와, 남편이 사고로 딸 하나를 낳고 사망한 경우, 그리고 불임으로 8년 간을 고생한 여자, 그리고 자연 유산이 수도 없이 되다 35세에 딸을 하나 낳고 남편에게 이끌려서 영구 불임 수술을 한 여자와, 남편이 애를 하나 이상 원하지 않기 때문에 철저히 피임한다는 다섯 사례뿐이었다.

그 외 아홉 사례가 낙태의 경험을 갖고 있는데, 첫애 낳기 전에 낙태를 한 여자가 4명이었고, 5명은 모두 더 이상 자녀를 원하지 않거나 아직은 하나 이상을 키울 수 있는 경제력이 없고 또 여자가 자녀를 양육할 형편이 못 되기 때문에 낙태를 했다. 첫 임신을 인공 유산으로 끝낸 경우는 계속 일을 가져야 하기 때문에 아이를 낳을 수가 없어 수술한 두 경우와, 아직은 "살지 안 살지"를 결정하지 못했을 뿐만 아니라 사는 형편이 열악하여 아이를 낳을 수가 없어서 낙태한 두 경우이다. 자녀의 임신과 출산은 동거 관계가 공식화되고 지속되는 가장 확실한 계기가 되는데, 임신 때문에 남편과 계속 살게 되었다고 기술한 사례도 4명이나 되었고, 남편 측에서 여자가 임신되었기 때문에 책임감에서 살게 되었다고 말한 경우도 3명이나 되었다.

우리 사회에서는 모자 보건이나 근친 상간과 같은 보건학적이고 윤리적인 이유보다는 사회 경제적 그리고 문화적 이유 때문에 낙태가 더 많이 시술되고 있다. 즉, "더 이상 애를 낳지 않겠다" 혹은 "자녀를 건전한 시민으로 키울 재생산비를 충원할 수 없다"는 이유 때문에 낙태가 기혼 여성들 사이에서 광범하게 행해진다. 그리고 우리 사회가 갖는 여성의 성에 관한 문화적 규제력은 미혼 여성들의 성을 낙태로 귀결될 수밖에 없게 만드는 중요한 원인이다. 산업화 과정은 여성들을 경제의 공식 부문 내로 끌어들이면서 여성들에게 규범적 영향력을 행사했던 기존의 가족 혹은 기타 사회 관계에 변화를 야기했고, 서구화를 지향하는 근대화는 남녀 관계에 관한 광범한 성 규범의 변화를 가져왔다. 그럼에도 불구하고 우리의 문화적 규범은 여전히 미혼 여성의 성을 금기시하여 미혼 여성들이 성이나 피임에 관한 정보와 서비스에 접할 기회 자체를 추구하지 못하게 한다. 따라서 우리 사회에 만연한 낙태는 개인적인 차원의 문제에서 유래한다기보다는 우리의 현실과 여성의 성에 관한 우리 문화 규범과의 괴리에서 유래하는 제도적인 산물이다.

낙태를 경험한 여성들은 낙태를 두렵고, 기분 나쁘고, 고통스럽고, 걱정스러운 것으로 인식한다. 낙태는 여성의 몸에 가해지는 충격이고 외부적 힘의 개입이다. 낙태 경험은 여성들에게 심리적 그리고 신체적 무력감을 경험하게 만드는데, 낙태실에서 느끼는 심리적 억압, 위압감, 수치심과 두려움은 여성들에게 여성 신체가 갖는 생물학적 운명을 각인시키고, 이로 인한 신체적 손상에 대해 걱정하게 만든다. 낙태 후 여성들이 가장 두려워하는 것은 보건학적 차원에서의 신체적 손상이다. 즉, 낙태가 여성의 몸에 해롭다는 것인데, 많은 여성들이 낙태 후 "건강이 나빠졌다", "기억력이 감소되었다", "허리가 아프다", "자궁암에 걸릴까 두렵다"는 걱정들을 한다. 또한, 낙태는 출산과 달리 본인의 의지에 의해 여성 몸 내부에서 비생산적으로 처리된 비사회화된 임신이라 간주되기 때문에 낙태 후 가족이나 친척들로부터 정서적, 물질적 보살핌을 받지 못하는 것이 일반적인 경향이다. 여성의 몸에 가해지는 위와 같은 여러 불이익 때문에 출산 조절 방법으로서의 낙태는 바람직하지 않다. 그러나 이런 심리적, 사회적, 신체적 두려움에도 불구하고 현 상황에서 여성들이 원하지 않은 임신을 통제할 수 있는 다른 대안이 부족하기 때문에 많은 여성들에게 낙태는 불가피한 선택이다.

가부장적 성 규범과 여성의 성에 대한 뿌리 깊은 이중성은 원하지 않는 임신을 예방하여 낙태에 이르지 않아도 되는 경로를 사회적으로 차단한다. 이 이중성이란 여자들에게 성에 대한 무지와 수동성을 기대하는 사회 문화적 관습 때문에 피임에 대한 적극적인 지식을 여성들이 가지는 것을 질시하는 동시에 남자들은 생물학적으로 공격적이고 억제할 수 없는 성적 충동이 있기 때문에 피임을 책임질 수 없으니 여자가 알아서 해야 된다는 모순적인 사회 분위기를 의미한다. 게다가 이러한 가부장적 성 이데올로기는 적극적인 성교육을 시행할 수 없게 만들고, 많은 여성들이 원하고 관심 갖는 출산 조절 방법을 비공식적이거나 사적인 것으로 만든다. 그 결과 원하지 않는 임신은 낙태로 해결될 수밖에 없고, 이는 여성의 건강 악화라는 악순환을 낳는다. 그러므로 낙태에 관한 여성의 구체적 현실은 낙태 허용 가부에 우선하여 여성 건강의 차원에서 "어떻게 여성들이 낙태가 아닌 안전하고 효과적인 피임 방법에 접근할 수 있을까"가 논의되어야 함을 시사한다.

5. 맺음말

이 글은 낙태가 우리 사회의 여성의 삶에 어떤 의미를 갖는가를 논하기 위해 씌어졌다. 즉, 여성들이 낙태를 하게 되는 사회적, 경제적, 문화적 조건은 어떤 것이고, 또 여성의 입장에서 볼 때 낙태를 둘러싸고 일어나는 쟁점들은 무엇인가, 그리고 이러한 낙태 논쟁 속에서 여성들은 어떻게 규정되고 있는가를 밝히기 위한 시도였다.

우리 사회에서 낙태에 관한 지배적인 담론으로는 성풍속 규범에서 유래되는 법적 담론, 의료적 차원에 도덕주의적 입장을 결합시키는 태아 생명 담론, 그리고 국가의 인구 조절 차원에서 논해지는 피임 방법으로의 낙태 담론이 있다. 이 세 차원의 담론은 모두 여자의 성을 가부장제의 모성으로 규정하는 성 규범에 입각한 제도로 기존의 성별 분업 체계를 전제하면서 관념적이고 심리적인 차원에서 여성들의 낙태 행위를 규제해 왔다. 그러나 이러한 성 통제 규범에도 불구하고, 도시화, 산업화, 여성들의 임금 노동자화는 사회적, 심리적 갈등을 동반하면서 출산 조절 방법으로 낙태를 실행하는 사회 경제적 기반을 제공하고 있다.

낙태를 공식적으로 허용하지는 않지만 실제로 낙태가 효과적인 출산 조절 방법으로 광범하게 이용되는 사회적 배경에는 정부의 가족 계획 정책이 있다. 가족 계획 정책은 기혼 여성들의 출산력을 통제하기 위해 국가가 이데올로기 장치와 행정력 그리고 기술 제공자인 의료 체계를 동원하여 시행한 인구 조절 정책이었다. 이 정책은 한국 여성들의 재생산 행위를 변화시킨 물질적 기반을 제공했다는 의미에서 중요하다. 그러나 이 정책은 모성의 근대화 혹은 근대적 출산 행위라는 슬로건하에서 사회 변화에 적응된 가부장적 모성과 소자녀 가정의 경제성을 실천하는 데 초점이 있었지, 변화된 사회 상황에서 여성이 자기 삶을 주도하기 위해 출산력을 조정하고 자신의 몸에 대한 통제력을 증대시키는 방향으로 나아가지는 않았다. 따라서 여기에 제공된 피임 서비스는 여성들의 재생산 통제를 남편이나 의료 기관에 종속시키는 결과를 낳았고, 이러한 방법이 작동되지 않거나 제공되지 않을 때는 낙태를 시도할 수밖에 없었다. 그리고 모성의 범주 속에서 논의되는 여성의 출산력은 여전히 가계 계승이라는 중요한 의무를 담당해야 하기 때문에 아들을 낳기 위한 여아 낙태가 시도되는 결과를 낳기도 했다. 강력하게 시행된 인구 조절 정책에서 낙태는 비명시적인 가족 계획 정책의 한 부분을 담당하고 있었다.

현지 조사 자료에 따르면 여성들은 낙태를 변화하는 사회 경제적 상황에 자신의 재생산 능력을 적응시키는 적극적 혹은 소극적 기제로 사용하고 있었다. 게다가 우리 문화와 각 제도에 깊이 내재한 가부장제 성 통제 규범은 사회 변화에 따른 적절한 제도적 지원을, 가족을 떠나 도시에서 임금 노동을 하는 젊은 여성들에게 전혀 해주고 있지 못했다. 때문에 사회 경제적 기반이 달라진 상황하에서 생활하는 많은 취업 노동 여성들은 반복되는 낙태를 통해 자신의 출산력을 조절할 수밖에 없었다. 또한 낙태는 여성들에게 과소의 차이는 있지만 시술시 몸에 가해지는 폭력으로 인해 사회적, 심리적, 정서적 손상을 줄 뿐만 아니라 신체적 손상에 대한 두려움을 준다.

낙태는 여성들이 재생산과 자신의 몸에 대한 통제권을 얼마나 확보하고 있느냐, 그리고 여성들이 사용할 수 있는 출산 조절, 즉 피임 방법이 있느냐 하는 문제와 연결지어 논의되어야 한다. 우리 사회에서는 여성의 재생산권은 모성의 실현이란 측면에서 가족에게, 남편에게, 그리고 사회에 속해 있다. 이에 따라 피임의 주 방법 역시 여성이 자발적으로 사용할 수 있는 것이라기보다는 남편이나 국가가 위임한 의료 기관이나 의료 전문인에 의존한 것들이다. 더욱이 여자에게 가해지는 성 규범은 여성의 재생산이나 몸은 수동적이라는 이데올로기를 만들어 내기 때문에, 피임에 대한 여성들의 대응은 소극적이고 방어적일 수밖에 없다.

낙태에 관한 논쟁에는 생명, 가족, 국가, 모성, 그리고 미혼 여성들의 성에 관한 복잡한 규범들과 여러 이데올로기들이 교차한다. 낙태의 논의는 여성들의 재생산 활동이 생물학적 문제라기보다는 많은 사회적 관계 속에 위치하는 사회적 규범적 문제라는 것을 분명히 시사하고 있다. 이런 상황에서 이 글이 제기하는 질문은 여성 자신들이 자신의 이해를 위해 자신의 삶의 조건을 창출해 나갈 때 낙태는 어떻게 조명되어야 하는가이다.

임신은 여성의 몸에 일어나는 현상이고 태어나는 아이의 발달과 양육에 대한 일차적인 책임을 여성이 지는 것이 오늘날 우리의 구체적 현실이다. 이런 상황에서 낙태는 기존의 성별 분업 체계 내에서 여성들이 사회적 참여를 위해 추구하는 사회적인 자유라는 차원에서, 그리고 여성의 몸에 대한 여성 자신의 통제권을 확보한다는 개인적인 자유의 차원에서 접근되어야 한다. 따라서 낙태 문제는 피임, 출산, 그리고 육아에 대한 책임이 여자 개인에게서 사회로 이전되는 재생산의 사회화에 대한 요구와 여성의 재생산 능력에 대한 자기 통제를 획득하는 여성 중심의 재생산권의 확보와 함께 논의되어야 한다.

개인적 자유의 필요성은 사회적 개입을 통한 모성의 사회화가 노동의 성별 분업 내에서 여성이 담당했던 양육의 짐을 덜어줄 수는 있으나, 원하지 않은 임신을 계속하는 여성의 몸이 갖는 실존적 고통을 해결해 주지는 않기 때문이다. 몸은 재산도 아니고, 남에 의해서 침해되거나 찬탈될 수도 없고, 또 양도할 수도 없는 그 사람에게만 속한다는 생각은 근대적 인간 개념의 핵심을 이룬다. 따라서 여성에게 의존해 있는 몸 속의 태아는 임산부의 소유이거나 몸의 일부라고 주장할 수는 없지만, 여성의 몸에서 일어나는 원하지 않는 임신이 여성의 건강과 생활에 영향을 준다면 이는 일종의 침해라고 간주할 수 있다. 이때 여성은 자기 결정으로 낙태를 결정할 수 있어야 한다는 것이 몸에 관한 여성의 개인적 자유이다. 게다가 성폭행과 성을 통한 여성 통제 등 여러 가지 이유에서 원하지 않는 임신이 될 수 있는 가능성이 여성에게 항상 있는 한, 낙태를 할 수 없게 한다는 것은 가부장제 지배 규범을 이용하여 여성에게 가하는 일종의 억압이며 생물학적 조건을 절대화하여 여성을 사회적으로 무력화시키는 것이다.

우리 사회에서 낙태는 사회적 개입을 통한 재생산의 사회화와 여성들의 피임 선택 및 성 지식 획득을 규제했던 물질적 규범적 조건들을 바꾸는 것으로부터 논의가 시작되어야 한다. 그래야 낙태로 야기되는 여성의 건강 침해와 정서적 손상을 최소화할 수 있고, 가부장제 성 통제 규범 때문에 성 지식과 피임 서비스 접근이 어려웠던 현실이 개선될 수 있다. 그리고 낙태를 비롯한 여성의 재생산 권리를 획득하기 위해서는 여성 스스로가 원하지 않는 임신을 예방할 수 있는 재생산 통제 방법을 적극적으로 모색해야 한다. 재생산의 자유는 여성 스스로가 출산 조절 방법을 통제할 수 있게 됨으로써 여성이 갖는 생물학적 기능 자체가 여성에게 불리함이 되지 않는 문화적 제도적 상황을 만들고 거기에 참여하는 과정을 통해 확보되는 것이다.

8 국가와 여성의 출산력

1. 여성의 몸과 국가

여성들은 자기가 속한 특정 문화 속에서 성장하면서 자기 문화가 규정하는 여성성을 가장 자연스럽고 정상적인 것으로 몸에 익힌다. 그래서 규범적인 여성일수록 자신의 몸, 성 그리고 결혼과 임신 등에 대해 독자적이고 책임있는 결정을 내리고 있다고 생각한다. 하지만 그들의 결정은 이미 여성들의 성과 재생산[1] 선택 그리고 결혼 내에서의 여성의 역할 등을 규제하는 여러 제도의 틀 속에서 이루어지고 있다.

우리 사회에서 여자가 임신을 한다 그리고 애를 낳는다는 것은 너무도 당연하고 자연스러운 일로 여겨진다. 현지 조사를 해보면 굉장히 많은 여자들이 딸을 낳았을 때 울었다는 말을 한다. 그 이유를 물으면 딸이어서 섭섭

---

[1] 재생산은 자녀 출산을 의미한다.

하여 운 것이 아니라 "이렇게 내가 고통스럽게 겪고 있는 임신과 출산을 이 애도 반복할 수밖에 없다는 여성의 운명 때문이었다"고 여자들은 대답한 다.2) 그래서 "애는 낳을 수도 있고 안 낳을 수도 있는 게 아닙니까? 앞으로 이 아이는 꼭 애를 낳지 않아도 되는 그런 여성으로 키워야 하는 생각은 안 하셨어요?" 하고 물으면 깜짝 놀라면서 무슨 말인지 이해가 안 된다는 표정을 지으면서 "여자로 태어나서 어떻게 애를 안 낳아요? 애를 안 낳는 것이 이상하죠!" 하고 말한다.

그러나 모든 여성들에게 임신과 출산이 다 허용되는 것은 아니다. 결혼한 여성들의 임신은 기다려지고 기대되는 것이지만 결혼하지 않은 여자의 임신은 터부시되고 사회적으로 허용되지 않을 뿐 아니라 이는 정치적으로도 도덕적으로도 위험시된다. 역사적으로 볼 때 여성의 생물학적 운명과 의미는 여성 자신이 마음대로 할 수 있는 것이 아니었다. 여성들이 언제 성생활을 시작할 것인지, 언제 임신을 하고 애를 낳을 것인가 그리고 몇 명의 자녀를 낳을 것인가 하는 성과 재생산의 실천은 여성 개인이 의식하든 안 하든 사회적으로 그리고 문화적으로 규정된다. 즉, 여자의 몸에서 일어나는 생물학적 과정은 철저히 문화적으로 통제된 상황에서만 의미를 갖는다.

여자들이 경험하는 "여성"은 보통 몸을 통한 경험을 의미한다. 여자가 한 사회에서 여성성을 획득하고 자기 사회와 세계를 경험하는 것은 바로 이런 몸의 실천을 통해서이고, 그것은 또 그냥 아무런 노력 없이 자연스럽게 획득하는 것 같지만, 몸에 대한 터부와 규제와 규칙을 부여하는 문화적 규범을

---

2) 여기서 이 여자들이 사용한 진술이 어느 정도 진실을 말하고 있느냐 하는 것은 여기 논제와 상관없기 때문에 다루지 않겠다. 여기서는 단순히 여자들이 보는 여성성을 설명하기 위해서만 이 진술이 인용되고 있다.

익히고 실천하는 과정을 통해서이다. 우리가 한 문화 내에서 말하는 여성이란 바로 생물학적 몸이 문화적 사회적으로 구성된 성별성 gender을 갖게 된다는 것을 의미한다. 즉, 여성이 된다는 것은 자기 사회가 재생산해 내고 또 새롭게 주입하는 성(별) 규범 gender norm을 받아들이고 그것을 내면화시켜 자기 것으로 만드는 것이다. 여성이 우리 사회에서 정의되는 방식은 여성의 몸이 경험하는 재생산 활동에 부과된 문화적 제도적 현실을 통해서이다. 즉 애를 낳는다는 것이 여성의 몸이 경험하는 가장 구체적이며 현실적인 성 gender의 실천이라고 간주된다.

오늘날 국가는 여성들이 갖는 여러 차원의 사회적 위치(예를 들면 어머니, 생산적 노동자, 그리고 사회 시민 등)를 결정하고 그 사회적 역할을 규제하는 중요한 기구이다. 특히 국가 주도하에서 근대화와 사회 발전을 이룩한 우리 사회에서 국가가 국민 생활을 규제하고 통제하는 측면은 더욱 두드러진다. 우리 사회에서 행정적, 법적 그리고 이데올로기적 힘을 가지고 국가가 여성 일반에게 행사하는 가장 대표적인 권력은 여성의 재생산 reproduction에 관한 것이라 할 수 있다. 여성의 재생산은 거의 모든 사회에서 어떤 형태로든 항상 규제되어 왔는데, 그 이유는 인구 규모에 대한 정치 경제적인 관심과 여성의 성적 그리고 모성적 역할에 대한 사회적 문화적 관심 때문이었다.

국가가 여성의 재생산을 규제하고 통제하는 권력은 국가가 행사하는 물적 그리고 이데올로기적 두 근거로부터 나온다. 하나는 재생산의 물적 기반에 관한 것으로 누가, 언제, 어떻게, 피임과 낙태 그리고 출산 기술 등을 사용할 것인가를 법적으로 결정하는 것이고, 다른 하나는 국가가 여성의 임신, 출산, 수유의 생물학적 기능을 사회 내 성별 분업의 기초로 변형시키는 모성 이데올로기 규범 체계를 제도화하는 것을 통해서이다. 이 글은 여성 재생산이 어떻게 국가 권력과 관련되어 있고, 또 국가는 어떻게 여성의 재생산 통제에 관한 물적 기반을 규제하는가를 기술하고자 한다. 이는 여성의 몸에 가해지는 외부의 힘 특히 국가 권력이 행사되는 한 예를 보여줄 수 있으리라 기대되기 때문이다.

2. 여성의 출산력과 국가 발전

우리 사회에서 여성들은 항상 여러 가지 방법을 동원하여 원하지 않는 임신을 막아, 자신의 몸에 대한 통제력을 갖고자 했다. 하지만 여성들이 쉽게 접근할 수 있었던 효과적인 피임 방법이나 지식은 거의 없었다. 따라서 여성들이 할 수 있었던 출산 통제 방법은 이미 임신된 태아를 낙태시키는 방법뿐이었다. 그것은 한약제를 먹든가, 간장, 엿기름 등을 먹든가 아니면 공식 혹은 비공식 채널을 통해 임신 중절 수술을 받는 것, 혹은 무겁고 힘든 일을 하거나 높은 데서 뛰어내려 태아를 자기 몸에서 떼어내려는 자기 몸의 학대 행위 등이었다. 여성들에게 흔히 성생활을 의미하는 부부 관계인 결혼 생활이란 계속되는 임신과 출산 그리고 거기서 생기는 아이들을 양육하는 것을 말한다. 이런 삶의 내용을 여성들은 일반적으로 여성의 역할이며, 이는 여성으로 태어난 생물학적 규정성 혹은 "업보"로 받아들이면서 살았다. 또한 여성들은 바로 이것이 남자와 여자가 다른 점이고, 남녀가 다른 인생 경험을 할 수밖에 없는 이유라고 인식했다. 이러한 생물학적 운명인 여성의 재생산을 통제하여 성과 재생산을 분리하는 우리 나라 최초의 공식적인 사회적 담론은 국가에 의해 제공되었는데, 그것은 근대화 정책의 한 프로그램으로 도입되어 시행된 가족 계획 사업이었다.

1980년 말 한국 사회의 피임 실천율은 상당히 높아 77.1%이다. 그리고 그 방법으로는 37.2%가 난관 절제 수술이고, 11.0%가 정관 수술이고, 9.7%가 콘돔, 그리고 자궁내 장치(IUD)가 6.7%, 먹는 피임약이 2.8%순이다(한국 인구 보건 연구원, 1989). 다른 사회와 달리 우리 사회에서 영구 불임 수술, 콘돔, 루프 등이 피임법으로 가장 널리 사용되는 이유는 우리 나라에서 효과적인 피임법으로 선택할 수 있는 종류가 그것들이고, 그 외의 방법은 거의 소개가 안 되어 있거나 개발되어 있지 않고, 전통적인 방법은 비효과적인 피임법으로 범주화되고 있기 때문이다.

전통적인 피임 방법인 주기법이나 질외 사정법, 질정제 사용 등 다른 피임 방법을 사용하는 예가 없는 것은 아니나 심리적 문화적 거부감 혹은 부작용 때문에 모두 합하여도 10%를 넘지 않는다. 이러한 피임 방법은 실패율이 높아 원하지 않는 임신이 되는 경우가 많고 이를 인공 유산으로 해결하게 되는 수가 많다. 따라서 1960년대부터 강력하게 국가 프로그램으로 시행되어 온 가족 계획 사업에서는 이러한 방법들을 비효과적인 피임 방법으로 분류하여 추천하는 피임 방법에서 제외하여 왔다. 우리 나라에서 사용되는 위의 피임 방법은 1962년 가족 계획 사업이 시행된 이래 국가 주도하에서 효과적인 피임 방법으로 보급되고 홍보된 방법들이다.

현대적 피임 방법의 광범위한 보급을 가져온 가족 계획 사업은 국가가 근대화를 위한 경제 개발의 한 프로그램으로 도입한 것이다. 경제 발전을 위한 가족 계획 사업은 인구 증가를 통제하기 위한 것이었는데, 이의 정책화는 저개발 국가의 인구 증가가 당사자 국가뿐만 아니라 세계의 안정과 진보에 심각한 위협이라는 국제 개발 기관들과 경제학자들의 충고와 추천에 따른 것이었다. 가족 계획이 입안될 때의 문제 의식은 1960년대 당시 평균 6.0명 이상을 출산하는 여성들의 출산력을 어떻게 규제하느냐 하는 것이었다. 따라서 한국의 경제 개발 계획시에 높은 여성의 출산력은 국가 발전을 저해하는 요인으로 간주되었고, 이의 해결을 위해서 높은 출산력의 보유자인 가임기 여성의 몸을 통제해야 한다는 생각을 한 것이다. 따라서 여러 피임 방법을 제공하여 여성의 출산력 통제를 목표로 하는 가족 계획 정책은 생산력 증가에 걸맞는 적정 인구를 가져야 빠르게 국가의 근대화를 성취할 수 있다는 논리하에 여러 이데올로기 장치와 행정력 그리고 의료 기술을 동원하여 가임기 여성들의 출산력을 조절하기 시작했다.

우리 사회에서 국가가 여성들의 재생산 행위에 어떻게 개입하고 있는가는 바로 이 가족 계획 사업이 우리 사회에서 어떻게 이행되고 정착되었는지를 살펴봄으로써 가능하다. 국가 발전이란 차원에서 여성의 출산력을 정치화시키고 하나의 제도 속으로 편입시킨 가족 계획 정책은 계속되는 임신을 통제하고자 하는 여성들의 욕구와 잘 맞아떨어지면서 여성들의 재생산 행위와 출산력에 새로운 정치적 경험을 부여했고, 적정한 자녀수의 출산과 이를 돌보는 질적으로 관리된 현대적 모성에 관한 새로운 사회적 실천 모델을 제공했다. 현지 조사에서 만나는 나이든 부인들은 정부의 가족 계획 사업이 도입된 이후 적은 수의 자녀만을 출산하는 요즘의 젊은 부인들은 만날 임신과 출산에 얽매여 있었던 자신들보다 훨씬 나은 삶을 사는 것 같다고 말한다. 이는 가족 계획 사업은 여성들이 자신의 몸이 갖는 생물학적 규정성을 통제할 수 있는 사회적 기술과 정치적 정당성을 제공했고, 가족 계획 사업의 실천은 여성들이 자신의 삶을 새롭게 재조직하는 권력을 창출하고 있다는 의미이다.

3. 여성 몸의 사회성, 가족 계획의 정치성

여기서는 일상 생활 속으로 파고들어 오는 가족 계획의 정치적 캠페인을 통해 국가에 의해 여성들의 재생산 경험이 재조직화되는 과정을 살펴보고자 한다.

가족 계획 사업은 급격한 인구 증가가 사람들의 삶의 질의 향상을 방해하고 국가의 근대화를 방해한다는 내용의 캠페인과 프로그램을 통해 국민들에게 인식되기 시작했다. 여성의 출산력이 6.3이던 1960년대 초, 가족 계획 사업은 피임을 통한 출산력 조절 그 자체가 근대성, 행복 그리고 가정 복지를 가져온다는 이미지를 국민들에게 소개하는 데 주력했다. 가장 대중적이며 넓게 보급된 표어들은 다음과 같다. "적게 낳아 잘 기르자", "우리 집 부강은 가족 계획으로부터", "많이 낳아 고생 말고 적게 낳아 잘 기르자", "덮어놓고 낳다 보면 거지꼴을 못 면한다", "세살 터울 셋만 낳고 35세 단산하자", "적게 낳아 잘 기르면 부모 좋고 자식 좋다."

여기 표어들을 보면 가족 계획의 실천과 이로 인한 소자녀 가정은 곧 당시 사회 목표였던 경제 발전인 부강과 직접적으로 연관되면서 가족 계획 즉 피임은 발전과 행복이라는 이미지로 변형되고 있음을 알 수 있다. 그리고 자녀를 갖는다는 것은 이제 생산을 통한 번창의 의미가 아니라 부모의 양육과 교육에 대한 책임을 포함하는 소비의 의미로 전환되어 가정의 부담이라는 의미를 내포하고 있다. 이러한 캠페인은 이제까지 가구가 중심이 되는 전통적인 농경 사회에서 많은 자녀가 복과 가정의 안녕을 가져온다는 자녀관과는 아주 다른 것이었다.

가족 계획 정책의 국가적 도입은 기본적으로 국가가 의도하는 근대화 프로그램을 수행하는 데 가장 바람직하게 통합된 가족 모델을 사회에 정착시키려는 노력이었다. 즉, 생산력 증가를 가장 효율적으로 창출할 수 있는 낮은 인구 증가율, 그리고 생산력을 높이는 데 적합한 교육된 혹은 훈련된 도시 근로자를 배출하는 소자녀 가정을 생산하려는 사회적 정치적 담론이다. 국가는 이전과는 달리 가정에 기여하는 자녀들의 경제적 기여도가 감소되고 대신에 도시의 임금으로 생활을 하면서 아이들을 도시의 직업인으로 교육시켜야 하는 도시화, 임금 노동자화라는 새로운 상황 속에서 적은 수의 자녀의 출산 문제를 개별 가정의 경제성과 복지로 변형시켜 자녀에 대한 사람들의 욕구와 필요를 재조직화하기 시작했다. 게다가 가정은 이제 단지 애를 낳아 기르는 곳만이 아니라 바람직한 사회 성원으로 자녀를 교육하고 훈육하는, 새로운 공간으로 이미지화되기 시작했다. 여기서 여성은 근대적 가족을 조직하는 근대적 모성이 되어야 함을 의미했다. 따라서 가족 계획 캠페인은 자녀의 출산과 양육을 근대화의 경제적 그리고 사회적 과정 속에 위치시킴으로써 여성의 출산 행위를 사회적이고 정치적인 담론 속으로 이끌게 된다. 사회 경제적 변화를 주도하는 국가에 의해 여성의 출산력은 사회적 생산력의 한 부분으로 편입되고, 새로운 자녀관이 근대화의 한 프로그램에 의해 구축되는 효과를 가져왔다.

 1970년대에 오면 가족 계획 정책은 더 제도적이고 사회적인 차원에서 강조되면서 소자녀 가족 규범을 수용하게 하는 여러 가지 사회 부조 정책을 도입한다. 예를 들면 1976년 이래로 두 자녀가 있는 가구에는 소득세가 감면되었고, 하나나 둘을 낳고 영구 불임 수술을 한 경우에는 공공 주택 할당 및 여러 금융 대부에 우선 순위를 주었으며, 그들 자녀에게 취학 전까지 의료 혜택이 주어지는 등, 여러 사회 부조 프로그램들이 개발되었다. 게다가

영세민들이 불임 수술을 받을 때는 금전적인 혜택까지 주었다. 그리고 정부는 이러한 가족 계획 정책을 지원하기 위해 피임 방법이 실패했을 때 이를 보완하는 방법으로 낙태에 관한 정부 서비스를 제공했고, 또 모자 보건법을 제정하여 낙태에 관한 법적인 규제력을 완화시켰다.

1970년대 말에는 초·중·고등학교와 정부의 직업 훈련 센터 그리고 여러 사회 기관에서 가족 계획 사업과 인구 조절의 필요성에 관한 교육을 하도록 했다. 또한 방영되는 모든 텔레비전 드라마의 부부는 두 자녀 이하의 자녀수를 갖게 한다든지, 혹은 인구 폭발을 인식할 수 있게 하는 특별 프로그램을 만든다든지 하여 대중 매체를 이용한 출산력 통제에 관한 사회 교육을 실시하였다. 그리고 인구 증가에 대한 부정적 이미지를 보급하기 위해 정부는 사람들의 일상 공간, 즉 우표, 담배갑, 극장표, 통장, 주택 복권 등등, 그리고 버스, 택시, 지하철, 기차 구내 등에 인구 조절에 관한 표어를 부착시키기에 이른다. 또 도시마다 인구탑을 세워 매일 증가하는 인구수를 국민으로 하여금 주시케 함으로써 높은 출산력에 대한 국민적 감시 효과를 기대했다.

1970년대의 "아들 딸 구별 말고 둘만 낳아 잘 기르자", "하루 앞선 가족 계획 십년 앞선 생활 안전", "잘 키운 딸 하나 열 아들 안 부럽다"는 슬로건에는 자녀수를 분명히 언급하면서 영구 불임 수술을 통한 단산을 강조하는 성책으로 그 주안섬을 옮겨가기 시작했다. 그러다가 1980년대에 오면 가족 계획 사업은 한 자녀를 갖자는 표어와 영구 불임 수술을 하자는 직접적인 캠페인을 주장하기에 이른다. 즉 "둘도 많다. 하나만 낳아 잘 기르자", "행복과 사랑의 한 자녀 갖기", "가족 계획 지름길 정관 수술, 난관 수술"과 같은 표어가 이를 잘 말해 준다고 볼 수 있다.

"출산력을 두 자녀에 국한하여 여성의 재생산을 조절하자", 혹은 "적은 수의 자녀를 낳음으로써 질적으로 우수한 현대적 모성을 실천하자"는 가족 계획 사업은 소규모 자녀만을 출산하는 여성의 몸이 더 근대적이라는 정치적 담론을 생산하는 것에 의해 근대적 모성의 이미지를 사회 내에 심었을 뿐만 아니라 국가 행정력의 구체적인 개입을 통해 여성들로 하여금 이를 실천케 했다. 보사 행정으로 시작된 가족 계획 사업은 내무 행정 체계와 통합되어 피임 실천율의 목표와 실적이 계획되었고, 여러 포상 행정 제도를 통해 목표량 이상의 업적을 성취했다. 전 내무 행정 체계가 동원되어 가족 계획 대상자를 추출하고 피임 서비스 시술자인 공공 보건 의료 기관은 물론이고 사적인 의료 자원까지도 국가에서 동원하여 피임 서비스를 직접 여성들에게 제공하게 함으로써 이 프로그램은 효과적으로 수행되었다. 행정력을 통한 이러한 정부의 노력은 특히 군 단위 이하의 지방에서는 그 직접성이 두드러졌는데, 70년대에는 새마을 부녀회를 통해 그 지역 여성들의 피임 실천이 일일이 조사되고 보고되었다. 따라서 여성들이 몇 명의 자녀를 낳느냐 그리고 어떤 피임 방법을 사용하고 있느냐 하는 것은 지방 행정의 중요한 관심거리였고, 포괄적인 정치적 사회적 감시를 요구하는 행위였다.

 1970년대부터 1980년대 중반까지만 해도 많은 사람들은 지방의 보건 지소 혹은 보건소를 가족 계획 사업처로 간주했다. 그래서 주민들은 보건 요원이 마을에 나타나면 "애기 낳지 말라고 또 나왔구나" 하고 생각하거나 당시 가장 중요한 가족 계획 방법으로 정부가 추천하고 있던 난관 수술이나 정관 수술을 전고하러 나왔다고 간주하곤 했다. 그래서 "또 단산 수술 대상자를 찾으러 나왔구나" 하고 생각하곤 했었다. 지방 주민들에게 공공 보건 사업이란 단적으로 아기 낳지 않게 하는 사업을 의미했다. 행정력을 동원하여

하향식으로 수행된 가족 계획 사업은 철저하게 다른 내무 행정과 통합되어 한국 사회에서 국가 권력이 행사하는 권위주의적 통제력을 그대로 답습하면서 시행되었다. 따라서 여성의 몸은 국가 권력 앞에서 일반화된 하나의 범주인 "사회적 몸 social body", 곧 출산력으로 취급되면서 유교적 규범 속에서 내밀하게 논해지던 여성의 출산과 피임의 문제는 이제 공공연한 정치적 담론이 되어 갔다.

4. 맺음말

지난 1960년대 이후 정부는 가족 계획 정책을 통해 소자녀 가족을 현대성, 부, 행복 그리고 효율과 복지의 이미지로 우리 사회에 구축함으로써 우리 나라 여성들이 소자녀를 출산토록 동기화시켰고, 이의 실천을 위한 사회적 환경과 구체적인 피임 방법을 제공하였다. 새로운 사회 경제적 환경으로 이입해 들어가면서 여성들은 경제적인 이유 때문에, 그리고 바람직한 현대 사회의 성원으로 자녀를 양육해야 하는 사회적 그리고 가정적 부담 때문에 그들의 몸에 행사하는 국가의 재생산 통제 권력을 환영하거나 의식하지 않았다. 정부의 현금 지원 정책과 무료 피임 서비스는 특히 서비스 기관을 이용하는 데 익숙하지 않았던 저소득층 여성들에게는 정부의 프로그램을 실천하는 인센티브로 가능했다. 따라서 정부의 프로그램은 시행 과정에서는 강제적인 장치를 동원하여 국가의 이해를 관철시켰지만 동시에 새로운 사회 경제 환경 속에서 소자녀 가족이 갖는 효율성 때문에 정치적 담론에 따라 자신들의 욕구를 적극적으로 재조직하기 시작한 여성들로부터 권력 행사의 정당성을 부여받았다. 국가에 의해 새롭게 창출된 몸의 경험은 이제 사회적 욕구라기보다는 내재화된 자기 욕구로 자연스레 이전되었다. 여성들은 가족 계획 사업의 강제성을 그들 사적인 삶에 대한 국가의 개입이라기보다는 변화된 사회 상황에 따른 새로운 적응 양식의 도입으로 이해하였다. 더 나아가 여성들은 스스로 재생산 행위와 경험을 조직하고 있거나, 새로운 상황에 자신을 적응하는 것으로 인식하면서 국가 통제를 자기 이해의 영역으로 끌어들였다.

국가 권력에 의해 유도되고 구조화된 새로운 출산 유형과 소자녀를 잘 돌보는 근대적 모성은 정치적 담론과 행정적 개입 그리고 피임 기술을 제공하는 물질적 조건에 의해서 새로운 여성성을 구축하고 재생산에 대한 새로운 관행을 제도화시켜 나갔다. 그래서 현지 조사를 할 때 "자녀가 몇 명입니까" 하고 물으면 자녀수가 둘보다 많은 경우 종종 여성들은 "나는 원시인이야" 혹은 "나는 여전히 근대적이지 못하고 봉건적이야", 심지어는 "국가 시책에 벗어나 국가에 죄스럽다"고 말하는 것을 들을 수 있다. 이는 우리 나라 여성의 재생산 실천에 국가가 얼마나 강력한 준거틀이 되고 있는가를 보여주는 것이고, 여성의 재생산이 하나의 사회적 구조물로 구축되고 있다는 사실을 예증하는 것이다. 국가에 의해 통제된 가족 계획의 틀 속에서 피임을 통해 둘 혹은 하나의 자녀만을 갖는, 결혼한 여성의 몸은 이제 우리 사회에서 하나의 "정상성"을 확보하면서 근대적 여성성을 획득하는 하나의 양식으로 경험되고 있다. 그리고 성과 재생산이 분리되는 여성의 몸은 우리 사회에서 적극적인 여성의 삶의 한 양식으로 만들어지고 있다. 강력한 국가 권력 및 가부장제 문화 속에서 재생산 담당자로 규정된 여성은 몸의 경험을 통해 그 존재의 사회적 문화적 욕구를 실현할 수밖에 없기 때문에 여성들에게 몸 특히 출산력은 여성의 모든 욕망과 존재 이유를 보여 주는 조건인 동시에 하나의 여성으로 인정되는 매개물이다. 하지만 이렇게 여성의 재생산을 여성성의 가장 중요한 핵으로 규정하는 제도적 사회적 담론은 여성의 운명성을 더욱 생물학적 규정성에 붙들어매는 정치적 효과를 또한 창출한다.

참고 문헌

1. 몸의 경험과 느낌을 중시하는 새로운 사회를 구상하며

Broude, Norma & Garrard, Mary D., eds., 1994, *The Power of Feminist Art : The American Movement of The 1970s, History and Impact*, New York : H. N. Abrams.

Holland, Janet et al., 1996, "Reputations : Journeying into Gendered Power Relations," in Jeffrey Weeks & J. Holland, eds., *Sexual Cultures*, New York : St. Martin Press.

Rich, Adrienne, 1976, *Of Women Born : Motherhood as Experience and Institution*, New York and London : W. W. Norton Company.

2. 성적 주체로서의 여성의 재현과 대중 문화

강내희, 1995, 『공간, 육체, 권력』, 문화과학사.

강명구, 1993, 『소비 대중 문화와 포스트모더니즘』, 민음사.

김성기, 1993, 「포스트모더니즘의 사회 이론에 관한 연구 — 료타르, 보드리야르, 라클라우/무페를 중심으로」, 서울대 대학원 사회학과 박사 학위 논문.

김소연, 1995, 「너에게 나를 보낸다 : 포스트모더니즘으로의 귀의?」, 『영화언어』 15, 영화언어, 153-164쪽.
김소영, 1995, 「페미니즘의 주체 형성론과 그 정치학」, 김소영 편,『시네 - 페미니즘, 대중 영화 꼼꼼히 읽기』, 과학과 사상.
____, 1999,『근대성의 유령들』, 씨앗을 뿌리는 사람들.
김지혜, 1998, 「레즈비언/페미니스트 관점에서 본 서구 레즈비언 발전 과정과 역사적 의의에 대한 연구」, 이화여자대학교 여성학과 석사 학위 논문(미간행).
김현미, 1997, 「페미니즘과 문화 연구는 행복하게 만나는가」,『현대사상』3, 제1권 3호.
라코우, 라나, 1986, 「대중 문화에 대한 페미니스트적 접근 방법」, 원용진 외 엮음,『대중 매체와 페미니즘』, 한나래, 189-216쪽.
변재란, 2000, 「한국 영화사에서 여성 관객의 영화 관람 경험 연구 — 1950년대 중반에서 1960년대 초반을 중심으로」, 중앙대 대학원 영화학과 박사 학위 논문(미간행).
보부아르, 시몬느 드, 1993,『제2의 성』, 조홍식 옮김, 을유문화사.
보콕, 로버트, 1992, 「현대 사회의 문화적 형성」, 스튜어트 홀 외 편,『현대성과 현대 문화』, 전효관·김수진·박병영 역, 현실문화연구.
서동진, 1996,『누가 성정치학을 두려워하랴』, 문예마당.
스티브즈, 레슬리, 1987, 「페미니즘 이론과 매체 연구」,『대중 매체와 페미니즘』, 117-199쪽.
원용진, 1995, 「대중 영화와 여성 관객」, 김소영 편,『시네 - 페미니즘, 대중 영화 꼼꼼히 읽기』, 과학과 사상.
월터스, 수잔나, D., (1995), 1999,『이미지와 현실 사이의 여성들』, 김현미 외 옮김, 도서출판 또 하나의 문화.
웍스, 제프리, 1994,『섹슈얼리티 : 성의 정치』, 현실문화연구.
장(윤)필화, 1999,『여성 몸 성』, 도서출판 또 하나의 문화.
정무장관(제2실), 1995, 「정책 토론회 : 대중 매체의 성차별적 편견, 어떻게 개선할 것인가?」
조주현, 2000,『여성 정체성의 정치학』, 도서출판 또 하나의 문화.
최선열 외, 1997, 「텔레비전 드라마의 역사성 연구 — 성의 역학을 중심으로」, 이화여대 한국여성연구원,『현대 한국 사회의 변화와 여성』.

최상진, 1995, 「여성 대상 프로그램에 나타난 주부의 역할에 대한 분석 : KBS1 TV, 아침마당을 중심으로」, 이화여대 대학원 석사 학위 논문(미간행).

추애주, 1991, 「여성이 자신의 몸에 대한 권리를 소유하는 것이 가능한가」, 또 하나의 문화 제8호, 『새로 쓰는 성 이야기』, 도서출판 또 하나의 문화.

프리단, 베티, 1996, 『여성의 신비』, 김행자 옮김, 평민사.

Barret, M., 1980, *Women's Oppression Today*, London : Verso.

Bonner, F., et al., eds., 1992, *Imagining Women : Cultural Representations and Gender*, Polity Press with The Open University.

Bordo, Susan, 1990, "Reading the Slender Body," in Mary Jacobus, E. F. Keller & S. Shuttleworth, eds., *Body/Politics : Women and the Discourse of Science*, New York & London : Routledge.

Bulter, Judith, 1987, "Sex and Gender Variations," in Selyla Benhabib and Drucilla Cornell, eds., *Feminism as Critique*, Minnesota : University of Minnesota Press.

_____, 1990, "Imitation and Gender Insubordination," in Diana Fuss, ed., *Inside/Out*, London : Routledge.

Cameron, Deborah & Elizabeth Frazer, 1987, "The Murderer as Misogynist," (Reprinted in) Stevi Jackson & Sue Scott, eds., *Feminism and Sexuality : A Reader*, Columbia University Press, pp.207-215.

de Lauretis, T., 1987, *Technologies of Gender : Essays on Theory, Film, and Fiction*, Bloomington : Indiana University Press.

_____, 1986, *Feminist Studies, Critical Studies*, Bloomington : Indiana University Press.

Dubois, Ellen Carol & Linda Gordon, 1984, "Seeking Ecstasy on the Battlefield : Danger and Pleasure in Nineteenth-Century Feminist Thought," in Carole Vance, ed., *Pleasure and Danger*, Boston & London : RKP, pp.31-39.

Duggan, Lisa & Nan D. Hunter, 1995, *Sex Waves*, New York & London : Routledge.

Faludi, Susan, 1991, *Backlash : The Undeclared War Against America Women*, New

York : Crown.

Foucault, Michel, 1978, "Introduction," in *The History of Sexuality*, Vol.1, trans. by Robert Hurley, New York : Pantheon Books.

_____, 1988, "The Use of Pleasure," in *The History of Sexuality, Vol.2*, trans. by Robert Hurley, New York : Vintage Books.

Gamman, L. & Marshment M. eds., 1989, *The Female Gaze : Women as Viewer of Popular Culture*, Seattle : The Real Comet Press.

Grosz, Elizabeth, 1995, "Experimental Desire : Rethinking Queer Subjectivity," in *Space, Time and Perversion*, New York : Routledge.

Hall, S. 1997, "The Work of Representation," in Hall ed., *Representation*, London : Sage Publications.

Haraway, Donna Jeanne, 1991, "'Gender' for a Marxist Dictionary : The Sexual Politics of a Word," in *Simians, Cyborgs, and Women : The Reinvention of Nature*, London : Routledge, 1991.

Irigaray, Luce, 1985, *The Sex Which Is Not One*, trans. by Catherine Porter with Carolyn Burke, Ithaca : Cornell University Press.

Jackson, Stevi & Sue Scott, eds., 1996, *Feminism and Sexuality : A Reader*, New York : Columbia University Press.

Koedt, Anne, 1972, "The Myth of the Vaginal Orgasm," (Reprinted in) Stevi Jackson & Sue Scott, eds., *Feminism and Sexuality*, New York : Columbia University Press, pp.111-116.

Laqueur, T. W., 1992, "Sexual Desire and the Market Economy During the Industrial Revolution," in Domna C. Stanton, ed., *Discourses of Sexuality : From Aristotle to AIDS*, Ann Arbor : The University of Michigan Press.

Lury, C., 1995, "The Rights and Wrongs of Culture : Issues of Theory and Methodology," in Beverly Skeggs ed., *Feminist Cultural Theory*, Manchester & New York : Manchester University Press.

MacKinnon, C. A., 1992, "Does Sexuality Have a History?," in Domna C. Stanton, ed., *Discourses of Sexuality : From Aristotle to AIDS*, Ann Arbor : The University of Michigan Press.

Modleski, T., 1986, "Feminism and The Power of Interpretation : Some Critical Reading," in Teresa de Lauretis ed., *Feminist Studies/Critical Studies*, Bloomington : Indiana University Press.

Padgug, R., 1990, "Sexual matters : On Conceptualizing Sexuality in History," in Edward Stein, ed., *Forms of Desire : Sexual Orientation and the Social Constructionist Controversy*, London : Routledge.

Pollock, Griselda, 1988, *Vision and Difference : Feminity, Feminism and Histories of Art*, London & New York : Routledge.

Pollock G. & Parker, Rozsika, eds., 1987, *Framing Feminism : Arts and Movement 1970-85*, London : Pandora Books.

Peiss, K., 1996, "Making Up, Making Over : Cosmetics, Consumer Culture and Women's Identity," in Victoria de Grazia & Ellen Furlough, eds., *The Sex of Things : Gender and Consumption in Historical Perspective*, Berkeley : University of California Press.

Rubin, Gayle, 1984, "Thinking Sex : Notes for a Radical Theory of the Politics of Sexuality," in Carole S. Vance, ed., *Pleasure and Danger : Exploring Female Sexuality*, Routledge & Kegan Paul.

Stanton, D. C., 1992, "Introduction : the Subject of Sexuality," in Domna C. Stanton, ed., *Discourses of Sexuality : From Aristotle to AIDS*, Ann Arbor : The University of Michigan Press.

Vance, C. S., 1984, "Pleasure and Danger : Toward a Politics of Sexuality," in Carole S. Vance, ed., *Pleasure and Danger : Exploring Female Sexuality*, Boston : Routledge & Kegan Paul.

Wittig, Monique, 1981, "One Is Not Born A Woman," *Feminist Issues*, Vol.1, No.2, Winter.

3. 여성의 건강 / 몸 관리와 육체 이미지의 소비 문화

김숙자 외, 1995, 「한국 여성의 스포츠 참여에 관한 연구」, 『한국여성체육학회지』 제9권 별책, (1995년, 12월).

김은영, 1992, 「헬스 센터 회원의 생활 체육 실태에 관한 조사 연구 — 서울시내 특급 호텔 헬스 센터를 중심으로」, 이화여대 대학원 석사 학위 논문(미간행).

드보르, 기, 1996, 『스펙타클의 사회』, 이경숙 역, 현실문화연구.

버거, 존, 1987, 『영상 커뮤니케이션과 사회』, 강명구 역, 나남.

보드리야르, 장, 1991, 『소비의 사회』, 이상률 역, 문예출판사.

부르디외, 삐에르, 1995, 『구별짓기 : 문화와 취향의 사회학』, 최종철 역, 새물결.

심광현, 1993, 「육체, 무엇이 문제인가」, 『문화과학』 제4호, 문화과학사.

심창섭, 1995, 「성인 여성의 스포츠 참여가 정신 건강에 미치는 영향」, 『한국체육학회지』 제34권, 제1호.

이동연, 1993, 「육체의 관리와 문화의 효과」, 『문화과학』 제4호, 문화과학사.

이득재, 1993, 「광고, 욕망, 자본주의」, 『광고의 신화, 욕망, 이미지』, 현실문화연구.

이영심, 1993, 「전문대 여학생의 여가 활동에 관한 실태 연구」, 『한국체육학회지』 제32권, 제2호.

이영자, 1996, 「소비 사회와 여성 문화」, 『한국여성학』 제12권 2호.

이화여자대학교 체육대학 보건 체육 연구소, 1991, 「국민 생활 체육 활동 참여 실태 조사」, 체육청소년부.

이후원, 1993, 「여가 활동 참여 유형 및 이에 영향을 미치는 요인에 따른 생활 만족도 연구 — 서울 시내 주부를 중심으로」, 이화여대 대학원 석사 학위 논문(미간행).

장필화, 1992, 「몸에 대한 여성학적 접근」, 『한국여성학』 제8집

차주은, 1995, 「주부의 가족 생활 주기와 여가 활동 참여의 관계」, 서울대 대학원 체육 교육학과 석사 학위 논문(미간행).

채규형, 1996, 「근대적 권력 기제로서 의학적 지식 체계에 대한 일 연구」, 연세대 대학원 석사 학위 논문(미간행).

패터슨, 마이크, 1991, 「소비 문화 속의 육체」, 『문화과학』 제4호, 문화과학사.

Aries, Philippe, 1974, *Western Attitudes Toward Death*, Baltimore and London : The Johns Hopkins University Press.

Bordo, Susan, 1990, "Reading the Slender Body," in Mary Jacobus, E. F. Keller, & S. Shuttleworth, eds., *Body / Politics : Women and the Discourse of Science*, New York & London : Routledge.

_____, 1994, *Unbearable Weight*, Berkeley : University of California Press.

Boutilier, Mary & Lucinda SanGiovanni, 1985, "Women and Sports," in Ellen Lewin and Virginia Olesen, eds., *Women, Health, and Healing : Toward a New Perspective*, New York : Tavistock Publications, pp.209-235.

Brewer, John & Roy Porter, eds., 1993, *Consumption and the World of Goods*, London & New York : Routlege.

Brumberg, Joan Jacobs, 1988, *Fasting Girls*, Cambridge, MA : Plume.

Davis, Kathy, 1995, *Reshaping the Female Body : The Dilemma of Cosmetic Surgery*, New York : Routlege.

Douglas, Mary, 1973, *Natural Symbols*, New York: Vintage Books.

Doyal, Lesley & Pennell, Imogen, 1979, *The Political Economy of Health*, Boston & London : Pluto Press.

Ehrenreich, Barbara, 1989, *Fear of Falling : The Inner Life of the Middle Class*, New York : Pantheon Books.

Enrenreich, John, ed., 1978, *Cultural Crisis of Modern Medicine*, New York : Monthly Reveiw Press.

Ewen, Stuart, 1988, *All Consuming Images*, New York : Basic Books, Inc.

Falk, Pasi, 1994, *The Consuming Body*, London : SAGE Publications.

Featherstone, Mike, 1991, *Consumer Culture and Postmodernism*, Calif. : Sage Publications.

Fiske, John, 1987, *Television Culture*, London and New York : Methuen.

Foucault, Michel, 1980, *Power/Knowledge*, ed. & trans. by Colin Gordon, New York : Pantheon Books.

Frankenberg, Ronald, 1980, "Allopathic Medicine, Profession and Capitalist Ideology in India," *Social Science and Medicine*, Vol.15A, pp.115-125.

Hall, M. Ann, 1988, "The Discourse of Gender and Sport: From Femininity to Feminism," *Sociology of Sport Journal* 5(4), pp.330-340.

Hargreaves, Jennifer, 1994, *Sporting Females : Critical Issues in the History and Sociology of Women's Sports*, London & New York : Routlege.

_____, ed., 1982, *Sport, Culture and Ideology*, London : Routlege.

Hargreaves, John, 1986, *Sport, Power, and Culture : A Social and Historical Analysis of Popular Sports in Britain*, Cambridge : Polity Press.

Harvey, David, 1989, *The Condition of Postmodernity*, Cambridege & Oxford : Blackwell.

Henderson & Bialeschki, 1992, "Leisure Research and the Social Structure of Feminism," *Leisure Studies* 15(1), pp.63-75.

Kim, Eun-Shil, 1993, "The Making of the Modern Female Gender : The Politics of Gender in Reproductive Practices in Korea," Ph.D. Dissertation of University of California, San Francisco/Berkeley(Unpublished).

Kleinman, Arthur, 1980, *Patients and Healers in the Context of Culture : An Exploration of the Borderland between Anthropology, Medicine, and Psychiatry*, Berkeley : University of California Press.

Kroker, Arthur & Kroker, Marilouise eds., 1987, *Body Invaders : Panic Sex in America*, New York : St. Martin's Press.

Lock, Margaret, 1988, "A Nation at Risk : Interpretation of School Refusal in

Japan," in Lock & D. Gordon eds., *Biomedicine Examined*, Dordrecht, The Netherlands : Kluwer Academic Publishers.

Mandell, Richard D., 1984, *Sport, A Cultural History*, New York : Columbia University Press.

Martin, Emily, 1987, *The Woman in the Body*, Boston : Beacon Press.

Messner, Michael A. & Sabo, Donald F., eds., 1990, *Sport, Men, and the Gender Order: Critical Feminist Perspectives*, Champaign, Illinois : Human Kinetics Books.

Murphy, Robert F., 1987, *The Body Silent*, New York : H. Holt.

Parker, Andrew, 1996, "Sporting masculinities: gender relations and the body" in Mairtin Mac an Ghaill, ed., *Understanding Masculinities : Social Relations and Cultural Arenas*, Buckingham & Phliadelphia : Open University Press, pp.126-138.

Rojek, Chris, 1995, *Decentring Leisure : Rethinking Leisure Theory*, California : Sage Publications.

Rutz, Henry J. & Orlove, Benjamin S., eds., 1989, *The Social Economy of Consumption*, Lanham, New York & London : University Press of America.

Sheila, Scraton, 1992, *Shaping Up To Womanhood : Gender and Girl's Physical Education*, Buckingham : Open University Press.

Shields, Rob, ed., 1992, *Lifestyle Shopping : The Subject of Consumption*, New York : Routledge.

Shilling, Chris, 1993, *The Body and Social Theory*, London : SAGE Publications.

Tomlinson, John, 1991, *Cultural Imperialism*, Baltimore : The Johns Hopkins University Press.

Turner, Bryan S., 1984, *The Body & Society*, Oxford: Blackwell.

Waitzkin, Howard, 1983, *The Second Sickness*, New York : Free Press.

Wearing, 1992, "Leisure and Women's Identity in Late Adolescence : Constraints and Opportunities," *Society and Leisure*, 15(1), pp.323-43.
Wimbush & Talbot, 1988, *Relative Freedoms : Women and Leisure*, Milton Keynes, Open University Press.
Young, Allan, 1982, "The Anthropology of Illness and Sickness," *Annual Review of Anthropology*.

4. 성 산업 유입 경험을 통해 본 십대 여성의 성과 정체성

강보길, 1997,「교육 현장에서 여학생의 성별화 과정」, 이화여대 대학원 여성학과 석사 학위 논문(미간행).
구로누마 가쓰시, 1999,『원조 교제 : 여중 여고생의 위험한 방과 후』, 김은영 역, 선영사.
김경준, 1999,「선진국의 청소년 노동 시장의 변화와 고용 정책의 방향」,『한국 청소년 연구』, 한국 청소년 개발원.
김성경, 1997,『가출 소녀를 위한 사회 복지 서비스 연구』, 한국 여성 개발원.
김은실, 1998,「대중 문화와 성적 주체로서의 여성의 재현」,『한국 여성학』제14권 1호, 한국여성학회.
김지영, 2000,「대학 내 취업 지원 체계의 여성 배제 구조」, 이화여대 여성학과 석사 학위 논문(미간행).
김현미, 1997,「여성주의 성교육을 위한 모색」,『한국 여성학』제13권 2호, 한국 여성학회.
대검찰청, 1999,『자녀 안심하고 학교 보내기 운동 백서』.
또 하나의 문화 십대 성문화 연구회, 1999,「변화하는 몸·변화하는 삶 — 탐구하는 세대를 위한 성교육」.

민가영, 2000, 「10대 여성의 가출 문화에 관한 연구」, 이화여대 여성학과 석사 논문(미간행).

민무숙·김인순, 1999, 『여학생 비행의 실태와 학교의 대응 방안』, 한국 여성 개발원.

박정은 외, 1993, 「윤락 여성의 사회 복귀를 위한 지원 방안」, 한국 여성 개발원.

신라대학교 여성문제연구소·부산광역시 청소년 종합상담실, 1998, 「부산 지역 여성 청소년의 가출에 대한 의식과 실태 및 그 대책에 관한 연구」.

엄연수, 1997, 「로맨스 문화를 통해 본 여고생의 성의 사회화에 관한 연구」, 이화여대 대학원 여성학과 석사 학위 논문(미간행).

연세대 청년문화센터, 1999, 「왜 지금 우리는 '청소년'을 이야기하는가? : '청소년'과 근대성」, 21C 청소년과 함께 준비합시다 토론회 자료집

원미혜, 1996, 「한국 사회의 매춘 여성에 대한 통제와 착취에 관한 연구」, 이화여대 대학원 여성학과 석사학위 논문(미간행).

이계경·이현숙, 1999, 「'십대 청소녀' 고용 유흥업소 단속 관련 부조리 실태 및 감사 운영 방향」, 부정 방지 대책 위원회.

이민희, 1998, 「가출 청소년 쉼터 운영 모델」, 한국 청소년 개발원.

이영자, 1997, 「이상화된 몸, 아름다운 몸을 위한 사투」, 『사회비평』 제17호, 나남.

이효희, 1998, 「십대 여성의 성적 서비스 경험에 관한 여성주의적 접근 : 유흥업소 경험을 중심으로」, 이화여대 대학원 여성학과 석사학위 논문(미간행).

장(윤)필화, 1999, 『여성 몸 성』, 도서출판 또 하나의 문화.

조혜정, 1998, 「청소년 성문화 : 성적 주체로서의 인식을 중심으로」, 『한국 여성학』 제14권 1호, 한국 여성학회.

조한혜정, 2000, 「청소년 '문제'에서 청소년 '존재'에 대한 질문으로」, 『학교를 찾는 아이 아이를 찾는 사회』, 도서출판 또 하나의 문화.

청소년 보호 위원회, 1998, 「외국의 청소년 보호 프로그램 1,2」.

_____, 1999, 「청소년 인권의 현황과 대책」.

한국 교회 여성 연합회, 1999, 「향락 산업에 유입된 십대 청소년의 사회 복귀 방안」

토론회 자료집.

한국 성폭력 상담소, 1999, 「십대의 성 산업 유입과 남성 성문화」 토론회 자료집.

한국 청소년 개발원, 1999, 「유해업소 고용 여자 청소년을 위한 사법, 복지, 교육 대책」.

한설아, 1997, 「여성의 외모 관리에 대한 여성주의적 접근 — 다이어트 경험을 중심으로」, 이화여대 대학원 여성학과 석사학위 논문(미간행).

한소리회, 1999, 「제1회 자원 활동가 육성 교육(심화) 자료집」.

_____, 1999, 「부산 지역 선도 보호 시설 실태 조사 보고 및 발전적 방향을 위한 제언」.

홍성희, 1999, 「항공사 여승무원의 외모 중심 고용에 관한 연구」, 성신여대 석사 학위 논문(미간행).

Boonmonkol, Pimpawun & Chantima Jaranasri, Settaporn Thanaisawanyangkoon, Suwarn Limsumphan, 1997, "Thai Adolescent Sexuality and Reproductive Health Implications for Developing Adolescents' Health Program in Thailand," Center for Health Policy Studies, Faculty of Social Sciences and Humanities, Mahidol University, Thailand

Bradley, V. J., 1994, "Evolution of a New Service Paradigm," in Valerie J. Bradley, John W. Ashbaugh, and Bruce C. Blaney, eds., *Creating Individual Supports for People with Developmental Disabilities : A Mandate for Change at Many Levels*, Baltimore : P. H. Brookes.

Brummelhuis, Han ten, 1994, "*Do We Need a Thai Theory of Prostitution?*", Paper to be discussed at the workshop "Thai Categories of Sexuality" Chiang Mai.

Chapkis, W., 1977, *Live Sex Acts : Women Performing Erotic Labour*, London : Cassell.

Federal Provincial Territorial Working Group on Prostitution, 1998, "Report and Recommendations in Respect of Legislation, Policy and Practices Concerning Prostitution Related Activities."

Giroux, Henry A., 1998, "Teenage Sexuality, Body Politics and the Pedagogy of

Display," in Jonathan S. Epstein, ed., *Youth Culture*, Oxford U.K. : Blackwell Publisher, pp.24-56.

Hoigard, Cecilie & Liv Finstad, 1992, *Backstreets: Prostitution, Money, and Love*, trans. by Katherine Hanson, Nancy Sipe, and Barbara Wilson, University Park, Pa. : Pennsylvania State University Press.

Jeffreys, Sheila, 1997, *The Idea of Prostitution*, Sydney, Australia : Spinifex.

Jesson, J., 1993, "Understanding Adolescent Female Prostitution : a Literature Review," *British Journal of Social Work* 23, pp.517-30.

Mathews, Fraderick, 1987, "Familiar Strangers : A Study of Adolescent Prostitution," Central Toronto Youth Services.

O'Neill, Maggie, 2001, *Prostitution & Feminism*, Cambridge, U.K: Polity Press.

Phoenix, J., 1999, *Making Sense of Prostitution Today*, London : Macmillan.

Plant, Martin A. ed., 1990, *AIDS, Drugs and Prostitution*, London : Routledge.

Racino, J. A., 1992, "Living in the Community : Independence, Support, and Transition," in F. R. Rusch, L. DeStefano, J. Chadsey-Rusch, L. A. Phelps, & E. Szymanski, eds., *Transition from School to Adult Life: Models, Linkages, and Policy*, Sycamore, IL : Sycamore Press.

Scambler & Scambler, 1997, *Rethinking Prostitution : Purchasing Sex in the 1990s*, London & New York : Routledge.

Soonthorndhada, Amara, 1998, "Research into Sexual Thoughts of Young People: Insights from Case Study of Thailand," Institute for Population and Social Research, Mahidol Univ.

Steven, Apter J. & Jane Close Conoley, 1984, *Childhood Behavior Disorders and Emotional Disturbance*, Englewood Cliffs, N.J. : Prentice Hall, Inc.

Thompson, Sharon, 1995, *Going All The Way : Teenage Girl's Tales of Sex, Romance and Pregnancy*, New York : Hill and Wang.

Truong, Thanh-Dam, 1990, *Sex, Money, and Morality: Prostitution and Tourism in Southeast Asia*, Atlantic Highlands, N.J. : Zed Books Ltd.

UN Commission on Human Rights, 1996, "Rights of the Child : Report of the Special Rapporteur on the Sale of Children, Child Prostitution and Child Pornography."

Unicef & Cambridge Center for Family Research, 1996, "Children and Prostitution."

Zeidenstein, Sondra & Kirsten Moore eds., 1996, *Learning about Sexuality : A Practical Beginning*, Population Council, International Women's Health Coalition.

5. 한국 여성의 출산 문화

김은실, 1991a, 「발전 논리와 여성의 출산력」, 또 하나의 문화 제8호 『새로 쓰는 성 이야기』, 도서출판 또 하나의 문화.

_____, 1991b, 「낙태에 관한 사회적 논의와 여성의 삶」, 『형사 정책 연구』 6호, 형사 정책 연구원.

마페졸리와 르페브르 외, 1988, 『일상 생활의 사회학』, 박재환 외 옮김, 한울.

박인화·황나미, 1996, 『모자 보건의 정책 과제와 발전 방향』, 한국 보건 사회 연구원.

박재환, 1994, 『일상 생활의 사회학』, 일상 생활 연구회 편, 한울.

방숙, 1996, 「우리 나라 모자 보건의 현황과 발전 방향」, 한국 모자 보건학회 창립 기념 학술 대회 자료집.

서정애, 1998, 「초음파 기술이 여성들의 임신 경험에 미치는 영향 — 태아 이미지를 중심으로」, 이화여대 여성학과 석사 학위 논문(미간행).

이미경, 1988, 「한국 농촌 여성의 피임 결정 요인에 관한 사례 연구」, 이화여대 대학원 여성학과 석사 학위 논문(미간행).

이숙경, 1993, 「미혼 여성의 성에 관한 연구 : 낙태 행위를 중심으로」, 이화여대 대학원 여성학과 대학원 석사 학위 논문(미간행).

이정희, 1998, 「남아 선호에 대한 지배 담론과 저항에 관한 연구」, 이화여대 대학원 여성학과 석사 학위 논문(미간행).

임순영, 1991, 「기혼 여성의 인공 유산 경험에 대한 사례 연구」, 이화여대 대학원 여성학과 대학원 석사 학위 논문(미간행).

장경선, 1996, 「전산 편집직의 '여성화'에 관한 연구」, 이화여대 대학원 여성학과 석사 학위 논문(미간행).

조영미, 1994, 「출산 테크놀로지에 대한 여성학적 접근」, 이화여대 대학원 여성학과 석사 학위 논문(미간행).

파이어스톤, 슐라미드, 1983(1970), 『성의 변증법』, 김예숙 옮김, 풀빛.

헬러, 아그네스, 1994(1984), 「일상 생활의 추상적 개념」, 『일상 생활의 사회학』, 노영민 옮김, 한울.

Adams, Alice, E., 1994, *Reproducing the Womb : Images of Childbirth in Science, Feminist Theory, and Literature*, Ithaca, N.Y. : Cornell University Press.

Buckley & Gottlieb, 1988, *Blood Magic : The Anthropology of Menstruation*, Berkeley : University of California Press.

Colen, Shellee, 1995, "'Like a Mother to Them' : Stratified Reproduction and West Indian Childcare Workers and Employers in New York," in Faye D. Ginsburg and Rayna Rapp, ed., *Conceiving the New World Order*, Berkeley : University of California Press.

Corea, Gena, 1985, *The Mother Machine*, New York : Harper & Row.

Davis-Floyd & C. Sargent, 1996, "Introduction," *Medical Anthropology Quarterly*, Vol.10, No.2, June.

Ehrenreich, Barbara & Deirdre English, 1973, *Witches, Midwives and Nurses : A History of Women Healers*, Oyster Bay, N.Y. : Glass Mountain Pamphlets.

_____, 1978, *For Her Own Good : 150 Years of the Experts' Advice to Women*, New York : Anchor Books.

Ginsburg, F. & R. Rapp, 1995, *Conceiving the New World Order : the Global Politics of Reproduction*, Berkeley : University of California Press.

Gordon, Deborah, 1988, "Tenacious Assumptions in Western Medicine," in M. Lock and D. Gordon eds., *Biomedicine Examined*, Dordrecht : Kluwer Academic Publishers, pp.19-56.

Gordon, Linda, 1977, *Woman's Body, Woman's Right: A Social History of Birth Control in America*, New York : Penguin Books.

Hartsock, Nancy, 1983, *Money, Sex, and Power*, New York : Longman.

Jordan, Brigitte, 1993, *Birth in Four Cultures*, Prospect Heights, III : Waveland Press, Inc.

Kim, Eun-Shil, 1993, "The Making of the Modern Female Gender : The Politics of Gender in Reproductive Practices in Korea," Ph.D. Dissertation of University of California, San Francisco/Berkeley(Unpublished).

Martin, Emily, 1987, *The Woman in the Body*, Boston : Beacon Press.

Mead & Newton, 1967, "Cultural Patterning of Perinatal Behavior," in S. A. Richardson and A. F. Guttmacher, eds., *Child Bearing, Its Social and Psychological Aspects*, Baltimore : Williams and Wilkins, pp.142-244.

Meigs, Anna S., 1984, *Food, Sex, and Pollution : A New Guinea Religion*, New Brunswick : The Rutgers University Press.

Moore, Henrietta L., 1988, *Feminism and Anthropology*, Minneapolis : University of Minnesota Press.

Ortner, 1974, "Is Female to Male as Nature Is to Culture?," in Michelle Zimbalist Rosaldo & Louise Lamphere eds., *Woman, Culture & Society*, California : Stanford University Press.

Paige & Paige, 1981, *The Politics of Reproductive Ritual*, Berkeley : University of California Press.

Petchesky, R. P., 1990, *Abortion and Women's Choice : The State, Sexuality, and Reproductive Freedom*, revised ed., Boston: Northeastern University Press.

Reiter, Rayna R., 1975, *Toward an Anthropology of Women*, New York and London : Monthly Review Press.

Rich, Adrienne, 1976, *Of Women Born : Motherhood as Experience and Institution*, New York & London : W.W. Norton Company.

Rosaldo, Michelle Z. & Louise Lamphere eds., 1974, *Women, Culture and Society*, Stanford : Stanford University Press.

Shorter, Edward, 1991, *Women's Bodies*, New Brunswick : Transaction Publishers.

Smith, 1988, *The Everyday World as Problematic : A Faminist Sociology*, Miton Keynes : Open University Press.

Strathern, Marilyn, 1980, "No Nature, No Culture : The Hagan Case," in Carol MacCormack and Marilyn Strathern, ed., *Nature, Culture and Gender*, Cambridge : Cambridge University Press.

_____, 1992, *Reproducing the Future*, Manchester : Manchester University Press.

Weiner, Annette, 1995, "Reassessing Reproduction in Social Theory," in Faye D. Ginsburg and Rayna Rapp, eds., *Conceiving the New World Order*, Berkeley : University of California Press, pp.407-424.

6. "아들 낳기"와 여성 주체성

김은희, 1993, 「일, 가족, 그리고 성역할의 의미」, 한국 사회사 연구회, 『한국 근현대 가족의 재조명』, 문학과 지성사.

문옥표, 1992, 「도시 중산층의 가족 생활과 주부 역할」, 문옥표 외 엮음, 『도시 중산층의 생활 문화』, 한국 정신 문화 연구원, 57-103쪽.

한국 인구 보건 연구원, 1989, 『1988년 전국 출산력 및 가족 보건 실태 조사』.

Anagnost, Ann Stasis, 1988, "Family Violence and Magical Violence : The Woman as Victim in China's One-Child Family Policy," *Women and Language*, XI (2):16-22.

Bal, Mieke, 1985, "sexuality, Sin and Sorrow: The Emergence of Female Character (A Reading of Genesis 1-3)," in Susan Rubin Suleiman, ed., *The Female Body in Western Culture*, Cambridge: Harvard University Press.

Cho, Haejoang, 1995, "Living with Conflicting Femininity: Mother, Motherly Wife and Sexy Woman," Unpublished paper presented at the Workshop on "Gender and Social-Change in Late Twentieth Century Korea," Columbia University, March 10-11.

Douglas, Mary, 1966, *Purity and Danger*, London: Pelican.

Foucault, Michel, 1980, *Power/Knowledge*, ed. & trans. by Colin Gordon, New York : Pantheon Books.

Gordon, Linda, 1977, *Woman's Body, Woman's Right: A Social History of Birth Control in America*, New York : Penguin Books.

Kim, Eun-Shil, 1993, "The Making of the Modern Female Gender : The Politics of Gender in reproductive Practices in Korea," Unpublished Ph.D. Dissertation, San Francisco Berkeley : University of California.

Korean Institute for Health and Social Affairs(KIHSA), 1990, *Reading in Population and Family Planning Studies in Korea*, Seoul : Korean Institute for Health and Social Affairs.

Macdonell, Diane, 1986, *Theories of Discourse : An Introduction*, Oxford : Basil Blackwell.

MacKinnon, Catharine A., 1983, "Feminism, Marxism, Method and the State Toward Feminist Jurisprudence," *Signs*, 8(4).

Ong, Aihwa, 1990, "State versus Islam: Malay Families, Women's Bodies, and the Body Politics in Malaysia," *American Ethnologists*, pp.258-76.

Petchesky, Rosalind Pollack, 1990, *Abortion and Woman's Choice*, Boston : Northeastern University Press.

Scott, James C., 1985, *Weapons of the Weak: Yale Everyday Forms of Peasant Resistance*, New Haven : Yale University Press.

Scott, Joan, 1991, "Experience," in Butler and Scott, eds., *Feminist Theorize the Political*, New York and London: Routledge, pp.22-40.

7. 낙태에 관한 한국 사회의 담론과 여성의 삶

방숙, 1986,「우리 나라의 가족 계획 사반세기」, 양재모 교수 정년 퇴임 기념 학술 강연집, 연세대학교.

새생명 사랑회·순창 농민 상담소, 1989,「순창군 여성 농민의 임신, 출산과 건강에 관한 실태 조사 보고서 ― 인공 유산을 중심으로」.

신동운, 1991,「낙태죄에 관한 연구 ― 형법 개정과 관련하여」, 한국 형사 정책 연구원 발표 원고(1991.3.25).

심영희, 1991,「낙태의 실태와 의식에 관한 연구」, 한국 형사 정책 연구원 발표 원고.

정혜선·이건정·박기남, 1991,「생산직 여성 노동자의 건강과 모성 보호」,『여성과 사회』제2호.

한국 인구 보건 연구원, 1989,『1988년 전국 출산력 및 가족 보건 실태 조사』.

Bray, F., 1990, "Abortion in China, 1600-1900 : Ethics and identity," Presented paper in International Conference on the Construction of Gender and Sexuality in East and Southeast Asia at UCLA.

Devereux, G., 1967, "A Typological Study of Abortion in 350 Primitives, Ancient, and Preindustrial Societies," in Harold Rosen, ed., *Abortion in America*,

Boston : Beacon Press.

Foucault, M., 1978, *The History of Sexuality*, Vol.1, New York : Pantheon Books.

Gordon, L., 1976, *Woman's Body, Woman's Right : A Social History of Birth Control in America*, New York : Grossman Publishers.

Himes, N., 1970, *Medical History of Contraception*, New York : Schocken Books.

Luker, K., 1984, *Abortion and the Politics of Motherhood*, Berkeley, Los Andgels, London : UC Press.

Martin, E., 1987, *The Woman in the Body*, Boston : Beacon Press.

Ortner, S., 1978, "The Virgin and the State," *Feminist Studies* 4 : 25.

Overall C. ed., 1989, *The Future of Human Reproduction*, Torono : The Women's Press.

Petchesky, R. P., 1990, *Abortion and Women's Choice : The State, Sexuality, and Reproductive Freedom*, revised ed., Boston : Northeastern University Press.

Potter, S., 1987, "Birth Planning in China : A Cultural Account," in Nancy Scheper-Hughes, ed., *Child Survival*, Dordrecht, Boston : D. Reidel Publication Co., pp.33-58.

Rich, A., 1986, *Of Woman Born : Motherhood as Experience and Institution*, Tenth Anniversary Edition, New York/London : W. W. Norton & Company.

Scrimshaw, S., 1984, "Infanticide in Human Population : Societal and Individual Concern," in Glenn Hausfater and Srah Blaffer Hrdy, eds., *Infanticide : Comparative and Evolutionary Perspective*, New York : Aldine, pp.439-462.

Shorter, E., 1982, *Women's Bodies : A Social History of Women's Encounter with Health, Ill-health, and Medicine*, New Brunswick, London : Transaction Publishers.

8. 국가와 여성의 출산력

한국 인구 보건 연구원, 1989, 「1988년 전국 출산력 및 가족 보건 실태 조사」.

Foucault, M., 1978, *The History of Sexuality*, Vo l. 1. New York : Pantheon Books.

Gordon, L., 1976, *Woman's Body, Women's Right : A Social History of Birth Control in America*, New York : Grossman Publishers.

Jaggar, A. and S. Bordo eds., 1989, *Gender/Body/Knowledge : Feminist Reconstruc -tions of Being and Knowing*, New Bruswick, N.J. : Rutgers University Press.

Martin, E., 1987, *The Woman in the Body*, Boston : Beacon Press.

NiCholson, N., 1990, *Feminism & Postmodernism*, New York & London : Routledge.

Petchesky, R. P., 1990, *Abortion and Women's Choice : The State, Sexuality, and Reproductive Freedom*, revised ed., Boston : Northeastern University Press.

찾아 보기

가부장 276, 279 ; ―가족 관계 249 ; ―적 남녀 관계 79 ; ―적 남성성 71 ; ―적 모성 307 ; ―적 문화 74, 260, 262 ; ―적 성 규범 305 ; ―적 성별 구조 52 ; ―적 성별 체계 223 ; ―적 성역할 68 ; ―적 성 이데올로기 305 ; ―적인 남성 중심의 성 46, 47 ; ―적인 실천 280 ; ―적 정상성 279 ; ―적 지배 질서 24 ; ―적 질서 167 ; ―제 57, 58, 166, 226, 229 ; ―제 구조 47 ; ―제 규범 288, 298 ; ―제 남녀 관계 61, 164 ; ―제 문화 7, 225, 322 ; ―제 사회 25, 46, 51, 158, 162, 164, 166, 169, 225, 288 ; ―제 사회 관계 9, 302 ; ―제 사회 규범 295 ; ―제 성 통제 규범 307, 309 ; ―제 역사 5 ; ―제 제도 164 ; ―지배 규범 309 ; ―제의 모성 306
가사 노동 70, 91, 94, 243
가족 : ― 계획 사업 6, 7, 8, 12, 119, 226, 234, 235, 236, 297, 298, 315, 316, 317, 319, 320, 321, 322 ; ― 재생산 활동 257 ; 핵― 93-94, 247-248, 254-255 ; 핵― 이데올로기 247 ; "모자보건", "사회 부조", "소자녀"를 볼 것
가출 158-160, 171-173, 175-176, 178, 182-188, 190-193, 195, 203, 206
강내희 68
강명구 68
강보길 158, 201
개런드 Garrand 21
건강 10, 15, 20, 47, 82-153 ; ―관리 83-84, 97, 100, 103-107, 116, 119, 120-121, 125, 128-129, 142, 149, 152-153 ; ― 담론 86 , 불― 121- 122 ; 비― 86 ; ― 산업 87 ; ― 실천 84
결혼 6-7, 25, 45, 59, 90, 128, 140-141, 169, 225, 238, 248-250, 253-254, 257, 261, 264, 269, 277, 291-292, 298-299, 301-302, 311-312, 314, 322

『경향신문』 202

갤브레이스 99

계급 7, 57, 63, 70, 89, 91, 96, 99, 104, 115, 168, 225, 251, 254-255, 260-262, 264, 279, 289

계보적 서사 41

고든, 데보라 224-225

고든, 린다 52, 225, 286-287

공적 영역 72, 128-129, 169, 227-229, 250, 253

광고 61, 68, 83, 97, 101-103, 105, 108-109, 146, 198, 202 ; "미디어", "이미지"를 볼 것

교환 가치 162, 222-223

구로누마 가쓰시 214, 220

국가 7-8, 12, 15, 70, 90, 102, 225-226, 234-236, 263-264, 280, 290, 296, 298-300, 306-308, 311, 313-318, 320-322 ; 민족― 37 ; 복지― 82 ; 복지 263 ; ― 생체 권력망 264

권력 7-9, 19-20, 24, 26, 34-35, 39-41, 45-46, 53-54, 60, 63, 72-76, 87, 104, 164-165, 229, 242, 245, 256, 258, 261-262, 271, 273, 276, 279-280, 289, 294, 313, 316, 321 ; ―관계 9-10, 22, 34, 35, 51, 53, 74-75, 150, 162, 164, 214, 222, 229, 258, 261 ; 국가― 70, 236, 280, 314, 321-322 ; 담론(적)― 278-280 ; 대중 매체의 문화― 62 ; 문화(의,적)― 8, 10-11, 34, 68, 153, 226, 268, 281 ; ― 실천 31 ; 의료― 9 ; ― 의지 32 ; 이데올로기적― 11 ; ―화 51

그로쯔 54-56

근대 20-21, 39, 41, 72, 90, 132, 137, 146, 227, 252, 320, 322 ; ― 교육 90 ; ―사 158 ; ― 사회 229 ; ―성 58, 146, 297, 317 ; ―적 가족 226, 318 ; ―적 경험 7 ; ―적 남성성 76 ; ―적 모성 235-236, 297, 318, 320, 322 ; ―적 사고 132, 149 ; ―적 사랑 각본 248 ; ―적 성 장치 59 ; ―적 여성성 322 ; ―적 의식 300 ; ―적 인간 309 ; ―적 주체 76 ; ―적(인) 출산 행위 297, 307 ; ―화 7, 82, 158, 226, 234-235, 264, 278, 296-298, 304, 307, 313-318 ; ―화 프로젝트 7, 12 ; 탈― 164 ; 후기― 164

글로벌라이제이션 37

글립티스 Glyptis 96

금기 44, 205, 207, 304 ; "성 sexuality"을 볼 것

급진주의 여성주의 53, 165

기의 78, 99, 122

기표 66, 68, 72-74, 76, 80, 99, 103

기호 체계 65

긴스버그 Ginsburg 232
김길호 93
김성경 160
김성기 68
김소연 72-73
김소영 55, 68-69
김숙자 88, 93, 124
김은실 Kim 119, 226, 235, 264
김지영 202
김지혜 46
김현미 159

나보코프 34
낙태 6-7, 12, 15, 40, 44, 225-226, 238, 244, 264, 266, 268, 272, 275, 280, 285-310, 313-314, 319 ; ― (금지)법 290-293 ; ― 규제 292 ; "인공 유산", "임신 중절"을 볼 것
난관 (절제) 수술 298, 319, 320 ; "복강경 시술", "영구 불임 수술", "자궁 내 장치", "정관 수술(시술)", "질외 사정법", "질정제", "피임"을 볼 것
남성 : ―다움 50, 89 ; ―성 26, 37, 71, 75-76, 85, 89, 215, 276 ; ―적 욕망 70 ; ―적인 성별 기호 75 ; ―적인 영역 84 ; ― 중심 사회 10, 40 ; ― 중심성 77, 158 ; ― 중심 성 체제 45 ; ― 중심의 규범 26 ; ―의 성별 체계

11 ; ― 중심적 기준 6, 57
낭만적 사랑 248, 255
「낮은 목소리」 78
「너에게 나를 보낸다」 48, 70-80
노동 70, 83, 91, 96, 127-128, 163-164, 176-177, 179, 186, 202, 227, 259, 298, 300-302, 306-307, 309, 313, 318 ; ― 시간 93 ; 성애적 ― 164
뉴턴 Newton 232

다름 9, 22, 32, 91, 166
다이어트 104-105, 152, 202, 250, 256 ; "음식 조절"을 볼 것
담론 7, 9, 12, 15, 40, 44-46, 48-49, 51-52, 55-56, 59, 73-74, 76, 79, 82-88, 96, 101, 122, 143, 147-148, 152, 157-158, 225, 228, 236-237, 245, 248, 250-251, 254-255, 260-261, 263-264, 274, 278-281, 285-286, 289, 292-293, 295-296, 306, 314, 318, 320-323
대량 분배 101
대량 생산 98, 101, 234
대서사 72
대중 : ― 매체 37, 45, 59-60, 62, 64-65, 68-69, 83, 85, 87, 97, 101-102, 144, 157, 161, 179, 215, 222, 242, 250, 319 ; ― 문화 10, 15, 43, 47-48, 59-60, 62, 68-69, 79-81

더간 Duggan 53
더글러스 Douglas 84
데리다 41
데이비스, 카렌 164
데이비스-플로이드 Davis-Floyd 232-233
데카르트 59
동성애 40, 49, 53
뒤라스 34
뒤브와 Dubois 52
드 로레티스 54, 55
드브뢰 286
드워킨, 안드리아 164
들뢰즈 41
또래 집단 172, 185, 188, 195, 206, 212, 221
「또 하나의 문화」 10, 13, 21

라캉 59
램피어 Lamphere 228
랩 Rapp 232
러너 5
「로리타」 34
로맨스 44, 212
로잘도 Rosaldo 228
로젝 Rojek 95, 96
라이터 Reiter 228
레즈비언 19, 49, 54 ; ─ 페미니스트 52 ; 레즈비어니즘 52

레크리에이션 92
루리 64
루빈, 게일 52, 53
루커 Luker 289
르페브르 229
리치, 아드리안 19, 40, 225

마틴, 에밀리 5, 225
마페졸리 229
매매춘 52, 162-166, 170, 174, 194 ; "매음", "매매춘"을 볼 것
매음 162 ; "매매춘", "매춘"을 볼 것
매춘 44, 71, 162-169 ; ─ 여성 74, 162, 163-169, 180, 216 ; "매매춘", "매음"을 볼 것
매키넌 53, 54
머피, 로버트 Robert Murphy 146
메스너, 마이클 91
모방 55, 76
모성 23, 40, 66, 73-74, 81, 96, 119, 226, 235, 236, 250, 253-254, 256, 259, 288-289, 295, 297, 306-309, 316, 318, 320, 322 ; ─ 경험 226 ; ─성 288 ; ─ 실천 260 ; ─(적) 역할 91, 253, 288, 301, 313 ; ─의 제도화 225 ; ─ 이데올로기 288, 313
모자 보건 289, 292, 319 ; ─법 289, 292, 319 ; ─ 서비스 사업 236 ; "가

족 계획 사업"을 볼 것
몸 : 각인되는 — 56 ; —의 경험 6, 9, 10, 15, 19-22, 30, 41, 85-86, 146, 322 ; —의 기능 28, 30, 85, 151, 237 ; —의 배려 20 ; —의 불편함 illness 87 ; —의 수행 39, 249 ; —의 신체적 변화 31 ; —의 안녕 85, 86 ; —의 체험 20, 22, 24, 28, 39-40, 122, 150, 237, 247 ; —의 컬트화 106 ; —의 활력 100, 121, 151 ; —을 통한 경험 312
문옥표 125
문화 : — 산업 38 ; —적 검열 장치 39 ; —적 규범 8, 149, 285, 304, 312 ; —적 맥락 8, 57, 78, 148, 167, 173, 327 ; —적(인) 산물 46, 51 ; —적 통제 6, 22 ; —정치(학) 10, 62 ; —주의 49
미드, 마거릿 232
미디어 37, 62, 65 ; "광고", "이미지"를 볼 것
미용 관리 산업 105 ; "미인 선발 대회", "외모 관리", "체형 관리"를 볼 것
미인 선발 대회 209 ; "미용 관리 산업", "안티 미스 코리아 페스티벌", "외모 관리", "체형 관리"를 볼 것
민가영 158, 185, 206
민간 요법 266, 279
밀레트, 케이트 61

바렛, 미셸 61, 62
박인화 236
박정은 160
박철수 78
박혜란 22
『반격』 62 ; "팔루디"를 볼 것
반섹스 페미니즘 165
반스 53
방숙 236
버거 101
버틀러 54-55, 58
베리, 캐서린 164
변영주 78
변재란 69
병 sickness 85, 87, 105, 132
보드리야르 98-100
보르도 Bordo 104
보부아르 6, 57 ; 『제2의 성』을 볼 것
보콕 58, 61
복강경 시술 119 ; "난관 (절제) 수술", "영구 불임 수술", "자궁 내 장치", "정관 수술(시술)", "질외 사정법", "질정제", "피임"을 볼 것
본질주의 47, 49-50
볼라 Bolla 96
부부 관계 44, 249, 257, 314
부틸리에 Boutilier 90, 92
분만 9, 230, 233, 236, 239-240, 243-

245, 247-248, 251-252, 271
브루드 Broude 21
비만 83, 105-106, 117, 121, 132, 140, 148
비알레츠키 Bialeschki 96

사적 : ― 영역 60, 89-90, 95-96, 98, 151, 169, 227-228, 299 ; ― 존재 31
사전트 Sargent 232-233
사회 부조 : ― 정책 318 ; ― 프로그램 318
사회적 몸 321
「산부인과」 78
산아 제한 288, 296, 297
산전 관리 240-241, 247, 251-252, 255, 294
산조반니 SanGiovanni 90, 92
삽입 성교 51 ; "이성애"를 볼 것
상업화된 놀이 공간 185, 199
생명 담론 293 ; "태아"를 볼 것
생물학 : ―적 규정성 289, 295, 314, 316, 323 ; ―적 모성 기능 254 ; ―적 성차(sex) 44, 55 ; ―적 재생산 32, 258, 285, 300 ; ―적 조건 40, 46, 289, 309
생체 권력 정치 264
생활 문화 227-229, 232-233, 256
서동진 46

서정애 226
성 sexuality 43, 46, 49-50, 54, 56, 68, 74, 159 ; ― 거래 192, 215, 217 ; ― 과학 46-47 ; ― 구성주의자 54 ; ― 규범 286, 292, 298, 301, 303-306, 308 ; ―의 기술 55 ; ―의 상품화 44, 158, 163 ; ―자유주의자 52 ; ―적 개방 45 ; ―적 권력 75 ; ―적 서비스 32, 158, 161-163, 167, 169, 173, 175, 179-180, 193, 211, 220 ; ―적 실천 51, 80, 158, 160, 164, 167, 205-206, 208, 221 ; ―적 욕망 43, 45, 50, 58, 70, 72-73, 77, 79, 163, 215 ; ―적 (인) 행위 44, 205-207, 219-220, 288 ; ―적 의미 55 ; ―적 존재 45, 48, 220 ; ―적 주체 10, 15, 43, 44, 47-48, 53-54, 57-60, 68-69, 79-81, 158-159, 170 ; ―적 주체성 45, 47, 58-59 ; ―적 쾌락 46, 52-53, 58 ; ―정치론자 46 ; ―정체성 54, 66 ; ―해방주의자 44 ; ―폭력 44-45, 51-53, 73, 215-220 ; ―희롱 44-45, 219 ; "금기"를 볼 것
성급진주의 페미니즘 164
성매매 161, 162, 163, 166, 192, 220
성별 gender 8, 26, 34, 43-81, 84, 89, 90, 95-96, 106, 129, 133-135, 150-151, 157-158, 164, 166-167, 179, 201, 215,

217, 223, 229, 246, 252, 254, 264-280, 299, 313 ; ─ 분업 96, 119, 228, 288, 302, 306, 308-309, 313 ; ─ 수행성 228 ; ─(의) 정치학 72, 75-76, 81, 206, 257 ; ─ 위계 11, 46, 51, 73, 80-81 ; ─ 정체성 184 ; ─주의 31, 47 ; "젠더"를 볼 것
성 산업 11, 15, 157-223 ; ─의 중간 매개자 173, 191
성원권 40, 165, 225, 231, 249
성인식 initiation 232
"성 전쟁" 52, 53
성차 sex 26, 43, 44, 54, 55, 56
성 통제 292-293, 301, 306-307, 309
성풍속 290, 291, 306 ; ─ 문란 291 ; ─ 유지 90
성형 수술 202
소비 ; ─ 기호 100 ; ─ 문화 10-11, 15, 82-85, 97-98, 100-102, 105-106, 146, 152-153, 179, 185, 190, 198, 215, 221, 223, 252 ; ─ 사회 82, 84, 97-99, 101-102, 104, 146, 159, 176, 198, 201, 205, 222
소자녀 298, 321-322 : ─ 가족 235, 321 ; ─ 가족 규범 318 ; ─ 가정 307, 317-318 ; ─ 출산 235, 298 ; "가족 계획 사업"을 볼 것
쉴링 Shilling 103

스캠블러 Scambler 163
스콧 Scott 51-53
스콧, 제임스 261
스타이넘, 글로리아 164
스타일 11, 101, 143-144, 202, 223
스탠튼 Stanton 51
스트래던 225
스트레스 84-86, 109, 120-124, 126, 127, 147, 200-201, 204, 207, 238, 267
스포츠 88-94, 102, 111
스프링클, 애니 164
「슬픔의 노래」 40 ; "정찬"을 볼 것
시각 예술 66 ; "이미지"를 볼 것
시간 20, 24-26, 28, 36, 39, 41, 93 ; ─의 개입 25
시선 26, 96, 106, 136-137, 150, 212, 245
신동운 290, 293
신생아학 294
심영희 301
신체성 19, 91, 151
십대 여성 11, 14-15, 157-223

아들 선호 12, 260, 262, 264, 268, 272, 277-280 ; ─ 이데올로기 12, 262, 271, 278-279
아르바이트 176-177, 194-196, 204, 217
아리에스 146
「아메리카 제국의 쇠퇴」 38

아저씨 174, 192, 194, 196, 211-215, 218
아줌마 6, 29, 33, 145, 147-148, 245, 249-250, 253, 256 ; ― 운동 40
안티 미스 코리아 페스티벌 209 ; "미인 선발 대회"를 볼 것
엄연수 158
에른라이히 225
에어로빅 93, 104-116, 118, 121-124, 126, 136, 138, 144-145, 149, 153
에이전트 40
엑서사이즈 exercise 92
여가 : ― 문화 90 ; ―학 95 ; ― 활동 88-89, 93-97, 115, 124, 126, 135, 147, 153
여성 : ―다움 50, 62 ; ― 동성애 40 ; ―성 11, 20, 24, 25, 26, 44, 51, 55, 75, 82, 85, 89, 91, 96, 100, 141, 144, 147-149, 151, 158, 190, 208-209, 212, 215, 220, 222-223, 239, 250, 256- 257, 274, 311-312, 322-323 ; ― 이미지 26, 61-69, 104, 152, 168
여성 운동 25, 44, 52, 60, 62, 64-65, 163, 209, 233, 260
『여성의 신비』 65 ; "프리단"을 볼 것
여성주의 8-10, 12-14, 19-22, 25-26, 41, 43-44, 46-47, 50, 52, 55-58, 60-71, 79, 81, 91, 95-96, 152, 158, 160, 162-163, 165, 184, 222, 225-227, 229-233, 257, 259-260, 262, 279-281, 285-286, 289 ; ― 문화 연구 66-67, 79 ; ― 미술가 20 ; "페미니즘"을 볼 것
여성학 21, 24, 35, 40, 43-44, 46-49, 51, 53, 56-57, 61, 69, 79, 81, 158-159, 226, 228-229, 233
연령주의 31
연애 25-26, 37, 141-142, 192, 215, 218, 221 ; ― 방식 혹은 각본 37
「연인」 34
영 Young 87
영구 불임 수술 303, 315, 318-319 ; "난관 (절제) 수술", "복강경 시술", "자궁 내 장치", "정관 수술(시술)", "질외 사정법", "질정제", "피임"을 볼 것
오닐 O'Neill 165
오클리, 앤 50
옹 Ong 261
욕망 32, 37, 40, 43-45, 49-50, 52-54, 58, 69-79, 81, 99, 101, 129, 131, 133, 137-138, 149, 152, 159, 163, 212, 215, 221-222, 256, 323 ; ―하는 인간 59
「와호장룡」 31-33
외모 관리 202 : ― 산업 102 ; "미용 관리 산업", "미인 선발 대회", "체형 관리"를 볼 것
운동 sports 11, 82, 153 ; ― 문화 102 ; ― 산업 115

원미혜　180
원용진　69
원조 교제　171-173, 175, 192-193, 196, 211, 213-215, 217, 220
월터스　64
위어링 Wearing　97
위티그 Wittig　58
윅스, 제프리　49
윔부시 Wimbush　96
유언 Ewen　98, 101
유해업소　161-162 ; "향락업소"를 볼 것
육체　9-10, 15, 24, 82, 89-90, 92, 97, 100-103, 105, 132-133, 140, 148-149, 152-153, 223, 256, 269-270, 299 ; ─ 관리　99-100, 106-107, 119, 127, 133, 152 ; 「육체와의 전쟁」　105
윤락　162-163 ; ─행위 등 방지법　162, 180
음식 조절　104, 250 ; "다이어트"를 볼 것
의료　8, 86, 120, 226, 245, 271, 294-296, 299, 300 ; ─ 기관　87, 289, 294, 298, 307-308, 320 ; ─ 기술　83, 235, 241, 251-255, 280, 316 ; ─ 기술 장치　295 ; ─ 서비스　225, 272, 290 ; ─ 체계　225-226, 243, 251, 254, 256, 295, 307 ; ─화　86-87, 225, 236, 245, 252- 253, 255-256
의학 : ─적 기술　87, 294 ; ─적 담론

86 ; ─적 시선　245 ; ─적 의미의 인격　294 ; ─ 지식　257, 294
이데올로기　12, 20, 62, 89, 91, 95, 247, 250, 255-256, 262-263, 271, 278-279, 288, 305, 307-308, 313 ; ─ 장치　235, 316 ; ─적 권력　91 ; ─적 작용　61-62
이득재　102
이리가라이 Irigaray　5, 58
이미경　226
이미지 : 나르시시즘적인 자기 ─　103 ; 시각적 ─　83, 101-102 ; "광고", "미디어", "시각 예술"을 볼 것
이성애　52-53 ; ─에 기반한 성차별주의　47 ; ─(적) 관계　54, 169 ; ─적 사고　50 ; ─적 성애　51 ; ─적 위계　52 ; ─ 제도　46 ; ─주의　52 ; "삽입 성교"를 볼 것
이영자　222
이정희　226
이효희　14, 158-159, 180, 197
이후원　88, 93-94
인공 유산　289, 300, 304, 315 ; "낙태", "임신 중절"을 볼 것
인구 조절　297, 298, 306 ; ─ 정책　264, 296, 307
임순영　226, 319
임신　6-7, 83, 89, 139, 225-226, 230,

234-235, 236-242, 247-255, 257, 264-267, 271-272, 274-275, 278, 287-293, 295, 296, 299-300, 303-306, 308-316 ; — 중절 314 ; "낙태", "인공 유산"을 볼 것
잉글리시 225

자궁 내 장치 298 ; "난관 (절제) 수술", "복강경 시술", "영구 불임 수술", "정관 수술(시술)", "질외 사정법", "질정제", "피임"을 볼 것
자기 관리 124, 128, 130, 133-135, 137-138, 141, 148, 151 ; — 절제 124, 130, 132-135, 151 ; — 투자 135, 137
자본주의 7, 83, 99, 101-102, 162, 233 ; 소비 — 38, 102, 206 ; 후기 — 98-99, 101
자아 11, 26, 31, 37-38, 41, 49-50, 58-59, 76, 83, 103-104, 122, 127, 131, 133, 137, 145, 149, 151, 205, 216 ; 규범적 — 41 ; 불연속적 — 41 ; 신체적 — 149, 153 ; — 정체성 50, 119
장경선 229
장선우 48, 70, 72, 79-80
장(윤)필화 45, 163
재생산 6, 12, 15, 40, 52, 54, 96, 125, 224-227, 230, 234, 236, 253, 255, 257-258, 263, 278, 285, 287-288, 291-292,

296-299, 302-303, 307-308, 311-314, 316-317, 320, 322-323 ; —과 성의 분리 291 ; — 기술 225 ; —권 308, 309 ; — 권리 257, 263, 309 ; — 능력 12, 225, 227, 258, 264, 279, 285, 297, 306-307 ; — 사회 관계 297 ; 생물학적 — 32, 285-286, 300 ; —의 사회화 309 ; —의 자유 310 ; — 통제 264, 307, 310, 314, 321
잭슨 Jackson 51-53
전국민 의료 보험 234, 236
정관 수술(시술) 119, 315, 319, 320 ; "난관 (절제) 수술", "복강경 시술", "영구 불임 수술", "자궁 내 장치", "질외 사정법", "질정제", "피임"을 볼 것
정력 86
정서적 친밀함 214
정찬 40 ; 「슬픔의 노래」를 볼 것
정체 : —성 6, 11, 15, 22, 49-50, 54-59, 66-67, 82-83, 98-99, 119, 130-131, 143, 148-149, 151, 157-159, 166, 179, 184-185, 199, 202, 216, 221-223, 226, 234, 237, 250, 253-258, 277, 278 ; —화 37, 81, 157, 278
정치성 22, 41, 58, 73, 89, 137, 317
제왕 절개 252
『제2의 성』 6, 57 ; "보부아르"를 볼 것
제프리스, 셀리아 164

젠더 43-44, 53, 55-56, 63, 264, 277 ; —의 기술 55 ; "성 gender"을 볼 것
조영미 226
조주현 45
조(한)혜정 158, 159, 206
주부 : — 주부 22, 38, 45, 93, 94, 111-112, 114, 116, 123, 125, 129, 135 ; —주부 108, 116, 117, 123, 125-127, 129, 145, 237, 252, 262, 278, 301
주술 87-88
주체 : 구성되는 — 58 ; —성 8-9, 12-13, 15, 33, 35, 45, 47, 50, 57-59, 72-73, 78, 198, 237, 239, 260-262, 264, 279, 280 ; —의 해체 59 ; 이중적인 — 63 ; —적 행위성 228, 239, 254
중산층 7, 11, 91, 104, 112, 119, 127, 133, 149, 153, 233, 234, 237, 253-254, 257, 260-262, 264-265, 278-279, 301-302
『중앙일보』 253
중층적 구조 34
지지 집단 182
질병 disease 86-87, 112, 148
질외 사정법 315 ; "난관 (절제) 수술", "복강경 시술", "영구 불임 수술", "자궁 내 장치", "정관 수술(시술)", "질정제", "피임"을 볼 것
질정제 315 ; "난관 (절제) 수술", "복강경 시술", "영구 불임 수술", "자궁 내 장치", "정관 수술(시술)", "질외 사정법", "피임"을 볼 것

차별화 21, 54-55, 77, 99, 115-116, 124, 157, 169, 199, 212, 234
차주은 88, 94
채규형 107, 120
채팅 171, 174, 192-194, 204, 210-211
챕키스 164
청소년 44, 157, 158-159, 161, 173, 199
체육학 88, 90
체형 관리 102, 104-105, 133, 136 ; "미용 관리 산업", "미인 선발 대회", "외모 관리"를 볼 것
초음파 검사 251, 266-267
최상진 68
최선열 69
추애주 51
출산 : — 공간 243, 245, 254 ; — 관습 232 ; —력 통제 226, 235, 263, 298, 316, 319 ; — 문화 11, 15, 224, 226, 232-234, 236, 248, 251, 253-257 ; —소비품 252 ; 자녀 — 9, 265, 311 ; — 조절 방법 285-287, 290, 296, 298, 303, 305-306, 310
친섹스 긍정 페미니즘 164

카메론 Cameron 58
칼리피아, 팻 164
코렌, 셸리 251
코리아 225
쾻 Koedt 51
쿠바드 230, 231
클라인먼 87

타자화 20, 26, 35, 78, 80-81, 188, 215
탈봇 Talbot 96
태교 240-241
태아 242, 251-253, 255, 266-268, 271-272, 275, 280, 287-288, 292-295, 309 ; — 모니터 기술 294 ; — 모니터링 251 ; — 생명 논의(담론) 292, 294, 306 ; — 영상학 294 ; —(의) 성 감별 252, 272, 301 ; — 진단학 294 ; "생명 담론"을 볼 것
터너, 브라이언 88

파이어스톤 6, 225
파커 Parker 63, 88, 97, 101
팔루디, 수잔 62 ; 『반격』을 볼 것
패트먼, 캐럴 164
페미니즘 6-7, 15, 19, 22, 24, 39-40, 45-46, 50, 52, 57, 62, 164 ; "여성주의"를 볼 것
페체스키 225, 263

포르노 44, 70, 76 ; —그라피 40, 52-53, 68 ; — 반대 운동 53
포스트모던 72
포지션 53, 58-59, 76, 81, 279
폴록 63, 66
푸코 8, 41, 49, 54, 55, 56, 59, 261
풍요의 사회 104
프랑켄베르그 87
프레이저 58
프로이트 59
프리단, 베티 65 ; 『여성의 신비』를 볼 것
피닉스 166
피임 6, 40, 44, 119, 225, 264, 286, 289, 297, 300-301, 303-305, 307-309, 313, 315, 317, 320-322 ; — 기술 7, 236, 264, 299, 322 ; — 방법 235, 287, 298, 300-301, 306, 308, 314-316, 319-321 ; — 정책 226 ; "난관 (절제) 수술", "복강경 시술", "영구 불임 수술", "자궁 내 장치", "정관 수술(시술)", "질외 사정법", "질정제"를 볼 것
피트니스 fitness 92, 107, 112, 128, 138
핀스타드 167-169, 197, 209

하그리브스 Hargreaves 91, 102
하트삭 Hartsock 229
『한겨레신문』 199

『한국경제신문』 209
한국 인구 보건 연구원 263
한국 청소년 개발원 174
한국 형사 정책 연구원 290, 300
한설아 202
합리성 232, 254
행위성 agency 11, 37, 75, 89-99, 150, 152, 205, 223, 226, 228, 239, 241, 253-254, 256-258, 261, 278-280
향락업소 161 ; "유해업소"를 볼 것
헌터 Hunter 53
헤게모니 9, 56, 78, 87, 253, 255, 261, 272
헨더슨 Henderson 96
헬러 227
헬스 클럽 92, 97, 103, 106-109, 111, 116, 123-124, 127, 132, 136, 140, 147, 150
호이가드 167-169, 197, 209
홀, 스튜어트 Hall 61
홀랜드 Holland 26
홍성희 202
황나미 236
후기 구조주의자 41
획일적인 규율 189

여성의 몸, 몸의 문화 정치학

2001년 6월 27일 초판 1쇄 발행 / 2004년 9월 13일 3쇄 발행 / 김은실 지음 / 유승희 펴냄 / 도서출판 또 하나의 문화 / 홈페이지 www.tomoon.com / 주소 121-818 · 서울 마포구 동교동 184-6 대재빌라 302호 / 전화 (02) 324-7486 / 팩스 (02) 323-2934 / 이메일 tomoon@tomoon.com / 제9-129호 1987년 12월 29일 등록
ISBN 89-85635-46-8 03330

ⓒ 김은실, 2001